普通高校会计与财务系列规划教材

财务管理

王 斌 主编

FINANCIAL

MANAGEMENT

清华大学出版社
北京

内 容 简 介

在逻辑起点与内容安排上,本教材遵循了公司价值最大化的财务逻辑,并以"财务管理概念—财务管理目标—财务报表解读—财务估值原理"等为基础,集中阐述公司经营活动及价值创造过程涉及的重大财务决策与评价问题,即"投资—融资—股利分配—营运资本"管理,以形成财务管理的核心内容体系,最后针对商业活动中的公司并购、国际财务管理等议题,进行延展分析与讨论。本书具有逻辑清晰、知识全面、方便教学、与时俱进四个主要特点。

本书的基本读者群是高等院校会计学专业、财务管理专业以及经济管理类其他专业的学生,以及已从事或未来准备从事财务管理活动,或对财务管理感兴趣的企业管理人士。

本书封面贴有清华大学出版社防伪标签,无标签者不得销售。
版权所有,侵权必究。举报: 010-62782989, beiqinquan@tup.tsinghua.edu.cn。

图书在版编目(CIP)数据

财务管理/王斌主编. —北京:清华大学出版社,2019(2022.7重印)
(普通高校会计与财务系列规划教材)
ISBN 978-7-302-53146-3

Ⅰ. ①财… Ⅱ. ①王… Ⅲ. ①财务管理-高等学校-教材 Ⅳ. ①F275

中国版本图书馆 CIP 数据核字(2019)第 114446 号

责任编辑:左玉冰
封面设计:李伯骥
责任校对:宋玉莲
责任印制:宋　林

出版发行:清华大学出版社
　　　网　　址:http://www.tup.com.cn, http://www.wqbook.com
　　　地　　址:北京清华大学学研大厦 A 座　　邮　编:100084
　　　社 总 机:010-83470000　　邮　购:010-62786544
　　　投稿与读者服务:010-62776969, c-service@tup.tsinghua.edu.cn
　　　质 量 反 馈:010-62772015, zhiliang@tup.tsinghua.edu.cn
　　　课 件 下 载:http://www.tup.com.cn, 010-62770175 转 4506
印 装 者:北京九州迅驰传媒文化有限公司
经　　销:全国新华书店
开　　本:185mm×260mm　　印　张:24.5　　字　数:575 千字
版　　次:2019 年 8 月第 1 版　　印　次:2022 年 7 月第 2 次印刷
定　　价:69.00 元

产品编号:065689-02

总　序

人才培养是大学的本质职能，而本科教育是大学的根和本。党的十八大以来，围绕培养什么人、怎样培养人、为谁培养人这一根本问题，我国坚持把立德树人作为根本任务，积极推进教育改革，形成更高水平的人才培养体系。

教材建设是人才培养中重要的一环。根据教学需要编写高质量教材，是确保人才培养质量的重要保证。北京工商大学会计与财务学科一直提倡和鼓励学术水平高、教学经验丰富的教师积极编写教材，并根据时代变化不断更新。我们于1998年推出了北京工商大学会计系列教材（以下简称"系列教材"）第一版。结合2001我国《企业会计制度》的实施，我们于2002年推出了系列教材（第二版）。随着2006年新会计、审计准则体系的颁布，我们于2006年推出了系列教材（第三版）。自2006年修订以后，我国在会计准则、审计准则和内部控制规范建设等方面发生了很多重大变化，高等教育改革对人才培养质量也提出了新的要求，根据这些法规制度的变化，以及提高人才培养质量的内在要求，我们于2013年后陆续推出了系列教材（第四版）。

时代总是在不断地变化之中。一方面，在培养德智体美劳全面发展的社会主义建设者和接班人这一目标指引下，要把立德树人融入思想道德教育、文化知识教育、社会实践教育各环节，贯穿高等教育各领域，并且学科体系、教学体系、教材体系、管理体系要围绕这个目标来设计；另一方面，经济的发展也不断推动着会计的变革，会计、审计准则持续趋同、不断深化，中国特色的管理会计体系、内部控制体系逐步建立，这都迫切需要重新打造一套全新的教材。

本套教材的特点主要体现在以下三个方面：

1. 紧跟时代步伐，反映最新理论和实践成果。通过紧密结合会计准则、审计准则、内部控制、管理会计、税法等领域的变化，吸收会计领域中新理论、新法规、新方法，使系列教材既密切联系中国实际，又反映国际发展变化，既立足于当前，又着眼于未来。

2. 重视素质教育，注重学生创新和应用能力培养。坚持将立德树人、培养社会主义核心价值观融入教材体系；注重专业理论素质的培养，在阐述现行法律、法规及实务做法的基础上，注意从理论上进行解释，通过完善"案例讨论和分析"及"小组讨论"部分，引导学生从根本上认识和理解问题，使系列教材既便于学生知识和技能的掌握，又重视学生基本素质和能力的培养。

3. 坚持需求导向，开发立体式教辅资源。通过配套更加完善的教辅资源，如教学大纲、PPT课件、学习指导书、习题库、辅助阅读资料等，为教师教学和学生学习提供全方位服务，使系列教材既便于教师讲授，又有利于学生独立学习，既有利于学生能力的培养，也兼顾学生参加注册会计师考试的客观需要。

本系列教材是北京工商大学会计学一流专业和工商管理高精尖学科建设的重要成果。北京工商大学会计与财务学科师资力量雄厚、专业建设成绩显著、学科建设优势特色明显。本学科现拥有财政部会计名家3人，全国会计领军人才9人，财政部企业会计准则、管理会计、内部控制咨询专家4人；拥有会计学和财务管理两个国家级特色专业，会计学专业是北京市首批一流专业；学科建设方面依托会计准则研究中心、投资者保护研究中心、管理会计创新与发展研究中心、企业集团研究中心、国有资产管理协同创新中心，在会计准则、投资者保护、管理会计、企业集团财务管理、国企改革等方面取得了一系列丰硕的成果。

通过本系列教材的编写，我们试图充分反映北京工商大学会计系和财务系教师在教学和科研方面取得的成果，以更好地满足广大教师和学生的需求。尽管如此，还会存在许多不足，恳请大家提批评和改进意见，以使该套系列教材进一步完善。

北京工商大学编写组

2019年1月

前言

说实话，写一本好的教材是件很难的工作。国外一些知名教授之所以很知名，往往是以教材立足的，他们搭建持续稳定的写作团队，持之以恒、修订翻新，以使教材常用常新、流芳于世。当然，衡量一本教材好与不好、适用与不适用，也缺乏统一的衡量标准。从多年本科教学实践的沉淀与思考中我们感受到，一本高质量的教材大体需要满足以下条件：一是逻辑清晰，即能合理梳理所在学科的基础理论框架、明确学科内核；二是知识全面，即在学科逻辑基础上，全面展示教学应涉及的最基础、最核心的学理知识体系；三是方便教学，即让教材既有利于老师授课时"教"，也方便于学生课后"学"，激发教与学的热情；四是与时俱进，即在学理基础上，使教材内容既体现理论研究前沿成果，同时也能使其贴近现实、贴近社会，让教师与学生看得见、摸得着，具有现实带入感、亲近感，从而达到常用常新。看来，写一本好的教材既费力，其结果又极可能并不讨好（从写作者的功利角度，教材写作并不算科研成果）。既然如此，那么为什么不直接引入并采用国外现成的最流行、被公认为最好的教材？这样的疑问显然并不多余。三思之后的答案也许有理有力：对于大多数应用学科（尤其是诸如经管类学科）来讲，国外的现实终究发生在国外，学生未必能看得见、摸得着，相反中国的应用实践则是鲜活可触的；另外，除了学科原理上的某些共性外，中国的社会背景、学理应用场景等在一定程度上有其独特性。可见，引进并照搬国外教材不是说不可行，但从多年的教、学实践看，教学效果往往并非如愿。

回到财务管理学科及《财务管理》教材，尽管上述问题困惑多年，但大多数高校的解决办法仍然是自编或引用国内同行写作的教材。我们也不例外。在本教材写作之初，我们即明确本教材的写作要尽力体现上述所提到的四个特点，即逻辑清晰、知识全面、方便教学、与时俱进，目标就是尽量向着一本好教材的标准靠拢、接近。结合多年的教材写作和一线教学经验，并考虑到本科生对商业社会的认知能力和水平，本教材在逻辑起点与内容安排上，遵循了公司价值最大化的财务逻辑，并在介绍"财务管理概念—财务管理目标—财务报表解读—财务估值原理"等入门基础的前提下，重点阐述公司经营活动及价值创造过程中涉及的重大财务决策与评价问题，即"投资—融资—股利分配—营运资本管理"等议题，以此形成财务管理的核心内容体系，最后针对商业活动中的公司并购、国际财务管理等议题，进行延展分析与论述。可见，上述安排充分体现了"逻辑清晰""知识全面"的两个基本要求。另一方面，本教材在写作风格、案例设计及体例安排上，努力向着"方便教学""与时俱进"的目标靠近，即结合理论前沿、新时代背景等，挖掘当今中国活生生的公司财务管理实践案例，让老师、学生在教与学的过程中真正感受到财务管理无处不在且魅力无穷，激发教师与学生的教学互动、教学相长，提高教学效果。

在这里，需要重点强调的是"方便教学"这一目标。财务管理这门学科存在诸多原理和方法，而这些原理和方法背后都隐含着各种各样的假设，放松假设即意味回到现实、回到现代不确定性的商业环境之中。可以说，财务管理总是一种在不确定性条件下对商业行为的财务评价、择优及决策管理，不确定性促使人不遗余力地去探索其所暗含的故事、品味其中的逻辑和含义、体会公式背后的现实意义、寻找更有效的解决方案。显然，对于本科生或初学者来说，要体悟到这种不确定性并做出合理决策是有难度的。为解决这一问题，本教材基于"方便教学"的理念，特意增加了以下环节以达到既有利于"教"也有利于"学"的目的：

（1）案例铺陈。每章开篇设有"开篇案例"，每章之中随处插入与所述知识点有关的"小案例"，每章之后设有"案例分析题"。

（2）相关资料展示。各章在正文之外，还适度增加与现实财务管理实践、相关法律法规等紧密相关的"相关资料"，从而既增强教材的可读性，又便于拓宽学生知识视野、思维空间。

为了发挥专业授课教师的研究特长，分享他们多年来各自的教学心得，本教材在写作分工上刻意改变传统做法，而采用"一位老师负责一章"新式写作方式，发动财务系所有从事财务管理课程教学的老师参与到本教材的编写中，集中讨论、分散写作、共享心得、体悟灵魂。可见，本书是老师们集体智慧的结晶。本书由王斌负责全书框架设计、具体大纲制定和总纂定稿。各章节具体编写人员如下：第一章王斌；第二章曹阳；第三章刘欢；第四章王峰娟；第五章余琰；第六章于上尧；第七章童盼；第八章彭红星；第九章王力军；第十章苏峻。

感谢北京工商大学商学院财务系的全体同人，本书写作、出版离不开各位多年来的努力。特别感谢清华大学出版社的朋友们，他们为本书的出版竭尽全力。最后要预先感谢未来的读者，你们的使用和反馈，会让教材中的不当或错漏之处被发现，并为其未来修订及常用更新提供了机会。

本教材适用于高等院校会计学专业、财务管理专业以及经济管理类其他专业学生的财务管理课程的学习。当然，本书同样适合已从事或未来准备从事财务管理，或对财务管理感兴趣的企业管理人士自学之用。

王斌于北京世纪城
2019年3月23日星期六

目 录

第1章 总论 1
  1.1 企业组织形式与财务管理 2
    1.1.1 企业组织形式与公司制 2
    1.1.2 财务管理的概念 4
  1.2 财务目标 7
    1.2.1 公司财务目标定位 7
    1.2.2 公司治理与财务目标 9
    1.2.3 财务目标与公司社会责任 14
  1.3 金融市场与公司财务 15
    1.3.1 金融市场及其交易模式 15
    1.3.2 金融市场构成要素 17
    1.3.3 金融市场利率 18
    1.3.4 金融市场与公司财务的互动 21
  1.4 财务管理组织 22
    1.4.1 财务管理部门的职能 22
    1.4.2 公司财务管理组织 24
    1.4.3 首席财务官的职责与能力要求 26

第2章 财务报表分析 30
  2.1 财务报表体系与结构 30
    2.1.1 资产负债表 30
    2.1.2 利润表 33
    2.1.3 现金流量表 35
    2.1.4 财务报表间勾稽关系及报表数据的真实公允性 36
  2.2 财务报表分析方法 36
    2.2.1 比较分析法 36
    2.2.2 比率分析法 37
    2.2.3 趋势分析法 38
    2.2.4 因素分析法 38
  2.3 财务分析维度及其指标体系 38
    2.3.1 偿债能力分析 38

		2.3.2	资产周转能力分析	42
		2.3.3	盈利能力分析	44
		2.3.4	增长能力分析	50
	2.4	杜邦分析体系与综合业绩评价		53
		2.4.1	杜邦恒等式	53
		2.4.2	杜邦分析体系图	54

第3章 财务估值与风险收益 ... 59

	3.1	货币时间价值与财务估值原理		59
		3.1.1	货币时间价值	59
		3.1.2	终值与现值	60
		3.1.3	年金及财务估值	62
	3.2	固定收益证券估值		67
		3.2.1	固定收益证券属性及收益率	67
		3.2.2	普通债券估值	69
		3.2.3	特殊债券估值	71
		3.2.4	优先股估值	72
	3.3	权益估值		73
		3.3.1	权益属性	73
		3.3.2	股利折现模型	74
		3.3.3	市场类比法	77
		3.3.4	公司估值与权益价值	79
	3.4	风险收益与资本资产定价模型		86
		3.4.1	风险与收益定义	86
		3.4.2	单一证券的风险与收益	87
		3.4.3	组合投资的风险与收益	89
		3.4.4	资本资产定价模型及其应用	93

第4章 项目投资财务决策 ... 100

	4.1	项目投资类型与决策程序		101
		4.1.1	投资战略与项目投资类型	101
		4.1.2	公司治理与投资权力配置	105
	4.2	项目投资决策的基本方法		108
		4.2.1	项目投资决策的基本原理	108
		4.2.2	项目投资财务评价方法	109
		4.2.3	项目投资财务评价方法的比较	116

目 录

    4.2.4 各种方法的归纳 ················ 121
  4.3 项目投资决策参数估算 ················ 122
    4.3.1 投资项目现金流量估算 ················ 122
    4.3.2 项目折现率的估算与选择 ················ 129
  4.4 项目投资风险决策 ················ 131
    4.4.1 风险调整现金流量法 ················ 132
    4.4.2 敏感性分析 ················ 134
    4.4.3 情境分析 ················ 137
    4.4.4 决策树分析 ················ 139

第5章 公司融资规划与融资方式 ················ 151
  5.1 公司融资概述 ················ 152
    5.1.1 融资概念及目的 ················ 152
    5.1.2 融资类型 ················ 152
    5.1.3 融资原则 ················ 158
    5.1.4 融资决策与融资契约 ················ 159
  5.2 融资规模、融资计划与公司增长 ················ 163
    5.2.1 融资规模、规模确定及其层次性 ················ 163
    5.2.2 融资规划与销售百分比法 ················ 165
    5.2.3 公司融资与增长管理 ················ 171
  5.3 权益融资方式 ················ 175
    5.3.1 吸收直接投资 ················ 175
    5.3.2 普通股融资 ················ 180
    5.3.3 优先股融资 ················ 182
  5.4 债务融资方式 ················ 185
    5.4.1 银行借款 ················ 185
    5.4.2 债券融资 ················ 189
    5.4.3 融资租赁 ················ 193
    5.4.4 其他债务融资方式 ················ 196

第6章 融资管理 ················ 203
  6.1 融资活动与资本成本 ················ 204
    6.1.1 资本成本的概念 ················ 204
    6.1.2 债务资本成本测算 ················ 204
    6.1.3 权益资本成本测算 ················ 206
    6.1.4 加权平均资本成本及其应用 ················ 208

  6.1.5 项目资本成本（项目折现率） 209
  6.1.6 降低资本成本的途径 210
 6.2 融资风险及控制 211
  6.2.1 债务融资风险及其控制 211
  6.2.2 权益融资风险及其控制 217
 6.3 资本结构理论与资本结构决策 220
  6.3.1 资本结构含义 220
  6.3.2 资本结构理论 223
  6.3.3 资本结构决策 227
  6.3.4 资本结构调整 230

第 7 章 股利分配政策 235
 7.1 股利分配形式及程序 236
  7.1.1 利润分配的程序 236
  7.1.2 股利分配形式 236
  7.1.3 上市公司现金股利支付程序 240
 7.2 股利理论 242
  7.2.1 股利无关理论 243
  7.2.2 股利相关理论 244
 7.3 股利政策决策 247
  7.3.1 股利政策类型 247
  7.3.2 股利政策的影响因素 251
 7.4 股票回购与股票分割 255
  7.4.1 股票回购 256
  7.4.2 股票分割 259

第 8 章 营运资本管理 264
 8.1 营运资本管理概述 265
  8.1.1 营运资本概念与特点 265
  8.1.2 经营周期与现金周转期 266
  8.1.3 营运资本管理目标与内容 268
  8.1.4 营运资本管理策略 269
 8.2 短期债务融资 275
  8.2.1 商业信用融资 276
  8.2.2 短期银行借款 278

	8.2.3	短期债券融资	280
8.3		现金及有价证券管理	282
	8.3.1	现金持有动机与现金管理目标	282
	8.3.2	现金预算管理	283
	8.3.3	现金管理制度	286
8.4		应收账款管理	289
	8.4.1	应收账款的含义与功能	289
	8.4.2	应收账款的成本	289
	8.4.3	应收账款管理的目标和内容	290
	8.4.4	信用评估	290
	8.4.5	信用政策	291
	8.4.6	应收账款的监督管理	296

第9章 公司并购决策 302

9.1		公司并购概述	303
	9.1.1	并购的概念	303
	9.1.2	公司战略与并购类型	303
	9.1.3	并购的动因	306
9.2		并购交易程序与并购参与方	309
	9.2.1	并购交易的基本程序	309
	9.2.2	并购参与方	312
9.3		并购估值	314
	9.3.1	公司折现现金流量法	314
	9.3.2	市场类比法	316
	9.3.3	成本法	319
	9.3.4	换股并购估价的基本操作原理	320
9.4		并购支付方式与融资策略	321
	9.4.1	并购支付方式	322
	9.4.2	并购融资方式	324
9.5		并购后整合	325
	9.5.1	快速整合在成功并购中的作用	325
	9.5.2	并购整合的内容	327

第10章 国际财务与风险管理 338

10.1	公司国际化运作与财务管理	339

  10.1.1 国际财务管理的特点 ……………………………………………… 339

  10.1.2 国际财务管理内容 ………………………………………………… 341

 10.2 国际投资与风险管理 ……………………………………………………… 341

  10.2.1 国际投资的类型 …………………………………………………… 341

  10.2.2 国际直接投资 ……………………………………………………… 342

  10.2.3 国际间接投资 ……………………………………………………… 345

 10.3 国际融资与风险管理 ……………………………………………………… 346

  10.3.1 国际融资 …………………………………………………………… 346

  10.3.2 风险管理 …………………………………………………………… 348

 10.4 国际税收管理 ……………………………………………………………… 348

  10.4.1 国际税收管理概述 ………………………………………………… 348

  10.4.2 国际税收管理策略与方法 ………………………………………… 352

 10.5 外汇风险管理 ……………………………………………………………… 357

  10.5.1 远期外汇市场 ……………………………………………………… 357

  10.5.2 外汇期货市场 ……………………………………………………… 360

  10.5.3 外汇期权与外汇期权市场 ………………………………………… 360

  10.5.4 互换市场 …………………………………………………………… 362

  10.5.5 外汇风险管理策略 ………………………………………………… 363

附表 1 复利终值系数表 ……………………………………………………………… 369

附表 2 复利现值系数表 ……………………………………………………………… 371

附表 3 年金终值系数表 ……………………………………………………………… 373

附表 4 年金现值系数表 ……………………………………………………………… 375

主要参考文献 ……………………………………………………………………………… 377

第1章
总 论

A建设集团公司（以下简称"A集团"）是一家北京市属的大型国有控股企业。2016年，A集团借2020年北京冬奥会场馆建设之机，与河北省B市政府签署战略合作框架协议，确定双方在场馆建设、市政基础设施、能源基础设施等领域展开全面战略合作。为进一步落实战略协议，双方拟成立合资公司（C公司）以参与冬奥会配套设施及城市基础设施建设与管理。其基本情况如下。

1. C公司设立

C公司为投资控股有限公司，注册资本：10 000万元。其中，A集团作为大股东出资7 000万元（占注册资本70%），B市政府则以其市属实体公司——市信托投资公司之名，出资3 000万元（占注册资本30%）。C公司注册地在北京，股东双方已实缴股东出资额，并办理工商登记等相关手续，经营范围包括场馆建设、项目投资管理、建筑施工管理、物业管理等。

2. C公司治理

根据《中华人民共和国公司法》及其他相关法律规则要求，C公司制定公司章程。章程规定，公司成立由3人构成的董事会。其中，A集团委派2名董事且其中1人担任董事长，信托公司推荐1名董事；董事任期3年。董事会对所有重大投融资决策事项进行审批决策。公司高管团队由董事会聘任，且总经理、财务总监由A集团推荐。

3. C公司运营与财务

C公司成立后，将根据当地市场、基础设施规划等开展场馆建设、基础设施建设、物业管理等各项经营活动。公司作为法人实体，独立运作、自负盈亏；依其资本实力、经营规模与资本需求等，向银行等金融机构申请借款并严格控制资产负债率；根据公司章程，股东双方以其持股比例分享收益。

上述案例涉及的关键词包括：股东；有限公司；董事会与公司治理；财务总监。

通过本章学习，你应该能够：

（1）明确财务管理的概念。财务管理是对企业生存、发展所涉及的各项财务活动的管理，这些活动主要包括投资、融资、利润分配及日常运营等。

（2）掌握财务管理的目标。财务管理以追求价值增值、使股东满意为根本目标。

（3）理解财务管理组织。不同企业因产权性质、企业规模、运营特点及业务复杂程度等因素不同而各具差异。企业应结合自身特点，形成合适的财务管理组织，有序进行财务管理。

（4）了解财务管理环境。财务管理环境是指对财务管理产生重大影响的所有外部条件和因素。其中，金融市场是企业财务运作所面临的最重要的外部环境因素，财务管理必须高度重视金融市场环境对财务管理的影响。

1.1 企业组织形式与财务管理

企业因组织形式、商业模式、外部环境等诸多因素不同而形色各异。企业组织形式是企业开展经营与财务活动的制度基础。

1.1.1 企业组织形式与公司制

一般来讲，企业主要有业主制、合伙制和公司制三种组织形式。

1. 业主制

业主制（也称独资制）是由一个自然人拥有的商业组织。作为历史上最早出现的企业组织形式，其优点包括：①易于设立和退出（与公司制企业等不同，其设立或退出不需满足或符合严格的设立条件或退出程序）；②一人独有及控制，便于决策制定与实施；③管理架构相对简便、灵活。

其缺点也十分明显：①无限责任。业主独享企业利润或亏损，且当企业全部财产不足以清偿到期债务时，业主应以个人的全部财产用于清偿。②发展规模受限。通常情况下，因受制于业主个人资本实力、个人信用能力等，企业难以大规模对外融资，从而制约企业经营规模。③寿命相对较短。历史地看，业主制是各国经济体中建制最古老、企业数量最庞大、组织方式最灵活的企业形式，广泛存在于生产制造、商品流通、各类服务业等行业之中。

2. 合伙制

合伙制是由两个或两个以上合伙人联合发起设立、共同拥有的企业组织。发起设立的合伙人可以是自然人、法人或其他组织，且合伙人可选择多种方式出资，如财务资本、专业技术和人力资本等各种财产权利。合伙企业主要靠合伙协议维系。合伙协议是合伙人之间共同协商订立，以确定合伙经营和事务执行原则、合伙人之间权利义务等内容的契约性文件。原则上，合伙协议需要明确规定合伙企业经营范围、合伙人共担经营风险及共享收益（损失）的方式等多项内容；同时明确各合伙人按合伙协议享有的权利和义务等。通常情况下，修改或补充合伙协议的，要经全体合伙人一致同意（另有约定的除外），合伙协议未约定或者约定不明确的事项则要求由合伙人协商决定。

合伙企业又分普通合伙企业和有限合伙企业两类。①普通合伙制(general partnership)。

该类企业中，全体合伙人均为普通合伙人，共同负责合伙企业的经营管理，并对合伙企业债务承担无限连带责任。在这里，无限连带责任系指企业中的合伙人除承担企业债务分到自己名下的份额外，还需对企业其他合伙人名下的债务份额承担连带性义务（代偿义务）。普通合伙制是合伙企业最主要的组织形式。②有限合伙制（limited partnership）。它由普通合伙制演变而来，其合伙人分两类：一是普通合伙人（general partners，GP）。此类合伙人在向企业出资后，不仅负责合伙企业的经营管理，而且对合伙企业债务承担无限连带责任；二是有限合伙人（limited partners，LP），此类合伙人是合伙企业的出资人，他们一般不参与合伙企业经营管理，且以其出资额为上限对合伙企业债务承担着有限责任。无论是普通合伙制还是有限合伙制，合伙人"入伙"是企业赖以存在、发展的基础，他们出资、出力以形成企业发展所需资源并进行融合、互补。

合伙企业本质上是"人合型"组织，离开合伙人之间的资源互补、合作共享，合伙企业稳定、健康发展无从谈起。作为一种古老的企业组织形式，合伙企业普遍存在于会计师事务所、律师事务所、管理咨询公司等各类商业机构中。

 相关资料：立信会计师事务所从"普通合伙"走向"特殊普通合伙"

大型会计师事务所大多采用合伙制组织形式。例如，立信会计师事务所（以下简称"立信"）作为一家历史悠久（1927年在上海成立）、国内规模最大的会计师事务所之一，于2007年进行改制，将原来"合伙制企业"改制为"有限责任公司"（更名为"立信会计师事务所有限公司"），2011年初又改制更名为"立信会计师事务所（特殊普通合伙）"。

国内其他大型会计师事务所，大体走过与立信同样的改制之路。那么，会计师事务所为什么要进行改制？何为特殊普通合伙？

第一次改制：2007年以前，立信会计师事务所作为普通合伙制企业，其所有合伙人均对合伙企业承担无限责任。会计师事务所从事的是高智力、高风险行业，将普通合伙制的会计师事务所改为有限责任公司，主要是为规避会计师事务所合伙人的无限连带责任和风险。第二次改制：改制为有限责任公司的会计师事务所后，尽管在制度上限定了合伙人（股东）的无限连带责任，但中国法律对有限责任公司的股东人数有着明确的规模限制（按法律规定，有限责任公司法定股东人数不得超过50人）。为做大做强会计师事务所，需要在制度上借特殊普通合伙之名以打破相关法律对股东人数的限制。其"特殊性"就在于无限连带责任，在这一制度下，在某执业合伙人有过错的特定领域，可以免除其他无过错合伙人的无限连带责任。

实践证明，诸如立信等会计事务所师的改制，不仅有利于会计师事务所合伙团队建设、规模扩张和能力提升，而且可以促进注册会计师行业的健康发展。

资料来源：根据http://www.bdo.com.cn/及相关报道整理而成

3. 公司制

公司是股东出资并依法设立、规范运作的法人实体。投资于公司的"人"即为公司股东，包括自然人、法人或其他组织。通常情况下，股东以其投资额（或持股比例）分享公司各项权利，如资产收益权、投票权等。

公司分有限责任公司、股份有限公司两种类型。有限责任公司是指股东以其认缴出资额为限对公司承担有限责任，股份有限公司则将公司资本划分为等额股份，股东以其认购股份或持股比例为上限对公司承担有限责任。根据我国公司法规定，有限责任公司有"一人有限责任公司""国有独资公司"等特殊形式。

相对于业主制与合伙制，公司制特征主要体现为以下方面：①有限责任。法律赋予公司股东以其出资额或认购股份为上限承担公司债务或义务。②持续经营。公司作为独立的法律存在，是虚拟化的法人实体，它拥有独立的法人财产和法人财产权，并以其全部财产对公司债务承担责任。同时，公司不因股东之间的股权转让（如股份买卖）等股东变更行为而影响其独立运作，公司法人财产作为完整资产不因股东个体变更而改变。③公司治理。公司制的最大特征是两权分离（所有权与控制权的分离），即股东所拥有公司所有权与受雇于股东的公司经营者其拥有公司控制权之间的分离。两权分离状态，使股东与经营者之间形成"委托代理关系"：股东作为委托方（principal）委托公司经营者（受托方，agent）从事经营管理，并以股东财富最大化为根本目标。为保护各类投资者权益，公司需要制定一套合理的规则、程序来规范股东、经营者等相关方的行为，进而形成公司治理框架。

公司制是在当今商业社会的影响力最大、组织形式最规范、管理关系最复杂的企业组织形式。本书主要以公司制组织形式为对象进行分析阐述。

1.1.2 财务管理的概念

财务管理在公司管理中发挥着不可替代的作用。公司设立、项目投融资、经营活动开展（如产品设计、材料采购、产品生产、销售及服务等）、对外投资并购等，都直接构成公司的各项财务活动，并需要科学决策、高效管理；同时，公司在开展各项财务活动时，还需维护、处理其与各利益相关者（如股东、债权人、供应商和销售商、公司员工等）之间的利益关系，以促进公司健康发展。

1. 财务活动

财务活动是依据公司战略并基于业务经营活动等所从事的各项管理事项及财务行为，具体包括：

1）投资活动

公司发展离不开投资。公司投资既包括固定资产购置、大型项目建设、销售渠道构建等各类实体投资，也包括股权投资和对外并购等资本投资。任何投资项目都是用"当前投入"以期取得"未来更大收益"的经济行为，它通常具有投资金额大、面临的不确定性程度高、对公司未来战略布局和经营管理活动影响深远等诸多特点，因此，投资活动及其财务决策是公司财务活动的重中之重。未来不确定性情况下，如何合理预期并判断投资项目的价值增值能力？这就涉及投资活动的财务可行性评价及管理决策问题。公司应依据公司治理规则及决策程序，结合公司战略，合理确定投资方向和投资规模、优化投资结构、平衡风险—收益关系等，以促进公司可持续增长与价值增值。

2）融资活动

融资是财务活动的本源含义，公司财务的最初职能就是融资。从公司经营管理的逻辑看，融资活动不应当也不可能独立于投资活动。说到底它是为投资项目的正常推进而及时、足够筹集资本的一项活动，投资规划在先，融资活动在后。当然"投融资行为及其管理"总是相伴相生、密不可分的。融资活动及其决策主要涉及"需要融入多少资本，何时筹集所需资本，是股权融资还是债务融资，通过什么方式融资，多大融资代价（融资成本）是可接受的"等一系列问题。

融资活动对投资行为具有制约作用。在公司财务运作中，融资活动服务于投资但不等于要一味迁就、迎合于投资，这是因为，融资本身需要考虑外部金融市场及资本可得性，还要考虑公司自身的融资能力（如偿债及风险承担能力）和财务灵活性，平衡资本可得性、融资风险与公司投资需求之间的关系。可见，融资活动及管理在一定程度上具有抑制投资冲动、控制投资规模和速度、降低投资风险等功能，通过实现投融资之间的良性互动，追求公司价值增值。

3）利润分配活动

公司围绕投融资、业务经营等展开的财务活动，最终都体现为经营成果。从投资者利益诉求及保护角度，公司利润分配问题涉及股东核心利益、公司未来发展潜力等重大问题。因此，需要依据公司治理与决策程序，就公司盈利的"分配还是留存""多分还是少分""以什么方式分""何时分"等重大决策事项达成一致，平衡公司长期利益与短期利益之间的关系，切实保护投资者权益。

4）日常现金流转活动

在公司经营过程中，大量财务活动是围绕日常业务经营动而展开的，如销售收款、采购付款、费用支付等。日常财务活动以公司经营活动现金流量为根本，将大量精力用于经营活动现金流的预测、规划、控制和管理上，例如，强化日常现金收支预算及平衡，加快存货、应收账款等资产项目的周转以降低资产风险等。有效管理日常财务活动是促进公司健康发展的关键。

可见，公司财务活动是以公司战略为导向、以公司业务运营为主体，围绕公司资本筹集、投资、利润分配及日常现金流转等而发生的一系列财务行为。

2. 财务关系

公司从事的各项财务活动都是与人打交道的，财务活动的背后无时无刻不体现着"人"的行为。例如，融资活动需要与股东、债权人等打交道，日常财务收支活动需要与供应商或销售商打交道。有人的地方就肯定存在利益关系。可见，各利益相关者的利益关系是对财务活动本质的描述，财务上将公司与各利益相关者间的利益关系统称为财务关系。

财务关系具体可细分为：公司与股东之间的财务关系、公司与债权人之间的财务关系、公司与政府之间的财务关系、公司与商业伙伴（供应商、销售商等）之间的财务关系、公司与员工之间的财务关系，如图1-1所示。

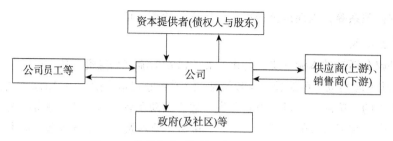

图 1-1 公司与各利益相关者的财务关系

1)公司与股东间的财务关系

股东是公司的东家、主人。公司设立、发展有赖于股东资本投入及其他资源支持。股东向公司投入资本以公司设立时,将依法享有其资产收益、参与重大决策和选择管理者等各项股东权利,而公司作为拟制主体拥有独立法人财产,从而拥有完整的法人财产权。从资本逐利属性看,股东资本投入总是希望取得合理回报的,且通过设立股东大会、董事会等治理机理来保证其合理回报的实现。公司与股东的利益关系核心表现为"投资—回报"关系,它要求:①股东须完整履行其出资义务;②充分发挥股东大会、董事会等治理作用,既有效保护股东参与公司重大决策的权力,又保证董事会能勤勉尽责地履行股东的受托责任;③平等对待所有股东尤其是中小股东,切实维护股东权益;④强化信息披露,提高公司透明度,维护股东知情权;等等。

2)公司与债权人之间的财务关系

债权人则是公司的债主。公司与债权人之间的财务关系因借贷行为、商业交易等而产生,其关系处理以双方签订的合同、协议为基础。例如,银行等债权人有权按合同约定的期限、利率等取得利息、收回本金,还本付息是公司应尽的义务。

一般情况下,债权人因其预期收益风险较低(通常是固定收益)而不享有公司控制权。但是,公司制下"有限责任"制度的滥用可能会让债权人承担很大的风险(典型如假破产真逃债),股东及经营者的道德风险使债权人权益得不到应有保护。为此,债权人需要通过合同保护性条款、破产清算等法律机制等来维护其权益。

3)公司与政府之间的财务关系

公司是经济社会的细胞,它与政府行为之间存在密切关联,最直接地表现在纳税义务上。政府为公司公平、有序、合法地开展投资经营活动等提供其必要的外部环境(此为"公共品"或公共服务),而公司作为受益者则应尽纳税义务,以交税方式弥补政府之所费。因此,政府依法征税、公司合理纳税成为理顺两者利益关系的根本。

4)公司与商业伙伴的财务关系

公司生产经营活动都离不开其产业链上的各类商业伙伴,产业链上游构成公司供应商,产业链下游即为公司销售商。公司与商业伙伴间的财务关系体现为各种商业往来之中的市场交易关系,如合作开发新产品、为商业伙伴提供融资服务(如供应链融资)、正常购销交易及其结算往来等,它们构成产业链上合作共赢的经营模式,以及共生式的财务生态。公司建立并维护与各商业伙伴间的财务关系,以市场机制为导向、以互信互惠及合作共赢为基础。

5）公司与员工之间的财务关系

在当今商业环境中,员工是公司最宝贵的经济资源。通过招聘、甄选、培训、鼓励创新、报酬激励等各种方式,充分提升公司员工的能力,同时服务于公司价值增值目标。从现代企业发展角度看,公司与员工之间的财务关系不再是传统意义上的"劳动—报酬"关系,而应是"员工资源投入"与"公司回报"的关系,预测人力资源需求并进行人力需求规划、加大员工培训、有效组织和利用员工资源、考核员工绩效并强化员工激励(如员工持股)等,是处理公司与员工间财务关系的核心。

3. 财务管理的概念

财务管理是以股东价值最大化为目标,围绕公司战略和业务经营等对公司财务活动及其财务关系进行的管理。

它有以下几层含义:①以股东价值最大化为目标,价值最大化是从事财务决策、管理控制所恪守的核心标准。②以公司战略、业务经营为依托。公司管理是一项系统工程,公司各项业务经营、管理活动(如研发、生产、营销服务、人力资源、物流采购等)均围绕公司愿景、使命、战略及长期规划等展开,财务管理也不例外。同时,财务管理在服务于公司战略、业务经营中,以其严格的价值增值标准、可计量的价值判断依据、可规范的财务运作方式和合规性要求等,有效管理投融资决策,支持并规范公司业务经营的开展,从而实现其管理功能。③以公司财务活动为主线。主要围绕融资活动、投资活动、利润分配活动、日常现金流转等展开决策与控制。

1.2 财 务 目 标

目标是有效行为的前提、管理活动的导向,财务管理也不例外。财务目标是公司进行财务决策、实施管理控制等行为的价值判断标准。

1.2.1 公司财务目标定位

公司是营利性组织,逐利性是资本的核心特质。财务活动及其管理天然要求确定管理目标,同时体现资本的核心属性。理论上关于财务目标的表述至少有以下两种。

1. 利润最大化

利润最大化是公司财务目标最原始、最简朴的表述方式,它直接体现投资与收益回报之间的内在关系。利润最大化目标中的"利润"主要针对会计利润而言,它直观明了、通俗易懂,且具有营业利润、利润总额、净利润、每股收益等层次性,公司可以结合不同层次的利润概念,来确定管理目标、优化财务决策并实施财务控制。

利润最大化作为财务目标定位有其可取之处,如定义明确、计算简易、便于考核等,但同时也存在下述缺陷:①没有考虑时间因素。今年(T_0)实现的20万元利润与明年(T_1)实现的20万元利润在会计数量看似相等,但其价值并不相等,最直观的差异就是今年实现的利润可用于再投资，从而在明年实现更多的收益。因此，财务管理特别强调时间的概念，它要求：财务决策上不能对发生在不同时间点的利润、现金流等直接进行加减、比较，而应按特定的财务方法将其"折算"为同一时点，以使其可加可减。②没有考虑资本投入与收益产出的关系。现实中，利润最大化往往会被误解为利润额的最大化，从而忽略利润产出与资产投入之间的相对关系。例如，公司有 A、B 两个投资项目，其中，A 项目需投入资本 1 000 万元，预期营业利润为 200 万元；B 项目需要投入资本 600 万元，预期营业利润为 180 万元。如果直接按绝对意义的利润最大化观点，则 A 项目是可行的。但是，如果考虑相对意义的收益回报，则 A、B 两个项目的预期收益率分别是 20%、30%，显然，在资本稀缺情况下将资本配置于 B 项目可能更高效、更可行。③没有考虑风险问题。以利润最大化作为管理目标，极有可能诱使公司管理层在"战略上"过于看重短期利益而忽视长期利益，在"战术上"为追求高利润而忽视潜在经营风险、财务风险，从而导致导向偏差、管理失策。④诱导各级经营者本位利益。强调利润最大化导向，会诱使公司内部各级经营者过于追求局部利益、自身利益，争夺内部资源并激化内部管理矛盾，从而损害公司整体利益。

因此，利润最大化是财务目标的一种粗放式表达，但以此作为财务决策与管理的标准和目标导向，既不符合财务逻辑，也无益于财务管理实践。

2. 股东财富最大化（或公司价值最大化）

为避免利润最大化目标的不足，并体现资本市场和公司制的制度特征，人们将公司财务目标定位于股东财富最大化。这一定位有以下四层基本含义：第一，明确财务目标与财务管理的服务对象是"股东"。它直接明确股东是公司最核心的利益相关者，是公司"东家"，强调股东在公司中的地位，强调公司存在的合法性和财务管理服务对象的正当性。第二，明确"财富增长"或"价值增值"作为公司财务决策的判断标准，从而力避利润最大化目标所可能带来的导向偏差。也就是说，任何有利于股东财富增长（公司价值增值）的财务活动及管理行为，都是可行的；反之，任何有损于股东财富增长（公司价值增值）的财务活动及管理行为，都是不可行的。第三，股东价值与公司价值在本质上是一致的，由于公司价值 = 股东价值 + 债权人价值，而债权人价值在计量上易于确定，因此，"股东价值最大化"目标在逻辑上将等价于"公司价值最大化目标"，它们是两种可以互换的提法。第四，考虑了其他利益相关者的利益。股东作为公司剩余所有者，只有在公司满足诸如债权人、供应商、员工及政府等要相关权益要求之后，才能享有其剩余权益，因此满足股东价值最大化是以其他利益相关者权益受保护为前提的。

股东价值最大化目标定位具有以下优点。

1）体现时间属性

理论上认为，如果市场有效，股票价格将真实反映股东财富。或者说，股东财富计量可以用股票价格来替代。股票价格取决于股票内在价值，即取决于公司运营所取得未来各期现金流量大小、现金流的实现时间及其潜在成长性。公司运营所产生的未来现金流量越大，现金流持续时间越长，股东财富越高，反之则相反。可见，股东财富最大化目标鼓励公司追求可持续增长与长期价值增值。

2）反映风险因素

公司运营及未来现金流量实现总是与风险、不确定性相伴生的。在风险及不确定性存在的情况下，公司经营活动现金流量实现的风险越低，则其价值越高，反之相反。

3）规避经营者短视行为

如前所述，公司价值严格表述为公司未来各期现金流的现值之和。如果经营者执意追求短期利润，则有可能使公司长期利益受损；经营者执意追求账面利润而不顾公司现金流，则有可能与公司价值增值目标背道而驰。可见，财富最大化目标在很大程度上能约束、抑制经营者的短视行为（myopia），引导他们为股东的长期利益着想。

1.2.2 公司治理与财务目标

公司制及两权分离情形下，股东财富最大化目标的确立基于以下基本假设：①经营者个人利益目标与股东利益目标完全一致。②公司债权人权益能得到完全保护。③股东作为一个整体存在于公司内部，股东之间不存在利益冲突。④追求股东财富最大化目标，并不忽视其他利益相关者利益及公司社会责任。

如同经典力学中经常假定真空状态下力的作用一样（"无摩擦"），股东财富最大化目标的确定，在很大程度上需要通过"假设"来排除各类干扰因素的影响，因为只有这样才能使股东财富最大化目标成为引导人们行为的价值判断标准或导向，从而真正用以指导财务管理实践。但在现实经济生活中，各种干扰因素的存在是一种常态。例如，受托方的经营者极有可能利用其信息优势，谋取个人私利而损害股东利益；有限责任制度的滥用有可能使债权人权益无法得到保护；公司大股东极有可能利用其控制权优势而侵占中小股东权益；公司以牺牲生态环保为代价而追求股东财富最大化目标，等等。所有这些现象，都需要通过市场规则、制度设计、法律程序等来平衡各利益相关者的利益诉求，排解或降低这些干扰因素对财务目标实现的不利影响，最终实现价值最大化目标。

1. 公司治理的基本概念

公司作为一种"资合组织"因股东投资而生成，但股东作为出资者并不一定直接参与公司内部运营管理，通常是委托职业经理人来帮助打理公司业务，由此产生两权分离及传统的委托代理关系（股东作为委托方，管理层作为受托方）。由于股东与经营者在目标、利益上并不完全一致，更由于经营者比股东拥有公司运营管理方面的信息优势（此为信息不对称性），因而可能引发代理矛盾与利润冲突。在这里，信息不对称是一个重要概念。作为一种普遍存在的经济社会现象，其带来的直接后果可概括为两方面：一是道德风险（moral hazards），即拥有信息优势的一方为个人私利而损害他人利益；二是逆向选择（adverse selection），即处于信息劣势的一方因担心利益被侵占而减少甚至取消正常交易，从而影响市场交易的形成、发育与发展。

具体到公司制，利益相关方利益不一致及信息不对称现象普遍存在，它既存在于股东与经营者之间，也存在于股东与债权人之间，还存在于大股东与中小股东之间。为此，需要通过公司治理机制来厘清和规范股东、经营者、债权人等各方权益，保护投资者利益。

可见，公司治理在本质上是为保护投资者（股东、债权人等）自身收益而形成的一系列规则体系与制度安排。

2. "股东—经营者"目标差异与公司治理机制

1）"股东—经营者"目标差异

如前所述，股东作为委托人拥有公司所有权，经营者作为代理人负责公司日常决策与管理，从而形成公司制特有的股东—经营者间"委托代理关系"。但是，股东与经营者毕竟是两个不同的利益主体，其目标取向并非完全一致。例如，股东希望经营者能尽心尽力为他们管好公司以提升其价值，经营者则可能希望借公司平台实现其个人私利（如最大化其个人薪酬、增加个人在职消费、做大公司规模以追求其个人价值实现等）。可见，股东—经营者间的目标差异是一种客观存在（它在某种程度上体现了"人性"）。股东与经营者间信息不对称性会诱使并强化两者利益目标的偏差，并引发高昂的代理成本。在这里，代理成本主要包括股东为监督经营者努力工作而发生的监督成本等（典型如股东委托审计师进行审计鉴证而支付的审计费用）等。因此，为消除两者目标差异所带来的不利影响，需要引入相关治理机制以降低代理成本、消除信息不对称性，并促使经营者更好地为股东服务。

2）治理机制

缓解股东—经营者间代理矛盾、降低代理成本的治理机制主要包括以下两类。

（1）内部治理机制与董事会运作。内部治理的核心机制是董事会。董事会作为公司内部常设机构，是经股东大会授权并行使公司重大事项决策权和监督权的核心机构，其职责主要体现为"战略决策"与"管理监督"两方面。前者是指董事会要对涉及公司战略、长期规划等重大决策事项进行审议或审批，并交办公司经营者遵照执行；后者是指董事会对经营者的决策执行情况进行全方位的监督、控制，力图保证股东大会、董事会预先下达的相关战略决策、长期规划和预算目标等的实现。董事会成员由股东大会选举产生并获委任，完全代表所有股东意志，旨在保护股东利益。为有效履行董事会决策、监督职能，通常情况下董事会根据需要设立投资战略、审计、提名、薪酬考核等下属专门委员会。

 相关资料：美国通用电器公司董事会职能及运作

美国通用电器公司（以下简称 GE）董事会的主要作用在于监督公司管理层，以保证其尽心尽力地为股东及其他利益相关者谋取利益。为此，GE 董事会引入一系列治理规则，其根据目的在于：保证董事会自身的独立性、保证董事会对公司重大战略决策与风险问题上的完全知情权。董事会的职责主要包括：①选择、评价与激励公司 CEO（首席执行官），并监控候任 CEO 的聘任计划；②商议并监控公司高管人员的选任、评价、晋升发展及激励计划；③对公司重大财务和经营战略、重大经营活动进行评估、监督及决策；④评估公司所面临的重大风险，并审议风险的各种应对策略；⑤在维护公司诚信方面上，施加过程控制以保持其有效性，公司诚信主要包括对外财务报告、法律和道德的遵从、与公司客户及供应商关系、与其他利益相关者关系等各个方面。

2015年，GE公司15人董事会中有14人为独立董事。在这一年，GE董事会总共召开了13次会议，包括3次完全由独立董事参加的董事会会议。董事会下设审计、公司治理与公共事务、风险管理、科学技术、管理能力开发与薪酬等委员会。董事会成员所关注的问题大多聚焦于公司股东利益相关的领域，如公司战略、风险管理、公司领导力及其培养。在2015年，董事会及其成员收到来自方方面面的信息与简报，涉及资本配置、风险管理、GE资本的退出、GE数据业务发展、简化业务、全球市场动态、全球研发战略、GE品牌及营销网络建设等所有重大问题。年底，董事会及各下属专门委员会，对所有上述问题所进行的决策都进行了全方位的自我评估。

资料来源：GE公司2015年年报与公司章程（www.ge.com）

董事会机制主要借助下述控制方式。

①经营者选任与解聘机制。在公司治理框架中，董事会被股东大会赋予筛选、选聘、考核、解聘经营者的权力。选任或解聘经营者（尤其是总经理、首席财务官这两个职位）是董事会约束经营者行为的尚方宝剑。通常情况下，"两职分设"即董事长（董事会召集人）不得兼任总经理（经营团队的核心），是保障该机制有效运作的基本条件。

②监督机制。董事会对经营者的监督是全方位的，既包括经营管理的过程监督，也包括经营成果的考核监督。过程监督意味着董事会要对经营者执行计划、预算等发生的目标偏差实施过程预警、监控，对出现重大偏差的要及时纠偏、干预；结果监督则是指董事会要定期（如半年、一年）或不定期地对经营者实际绩效进行审计评价、差异分析和绩效考核。董事会监督的核心功能在于及时发现并校正经营者的败德行为，促成董事会所下达经营目标的实现，切实保护股东权益。对于经营者的道德风险及败德行为，股东大会、董事会有权责令其整改，对整改不力的有权根据法律、公司章程、内部合约等解聘经营者。可见，董事会监督机制是强化经营者自我约束的重要力量，它有利于促使经营者与股东目标保持一致，有利于促使经营者努力工作并充分发挥其经营才智。

董事会对经营者的过程监督与结果考核，需要借助各种力量。其中，审计监督（包括公司内部审计监督和独立审计监督）是董事会发挥监督作用的重要手段。例如，由公司董事会提议并由股东大会决定聘任第三方的独立审计机构（会计师事务所），对公司年度报告进行全方位鉴证、审计，是保证公司年报信息真实、公允的基本制度安排；为保持公司内部审计监督的独立性、权威性，公司内部审计组织体系通常接受董事会下属审计委员会的直接领导、指导。

③激励机制。如果说董事会监督机制属于"大棒"，那么激励机制则是"胡萝卜"。为保持股东与经营者的目标一致性，激励机制必不可少。激励分为两种，一是显性激励（物质激励，如奖金、股权激励）；二是隐性激励（非物质激励，如职位晋升、精神鼓励等）。合理的激励机制能将股东利益与经营者个人利益直接挂钩，从而弥合两者目标差异。基于业绩的薪酬制度（pay-for-performance）、结构优化的激励计划（工资+奖金+股票期权）等是保证激励机制有效性的重要手段。

（2）外部治理机制。与内部治理机制不同，公司外部治理机制主要依托于外部市场力量。这里的市场主要包括控制权市场、经理人市场等。外部治理机制作用的发挥有赖于市场机制的有效性。

①控制权市场。公司（尤其是上市公司）的股份（股票）是可流通、可转让的，股价波动反映公司未来价值增减变化，成为反映公司价值的晴雨表。如果公司经营不善、股价下跌，则资本市场中的并购者——"大鲨鱼们"（sharks）就可能通过二级市场等大量买入股票，取得目标公司控制权，进而可能改组目标公司董事会、更换经营团队。在这种情况下，公司经营者的"位子"就很难保住。可见，并购行为及控制权市场的存在使经营团队始终处于"被更换"的威胁、压力之中，这种压力反过来影响、校正经营者自身行为：唯有更努力工作才能保住现有权位，从而使经营者目标与股东利益保持一致。

②经理人市场。不论是由于控制权转让，还是因业绩不佳而被董事会解聘，经营者一旦出现非正常离职，在公开透明的经理人市场中，经营者个人价值将会大打折扣、个人职业声誉随之受损，且难以在其他公司谋得同样职位。可见，健康有效的经理人市场会对职业经理人产生巨大压力，它迫使经理人恪守职责、维护其价值与职业声誉。经理人市场是降低代理成本、维护股东利益的一种重要外部机制。

公司治理机制需要内外兼修、相辅相成，以充分发挥其功能。由于各种原因（如股权结构、市场机制作用范围及程度、法律规则与司法体系、管理文化等），上述各种治理机制在不同国家、不同行业、不同公司等所发挥作用的程度、侧重点并不相同，从而形成各具特色的公司治理模式。一些国家倚重于外部治理机制（如美、英等国），而另一些国家则偏重于内部治理（如德、法等欧洲国家）。

3. "股东—债权人"间目标差异与治理机制

1）股东—债权人间的目标差异

在公司发展过程中，仅凭股东出资及公司利润留存是无法满足其增长需求的，公司需要通过借款或发行债券等债务融资方式以弥补其资本不足。外部债务融资交易，相应产生股东—债权人间的代理关系。股东—债权人间的代理矛盾与利益冲突同样源于信息不对称性，股东及经营者拥有比外部债权人更多的信息优势，从而可能导致道德风险和逆向选择。例如，股东（公司）试图借入较多债务资本以投资于预期高收益、高风险的项目，项目一旦成功，在偿付债权人本金及支付其固定收益（利息）之后，股东将得到项目的剩余高额收益（这就是利用"他人的钱"来赚钱，即<u>杠杆性</u>）；而项目一旦失败，债权人将与股东一样遭受投资损失（如公司不能如期还本付息），而项目成功或失败，股东及经营者可能比外部债权人心里更有数。甚者，在"有限责任"这一制度安排中，项目一旦失败，股东承受的最大风险损失则是可预期的（以其出资额为上限）。可见，信息不对称性将潜在助长公司过度投资及其机会主义，从而增加债权人风险；极端情形的道德风险是"假破产、真逃债"。信息不对称同样还会导致逆向选择问题，也就是说，债权人为避免因信息不对称而产生的信贷风险及潜在投资损失，在缺乏征信评估体系及相关法律保护机制等情况下，"惜贷"资产、错配资源：一方面公司有好的项目而得不到贷款（从而导致公司"投资不足"）；另一方面债权人有资金而慎于放贷（产生机会损失）。

2）治理机制

股东—债权人之间的信息不对称性，会产生极高的代理成本。例如，债权人为深入了解借款公司的信用情况，不得不自行或借助独立中介机构对借款公司进行资信评估，从而产生评估成本；因信息劣势而产生巨额贷款减值损失；等等。为此，需要设计、实施公司治理机制，在保护债权人合法权益的同时，促进公司可持续发展。

（1）债务合约及保护性条款。债务合约是指债权债务人之间正式签订的旨在明确双方责任义务、保护双方权益的契约、协议。债务合约除订明借款金额、期限、利率、还本付息安排等一般性条款外，还特别列明保护性条款，例如：①明确并限定债务资本的具体用途；②限制股利支付（如限制现金股利发放额，并要求公司股利发放与业绩挂钩）；③限制额外借款（如未经原债权人同意，公司不得额外举债等）；④严格债务担保；等等。从权益保护角度看，债务合约需要强化其法律约束力、执行力。

（2）债务重组机制。当公司无力还本付息时，借贷双方可就债务重组进行谈判并达成重组协议，重组方式包括资产出售、债务展期或延期、债务减免、债息降低、债权转股权等。债务重组机制在一定程度上能给公司以起死回生的机会，并避免因破产清算而产生的巨额损失。

（3）法律机制。解决股东—债权人间利益冲突的最后机制是法律诉讼。当借贷双方违反相关条款尤其是当债务人无力履行债务合约时，法律诉讼是解决借贷纠纷的最后手段。

4."大股东—中小股东"间利益冲突及治理机制

在分析股东与经营者、股东与债权人之间的代理矛盾及利益冲突时，一般假定股东是以联盟方式存在的"利益共同体"，在共同体内部，所有股东的目标、行为高度一致，股东间利益差异只体现为各自的持股比例。但在实际中，公司股东之间的关系同样非常复杂。从股权结构及其分散程度上看，有持股比较高的"大股东"，也存在持股比较低的"中小股东"；从股东类别看，既有发起人股东，也有战略投资者及其他各类机构投资者股东；等等。不同类别股东因控股地位、信息获取优势等而在持股动机、投资行为上表现各异。依据公司法、公司章程等，股东之间权利关系处理的原则是"一股一票""同股同权、同权同利"等，这些规则充分地保证股东的人格平等、权利公正，但并不能由此而否认其间存在的潜在利益冲突与矛盾。例如，"大股东"可能凭其控股地位、依非正常关联交易行为等利益输送而侵占中小股东权益。

中国上市公司普遍存在高度集中的股权结构。统计表明，2009—2015 年 A 股主板上市公司（全样本，共 16 840 个观测值）的第一大股东的平均持股比为 36.367%，同期前五大股东中第二大至第五大股东的"合计平均持股比"则为 16.842%，这表明在公司前五大股东中，第一大股东具有明显的控制权优势，上市公司中"一股独大型"大股东无处不在，大股东侵占中小股东权益的现象也时有发生，且饱受市场诟病。公司"大股东—中小股东"间代理矛盾是继"股东—经营者"之间代理矛盾之外，最受外界关注的一对矛盾，这一矛盾同样需要借助治理机制设计来解决。

解决大股东—中小股东间利益冲突的机制通常包括：①信息披露制度；②董事候选人的形成、变更及董事责任追究制度；③独立董事制度；④股东分类投票制及关联股东回避制度；等等。所有这些，都旨在保护处于信息劣势的中小股东的知情权、公司治理参与权，强化董事会的独立性及责任追究等，从而最终保护股东尤其是中小股东的权益。

 相关资料：中国上市公司高度集中的股权结构（2015年）

大股东平均持股比	A股主板（公司数2 331家，%）	创业板（公司数498家，%）
第1大股东	35.880	32.430
第2大股东	9.096	11.124
第3大股东	3.822	5.878
第4大股东	2.276	3.676
第5大股东	1.619	2.577
第2~5大股东合计平均持股比	16.809	23.255

资料来源：根据国泰安数据库整理而得

公司是企业组织形式中最普遍、最重要也是最复杂的一种制度安排。公司治理优劣将直接影响公司发展战略及其稳定性、投融资行为的决策理性，进而影响公司价值。公司治理机制是一整套规则体系与制度安排，公司治理机制的整体框架如图1-2所示。

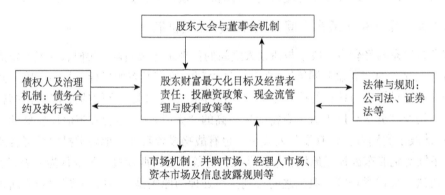

图1-2 公司治理机制的整体框架

资料来源：本图基于《应用公司理财》第二章"财务管理的目标"内容改编而成。原书作者：Aswath Damodaran，机械工业出版社，2000

1.2.3 财务目标与公司社会责任

追求股东财富最大化目标，并不等于公司可以不顾其他利益相关者利益。除股东、债权人等利益之外，其他利益相关者还包括公司商业伙伴、员工、政府及社会等，人们将这些利益相关者的利益诉求及保护，统称为公司的社会责任。

如前所述，股东财富最大化目标与社会责任履行之间不应是对立、排斥的。这是因为：①为最大化股东财富，公司必须生产社会所接受的产品、生产出满足客户个性化需求的创新性产品；②为最大化股东财富，公司必须拓展经营规模、经营领域，提高产品销量和市场份额，从而直接增加社会福利、提高员工就业机会；③追求最大化股东财富的同时，意味着公司将给政府缴纳更多的税金，从而间接增加社会福利；④为最大化股东财富，公司应挖掘那些"好"项目并对其进行投资，进而优化社会整体的资源配置，提高资本效率、减少福利损失；⑤追求股东财富的可持续增长，需要公司加大诸如环保、生态保护力度，从而尽公司作为社会公民的责任，并提高公司的市场形象与声誉。近年来，大量公司（尤其是上市公司）披露其社会责任报告，就是一个良好的开端。从预期经济后果看，如果市场能识别、区分履行社会责任"好的企业"与履行社会责任"不好的企业"，并向市场和社会释放其信号，将会强化公司的社会责任意识，提升公司的市场形象与社会美誉度，最终将有利于股东价值增值。

可见，履行社会责任是公司对社会最大的"善"，当然也是公司股东所期盼的。

有时，人们会曲解甚至误解股东财富最大化目标，并认为公司履行社会责任将成为公司"负担"。为此，既要从理论上说清楚公司财务目标和公司社会责任之间的内在关联，提高公司的社会责任意识，也需要政府相关职能部门加强监管，促进两者的内在统一。

1.3 金融市场与公司财务

公司管理活动受各种外部环境因素的影响，财务管理也是如此。财务管理环境是指对财务管理产生重大影响的所有外部条件和因素。例如，公司投融资政策及其决策需要考虑宏观经济发展和产业政策、税收政策、金融市场、信息技术、法律规则体系等各种外部环境因素。其中，宏观经济是指整个国民经济或国民经济总体及其经济活动和运行状态，它包括总供给与总需求、国民经济总量及其增长速度、物价总水平、劳动就业总水平、进出口贸易总规模及其变动等因素，把握宏观经济大势、加强对宏观经济因素的研判，将有利于公司制定恰当的发展战略，及时调整或优化产业布局和经营方向，从而对公司投融资行为产生重大影响。税收政策的核心是税负，它直接影响公司经营活力与经营业绩。

关注公司财务管理环境，旨在通过财务管理环境因素分析，识别及确定影响财务决策的外部关键因素，从而实施科学合理的财务决策。本书主要讨论金融市场等外部环境因素。

1.3.1 金融市场及其交易模式

经济社会发展需要充分发挥市场在社会资源配置上的基础性作用。市场的资源配置功能主要指借助于信息、价格信号等机制，优化和调节经济资源的流向。在产品（或服务）、资本、人力等各种市场中，对公司财务影响最直接、最深远的就是金融市场。

金融市场是资本供给方与资本需求方相互融通资本的场所。借助金融市场，资本需求方融入所需资本以满足其"现时"各种投资需要，资本供应方则将其闲置资本出贷或投资，并索取"未来"相关回报。在这一交易及市场机制作用过程中，时间、风险、收益等构成金融市场的核心概念。所谓"时间"，是需求方现时缺钱而供给方现时有钱，因此需求方通过承诺在未来还钱，以实现资本在"时间上的互换"；所谓"风险"是指交易双方因信息不对称性而引发的未来收益不确定性，需求方到期不能还本付息就是一种典型的风险

（债务违约风险）；所谓"收益"，是指资本需求方向资本供给方支付的"必要"回报，这一回报既体现资本的时间属性（此为无风险下的货币时间价值），也包含对不同金融资产的风险考量（此为风险条件下的必要收益）。

通常认为，有效运作的金融市场不仅有利于理性判断并不断优化公司的微观财务行为，而且有利于提高资本的宏观配置效率。金融市场有以下两种交易模式。

1. 直接融资

在直接融资交易模式下，资本需求方（公司）在金融中间人（如证券公司、投资银行等）的帮助下，借助发行股票、债券等各种有价证券，从资本供给方那里直接融入资本，如图 1-3 所示。

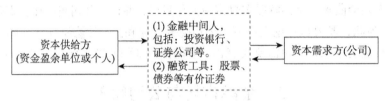

图 1-3　直接融资交易模式

在直接融资模式下，证券市场按交易功能可分为发行市场（一级市场）与流通市场（二级市场），按交易对象可分为股票市场、债券市场等。在直接融资交易中，金融中间人（证券公司或投资银行等）扮演为公司提供发行策划、证券定价、证券承销等服务的中介角色，从而在资本市场中具有十分重要的作用。

 相关资料：中信证券股份有限公司及其承销业务

中信证券股份有限公司（以下简称"公司"），于 1995 年 10 月 25 日在北京成立。2002 年 12 月 13 日，经中国证券监督管理委员会核准，公司向社会公开发行 4 亿股普通 A 股股票，2003 年 1 月 6 日在上海证券交易所挂牌上市交易，股票简称"中信证券"，股票代码"600030"；2011 年 10 月 6 日在香港联合交易所上市交易，股票代码为"6030"。

公司业务主要包括：①投资银行业务。具体包括股权融资、债券及结构化融资、财务顾问。②融资业务。在中国及全球为各类企业及其他机构客户提供融资与财务顾问服务。③经纪业务。具体从事证券及期货经纪业务，代销金融产品。④交易业务。主要从事权益产品、固定收益产品、衍生品的交易与做市场、融资融券业务、另类投资和大宗交易业务。⑤资产管理服务业务。在中国及全球范围内为客户提供资产管理服务和产品，具体包括集合资产管理、定向资产管理、专项资产管理、基金管理及其他投资账户管理。⑥投资业务。主要包括私募股权投资、战略本金投资及其他业务。

2015 年年报显示，截至 2015 年 12 月 31 日，公司总资产 6 161 亿元，净资产 1 391 亿元，净资本 894 亿元；公司实现营业收入人民币 560 亿元，实现净利润人民币 198 亿元，净资产收益率 16.63%，收入和净利润均位居国内证券公司首位，各项业务继续保持市场领先地位。其中，公司完成股权融资主承销金额人民币 1 773.33 亿元，完成债券主承销金额人民币 3 856.94 亿元，市场份额分别占 10.72%和 3.35%，均属行业第一，凸显其核心竞争优势。

截至 2015 年 12 月 31 日，中信证券持股 5%以上的股东为中国中信有限公司（持股比例为 15.59%）。公司依托第一大股东与中信银行、中信信托、信诚人寿保险等公司共同组成中信控股之综合经营模式，并与中信国际金融控股共同为客户提供境内外全面金融服务。公司拥有中信证券（山东）有限责任公司、中信证券国际有限公司、中信期货有限公司、金石投资有限公司、华夏基金管理有限公司、中信证券投资有限公司 6 家主要控股子公司，拥有中信产业投资基金管理有限公司、建投中信资产管理有限公司 2 家主要参股子公司。

资料来源：中信证券 2015 年年报. http://www.cs.ecitic.com/investor/index.html

2. 间接融资

在间接融资交易模式下，资本需求方（公司）与资本供给方并不直接发生金融交易，而是借银行等金融机构（financial institutions，如商业银行、保险公司、财务公司等）的中介桥梁，实现资本融通，如图 1-4 所示。最典型的例子就是，商业银行通过储蓄等形式将社会闲散资金吸收过来，然后再放贷给公司等资本需求方。

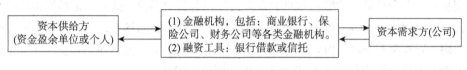

图 1-4　间接融资交易模式

不论是直接融资还是间接融资，其目的都是实现社会资本在社会中的流动。不同国家因金融监管模式、金融市场发育程度等不同，其金融交易结构也存在重大差异，并形成各自不同的金融运作体系。例如，美英等国的直接融资交易发达，中国、日本、德国等间接融资交易占优。具体到公司层面，那些在财务业绩、发展前景及信用等级较高的公司，更容易得到商业银行、潜在股东和债权人等的信赖，从而可以用多种融资交易方式融入资本以满足发展需要；反之则相反。

1.3.2　金融市场构成要素

金融市场构成要素包括市场交易主体、金融工具与金融交易组织。

1. 市场交易主体

市场交易主体是指金融市场活动的参与者，包括个人及单位、公司、金融机构、金融中间商等。其中，金融机构主要涉及商业银行、保险公司、财务公司等，金融中间人主要指各类投资银行、证券公司等。各市场主体从自身利益出发，展开合作与竞争，以提高金融市场运作效率，助力实体经济发展。

2. 金融工具

金融工具是金融市场交易的对象与媒介，如股票、债券及各种衍生金融产品。从资本供给方角度,金融工具是其潜在持有的资产(金融资产),代表着对资本需求方的"求偿权"或"要求权"。随着金融市场的不断完善,除传统的基础性金融工具(如股票、债券等)以外,还衍生出各种各具特色的交易工具或产品,如可转换债券、期权、信托等各种金融工具。

3. 金融交易组织

在直接融资交易中,为维护金融交易行为的有序开展,需要设立特定的金融交易组织并制定实施有效的交易规则。证券交易所(场内交易)与场外交易系统(OTC)是直接融资下的两种主要交易组织系统。其中,证券交易所是为各种证券的一级发行市场、二级交易市场提供交易的主要平台。

在中国,证券交易所(主要指上海证券交易所、深圳证券交易所)是依据相关法律、法规等规定,经政府证券主管机关批准设立,并不以营利为目的,为证券的集中和有组织交易提供有形场所、设施,履行国家有关法律法规、规章、政策规定的职责,实行自律性管理的法人。作为证券市场的组织者,证券交易所具有以下职能:①提供证券交易的场所和设施;②制定证券交易所的业务规则;③接受上市申请,安排证券上市;④组织、监督证券交易;⑤对会员进行监管;⑥对上市公司进行监管;⑦设立证券登记结算机构;⑧管理和公布市场信息;等等。可见,证券交易所作为证券交易的场所,一方面要为证券交易设立规则、安排交易并动态披露交易价格,另一方面要对上市公司加强监管,尤其是信息披露方面的监管,以引导资本合理流动,提高资源配置效率。

1.3.3 金融市场利率

利率是资本"价格"。在金融市场中,利率总是与时间、风险等相关概念相伴生的,它是金融市场与公司财务管理关注的核心参数之一。

1. 利率的概念

1)年利率与月利率

年利率是指按年度计息的资金价格,一般按本金的百分之几表示,如年利率 6%代表100 元本金的年利息(收益)为 6 元。相应地,月利率则按月计息,如 6%的年利率可简单换算为 0.5%的月利率。

2)名义利率与有效年利率

名义利率是指金融产品的票面利率,有效年利率(effective annual rate,EAR)则指金融产品在年内多次计息情况下所反映的实际收益率。名义利率与有效年利率的关系可表示为

$$EAR = (1 + i/m)^m - 1$$

式中,i 为名义利率;m 为计息期;EAR 为有效年利率。例如,某贷款项目的名义年利率为 12%,如果年内按季复利计息(1 年分 4 期),则该贷款的有效年利率为:$(1 + 12\%/4)^4 - 1 = 12.55\%$;如果年内按月(12 个月)复利计息,则其年实际利率为:$(1 + 12\%/12)^{12} - 1$

= 12.68%。可见，多次计息下的有效年利率要高于年名义利率，且计息期越短，计息次数越多，其有效年利率越高。

3）固定利率与浮动利率

固定利率是指在借贷期内不作调整的利率，也就是在借贷合同签订时设定的利率。在固定利率约定下，不论贷款期内市场利率如何变动，借款人都按照固定利率支付利息。反之，浮动利率则是根据借贷双方协定，在贷款期内依市场利率波动而在一定范围内可调整的利率。固定利率与浮动利率是两种完全不同的利率制度，它基于借贷双方对未来资本供求状况、通货膨胀预期、信贷政策及银根松紧程度等各种风险因素的预期，由借贷双方在相关合约中事先约定并选择。

2. 利率构成

金融市场的利率如同商品价格，总是随各种因素波动而波动的。在理论上，除宏观经济因素外，影响其波动的基础性、系统性因素主要有两个：一个是"时间"；另一个是"风险"，它们共同决定利率构成和利率水平。借贷期限越长则利率水平越高；预期风险越大则利率预期越高，反之则相反。

1）纯利率

纯利率是指在不考虑通货膨胀、无风险状态下的社会平均收益率。在现实中，以国家信用发行国库券的国库券利率最符合这一要求，所以人们通常以国库券利率代表纯利率。政府可以通过宏观金融政策和操作（如控制货币发行量、调整存款准备金率和再贴现率、公开市场买卖等），来调节确定纯利率水平。

2）通货膨胀贴补率

通货膨胀作为一种货币现象，使同等货币的购买能力发生贬值。在借贷交易中，为弥补因预期通货膨胀对投资者收益造成损失的风险损失，需要在纯利率水平基础上，考虑对预期通货膨胀不利影响的弥补，从而形成通货膨胀贴补率。

财务上，人们通常简单地将纯利率与通货膨胀贴补率合称为基础利率，即基础利率（R）= 纯利率（r）+ 预期通货膨胀贴补率（IP）。如果要用公式完整表达，则有

$$(1+R) = (1+r) \times (1+IP)$$

式中，R 为基础利率；r 为纯利率；IP 为通货膨胀贴补率。由于 $r \times IP$ 的值通常很小，因此上述公式可简化为：$R = r + IP$。例如，一年期银行定期存款基础利率假定为 3%，而预期年通货膨胀率贴补为 2.1%，则一年期银行定期存款的纯利率为 0.9%。

3）违约风险贴补率

信贷违约是指债务人不能向债权人按时还本、付息的行为。通常情况下，借贷双方在订立借贷合约时，债权人需"事先判断"债务人违约风险高低，将在借贷利率商定中考虑这一潜在风险因素。债务人预期违约风险越高，债权人所要求的利率水平也就越高；反之相反。

4）变现力风险贴补率

变现力是指资产在短期内出售并转换为现金的能力。变现力强弱的标志有两个：一是变现时间长短；二是变现价格高低。如果某金融产品（如债券）能够在短时间内变现，且

不发生金额上的损失（或损失很少），则说明该债券的变现能力强。金融资产变现能力通常与发行人的财务实力相关。那些财务实力雄厚的公司，其所发行的债券因信用好、支付能力强，其在市场中的变现或转让能力也相对越强，在这种情况下投资者要求的变现力风险贴补率就相对较低；反之相反。

5）到期风险贴补率

到期风险贴补率是因到期时间长短各异而形成的利率差。一般认为，长期金融资产的风险要高于短期金融资产，两者间利率差异即体现为到期风险补偿率。如1年期贷款利率为5%，而3年期贷款利率为8%，如果不考虑其他因素影响，其间利率差异（3%）即为到期风险贴补率。

在财务上，通常将违约风险、变现力风险和到期风险三者的贴补率统称为风险补偿率。由此，利率构成可表达为

利率 = 基础利率 + 风险补偿率 = （纯利率 + 通货膨胀贴补率） +
（违约风险贴补率 + 变现力风险贴补率 + 到期风险贴补率）

3. 利率预期与公司财务决策

利率作为资金"价格"引导着社会资本合理流动和配置，并对公司投融资决策、股利分配、公司日常财务运作和资金管理等财务活动产生重大影响。

1）利率与投资行为

公司投资项目及其选择，除考虑行业定位、公司战略、市场容量、商业模式等各种因素外，重点需要判断其财务可行性。从财务可行性角度，较低的市场利率将增加投资项目的预期收益，反之，较高的市场利率将降低投资项目的预期收益。因此，对公司投资而言，市场利率及波动预期具有某种"市场信号"功能："降息"意味刺激投资、拉动投资规模，"加息"则意味着抑制投资、缩减投资规模。

2）利率与公司融资决策

利率直接体现借贷双方的供求关系，利率作为资金"价格"直接表现为公司的融资成本。公司在追求价值最大化过程中，融资成本越低则预期项目的投资价值越高；反之则相反。因此，融资成本是公司融资决策考虑的首要因素。当然在公司融资现实中，融资决策是一项非常复杂的财务活动，它不是一厢情愿、任意而为的，公司既要考虑"借款意愿及融资需求"，也要考虑自身的"信用状况及偿债能力"；既要考虑低成本融资（如借入利率相对较低的短期借款以降低融资成本），也要考虑资产属性与融资期限等之间的期限搭配，防范公司财务风险。

3）利率与股利分配

股东投资旨在获得必要回报。利率对股东及其股利分配决策的影响主要体现在以下方面：第一，利率会影响股东回报率预期。利率作为资金价格，在某种程度上为股东投资回报提供某种基准、依据。试想，股东投资于公司的收益率不及银行的同期存款利率，则股东肯定不满意。由此，利率水平应当成为公司制定现金股利政策的参照因素之一。第二，利率影响公司"分红—留存"决策。公司股利政策说到底是确定净利润的"分与留"，公司

有良好的投资机会且市场利率处于高位时，公司将愿意多留利润而少分红，相反，有良好的投资机会但市场利率处于低位时，公司将愿意充分利用财务杠杆，少留利润而增加分红。

4) 利率与公司日常财务运作

公司日常财务运作主要关注现金流规划、控制、平衡、协调等，它们与公司经营策略与商业运营密不可分。以销售与收款为例，扩大销售可能会增加应收账款，而应收账款本质上是公司对下游客户的一种放款行为（"他人占用本公司的钱"），在市场利率较低时，公司可通过借入成本较低的短期款项来满足其应收账款占用需要，以支持销售业务增长，而当市场利率较高时，这样做在财务上可能会得不偿失。

1.3.4 金融市场与公司财务的互动

1. 金融市场与公司融资

以资本市场为代表的金融体系，为公司融资提供了极大便利。上市公司可以充分利用股票、债券等市场进行融资，以满足其投资发展需要。这里的市场，既指股票、债券等一级发行市场，也包括各种证券的二级交易市场；既包括首次公开发行市场，也包括股票、可转让债券等再融资市场；既包括公开发行市场也包括非公开发行市场；等等。资本市场的存在，为公司融资、证券交易与有效定价提供了基础。

2. 金融监管、公司治理与财务行为规范化

金融市场是一个规范性的市场，所有市场参与者均接受其监管，公司更不例外。资本市场在为公司提供融资便利的同时，也对公司治理及财务管理行为的规范化等提出了更高要求。通常，规范公司治理及财务行为的监督规则体系主要包括：①国家法律行政法规，包括诸如公司法、证券法、会计法等。②部门规章，如中国证券监督管理委员会等发布的证券发行与承销管理办法、公司债券发行与交易管理办法、优先股试点管理办法、上市公司重大资产重组管理办法，等等。③规范性文件。它主要是相关行政管理部门发布的用以规范公司行为的文件，同样具有强制性。如中国证券监督管理委员会发布的有关信息披露与财务会计、公司治理与内部控制、并购重组、关联交易对外担保、募集资金使用、新股发行监管、国有股转让、上市与退市等规范性文件，为强化市场秩序、规范公司治理与财务管理行为等，提供了更为具体的指引与要求。

 相关资料

根据中国证监会发布的《公开发行证券的公司信息披露内容与格式准则第2号——年度报告的内容与格式（2016年修订）》，上市公司所发布的年度报告正文应当包括以下内容及格式要求。

（1）重要提示、目录和释义。其中，公司应当在年度报告文本扉页刊登如下重要提示：公司董事会、监事会及董事、监事、高级管理人员保证年度报告内容的真实、准确、完整，不存在虚假记载、误导性陈述或重大遗漏，并承担个别和连带的法律责任。

（2）公司简介和主要财务指标。

（3）公司业务概要。公司应当简要介绍报告期内公司从事的主要业务，包括（但不限于）报告期内公司所从事的主要业务、主要产品及其用途；经营模式、主要的业绩驱动因素等内容，应当重点突出报告期内发生的重大变化；报告期内公司所属行业的发展阶段、周期性特点以及公司所处的行业地位等。

（4）经营情况讨论与分析。经营情况讨论与分析中应当对财务报告数据与其他必要的统计数据，以及报告期内发生和未来将要发生的重大事项，进行讨论与分析，以有助于投资者了解其经营成果、财务状况及未来可能的变化，并增进投资者的理解。

（5）重要事项。公司应当披露报告期内普通股利润分配政策，特别是现金分红政策的制定、执行或调整情况，说明利润分配政策是否符合公司章程及审议程序的规定，是否充分保护中小投资者的合法权益，是否由独立董事发表意见，是否有明确的分红标准和分红比例，以及利润分配政策调整或变更的条件和程序是否合规、透明。

（6）股份变动及股东情况。

（7）优先股相关情况。

（8）董事、监事、高级管理人员和员工情况。

（9）公司治理。公司应当披露公司治理的基本状况，说明公司治理的实际状况与上市公司治理的规范性文件是否存在重大差异，如有重大差异，应当说明具体情况及原因。

（10）公司债券相关情况。公开发行公司债券的公司披露年度报告时，应当以专门章节披露公司债券相关情况。

（11）财务报告。在财务报告中，公司应当披露审计报告正文和经审计的财务报表。

（12）备查文件目录。

资料来源：中国证券监督管理委员会官网. http://www.csrc.gov.cn/pub/newsite/flb/flfg/bmgf/

1.4　财务管理组织

履行财务管理职责需要通过组织机构的合理设计、高效运行来保证。公司规模越大，财务管理事项越多、管理跨度越大、管理内容越复杂，就越需要通过专业化分工的财务管理机构来强化其管理。

1.4.1　财务管理部门的职能

公司管理离不开会计核算，更离不开财务管理。财务、会计作为两种不同的职能，既有联系也有本质区别。

1. 财务管理部门的职责

在公司财务管理实践中，财务管理部门负有以下主要职责。

（1）资本预算及控制。具体包括：对拟投资的项目进行可行性分析，运用各种指标（净现值、回收期等）测算该项目的投资价值；合理安排资源，以保证项目投资计划的有效实施；加强对投资项目的过程监管、信息反馈及投资后评估等。

（2）融资管理。具体包括：确定公司融资需求及其在时间上的分布；制定融资政策并落实具体融资方案；加强与商业银行等金融机构的沟通，加强与资本市场的对接与沟通，强化投资者关系管理等。

（3）现金管理。具体包括：测算日常现金流入与流出，规划并执行现金预算，控制现金余缺，并据以安排相应的短期融资与短期投资等。

（4）信用管理。具体包括：根据公司所处市场行情与行业特性，制定或更新公司的信用政策，分析应收账款总额及其账龄分布，合理安排收账政策，控制信用风险等。

（5）经营计划与全面预算。具体包括：结合公司战略、往年预算执行情况及年度经营计划等，在各业务部门高度参与下，由财务部门主导公司全面预算的编制，并加强对预算执行过程中的监控、分析实际结果与预算间的差异及原因，提高全面预算管理的水平等。

2. 与会计部门职责的比较

会计部门主要负责财务报告的生成、披露、资产安全及税务管理等核心工作。具体包括：①对外报告。即按照既定的会计准则、会计程序和会计方法准确地记录公司在一定期间内发生的交易与事项，并及时向各利益相关者提供全面的财务信息（财务报告）。②对内报告。即收集和整理与公司相关的各类财务与业务信息（如成本信息），编制对内管理报告，以帮助管理层评估既有决策的实施效果，优化经营策略。③税务管理。安排专人负责与税务机关的关系处理，及时申报并交纳税款，在国家法律允许范围内进行税务筹划。④数据处理与信息系统维护。

在西方公司中，会计部门职责主要由会计经理（controller）负责，财务管理部门职责则由财务经理（treasurer）负责，他们都直接对公司首席财务官（CFO）报告；在一些特殊公司（如GE公司），不仅首席财务官公司属于高管团队成员，其财务经理和会计经理也被列入高管团队之列，且均由公司董事会直接选聘、任命。

公司财务管理部门与会计部门的职能差异如图1-5所示。

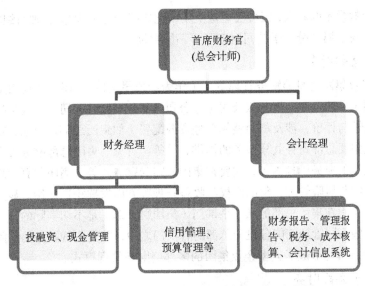

图1-5　公司财务管理部门与会计部门的职责差异

可见，财务管理部门是公司管理的核心组织部分，有别于会计部门的信息生成、披露等工作职能，或者说，前者着眼于"管理"，后者着眼于"信息提供"。但是，财务管理与会计又密不可分，主要体现在：①有效的财务管理决策有赖于会计提供及时、准确的信息；②通过分析会计信息可以观察既定财务政策的实施效果，便于优化与修正；③随着财务管理环境日趋复杂，财务管理对信息的质量与多样性要求也更高，从而拓展了会计（尤其是管理会计）的活动边界、服务范围与服务能力。

1.4.2 公司财务管理组织

不同企业适合不同的财务管理组织模式。通常而言，企业财务管理的组织模式可分以下几类。

1. 合一模式

在这种模式下，财务管理机构不作为单独的部门设立。它通常与会计部门合并，并在会计部门中设立一个或多个独立的财务管理岗位，以履行相关的财务职能。合一模式一般在中小型公司比较常见。另外，在一些规模更小的企业中，有可能不设独立的财务会计部门（仅保留特殊岗位，如银行与出纳），而将其相关职能进行服务外包。

2. 分离模式

分离模式是指公司中财务管理机构与会计组织机构并列设立。该模式下的财务管理机构有相对独立的管理领域和职责，它不仅符合公司内部控制要求，也是财务管理内容扩大后的必然要求。分离模式多见于规模较大的公司。在分离模式下，公司一般会设置主管财务的副总经理（或首席财务官），在该职之下，分设财务经理与会计经理，两人各司其职。

3. 多层次、多部门模式

随着公司规模不断壮大，很多公司走上集团化之路。此时，财务管理组织将演变为"集团总部财务"与下属"分、子公司财务"等不同层级。

1）集团总部财务

它不仅涉及集团自身的财务管理事务（作为母公司实体），还涉及集团整体财务战略与财务政策制定，涉及对下属各级公司（分公司、子公司及孙公司等）政策执行情况的监管、分析、反馈与评价，涉及集团整体财务资源配置（如集团总部现金池、财务公司等设立与运作）及集团总部财务共享服务的提供，等等。可见，集团总部财务管理职能大大突破单一企业组织的财务管理内容，它要在集团战略与财务政策、集团预算管理、集团资金管理、内部控制与风险管理、集团产权与收益管理等方面发挥积极作用。显然，将所有这些管理职能都集中在集团总部的某一个部门（集团财务部）是不切实际的，因而需要进行细分，即将这些不同管理职能分设于总部的各部门之中，并受主管财务的集团副总经理统一指挥、领导，由此形成了大型企业集团的多部门财务管理模式。

2）分、子公司财务

与企业集团总部财务不同，各分、子公司在各自经营范围之内，以集团整体财务战略为导向,执行统一财务政策,并制定行之有效的管理制度与规则,在业务财务一体化的管理过程中,努力实现各分、子公司的价值增值。

4. 财务公司模式

对于那些大型公司而言,集团内部各成员之间具有很强的业务联系,其间的资金结算往来也会日益频繁。因此,集团有必要在条件具备的情况下将集团内部成员单位的资金管理从集团财务管理职能中单独分离出来,集团内部的财务公司运作体系应运而生。

在我国大型企业集团中,财务公司作为一个独立的法人实体,服务于集团总部及集团内各成员单位。作为大型集团内部设立的非银行金融机构,其主要职责包括:①负责集团内部结算服务,强化集团内部资金的统一收支管理,维护集团资金安全;②强化集团内部各成员单位之间的资金集中调配与统一使用,调剂余缺,降低集团总体对外融资总额,提高内部资本市场的运营效率,降低财务成本;③在集团财务战略安排下,统一展开对外融资,并负责集团内部各公司的投融资和证券市场运作,为集团成员提供财务顾问;④其他被赋予的职能。

财务公司的兴起、发展,标志着财务管理向专门化、专家化和社会化迈出了坚实一步。财务公司起初相当于企业集团的"内部银行",为集团快速、稳定发展提供财务资源支持。随着大型企业集团管控能力的不断加强,如何发挥企业集团财务的"产业—金融协同效应"以支持产业发展、降低集团财务风险、提高集团财务的整体效益,日益成为集团经营者关注的重点问题。

 相关资料:中兴通讯集团财务有限公司及其经营范围

中兴通讯集团财务有限公司(以下简称"财务公司")于 2011 年 7 月 8 日获得中国银监会开业批复,它由中兴通讯股份有限公司独家出资设立,是隶属于中兴通讯集团的非银行金融机构,注册资本 10 亿元等值人民币。财务公司实行董事会领导下的总经理负责制。董事会下设战略发展委员会和风险管理委员会,公司设有七个部门,包括信贷管理部、创新金融部、计划财务部、风险管理部、结算业务部、信息科技部及办公室。

财务公司的经营范围如下。

(1)对成员单位办理财务和融资顾问、信用鉴证及相关的咨询、代理业务。

(2)协助成员单位实现交易款项的收付。

(3)经批准的保险代理业务。

(4)对成员单位提供担保。

(5)办理成员单位之间的委托贷款。

(6)对成员单位办理票据承兑与贴现。

(7)办理成员单位之间的内部转账结算及相应的结算、清算方案设计。

(8)吸收成员单位的存款。

(9)对成员单位办理贷款及融资租赁。

(10)从事同业拆借。

(11)承销成员单位的企业债券。

(12)对金融机构的股权投资。

（13）成员单位产品的消费信贷、买方信贷及融资租赁。

从财务公司经营范围可以看出，该公司属于金融机构范畴，着力于服务于中兴通讯集团及其下属各成员单位。通过设立财务公司，中兴通讯集团实行相对集权的财务管理体制，尤其表现在资金集中管理上。

资料来源：根据 www.zte-finance.com 信息整理而成

1.4.3 首席财务官的职责与能力要求

随着组织规模不断扩大、市场竞争不断加剧、管理范围和管理要求不断提高，财务人员在公司中所扮演的角色比过去任何时候都更多元、更重要。因此，财务管理人员必须认清自己在公司管理中的位置，才能更好地发挥其应有的职能。首先，财务人员必须明白自己是公司"经营者"，要以主人翁心态对待自己的日常工作，重视自己在管理公司财务过程中所做的每一项安排与决策；其次，财务人员需抱有"服务者"的心态，加强与其他部门的合作，及时获得所需信息，履行其财务职能，从而更好地为公司创造价值。

在公司中，全面负责公司财务管理、会计报告的管理者被定义为公司首席财务官，在中国主要指主管财务的副总裁、总会计师或财务总监等。首席财务官不仅是公司财务团队的总指挥，更是公司经营团队的核心成员，并与公司首席执行官、首席运营官之间形成紧密的"合作伙伴关系"。在公司中，首席财务官不仅是财务专业的管理专家，更是公司层面的全局管理者，其职责定位如下。

1. 作为战略决策者，直接参与公司重大投融资决策

首席财务官不仅要为公司战略决策提供财务决策支持，而且要直接参与到公司战略决策的各个方面，并从战略视角考虑财务管理的各种决策因素。例如，首席财务官既要考虑公司的长期整体规划，又要考虑公司短期的财务业绩表现；既要考虑公司发展水平和速度，又要结合现有的财务资源与未来融资能力，考虑公司发展中存在的财务风险；既要考虑公司内部资源的有效利用，又要考虑外部环境变化对公司的潜在影响及应对措施等。

2. 作为管理控制者，直接掌控公司日常财务运营与管理

作为经营团队的重要成员，首席财务官不仅要直接参与公司战略决策，还要加强与其他高管及部门负责人的全面沟通，利用信息流、资金流等全面掌控公司日常财务运作，建立并实施预算管理体系，监控财务运作的有效性、合规性等，促进公司可持续发展和价值增值。

公司首席财务官位高权重，其能力要求也很高。调查资料表明，一个合格的首席财务官至少应具备：①战略规划能力；②财务专业能力；③沟通与协调能力；④组织与领导能力；⑤决策与创新能力；⑥持续学习能力等。

本章小结

本章主要讨论财务管理的基础知识，旨在使初学者对公司财务管理有一个初步了解，并为以后各章学习提供依据。本章内容主要包括：①企业组织形式，包括业主制、合伙制与公司制。②财务管理概念与内容。公司财务管理围绕公司的各项财务活动而展开，并同时要求处理好公司与各利益相关者的财务关系。③财务管理目标。目前，财务管理界普遍认可的财务目标是股东财富最大化，它是公司进行各项财务决策的价值判断标准。④金融市场与公司财务。需要加深对金融市场的全面理解，这样既有利于公司融资及公司发展，也有利于规范公司财务行为。⑤财务管理组织与职责。注定财务管理组织模式受多种因素影响，主要包括合一模式、分离模式、多部门模式和财务公司模式。公司首席财务官作为公司经营团队的重要成员，要强调其与其他团队成员间的合作伙伴关系，同时要提升其胜任能力，以适应、满足各种环境因素对财务管理所提出的更高要求。

业主制（sole proprietorship）
合伙制（partnership）
公司制（corporation, company）
公司治理（corporate governance）
有限责任（limited liabilities）
财务管理或公司财务（financial management, corporate finance）
财务目标（financial goal）
股东（shareholders, stockholders）
债权人（creditors, bondholders）
相关利益者（stakeholders）
利润最大化（maximization of profit）
股东财富最大化（maximization of shareholders' wealth / value）
代理成本（agency cost）
金融市场（financial market）
直接融资（direct financing）
间接融资（indirect financing）
资本市场（capital market）
信息不对称性（information asymmetry）
有效年利率（effective annual rate, EAR）

1. 简述业主制、合伙制与公司制三种组织形式各自的特点。
2. 如何理解财务管理的概念？
3. 如何定义公司财务目标？
4. 什么是公司治理？
5. 财务管理的组织模式有几类？并分别说明其各自的适用范围。
6. 公司财务管理部门与会计部门在职能上有何差异？

7. 你认为未来发展对 CFO 有哪些方面的能力要求？

8. 预计一年期国库券的实际利率为 3%、长期通货膨胀贴补率为 7%。请分别根据下述情形确定：

（1）现时 1 年期国库券的无风险收益率是多少？

（2）假定 10 年期国库券收益率为 12%，则 10 年期与 1 年期国库券的到期风险贴补率是多少？

（3）如果 A 公司发行了为期 10 年且票面利率为 13%的债券，该公司债券的违约风险贴补率是多少？

案例分析题

1. 中国平安集团的《公司章程》列示的股东大会、董事会的职权范围如下。

1）股东大会依法享有的权力与职责

（1）决定公司的经营方针和投资计划。

（2）选举和更换董事，决定有关董事的报酬事项。

（3）选举和更换非由职工代表出任的监事，决定有关监事的报酬事项。

（4）审议批准董事会的报告。

（5）审议批准监事会的报告。

（6）审议批准公司的年度财务预算方案、决算方案。

（7）审议批准公司的利润分配方案和弥补亏损方案。

（8）对公司增加或者减少注册资本作出决议。

（9）对公司合并、分立、解散和清算等事项作出决议。

（10）对公司发行债券作出决议。

（11）对公司聘用、解聘或者不再续聘会计师事务所作出决议。

（12）修改公司章程。

（13）审议单独或合并持有公司有 3%以上股份的股东的提案。

（14）审议公司在一年内购买、出售重大资产超过公司最近一期经审计总资产 30%的事项。

（15）审议批准变更募集资金用途事项。

（16）审议股权激励计划。

（17）审议批准公司下列对外担保事项：①本公司及本公司控股子公司的对外担保总额，达到或超过最近一期经审计净资产的 50%以后提供的任何担保；②公司的对外担保总额，达到或超过最近一期经审计总资产的 30%以后提供的任何担保；③为资产负债率超过 70%的担保对象提供的担保；④单笔担保额超过最近一期经审计净资产 10%的担保；⑤对股东、实际控制人及其关联方提供的担保。

（18）法律、行政法规、部门规章、上市规则或公司章程规定应当由股东大会作出决议的其他事项。

2）公司董事会的职权

（1）负责召集股东大会，并向股东大会报告工作。

（2）执行股东大会的决议。

（3）决定公司经营计划和投资方案。

（4）制订公司的年度财务预算方案、决算方案。

（5）制订公司的利润分配方案和弥补亏损方案。

（6）制订公司增加或者减少注册资本的方案、发行公司债券或者其他证券及上市方案。

（7）拟订公司重大收购、收购本公司股票或者合并、分立、解散及变更公司形式的方案。

（8）决定公司内部管理机构的设置。

（9）根据董事长的提名，聘任或者解聘公司高级管理人员，决定其报酬事项及奖惩事项。

（10）制定公司的基本管理制度。

（11）制订公司章程修改方案。

（12）管理公司信息披露事项。

（13）在股东大会授权范围内，决定公司的重大投资、收购出售资产、资产抵押、对外担保事项、委托理财、关联交易等事项。

（14）听取公司首席执行官的工作报告并检查首席执行官的工作。

（15）法律、法规或公司章程规定，以及股东大会授予的其他职权。

分析：

（1）股东大会作为公司最高权力机构，具有哪些核心权力？

（2）董事会作为公司治理的核心机制，是通过哪些方面来保护股东权益的？

（3）从公司章程中看，股东大会和董事会是如何在相关财务决策领域扮演其各自角色的？

2. 找一家你感兴趣上市公司的最新年度报告，根据该公司年报查阅以下信息：

（1）公司第一大股东是谁？其持股比例有多少？

（2）公司前五大股东中，除第一大股东之外的其他前四大股东的合并持股比是多少？该合并持股比与第一大股东持股比的差异有多少？

（3）查阅公司董事会人数规模，并明确：第一大股东派出的董事、其他股东派出的董事、独立董事等人数分别是多少？

（4）公司董事会中属于高管团队（总经理、副总经理、总会计师、总经济师或总法律顾问）的内部董事占比是多少？

（5）公司董事会下属有几个专门委员会？它们是如何构成的？其工作职责是什么？

（6）什么是控股股东与终极控制人？它们分别是谁？两者是什么关系？

（7）公司债务占公司总资产的比重是多少？过去三年是否有重大变化？

（8）纳入合并报表范围内的下属子公司有多少家？母公司占子公司的平均持股比（简单算术平均数）是多少？

（9）公司报表对外披露时需要哪三位公司领导签字？为什么？

第 2 章

财务报表分析

开篇案例

根据格力电器(000651) 2015 年 12 月 31 日的合并资产负债表,得出短期偿债能力指标——流动比率（流动资产对流动负债的比率）为 1.07。基于西方主流教材得到的印象是流动比率如果能够在 2 左右,则一般认为流动资产对流动负债的偿还保证较为充分。依此"国际标准"来判断,格力电器对流动负债的偿还保证程度似乎偏低。同时,其长期偿债能力指标——资产负债率（负债总额与资产总额的比率）达 70%,属于高负债,即公司对债务依赖度较高。而且长期地看,格力电器资产负债表的基本状况一直保持低流动比率、高资产负债率这一态势。可见,至少从经营周转和融资发展两方面来说,格力电器给人的感觉是财务风险较高。但是,格力电器的经营业绩历年来却稳居行业前茅,难道它具有将上述风险因素转化为公司竞争优势的神奇能力吗？通过对本章的学习,你会学习到基本的财务报表分析方法,并寻找到回答上述问题的、具有一定说服力的答案。

学习提要与目标

通过本章学习,你应该能够:
（1）了解财务报表的结构及其分析中应注意的问题。
（2）掌握财务报表分析的基本方法。
（3）重点掌握偿债能力、资产周转能力、盈利能力和增长能力分析评价的方法。
（4）利用杜邦体系进行综合分析。

2.1 财务报表体系与结构

财务报表是对公司在某一时点或某一时期内的财务状况、经营成果和现金流量的一种结构性表述。财务报表体系主要包括资产负债表、利润表和现金流量表等,其中,资产负债表是整个财务报表体系的核心。财务报表通常是财务决策信息的重要来源。在此需要特别关注:①账面价值与市场价值的区别;②会计收益与现金流量的区别。

2.1.1 资产负债表

资产负债表是反映公司在某一特定时点财务状况的会计报表,它显示公司的"家底"。资产负债表可以看成某一特定时点会计人员对公司会计价值所拍的一张快照,是用来组织和归纳公司在特定时点拥有什么（公司资产）、欠别人什么（公司负债）以及两者之间差异（公司的股东权益）的一种便利方式。资产负债表分为左右两部分，左边列示了公司的资产，右边列示了公司的负债与所有者权益（也叫股东权益、净资产），说明了公司拥有什么资源以及这些资源是怎么取得的。资产负债表反映出最基本的会计恒等式：

$$资产 = 负债 + 所有者权益$$

表2-1列示了一家国内大型家电制造公司——XYZ公司20×5年12月31日的合并资

表2-1 合并资产负债表

编制单位：XYZ公司　　　　20×5年12月31日　　　　单位：百万元

项目	年末余额	年初余额	负债和所有者权益	年末余额	年初余额
流动资产：			**流动负债：**		
货币资金	88 820	54 546	短期借款	6 277	3 579
以公允价值计量且其变动计入当期损益的金融资产	0	0	以公允价值计量且其变动计入当期损益的金融负债	0	0
应收票据	14 880	50 481	衍生金融负债	1 189	216
应收账款	2 879	2 661	应付票据	7 428	6 882
预付款项	848	1 591	应付账款	24 794	26 785
应收利息	1 110	1 242	预收款项	7 620	6 428
应收股利	0	0	应付职工薪酬	1 697	1 550
其他应收款	254	381	应交税费	2 978	8 309
存货	9 474	8 599	应付利息	48	36
一年内到期的非流动资产	0	0	应付股利	1	1
其他流动资产	2 684	642	其他应付款	2 608	2 546
流动资产合计	**120 949**	**120 143**	一年内到期的非流动负债	2 404	2 061
			其他流动负债	55 581	49 996
			流动负债合计	**112 625**	**108 389**
非流动资产：			**非流动负债：**		
可供出售金融资产	2 705	2 150	长期借款	0	2 259
持有至到期投资	0	0	应付债券	0	0
长期股权投资	95	92	长期应付款	0	0
投资性房地产	492	508	长期应付职工薪酬	127	107
固定资产	15 432	14 939	预计负债	0	0
在建工程	2 045	1 254	递延所得税负债	244	256
固定资产清理	22	8	其他非流动负债	135	88
无形资产	2 656	2 480	**非流动负债合计**	**506**	**2 710**
长期待摊费用	8	21	**负债合计**	**113 131**	**111 099**
递延所得税资产	8 764	8 193	**所有者权益：**		
其他非流动资产	8 530	6 442	股本	6 016	3 008
非流动资产合计	**40 749**	**36 087**	资本公积	186	3 191
			其他综合收益	−125	18
			盈余公积	3 500	2 958
			未分配利润	38 990	35 956
			归属于母公司所有者权益合计	47 521	44 152
			少数股东权益	1 046	979
			所有者权益合计	**48 567**	**45 131**
资产总计	**161 698**	**156 230**	**负债和所有者权益总计**	**161 698**	**156 230**

产负债表简表。

由表 2-1 可知，资产负债表中的资产项目是按持续经营状态下公司资产变现所需的时间长短顺序列示的。公司资产结构在一定程度上反映公司战略、业务结构及相关经营决策，譬如，通过非流动资产占全部资产比重用以判断是否采用"轻资产战略"，通过现金持有量及占流动资产比重以判断公司财务稳健性，以应收账款比重判断公司赊销政策的宽严，等等。负债和所有者权益按正常情况下偿付时间顺序列示，反映公司资本来源的类型和比例，进而反映公司财务风险及资本结构政策。

在分析资产负债表时需要明确以下核心概念：资产流动性、负债与所有者权益、市场价值与账面价值。

1. 资产流动性

流动性是指资产转化为现金的速度和难易程度，它包括：资产转化为现金时的时间快慢、转化为现金时的价值损失高低。高流动性的资产是指那种能够很快脱手且没有明显价值损失的资产。低流动性的资产是指如果不大幅降价就不能迅速转化为现金的资产。

资产按其流动性高低可分为流动资产和非流动资产两大类。相较而言，流动资产的流动性更高。例如，"应收账款"属于尚未从客户那里收回的销售款项，预计在未来较短时间内（如一年以内）即能转化为现金，为此，人们依其预计收回时间的长短（账龄）来判断应收账款的流动性及其质量。相反，固定资产（一般占非流动资产较高的比重）是公司持续生产经营活动所需的核心资产，公司不到万不得已是不会出售此类资产的，其流动性就相对较低；同属非流动资产中的"商誉"（其为并购重组活动中并购成本与被并购方可辨认净资产公允价值差额，是公司"无形资产"项目的重要组成部分），尽管极具价值，但公司并不能单独出售此类资产以获得现金，而且，如果公司并购后经营不利，则商誉资产既不能带来收益，还面临较高的减值风险。

资产流动性总是与风险—收益相关联的。一家公司资产的流动性越强，说明它面临财务困境（如难以到期还本付息）的可能性越小，但与此同时，其资产的盈利能力也相对较低。想象一下，持有大量现金的公司不会面临到期偿付风险，但将现金存入银行，其收益也将少得可怜。相反，非流动资产的变现能力低，但其盈利能力则较高。因此，公司在资产结构配置时需要在流动性优势和潜在盈利性两者之间进行战略权衡。

2. 负债与所有者权益

负债是公司所承诺的在约定期限内偿付现金的义务，换一个角度讲，它是债权人对公司资产的求偿权。在财务报表中，负债分为流动负债和非流动负债两大类。财务分析与决策中，负债还可分为计息债务和非计息债务两类。其中，计息债务是公司由融资活动而产生的债务（如银行借款、发行债券等形成的债务），而非计息债务是指公司在经营活动中自然产生的债务（如应付账款、应付职工薪酬等各种应付项目）。

负债水平反映了公司融资战略。公司负债规模大体上反映了公司整体财务风险高低，负债总额占总资产的比例越高，说明公司面临的还本付息压力越大，财务风险越高。在负债总额不变条件下，不同负债结构能反映出公司所面临的风险状态。例如，流动负债比重过大，则意味着公司面临的短期偿付风险越高，财务风险越高。当然，风险与收益也是相关联的，采用高流动负债策略的公司，通常都是欲求低融资成本。

所有者权益主要由股本（实收资本）、资本公积、盈余公积、其他综合收益和未分配利润构成，代表着股东对公司资产的剩余索取权。"剩余"意指资产减负债后的余额，因此，所有者权益从会计角度也表达为归属于公司股东的"净资产"。所有者权益是形成公司并保障其发展的财务基础。

负债与所有者权益的比例关系即为公司资本结构，它大体反映了财务风险的大小和潜在收益的高低。从风险角度来看，负债比例越高，意味着公司面临的偿债压力越大，但从股东收益角度来看，高负债比例则可能意味着股东预期回报率较高，即公司利用债务这一财务杠杆来增加潜在的股东收益。

3. 市场价值与账面价值

资产负债表中列示的各项要素体现为账面价值而非市场价值。以资产为例，大量的资产项目是依历史成本计价属性而列入报表之中的，如非流动资产中的固定资产、在建工程等，这些资产是以公司购置时的支付价格为基础"记入账簿"的，因此其账面价值与市场价值之间存在一定的背离。为了改变这种背离状态，会计准则允许对一些资产项目（如金融资产、投资性房地产等）采取公允价值计价，并要求保持会计政策的一贯性。

以公司之间的并购重组交易活动为例。被并公司资产账面价值与公允价值（市场价值）往往存在很大差异。究其原因可能有：第一，大量资产项目依历史成本计价原则来计量，它们难以用市场价值来直接体现（如大多数非流动资产项目）；第二，会计师在计量资产总值时是按照各单项资产价值加总后确定的，但是，正如一个车间的内在价值绝不等于该车间内所有单项设备的价值一样，公司作为各项资产的集合体，其资产整体使用效能所体现的现有价值并不等于单项资产使用效能现有价值的总和；第三，更重要的是，公司整体价值评估中有很多具有市场价值的非会计要素（如优秀的管理团队、良好的公司声誉、出色的技术实力等）并没有在报表中直接反映出来。因此，账面价值与市场价值间的背离是一种常态，除非会计准则要求对所有资产、负债要素全部进行公允价值计量。

同样地，资产负债表中的"所有者权益账面价值"和公司发行在外"股票市值"之间也存在一定的背离。正如后面将要看到的，人们可以用每股股价/每股净资产（市净率）来反映其间的背离程度。

2.1.2 利润表

利润表是总体反映公司在某一特定时期（月、季、年）经营成果的会计报表。如果将资产负债表看成一张快照，那么可以将利润表看成一段覆盖介于前后快照的那段期间的录像，它记录了公司在两张快照之间做了些什么。

表 2-2 列示了 XYZ 公司 20×5 年的合并利润表简表。利润表列示了利润形成过程及其层次、结构。

利润表结构通常包括以下层次：①营业利润。营业利润反映了公司在一定时期内的经营性收益，是经常发生的，具有持续性和稳定性，是公司利润的根本来源。②利润总额。利润总额反映公司缴纳所得税之前的利润，是营业利润加减营业外收支后的总额。③净利润。净利润是公司当期为全体股东所创造的新增收益。④综合收益总额。它等于公司净利润加上其他综合收益的合计金额。其中，其他综合收益是根据会计准则规定未在当期损益中确认的各项利得和损失的税后净额。

表 2-2 合并利润表

编制单位：XYZ 公司　　　　　　　　20X5 年度　　　　　　　　单位：百万元

项目	本年金额	上年金额
一、营业收入	100 564	140 005
减：营业成本	63 550	86 853
税金及附加	752	1 362
销售费用	15 506	28 890
管理费用	5 049	4 818
财务费用	1 192	937
资产减值损失	86	398
加：公允价值变动收益	−1 010	−1 382
投资收益	97	724
二、营业利润	13 516	16 089
加：营业外收入	1 404	706
其中：非流动资产处置利得	1	1
减：营业外支出	11	42
其中：非流动资产处置损失	9	15
三、利润总额	14 909	16 753
减：所得税费用	2 285	2 500
四、净利润	12 624	14 253
归属于母公司所有者的净利润	12 532	14 155
少数股东损益	92	98
五、其他综合收益的税后净额	−140	21
六、综合收益总额	12 484	14 274
归属于母公司所有者的综合收益总额	12 390	14 172
归属于少数股东的综合收益总额	94	102
七、每股收益		
（一）基本每股收益（元/股）	2.08	2.35
（二）稀释每股收益（元/股）	2.08	2.35

相比于资产负债表，利润表有以下明显特征：第一，它是一张动态报表，反映公司某一时期的而非"时点"的业绩；第二，其收入类项目金额基本上取自市场交易，具有较高的公允性；第三，其成本费用类项目多源自内部经营活动，体现公司经营管理水平的高低。

在分析利润表时，需要特别注意下面两个问题。

1. 会计准则及其影响

根据会计准则要求，公司收益计量以收入确认及成本费配比原则为依据，而不以是否收到或支付现金为标志，此为权责发生制与收付实现制的重大差异。它表明利润表中营业利润水平高低与其经营活动现金净流量之间可能存在较大差异，人们可以根据两者间的异常差异来判断公司利润质量。

2. 非付现金项目

非付现金项目是指确认为成本费用但并没有相应引起现金流出的项目，典型如固定资产折旧。从财务的角度，购置固定资产时将发生实际的现金流出，而每期在计提折旧并计算经营利润时，折旧费尽管作为成本费用列入当期损益，但并未再次发生现金流出。

2.1.3 现金流量表

现金流量表是反映公司在一定时期内现金及现金等价物流入与流出的报表。表2-3列示了XYZ公司20×5年合并现金流量表（为简化起见，本例经营活动产生的现金流量用间接法编制）。

表2-3　XYZ公司20×5年度现金流量表　　　　　　　　　　　　单位：百万元

项目	本年金额
一、经营活动产生的现金流量	
净利润	12 624
加：资产减值准备	86
固定资产折旧	1 245
无形资产摊销	59
长期待摊费用摊销	14
处置固定资产、无形资产和其他长期资产的损失（收益以"–"号填列）	8
固定资产报废损失（收益以"–"号填列）	0
公允价值变动损益（收益以"–"号填列）	1 010
财务费用（收益以"–"号填列）	1 192
投资损失（收益以"–"号填列）	–97
递延所得税资产减少（增加以"–"号填列）	–526
递延所得税负债增加（减少以"–"号填列）	–18
存货的减少（增加以"–"号填列）	–902
经营性应收项目的减少（增加以"–"号填列）	34 388
经营性应付项目的增加（减少以"–"号填列）	–1 112
其他	–3 593
经营活动产生的现金流量净额	44 378
二、投资活动产生的现金流量	
收回投资收到的现金	950
取得投资收益收到的现金	85
处置固定资产、无形资产和其他长期资产收回的现金净额	1
处置子公司及其他营业单位收到的现金净额	0
收到其他与投资活动有关的现金	143
投资活动现金流入小计	1 179
构建固定资产、无形资产及其他长期资产支付的现金	2 885
投资支付的现金	1 833
取得子公司及其他营业单位支付的现金净额	0
支付其他与投资活动有关的现金	174
投资活动现金流出小计	4 892
投资活动产生的现金流量净额	–3 713

续表

项目	本年金额
三、筹资活动产生的现金流量	
吸收投资收到的现金	0
取得借款收到的现金	10 097
收到其他与筹资活动有关的现金	2 437
筹资活动现金流入小计	12 534
偿还债务支付的现金	9 512
分配股利、利润或偿付利息支付的现金	9 525
支付其他与筹资活动有关的现金	0
筹资活动现金流出小计	19 037
筹资活动产生的现金流量净额	-6 503
四、汇率变动对现金及现金等价物的影响	112
五、现金及现金等价物净增加额	34 274

由表 2-3 可知，现金流量表由经营活动产生的现金流量、投资活动产生的现金流量以及筹资活动产生的现金流量三部分组成。其中，经营活动现金流量是公司赖以生存与发展的基础，投资活动现金流量是调整投资结构、拉动公司经济增长的动力，而筹资活动现金流量则是平衡投资者利益关系、促进公司投资和经营活动的资源保障。

2.1.4 财务报表间勾稽关系及报表数据的真实公允性

就财务报表体系而言，资产负债表是反映公司经营活动、投资活动和筹资活动的结果，是财务报表体系的核心，利润表和现金流量表则从不同侧面对资产负债表进行了阐释。例如，利润表以其利润形成及其收益变动，解释了期初期末资产负债表中权益变动额，而现金流量表则通过经营、投资与筹资活动产生的现金净流量，解释资产负债表中"现金"项目期初期末之间的变动额。

财务报表分析以财务报表为基础。基于财务报表的指标分析，其前提是数据真实公允，即财务报表数据按照会计准则的要求，无偏、公允地反映了当期所发生的所有经济业务和事项。但是，原则导向下公司会计政策选择空间较大，各期会计政策缺乏一致性，甚至管理层为个人私利等人为操控经营活动或事项，都可能使报表数据不真实、不可比，从而影响报表质量与报表分析质量。

2.2 财务报表分析方法

财务报表分析需要引入恰当的报表分析方法。报表分析时，除需要深入了解公司战略和成长背景、行业发展状态、公司盈利模式等因素外，还需要通过对相关报表数据的计算、加工、对比和分析，来揭示报表数据结果产生的原因以及数据背后存在的问题。在财务报表分析中，常用的方法主要有比较分析法、比率分析法、趋势分析法和因素分析法。

2.2.1 比较分析法

比较分析法是指通过相关财务指标的对比分析，确定指标间差异或指标发展趋势的一种方法。可见，可比性是比较分析法的前提。比较分析法需要回答"和谁比"和"比什么"等问题。

1. 和谁比（标杆选择问题）

在比较分析法中，标杆选择是关键。通常，可供选择的标杆主要包括：①历史标杆。如选择公司过去同期业绩、最好业绩或平均业绩等作为比较标准，从而反映发展趋势。②计划或预算标杆。选择计划或预算作为比较对象，可以体现公司各项活动业绩是否达到管理层的期初预期，从而反映公司经营者的努力程度，并为未来计划或预算目标制订提供修正、完善的依据。③同行业标杆。选择同行业公司的先进水平或平均水平作为比较标准，可以在很大程度上反映公司的行业地位、能力（与同行业公司之间的差异），体现公司竞争优势或劣势，从而为公司未来发展目标提供依据。

2. 比什么（比较内容选择）

在比较分析中，选择什么样的指标进行比较是非常重要的。报表分析者角度不同，其关注的焦点也不尽相同，但总括而言，风险性、盈利性、成长性都是报表分析的根本内容。在比较分析中，常常会用某一比较内容的绝对数、相对数甚至指数等来进行对比分析。

从财务报表分析角度看，"比较财务报表"是一种最基本、最直观的报表列示与分析方法。比较财务报表是将最近两期或数期的财务报表并列在一起编制而成的财务报表。为了便于分析者进行分析，比较财务报表除列示各期报表金额外，通常还列示各项目的增减金额及增减百分比。

2.2.2 比率分析法

比率分析法是利用两个指标的某种关联关系，通过计算比率来考察、计量和评价财务状况、经营成果的分析方法。可见，比率分析法中的"比率"必须有经济含义。大体上，财务比率可分为以下两类。

1. 构成比率——结构分析

构成比率是指某项财务分析指标的各构成部分数值占总体数值的百分比。其计算公式是：

$$构成比率 = 各构成部分数值 / 总体数值 \times 100\%$$

这样计算出来的比率，也就是通常所说的比重。譬如，流动资产、固定资产、无形资产占总资产的比率，总体上反映公司的资产结构；有息债务占全部债务的比重，既反映公司债务结构，也反映公司实际债务融资对偿债压力的真实影响；等等。

2. 相关比率——财务指标分析

相关比率是两个相互联系的财务指标的数额相除后得出的结果，它直接形成有经济含义的财务指标，如资产负债率、总资产周转率、净资产收益率等。通过相关比率分析，可以使财务报表分析更为全面、深刻。将这些相关比率的实际数与计划或者预算数、与上期或历史数、与同行业先进水平或者平均数进行对比，能够充分揭示公司财务状况和经营成果的发展变化情况。

2.2.3 趋势分析法

趋势分析法，也称为时间序列分析法，是通过分析同一公司若干年的财务指标升降变化，从而发现问题，评价公司财务状况和经营成果的一种方法。在公司经济活动中经常存在这样的现象，即某一财务指标在某一时点或某一时期看起来较好，但从发展趋势看，则不一定好；在某一时点上表现较差，但在趋势发展上却可能处于迅速改善之中。因此，趋势分析法是从一个较长的时间段来评价和分析公司的财务状况和经营成果。趋势分析可以采用增长率分析来判断，也可以采用时间序列下更直观的指标直方图、趋势图来描述。

2.2.4 因素分析法

因素分析法是通过分析影响财务指标的各项因素，计算它们对财务指标的影响程度，用以说明本期实际与计划或基期相比，财务指标发生变动或差异的主要原因的一种分析方法。因素分析法适合分析受多种因素影响的综合性指标，如成本、利润、资产周转等方面指标。

公司经济活动是十分复杂的。例如，在分析营业收入差异时，其所涉及的因素既有销售量，也包括销售单价等，因素分析法则需要通过连环替代程序，分析测算到底哪个因素（销售数量还是销售价格）的影响更大，从而真正弄清引起收入变动的驱动因素，并为强化管理提供某种指向。

2.3 财务分析维度及其指标体系

财务分析主要从偿债性、周转性、盈利性和增长性四个维度，来透视公司总体财务状况及经营成果。为达此目的，需要构建有机、综合性的财务指标体系。在分析讨论财务指标时，需要考虑以下五个问题。

（1）财务指标是怎么计算出来的？
（2）财务指标旨在衡量什么，为什么需要得到关注？
（3）计量的单位是什么？
（4）财务指标数值的高低说明什么？这些数值可能产生怎样的误导？
（5）这些财务指标如何得到改进？

在分析讨论财务指标及其体系时，均以 2.1 中 XYZ 公司的财务报表为分析素材，并以 20×5 年作为分析的年度。同时，在分析评价过程中，还需要用到 XYZ 公司 20×5 年年度财务报告中的相关资料。

2.3.1 偿债能力分析

偿债能力包括短期偿债能力和总体偿债能力两个层次。

1. 短期偿债能力

短期偿债能力是指公司用流动资产偿还流动负债的现金保障程度。一家公司的短期偿债能力大小，一方面要看流动资产的多少和质量如何；另一方面要看流动负债的数量与期限结构。流动资产结构大体反映了公司流动资产用于偿付债务的状况和能力；流动负债各项目中，接近到期日时的流动负债占总负债的比例越大，则公司短期偿债压力就越大。从持续经营角度来看，任何公司流动负债的偿还基础都是经营活动中所产生的现金流。

短期偿债能力可以用流动比率、速动比率等指标来测试。

1）流动比率

流动比率是流动资产与流动负债的比值。它表明每1元流动负债有多少元流动资产作为偿还的保障。其计算公式如下：

$$流动比率 = 流动资产 \div 流动负债 \qquad (2-1)$$

通常认为，流动比率越高，公司的短期偿债能力越强，债权人利益的安全程度也越高。

【例2-1】 XYZ公司20×4年流动资产为120 143百万元，流动负债为108 389百万元；20×5年流动资产为120 949百万元，流动负债为112 625百万元。计算流动比率。

20×4年年末流动比率 = 120 143 ÷ 108 389 = 1.11

20×5年年末流动比率 = 120 949 ÷ 112 625 = 1.07

计算结果表明，XYZ公司20×4年每1元流动负债有1.11元的流动资产作为偿还保障，或者说，公司流动资产对流动负债的覆盖倍数达到1.11。20×5年下降到1.07元。从债权人角度看，这当然不是好的趋势，因其债务的保障程度降低了。但是，1.07的流动比率是否就说明公司短期债务存在偿付风险？这需要视具体情形而定，至少在财务逻辑上并不存在统一、标准的流动比率高或低的临界值。或者说，要依该比率对公司偿债能力高低作出相关判断，既可以用其历史变化趋势进行分析，也可借行业标杆值进行比较，只有这样才可能得出有益的结论。例如，公司当期流动比率相对以前各期发生较大变化且呈现某种趋势性（如持续提高或降低），或者与行业标杆值相比呈现出一贯性的偏离或背离，或者两者兼而有之，则能得出相关甚至是肯定式（趋好或趋恶）的结论。

2）速动比率

流动资产各项目之间的流动性其实存在很大差异。货币资金、交易性金融资产和各种应收款项，均为能较短时间内变现并用于支付的资产，它们也因此称为速动资产；与此相反，存货等其他流动资产的变现金额、变现时间均具有较大不确定性。为谨慎判断公司短期债务的偿付能力，人们用"速动资产与流动负债的比值"即速动比率，作为测试公司短期偿债能力的重要辅助指标。

速动比率的计算公式为

$$速动比率 = 速动资产 \div 流动负债 \qquad (2-2)$$

在指标计算上，速动资产既可以直接用"货币资金 + 交易性金融资产 + 应收账款（含应收票据） + 应收利息或股利 + 其他应收款"等直接法求得，也可用"流动资产 – 存货"这一间接法来简化计算。但无论采用何种口径，一旦采用某一口径，就应保持计算上的一致性。

【例2-2】 XYZ公司20×4年速动资产为109 311（= 54 546 + 50 481 + 2 661 + 1 242 + 381）百万元，流动负债为108 389百万元；20×5年速动资产为107 943（= 88 820 + 14 880 + 2 879 + 1 110 + 254）百万元，流动负债为112 625百万元。计算速动比率。

20×4年年末速动比率 = 109 311 ÷ 108 389 = 1.01

20×5 年年末速动比率 = 107 943 ÷ 112 625 = 0.96

计算结果表明，XYZ 公司 20×5 年的速动比率比 20×4 年降低了 0.05，说明公司为每 1 元流动负债提供的速动资产保障降低了 0.05 元。

与流动比率一样，不同行业、同一行业不同公司，因经营环境、商业模式等不同而呈现完全不同的速动比率差异。例如，同属于某产品的生产和销售行业（如计算机硬件制造业），A 公司可能采用传统的中间商代理销售模式，B 公司则利用信息平台而采用直面客户终端的销售模式，在这两种模式下，其各自的应收账款、存货等流动资产占用水平会存在极大差异，从而影响各自的短期债务总额、速动资产总额及短期偿债能力。

特殊情形下（如偿债压力最大、外部融资环境最不好的情形等），公司还可用"现金比率"来更加谨慎、快速测试其短期偿债能力。现金比率是现金资产（包括货币资金、交易性金融资产）与流动负债的比率，即现金比率 =（货币资金 + 交易性金融资产）÷ 流动负债。由于公司不可能也没有必要总是持有足额现金、交易性金融资产等用于或等待用于短债偿付，所以，尽管现金比率有其财务含义，但实际分析意义并不大。

将上述指标的分析结果连起来看，可以对 XYZ 公司的短期偿债能力作出初步判断：与 20×4 年相比，公司 20×5 年的短期偿债能力下降了，公司偿还短期偿债的风险增加了。

2. 总体偿债能力

总体偿债能力是公司偿还全部债务的保障能力。总体偿债能力强弱反映公司财务安全及稳健水平，它不仅反映公司的资本结构及管理政策，更取决于公司盈利能力与水平。反映公司总体偿债能力的财务指标主要有资产负债率、利息保障倍数和现金覆盖率等。

1）资产负债率（及产权比率、权益乘数）

资产负债率是公司全部负债总额除以全部资产总额的百分比。它从总体上反映公司资产总额中有多大比例是通过负债融资的，继而用于衡量公司财务风险及杠杆利用程度。其计算公式如下：

$$资产负债率 =（负债总额 ÷ 资产总额）\times 100\% \qquad (2\text{-}3)$$

公式中的负债总额指公司全部负债，即负债总额 = 流动负债总额 + 长期负债总额。

资产负债率越低，说明公司总资产中来自举债筹措的资本越少，公司面临的财务风险越低；反之相反。由于公司负债利息支出在税前利润中抵扣，从而具有节税作用并增强股东收益的杠杆功能，因此在公司整体意义上，资产负债率需要兼顾"偿债风险"与"杠杆收益"之间的平衡。

【例 2-3】 XYZ 公司 20×4 年末负债总额为 111 099（= 108 389 + 2 710）百万元，资产总额为 156 230 百万元；20×5 年末负债总额为 113 131（= 112 625 + 506）百万元，资产总额为 161 698 百万元。计算资产负债率。

20×4 年年末资产负债率 =（111 099 ÷ 156 230）× 100% = 71%

20×5 年年末资产负债率 =（113 131 ÷ 161 698）× 100% = 70%

可以看出，与 20×4 年相比，XYZ 公司 20×5 年的资产负债率略有下降，公司的财务风险略有减小。

无论是理论上还是管理实践中，都不存在评价资产负债率恰到好处的"临界值"。但通常情况下，人们将资产负债率在70%以上的公司称为高杠杆公司。

在管理实践中，有时也从股东权益角度来衡量公司面临的财务压力。常用指标包括产权比率、权益乘数。其中：

产权比率是负债与股东权益的比率，即产权比率=（负债总额÷股东权益总额）×100%；

权益乘数是总资产与股东权益的比率，即权益乘数=资产总额÷股东权益总额，进而可推导得出：权益乘数=1+产权比率=1/（1-资产负债率）。

【例2-4】 XYZ公司20×5年末负债总额为113 131百万元，股东权益总额为48 567百万元，资产总额为161 698百万元。计算公司20×5年末的产权比率和权益乘数。

$$20×5年末产权比率 = 113\ 131 ÷ 48\ 567 = 2.33$$
$$20×5年末权益乘数 = 161\ 698 ÷ 48\ 567 = 3.33$$
$$或 = 1 + 2.33 = 3.33$$
$$或 = 1/(1 - 0.7) = 3.33$$

2）利息保障倍数

利息保障倍数，又称为已获利息倍数，是指公司在某一时期内运营全部资产所取得的经营收益与该期利息费用的比值。其中，运营全部资产所取得的收益用息税前利润（EBIT）来衡量，反映公司经营活动所产生的收益（而不考虑这些资产是通过何种方式取得的）。如果经营收益足以保障利息支付，则公司付息及还本压力将很小。可见，利息保障倍数是从经营角度及利润实现角度判断公司债务风险的衡量指标。其计算公式为

$$利息保障倍数 = 息税前利润 ÷ 利息费用 \quad (2-4)$$

式中，利息费用包括计入利润表"财务费用"项下的利息费用，以及计入资产负债表"固定资产"等成本的资本化利息。实务中，如果本期资本化利息金额较小，可将财务费用中的利息费用作为公式中的利息费用。

如果公司发行优先股融资，由于优先股的股息支付属于公司的刚性或固定支付义务，且其由税后净利开支，因此，利息保障倍数可采用下面的计算公式：

$$利息保障倍数 = 息税前利润 ÷ 固定支付 \quad (2-5)$$

式中，固定支付=利息费用+优先股股利/（1-所得税税率）

【例2-5】 XYZ公司20×5年的利润总额为14 909百万元，根据财务报表附注资料，财务费用中的利息费用为950百万元。公司没有优先股，计算公司的利息保障倍数。

$$息税前利润 = 14\ 909 + 950 = 15\ 859（百万元）$$
$$利息保障倍数 = 15\ 859 ÷ 950 = 16.69$$

利息保障倍数越高，说明公司支付利息费用的能力越强，公司对到期债务偿还的保障程度也就越高。如果公司一直保持按时支付长期债务利息的信誉，则长期负债可以延续，举借新债也比较容易。如果利息支付尚且缺乏保障，归还本金就更难指望。因此，利息保障倍数可以反映公司总体偿债能力。在理论上，利息保障倍数的临界值为1，该值低于1，即表明公司产生的经营收益不足以支付现有债务利息，也就更谈不上本金偿还。通常，利息保障倍数在一定程度上"越高越好"。

3）现金覆盖率

利息保障倍数是基于息税前利润的，它不等同于现金流及其实际偿付能力。事实上，

在计算息税前利润时已扣减了"非现金项目"（如折旧、摊销等项目），因此，在现金流意义上，人们经常用"折旧与摊销＋息税前利润"（即息税及折旧摊销前利润，EBITDA）来反映经营活动所产生的现金流，并以此来测试公司总体债务偿付的潜在能力。这一指标即现金覆盖率。其计算公式为

$$现金覆盖率 = （息税前利润 + 折旧与摊销）÷ 利息费用 \qquad (2-6)$$

【例 2-6】 续例 2-5，XYZ 公司 20×5 年的累计折旧额为 1 245 百万元，计算公司的现金覆盖率。

$$息税折旧前利润（EBITDA）= 15\ 859 + 1\ 245 = 17\ 104（百万元）$$
$$现金覆盖率 = 17\ 104 ÷ 950 = 18$$

2.3.2 资产周转能力分析

资产周转能力是指公司资产投入水平相对于销售产出的经营能力。公司资产周转状况的好坏，体现公司经营管理水平，即公司在供、产、销等诸多环节有效运营的能力。从资产周转效率角度看，如果一定的资产投入所带来的营业收入越多，或者营业收入一定的情况下所投入的资产量越少，则无论是从经营能力（营业收入的增长），还是资产配置及风险管理（资产占用越大，所暴露的风险可能越高。如存货占用越大，面临的减值风险压力越高）水平看，都是有效率的。

资产周转能力通常采用的财务比率有应收账款周转率、存货周转率和总资产周转率等。

1. 应收账款周转率（或应收账款周转天数）

应收账款周转率是指营业收入与应收账款的比率。该周转率越高，表明应收账款收回及变现能力越强、资产质量越强。用公式表示即

$$应收账款周转率（次数）= 营业收入 ÷ 应收账款平均余额 \qquad (2-7)$$

有时，也用"应收账款周转天数"来表达应收账款的周转效率，意即应收账款平均回收期或平均收现期，表示公司从取得应收账款的权利到收回款项、取得现金性资产所需要的时间。用公式表达即

$$应收账款周转天数 = 360 ÷ 应收账款周转率$$
$$= 360 ÷ （营业收入/应收账款平均余额） \qquad (2-8)$$

上述公式中，营业收入系指营业收入净额，即营业收入扣除折扣和折让后的收入净额；应收账款平均余额是应收账款、应收票据等期初期末余额的平均数。

一般来说，应收账款周转率越高、平均收账期越短，说明应收账款的收回越快，应收账款质量和管理效率越高。反之则相反。

【例 2-7】 XYZ 公司 20×4 年年末应收账款为 2 661 百万元，应收票据为 50 481 百万元；20×5 年营业收入为 100 564 百万元，年末应收账款为 2 879 百万元，应收票据为 14 880 百万元。计算公司 20×5 年的应收账款周转率和应收账款周转天数。

$$应收账款平均余额 = [（2\ 661 + 50\ 481）+（2\ 879 + 14\ 880）] ÷ 2 = 35\ 450.5（百万元）$$
$$应收账款周转率 = 100\ 564 ÷ 35\ 450.5 = 2.84（次/年）$$
$$应收账款周转天数 = 360 ÷ 2.84 = 126.76（天）$$

可见，XYZ 公司 20×5 年中收回货款之后又将其赊借出去大约 2.84 次，平均而言，公司需要 126.76 天收回赊销货款。

应收账款周转率指标在本质上反映了公司信用政策的宽松程度及应收账款的管理能力。一般情况下，如果公司信用政策较严，则公司被客户所占用的应收账款数量相对较低，占用期限相对较短，那么应收账款周转率越高，回收账款的速度也越快，收账风险越低；反之则相反。但是，任何事物都不是绝对的。公司信用政策的过严、过宽而产生的应收账款周转率过高或过低，都可能会对公司经营活动产生不良影响。例如，应收账款周转率过高，可能意味着公司给客户提供的信用条件过于苛刻，从而丧失潜在有价值客户的可能性大；反之，应收账款周转率过低，可能意味着向客户提供的信用政策过于宽松，从而收账成本和收账风险高。

可见，应收账款周转率在很大程度上取决于公司经营战略、商业模式、信用政策及管理能力等各种因素。

2. 存货周转率（或存货周转天数）

通常情况下，存货占公司流动资产的比重相对较高，且因其变现能力弱、持有风险大等而备受关注。存货周转能力高低主要通过存货周转率反映。存货周转率是衡量和评价公司购入存货、投入生产、销售收回等各环节管理状况的综合性指标，用公式表达即

$$存货周转率（次数）= 营业成本 \div 存货平均余额 \qquad (2-9)$$

上述公式中，分母则为存货项目的期初、期末平均占用额，而分子之所以采用"营业成本"，是为了保持分子分母在成本计价上的匹配。

有时，也用"存货周转天数"来直观反映存货周转效率，其计算公式为

$$存货周转天数 = 360 \div 存货周转率 \qquad (2-10)$$

一般来讲，存货周转速度越快，存货占用水平越低，流动性越强，存货转换为现金或应收账款的速度越快，资产质量越好。反之则相反。存货周转率高低是对公司经营战略、商业模式、进销存计划及存货管理水平等各种因素的综合反映。

【例 2-8】 XYZ 公司 20×4 年年末存货为 8 599 百万元；20×5 年营业成本为 63 550 百万元，年末存货为 9 474 百万元。计算公司 20×5 年的存货周转率和存货周转天数。

$$存货平均余额 = (8\,599 + 9\,474) \div 2 = 9\,036.5（百万元）$$
$$存货周转率 = 63\,550 \div 9\,036.5 = 7.03（次/年）$$
$$存货周转天数 = 360 \div 7.03 = 51.21（天）$$

可见，XYZ 公司 20×5 年出售存货 7.03 次，存货在出售之前大约平均有 51.21 天的时间留在公司里。

3. 总资产周转率

为总体反映公司资产运营效率与资产质量，通常还需要测算总资产周转率指标。总资产周转率是公司营业收入与总资产占用平均额的比率，用公式表示为

$$总资产周转率 = 营业收入 \div 总资产占用平均额 \qquad (2-11)$$

有时，也用"总资产周转天数"来直观表达总资产周转效率。其计算公式为

$$总资产周转天数 = 360 \div 总资产周转率 = 360 / (营业收入 \div 资产占用平均额) \qquad (2-12)$$

【例2-9】 XYZ公司20×4年年末总资产为156 230百万元；20×5年营业收入为100 564百万元，年末总资产为161 698百万元。计算公司20×5年的总资产周转率和总资产周转天数：

$$总资产占用平均额 = (156\ 230 + 161\ 698)/2 = 158\ 964（百万元）$$
$$总资产周转率 = 100\ 564/158\ 964 = 0.63（次/年）$$
$$总资产周转天数 = 360/0.63 = 571.43（天）$$

可见，XYZ公司20×5年每1元的资产产生了0.63元的收入，总资产完整地周转一次需要571.43天。

总资产周转率反映公司整体资产的使用效率。如果该指标值较低，则说明公司整体资产利用效率不尽如人意（它进而会影响公司的盈利能力）。在这种情况下，公司应该采取积极措施提高营业收入或处置不需用或无效资产，以提高总资产利用率。当然，如果公司总资产周转率过高，则也有可能意味着公司投资不足或资产更新改造能力不足。另外，该指标值的高低在某种程度上也反映了行业的多种属性。如服务行业的固定资产和流动资产的占用比例都要比制造业的低，从而其总资产周转比率相对制造业较高。

2.3.3 盈利能力分析

盈利能力是指公司通过经营管理活动取得收益的能力。它需要从不同侧面反映公司管理层的管理能力以及公司满足利益相关者（股东、债权人、员工等）利益诉求的程度，包括：从销售收入中获取利润的能力、公司运用资产赚取利润的能力、股东的投资回报水平以及盈利与公司价值的关系等不同方面。

在计算盈利能力指标并进行分析时，要根据分析角度选用不同的"利润"概念，如毛利、息税前利润、利润总额或净利润等。

1. 销售盈利能力分析

正常情形是，公司盈利来源于营业活动所产生的营业收入。因此，销售盈利能力反映公司面对市场不确定性取得收益的经营能力，体现公司的市场竞争优势。反映销售盈利能力的指标主要包括：销售毛利率和销售净利率。

1）销售毛利率

销售毛利率是营业毛利与营业收入之比。其计算公式为

$$销售毛利率 = (营业毛利 \div 营业收入) \times 100\% \quad (2-13)$$

式中，营业毛利 = 营业收入 - 营业成本 - 税金及附加

该指标具有重要的分析价值，由于营业成本通常是公司占比最大的成本要素，因此销售毛利就成为公司实现最终盈利的核心基础。虽然销售毛利率高的公司，销售净利率不一定就比较高，但是，如果公司毛利率非常低，那么，无论如何也不可能有比较理想的销售净利率。研究表明，毛利率与公司盈利模式有效性、稳定性高度相关，从而与公司价值高度相关。

尽管销售毛利率具有明显的行业特征，但是，同行业内公司之间的销售毛利率一般相差不大，因而可以进行比较分析。

【例 2-10】 XYZ 公司 20×5 年的营业收入为 100 564 百万元，营业成本为 63 550 百万元，税金及附加为 752 百万元。20×4 年的营业收入为 140 005 百万元，营业成本为 86 853 百万元，税金及附加为 1 362 百万元。计算该公司 20×4 年和 20×5 年的销售毛利率。

20×4 年的营业毛利 = 140 005 − 86 853 − 1 362 = 51 790（百万元）
20×4 年的销售毛利率 =（51 790 / 140 005）× 100% = 36.99%
20×5 年的营业毛利 = 100 564 − 63 550 − 752 = 36 262（百万元）
20×5 年的销售毛利率 =（36262 / 100 564）× 100% = 36.06%

影响毛利率变动的因素分为外部因素和内部因素两大方面。外部因素主要是指产品、要素市场的供求变化，如销售数量与销售价格变化、投入品（如原材料等）价格波动等。公司对外部市场的驾驭能力有限，因此公司应主要从内部因素入手寻求增加销售毛利额和销售毛利率的途径。影响销售毛利变动的内部因素主要指成本，包括存货管理水平、生产管理水平、产品结构调整等。当然，对销售毛利率的分析应建立在战略分析的基础上，譬如，实行产品差异化战略的公司往往制定较高的产品价格，实行低成本战略的公司则通常以低于竞争对手的成本购入原材料，或者能够更有效率地组织生产。

我国公司在实践中，通常会在报表附注中披露公司营业收入、营业成本等详细数据，包括主要业务、主要产品、主要经营区域等不同维度的收入、成本、毛利率水平等，深入挖掘这些信息并进行比较和趋势分析，将有助于全面评价、优化盈利模式，增强公司市场竞争力。

2）销售净利率

销售净利润率是指公司实现的净利润与营业收入之比，其计算公式为 销售净利率 =（净利润 ÷ 营业收入）× 100% (2-14)

销售净利率可用于衡量每 100 元营业收入中所赚取的净利润。指标值越大，盈利能力越强。

【例 2-11】 XYZ 公司 20×5 年的净利润为 12 624 百万元，营业收入为 100 564 百万元。计算公司 20×5 年度的销售净利率。

销售净利率 =（12 624 ÷ 100 564）× 100% = 12.55%

2. 资产盈利能力分析

总资产报酬率（ROA），也称总资产收益率，是公司在一定期限内实现的利润与该时期公司平均资产总额的比率，它是评价公司资产综合利用效率与效益的核心指标。在报表分析中，总资产报酬率有税前和税后两种计算口径。计算公式分别为

总资产报酬率（税后 ROA）= 净利润 ÷ 平均资产总额 × 100% (2-15)
总资产报酬率（税前 ROA）= 息税前利润 ÷ 平均资产总额 × 100% (2-16)

其中，总资产报酬率（税前 ROA）是考察公司经营活动盈利性的核心指标，它剔除融资活动（进而产生利息）及所得税因素的影响，反映资产用于生产经营所产生的真实盈利水平。通常，一家公司的总资产报酬率越高，表明公司全部资产的利用效率越高，利用资产创造的利润越多，公司的盈利能力越强，经营风险越低；反之相反。

【例 2-12】 XYZ 公司 20×4 年末的资产总额为 156 230 百万元，20×5 年末的资产总额为 161 698 百万元，公司 20×5 年度实现的利润总额为 14 909 百万元，净利润为 12 624

百万元。根据财务报表附注资料,财务费用中的利息费用为950百万元。计算该公司20×5年度的总资产报酬率。

总资产报酬率(税前ROA)=(14 909+950)÷[(156 230+161 698)÷2]×100%
= 15 859÷158 964×100%
= 9.98%

总资产报酬率(税后ROA)= 12 624÷158 964×100% = 7.94%

可见,XYZ公司在20×5年运用的每100元资产可赚取9.98元的息税前利润,可赚取7.94元的净利润。要深入分析公司总资产盈利能力强弱,还需要进一步进行趋势分析、同业比较分析和影响因素分析。

如果将上述总资产报酬率计算公式中的分子、分母同时乘以销售收入,可以将总资产报酬率分解为

总资产报酬率(税后)= 销售净利率 × 总资产周转率 (2-17)

总资产报酬率(税前)= 销售毛利率 × 总资产周转率 (2-18)

可见,总资产报酬率是由销售利润率和总资产周转率决定的。这种分解思路极具分析价值,它揭示公司影响总资产报酬率的关键因素,即营业活动及其收益能力、资产管理及其周转效率。

3. 股东投资回报分析

对于公司而言,向股东提供必要回报是天经地义的。基于股东角度的盈利能力分析,主要采用净资产收益率、每股收益等指标。对于上市公司而言,还应分析评价市盈率、市净率、现金股利支付率等其他与股东投资收益直接相关的财务指标。

1)净资产收益率

净资产收益率(ROE),也称为权益报酬率或净值报酬率,是净利润与平均股东权益之比,表明公司股东投入所获得的投资报酬。其计算公式为

净资产收益率(ROE)=(净利润÷平均股东权益)×100% (2-19)

式中,平均股东权益=(期初股东权益+期末股东权益)÷2

【例2-13】 XYZ公司20×4年末的股东权益总额为45 131百万元,20×5年末的股东权益总额为48 567百万元,20×5年公司实现的净利润为12 624百万元,计算该公司20×5年的净资产收益率为。

净资产收益率=[12 624÷(45 131+48 567)/2]×100% = 26.95%

净资产收益率是最具综合性的评价指标。该指标从股东角度来考核其投资报酬,反映资本的增值能力及股东投资报酬的实现程度,因而是最受股东关注的核心指标。

2)每股收益

每股收益(EPS)是指普通股股东每持有一股普通股所享有的公司净利润。每股收益衡量普通股投资回报及投资风险,是股东等信息使用者评价公司盈利能力、预测公司成长潜力、确定公司股票价格等所依据的重要财务指标。每股收益可细化为基本每股收益、稀释每股收益两个指标。

(1)基本每股收益。基本每股收益只考虑当期实际流通在外的普通股股份,其计算公

式如下：

$$\text{基本每股收益} = \frac{\text{净利润} - \text{优先股股利}}{\text{当期流通在外普通股加权平均股数}} \quad (2\text{-}20)$$

式中，当期流通在外普通股加权平均股数 = 期初发行在外普通股股数 + 当期新发行普通股股数×（已发行时间÷报告期时间）- 当期回购普通股股数×（已回购时间÷报告期时间）。

【例 2-14】 已知 XYZ 公司 20×5 年度实现的归属于母公司所有者的净利润为 12 624 百万元，公司年初实际发行在外普通股为 3 008 百万股，年初因公积金转增股本增加股份数 3 008 百万股，公司当年没有发行新股或者收回股票，也没有优先股。试计算 XYZ 公司 20×5 年的基本每股收益。

XYZ 公司 20×5 年流通在外普通股加权平均股数 = 3 008×（12／12）+ 3 008×（12／12）
= 6 016（百万股）

XYZ 公司 20×5 年的基本每股收益 = 12 624÷6 016 = 2.1（元/股）

（2）稀释每股收益。稀释每股收益是以基本每股收益为基础，假设公司所有发行在外的稀释性潜在普通股均已转换为普通股，从而分别调整归属于普通股股东的当期净利润以及发行在外普通股的加权平均数计算而得的每股收益。稀释性潜在普通股是指赋予其持有者在报告期或以后期间享有取得普通股股利的一种金融工具或其他合同。其中，常见的稀释性潜在普通股包括可转换公司债券、认股权证、股份期权和股份回购等。

稀释每股收益的计算公式为：

稀释每股收益 = 调整后的归属于普通股股东的当期净利润÷（计算基本每股收益时普通股加权平均数 + 假定稀释性潜在普通股转换为已发行普通股而增加的普通股股数的加权平均数） (2-21)

XYZ 公司 20×5 年没有发行在外的稀释性潜在普通股，所以，XYZ 公司 20×5 年的稀释每股收益也为 2.1 元/股。

3）市盈率与市净率

市盈率是指普通股每股市价与每股收益的比率，它反映了普通股股东愿意为每 1 元净利润支付的价格。其计算公式为：

$$\text{市盈率} = \text{每股市价} \div \text{每股收益} \quad (2\text{-}22)$$

市盈率既可以说明公司未来的获利前景，也可以说明投资于公司股票的风险。它是市场对公司股票的共同期望指标，体现投资价值的高低。市盈率越高，表明市场对公司的未来越看好，但投资风险也越大。

【例 2-15】 XYZ 公司 20×5 年普通股每股收益为 2.1 元/股，20×5 年 12 月 31 日普通股每股市价为 22.35 元，计算其市盈率。

XYZ 公司的市盈率 = 22.35÷2.1 = 10.64 元

说明 XYZ 公司的普通股股东愿意为每 1 元净利润支付的价格是 10.64 元。

人们也经常采用市净率指标来反映公司价值。

市净率是指普通股每股市价与每股净资产的比率，它反映普通股股东愿意为每 1 元资产支付的价格。其中，每股净资产（也称为每股账面价值）是指普通股股东权益与流

通在外普通股加权平均股数的比率,它反映普通股每股享有的净资产。市净率的计算公式如下:

$$市净率 = 每股市价 \div 每股净资产 \qquad (2\text{-}23)$$

式中,每股净资产 = 普通股股东权益 ÷ 当期流通在外普通股加权平均股数。

与市盈率类似,市净率的高低既可能代表公司未来获利的高低,也可能代表公司股票投资风险的大小。市净率越高,可能意味着公司未来的盈利前景越好,也可能意味着股票价格被高估,严重地背离了净资产价值,投资风险也越高。

【例 2-16】 由表 2-1 可知,XYZ 公司 20×5 年的普通股股东权益为 48 567 百万元,20×5 年 12 月 31 日普通股每股市价为 22.35 元,由例 2-14 可知,流通在外普通股加权平均股数 6 016 百万股。计算其市净率。

$$XYZ 公司 20×5 年的每股净资产 = 48\,567 \div 6\,016 = 8.07(元/股)$$

$$XYZ 公司的市净率 = 22.35 \div 8.07 = 2.77$$

说明 XYZ 公司的普通股股东愿意为每 1 元净资产支付的价格是 2.77 元。

理论上,如果公司股票价格低于每股净资产(账面价值),且账面价值又接近变现价值,则说明公司已无存在价值,对股东而言清算也许是一种选择。

(5)现金股利支付率和留存收益率

现金股利支付率是指普通股净收益中现金股利所占的比重,它反映公司的现金股利分配政策和支付现金股利的能力。其计算公式如下:

$$现金股利支付率 = (每股现金股利 \div 每股收益) \times 100\% \qquad (2\text{-}24)$$

在使用每股收益时,应注意计算每股现金股利与每股收益采用的并不是同一个股份数。

【例 2-17】 根据 XYZ 公司 20×5 年度报告的披露,20×5 年 7 月 3 日实施了 20×4 年度分红方案,向全体股东共计派发现金股利 9 024 百万元,公司无优先股。公司 20×5 年度的净利润为 12 624 百万元。计算 XYZ 公司 20×5 年的现金股利支付率。

$$现金股利支付率 = (9\,024 \div 12\,624) \times 100\% = 71.48\%$$

XYZ 公司 20×5 年的现金股利支付率为 71.48%,说明公司将当年赚取的大部分利润分配给了股东。如果公司 20×5 年确实没有较好的投资机会,这种股利分配政策就是合理的。

与现金股利支付相对应的指标是留存收益率。它是指公司留存收益与净利润的比率,其计算公式为:

$$\begin{aligned}留存收益率 &= 留存收益 \div 净利润 \times 100\% \qquad (2\text{-}25)\\ &= (净利润 - 全部股利) \div 净利润 \times 100\%\\ &= 1 - 现金股利支付率\end{aligned}$$

XYZ 公司 20×5 年的现金股利支付率为 71.48%,则留存收益率为 28.52%(100% - 71.48%)。留存收益比率的高低反映公司财务政策。如果公司认为有必要从内部积累资金用以扩大经营规模、降低财务风险,可能会提高留存收益比率,反之则相反。

4. 经济增加值

任何资产占用所对应的资本来源都存在机会成本。在这一点上,会计利润只是考虑了债务成本(利息),而没有将股东权益的机会成本考虑进来,因而难以完整反映公司的盈利能力和价值增值。经济增加值（EVA）是指一定时期内公司所取得的收益扣除全部资本成本之后的剩余价值。其基本理念是资本获取的收益至少等于资本市场上类似风险投资的收益率。相比于传统的会计利润指标，经济增加值主要从价值角度反映公司价值增值能力。经济增加值的计算，需要以投入资本及其收益率、资本成本等核心参数为基础。

1）投入资本及其收益率

投入资本是公司资本提供者（含股东与债权人）投入公司资本的总额。由于应付账款等应计项目并非属于融资活动而产生的债务（它们均属经营活动中自然产生的无息负债），所以，投入资本主要是指公司投资者投入公司资本（investment capital, IC）的总额，即

$$投入资本总额（IC）= 有息债务总额 + 股东权益总额$$
$$或 \quad = 总资产 - 无息债务总额$$

投入资本收益率（ROIC）是指在不考虑负债融资情况下（或者假定为全权益融资），公司经营活动产生的税后净营业利润与投入资本总额的比率关系。计算公式为：

$$投入资本收益率（ROIC）= 税后净营业利润（NOPAT）÷ 投入资本总额（IC）\times 100\%$$
$$= 息税前利润 \times (1-T) ÷ 投入资本总额 \times 100\% \quad (2-26)$$

式中：T 为所得税税率；税后净营业利润（net operating profits after tax, NOPAT）为在不考虑负债融资情况下的公司经营收益的税后净利润。

显然，投入资本收益率实质上是"生产经营活动"中所有投入资本所取得的净利润回报，它并不考虑这些投入资本是来自债务还是权益，从而使不同资本结构、不同财务风险的公司，可以在同一水平线上进行盈利能力分析与比较。投入资本收益率直接关注项目的基础盈利能力，摆脱了会计准则的狭窄视角，弥补了总资产报酬率、净资产收益率指标在计算、分析和比较上的不足。

2）经济增加值

从理论上讲，经济增加值的计算公式为：

$$经济增加值（EVA）= 息税前利润 \times (1-T) - 投入资本总额 \times WACC$$
$$= 投入资本总额 \times (ROIC - WACC) \quad (2-27)$$

式中，WACC 为公司整体的加权平均资本成本率，用以反映与投资者（含股东与债权人）所承担的风险相对应的必要报酬率或机会成本。

可见，经济增加值的核心理念是"资本获得的收益至少要能补偿投资者承担的风险"。经济增加值是真正考虑所有投入资本的必要报酬后的价值净增加额。可见，如果公司经济增加值大于零，则表明公司在为其股东创造价值；反之，则意味着公司在毁损股东价值。

提升经济增加值的途径包括：①提高现有资产的盈利能力。②优化资本结构，降低公司的综合资本成本。③当投入资本收益率大于综合资本成本时，增加投资；当投入资本收益率小于综合资本成本时，减少投资或不投资。换句话说，就是剥离投资回报低的资产，增加投资回报高的资产。

【例2-18】 XYZ公司20×5年度实现的利润总额为14 909百万元，根据财务报表附注资料，财务费用中的利息费用为950百万元。短期借款6 277百万元，当年没有长期借款，股东权益总额为48 567百万元，所得税税率为25%。假定公司的加权平均资本成本率为6%。计算公司经济增加值。

经济增加值 =（14 909 + 950）×（1 − 25%）−（6 277 + 48 567）× 6%
= 11 894.25 − 3 290.64
= 8 603.61（百万元）

从经济增加值指标可以看出，XYZ 公司 20×5 年在满足所有投资者的收益期望(6%)之后，为股东所新创造的价值是 8 603.61 百万元。

 相关资料

在 2014 年，国家国资委正式提出建立以 EVA 为核心的价值管理体系，在《经济增加值考核细则》中，明确了经济增加值的定义和计算公式。经济增加值是指公司税后净营业利润减去资本成本后的余额。为统一经济增加值的测算口径，国资委所确定的经济增加值的计算公式为

经济增加值 = 税后净营业利润 − 资本成本
= 税后净营业利润 − 调整后资本 × 平均资本成本率

其中：
（1）税后净营业利润 = 净利润 +（利息支出 + 研究开发费用调整项 + 非经常性收益调整项）×（1 − 25%）。
（2）调整后资本 = 平均所有者权益 + 平均负债合计 + 平均无息流动负债 + 平均在建工程。
（3）企业加权平均资本成本率原则上定为 5.5%。

2.3.4 增长能力分析

增长能力，又称为成长能力，是指公司未来生产经营活动的发展趋势和发展潜能。在实践中，通常使用增长率来进行公司增长能力分析。衡量公司增长能力的指标主要有股东权益增长率、利润增长率、销售增长率、总资产增长率等指标。

1. 股东权益增长率

股东权益增长率是指公司报告期的股东权益增加额与基期股东权益的比率，其计算公式为：

$$股东权益增长率 = \frac{报告期股东权益 − 基期股东权益}{基期股东权益} \times 100\% \qquad (2\text{-}28)$$

股东权益增长率越高，表明公司本期股东权益增加得越多；反之相反。

一个公司的股东权益增长应该主要依赖于公司运用股东投入资本所创造的盈利。尽管一个公司的价值在短期内可以通过筹集和投入尽可能多的资本来获得增加，并且这种行为在扩大公司规模的同时也有利于经营者，但是这种策略通常不符合股东的最佳利益，因为它忽视了权益资本的机会成本。一家持续增长型公司，其股东权益应该是不断增长的。如果时增时减，则反映出公司发展不稳定，同时也说明公司并不具备良好的增长能力。

【例 2-19】 根据 XYZ 公司 20×3 年、20×4、20×5 年的资产负债表，可以计算出 XYZ 公司 20×4、20×5 年的股东权益增长率，计算过程及结果见表 2-4。

从表 2-4 可以看出，XYZ 公司 20×5 年的股东权益增长率远低于 20×4 年。

表 2-4　XYZ 公司 20×4 年、20×5 年的股东权益增长率计算表

项目	20×3 年	20×4 年	20×5 年	差异数（20×5 年与 20×4 年相比）
股东权益/百万元	35 374	45 131	48 567	3 436
股东权益增长率/%		27.58	7.61	−19.97

2. 利润增长率

利润增长率是指公司报告期的利润增加额与基期利润的比率。

由于一个公司的价值主要取决于其盈利及增长能力，所以公司利润增长是反映公司增长能力的重要指标。又由于利润可表现为营业利润、利润总额、净利润等多种指标，因此，相应的利润增长率也具有不同的表现形式。在实际中，净利润增长率是最具有代表性的指标之一。所以，利润增长率的计算公式可以表达为：

$$净利润增长率 = \frac{报告期净利润 - 基期净利润}{基期净利润} \times 100\% \qquad (2-29)$$

【例 2-20】 根据 XYZ 公司 20×3 年、20×4 年、20×5 年的利润表，可以计算出 XYZ 公司 20×4 年、20×5 年的利润增长率，计算过程及结果见表 2-5。

表 2-5　XYZ 公司 20×4 年、20×5 年的利润增长率计算表

项目	20×3 年	20×4 年	20×5 年	差异数（20×5 年与 20×4 年相比）
净利润/百万元	10 935	14 253	12 624	−1629
利润增长率/%		30.34	−11.43	−41.77

从表 2-5 可以看出，XYZ 公司 20×5 年的利润增长率为负，公司 20×5 年的净利润明显低于 20×4 年。

3. 销售增长率

销售增长率是指公司报告期的营业收入增加额与基期营业收入的比率，其计算公式为：

$$销售增长率 = \frac{报告期营业收入 - 基期营业收入}{基期营业收入} \times 100\% \qquad (2-30)$$

一般来说，公司的销售增长率越高，说明其产品市场前景看好，而良好的销售业绩不仅带动公司生产规模及相关业务的发展，而且为公司赢得了一个更为广阔的盈利空间，公司的盈利增长趋势也就越好。反之，则表明公司盈利的增长后劲不足，公司的盈利趋势并不乐观。

【例 2-21】 根据 XYZ 公司 20×3 年、20×4 年、20×5 年的利润表，可以计算出 XYZ 公司 20×4 年、20×5 年的销售增长率，计算过程及结果见表 2-6。

表 2-6　XYZ 公司 20×4 年、20×5 年的销售增长率计算表

项目	20×3 年	20×4 年	20×5 年	差异数（20×5 年与 20×4 年相比）
营业收入/百万元	120 043	140 005	100 564	−39 441
销售增长率/%		16.63	−28.17	−44.8

从表 2-6 可以看出，XYZ 公司 20×5 年的销售增长率为负，公司 20×5 年的销售收入远低于 20×4 年。

4. 总资产增长率

公司要增加销售收入，就需要增加资产投入。为了反映公司在资产投入方面的增长情况，可以利用资产增长率指标。资产增长率是指公司报告期的总资产增加额与基期总资产的比率，其计算公式为：

$$总资产增长率 = \frac{报告期总资产 - 基期总资产}{基期总资产} \times 100\% \quad (3\text{-}31)$$

【例 2-22】根据 XYZ 公司 20×3 年、20×4 年、20×5 年的资产负债表，可以计算出 XYZ 公司 20×4 年、20×5 年的总资产增长率，计算过程及结果见表 2-7。

表 2-7 XYZ 公司 20×4 年、20×5 年的总资产增长率计算表

项目	20×3 年	20×4 年	20×5 年	差异数（20×5 年与 20×4 年相比）
总资产/百万元	133 719	156 230	161 698	5 468
总资产增长率/%		16.83	3.5	−13.33

从表 2-7 可以看出，XYZ 公司 20×5 年的总资产增长率明显低于 20×4 年。

财务报表分析应构建一个多维的指标体系，但并不是说，组成该体系的指标越多越好。无论是从管理者角度还是从外部投资者角度，分析所用的指标体系应当满足：①指标间逻辑关系强；②具体指标定义清晰、财务含义明确；③指标个数少而精，反映关键指标；④指标计算中的取数要方便等。

表 2-8 总结概括了前面讨论过的几类常见的财务比率。

表 2-8 常见财务比率

1. 短期偿债能力比率
流动比率 = 流动资产 ÷ 流动负债
速动比率 = 速动资产 ÷ 流动负债
现金比率 =（货币资金 + 交易性金融资产）÷ 流动负债
2. 总体偿债能力比率
资产负债率 =（负债总额 ÷ 资产总额）× 100%
产权比率 =（负债总额 ÷ 股东权益总额）× 100%
权益乘数 = 资产总额 ÷ 股东权益总额
利息保障倍数 = 息税前利润 ÷ 利息费用
现金覆盖率 =（息税前利润 + 折旧与摊销）/ 利息费用
3. 资产周转能力比率
应收账款周转率 = 营业收入 / 应收账款平均余额
应收账款周转天数 = 360 / 应收账款周转率
存货周转率 = 营业成本 / 存货平均余额
存货周转天数 = 360 / 存货周转率
总资产周转率 = 营业收入 / 总资产占用平均额
总资产周转天数 = 360 / 总资产周转率

续表

4. 盈利能力比率

销售毛利率＝（营业毛利÷营业收入）×100%
销售净利率＝（净利润÷营业收入）×100%
总资产报酬率（税后ROA）＝（净利润÷平均资产总额）×100%
总资产报酬率（税前ROA）＝（息税前利润÷平均资产总额）×100%
净资产收益率(ROE)＝（净利润÷平均股东权益）×100%

$$\text{基本每股收益}=\frac{\text{净利润}-\text{优先股股利}}{\text{当期流通在外普通股加权平均股数}}$$

市盈率＝每股市价÷每股收益
市净率＝每股市价÷每股净资产
现金股利支付率＝(每股现金股利÷每股收益)×100%
留存收益率＝留存收益÷净利润×100%
经济增加值（EVA）＝息税前利润×（1－T）－投入资本总额×加权平均资本成本率

5. 增长能力比率

股东权益增长率＝（报告期股东权益－基期股东权益）÷基期股东权益×100%
净利润增长率＝（报告期净利润－基期净利润）÷基期净利润×100%
销售增长率＝（报告期营业收入－基期营业收入）÷基期营业收入×100%
总资产增长率＝（报告期总资产－基期总资产）÷基期总资产×100%

2.4 杜邦分析体系与综合业绩评价

偿债能力分析、资产周转能力分析、盈利能力分析和增长能力分析只是揭示了公司在某一方面的能力，分析师需要结合上述各维度能力的分析，并在此基础上进行综合分析与评价。所谓财务报表综合分析就是将各项财务分析指标放在一个整体分析框架中，按照它们之间的逻辑关系进行相互联系的分析，以便系统、全面、综合地评价公司的财务状况和经营成果。

财务报表综合分析的主要方法是杜邦分析体系。

2.4.1 杜邦恒等式

根据净资产收益率的定义：

$$\text{净资产收益率（ROE）}=\frac{\text{净利润}}{\text{股东权益}}\times 100\%$$

将分子、分母同时乘以总资产，则净资产收益率可分解为：

$$\text{净资产收益率（ROE）}=\frac{\text{净利润}}{\text{总资产}}\times\frac{\text{总资产}}{\text{股东权益}}$$

$$=\text{总资产报酬率（ROA）}\times[1/（1-\text{资产负债率}）] \quad (2-32)$$

显然，净资产收益率由总资产报酬率和权益乘数决定。净资产收益率和总资产报酬率之间的差异反映了债务融资或财务杠杆政策的不同。

再将分子、分母同时乘以销售收入，则净资产收益率可进一步分解为：

$$净资产收益率(ROE) = \frac{净利润}{销售收入} \times \frac{销售收入}{总资产} \times \frac{总资产}{股东权益}$$

$$= 销售净利率 \times 总资产周转率 \times 权益乘数 \qquad (2\text{-}33)$$

上述等式即为杜邦恒等式,由杜邦公司推广使用而命名。由杜邦恒等式可知,净资产收益率的驱动因素有以下三个:①经营效率(用销售净利率衡量);②资产使用效率(用总资产周转率衡量);③财务杠杆(用权益乘数衡量)。杜邦恒等式显示了提高净资产收益率的可能途径。

2.4.2 杜邦分析体系图

杜邦分析体系是以净资产收益率为核心所构成的财务指标分析体系。在杜邦分析体系中,管理者需要确认影响净资产收益率的关键因素,对这些影响因素的变动进行分析比较,最终确定公司未来管理的重点。

利用杜邦分析体系进行综合分析时,可把 XYZ 公司 20×5 年的各项财务指标间的关系绘制成杜邦分析体系图,如图 2-1 所示。

杜邦分析体系图展示了杜邦体系的分析过程,它是一个多层次的财务比率分解体系,即通过对几个关键财务比率之间相互关系的描述,可以快速、全面、直观地反映公司财务状况、经营业绩的波动,并鉴别其中的核心驱动因素。

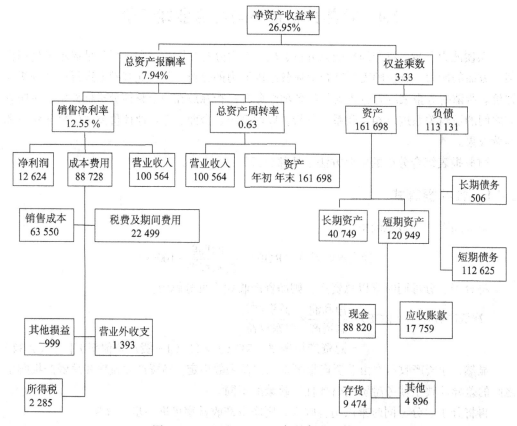

图 2-1 XYZ 公司 20×5 年杜邦分析体系

根据前例,可得到 XYZ 公司 20×4 年和 20×5 年杜邦分析体系的重要指标,见表 2-9。

表 2-9　XYZ 公司 20×4 年和 20×5 年杜邦分析体系重要指标

项目	20×4 年	20×5 年	差异数
权益乘数	3.46	3.33	−0.13
销售净利率	10.18%	12.55%	2.37%
总资产周转率	0.9	0.63	−0.27
总资产报酬率	9.12%	7.94%	−1.18%
净资产收益率	31.58%	26.95%	−4.63%

通过分析可知,与 20×4 年相比,XYZ 公司 20×5 年净资产收益率下降了。其中,权益乘数和总资产周转率是不利因素,销售净利率是有利因素。由此,公司应重点关注权益乘数和总资产周转率降低的原因。

本章小结

财务报表分析与其说是一项分析技能,倒不如说是一门分析艺术。本章主要阐述以下内容:①财务报表(主要包括资产负债表、利润表和现金流量表)的结构及其分析中应注意的问题。②财务报表分析的基本方法,主要包括比较分析法、比率分析法、趋势分析法和因素分析法等。③财务指标及其分析,重点从偿债能力、资产周转、盈利能力和增长能力等方面,阐述了相关财务指标的构建及其结构化的指标体系,尤其强调流动比率、资产负债率、应收账款周转率、总资产周转率、销售毛利率、净资产收益率、经济增加值等相关财务指标在财务分析中的价值。④简要阐述了杜邦分析体系的内容及其应用。

核心名词

财务报表(financial statements)
资产负债表(balance sheet)
流动性(liquidity)
利润表(income statement)
非现金项目(noncash items)
现金流量表(statement of cash flows)
账面价值(book value)
市场价值(market value)
息税前利润(earnings before interest and tax,EBIT)
流动比率(current ratio)
速动比率(quick ratio)
现金比率(cash ratio)
资产负债率(debt ratio)
权益乘数(equity multiplier)

利息保障倍数（interest coverage）
现金覆盖率（cash coverage ratio）
应收账款周转率（accounts receivable turnover）
存货周转率（inventory turnover）
总资产周转率（total asset turnover）
销售净利率（net profit margin）
销售毛利率（gross profit margin）
总资产报酬率（return on assets，ROA）
净资产收益率（return on equity，ROE）
投入资本收益率（return on invested capital，ROIC）
经济增加值（economic value added，EVA）
杜邦分析体系（Du-Pont identity）
税后净营业利润（net operating profits after tax, NOPAT）

1. 分析解释资产负债表、利润表和现金流量表的结构。
2. 财务报表分析的基本方法有哪些？试述它们的主要内容。
3. 什么是偿债能力？偿债能力是通过哪些财务比率来进行分析的？
4. 什么是资产周转能力？资产周转能力是通过哪些财务比率来进行分析的？
5. 什么是盈利能力？可以用哪些财务比率来分析盈利能力？
6. 什么是增长能力？增长能力是通过哪些财务比率来进行分析的？
7. 什么是杜邦财务分析体系？它有什么特点？

1. A 公司 20×5 和 20×6 年的主要财务数据见表 2-10。

表 2-10　A 公司 20×5 年和 20×6 年主要财务数据表　　　　单位：万元

项目	20×5 年	20×6 年
资产总额	107 676	136 875
流动资产	41 123	53 646
应收账款	4 963	6 542
存货	363	325
流动负债	14 004	15 918
股东权益	32 906	37 234
营业收入	66 799	79 422
营业成本	54 859	66 091
利润总额	4 605	7 523
净利润	1 936	4 663
利息支出	753	1 622
固定资产折旧	6 711	7 823

要求：根据表 2-10 中的资料，计算 A 公司 20×6 年的流动比率、资产负债率、权益乘数、利息保障倍数、现金覆盖率、应收账款周转率、存货周转率、总资产周转率、销售毛利率、总资产报酬率（税后）、净资产收益率。

2. B 公司 20×5 和 20×6 年的部分财务数据见表 2-11。

表 2-11　B 公司 20×5 年和 20×6 年部分财务数据表　　　单位：百万元

项目	20×5 年	20×6 年
资产总额	2 153	2 737
股东权益	6 581	7 446
营业收入	1 335	1 588
净利润	280	312

要求：根据表 2-11 中的资料，计算 B 公司 20×6 年的股东权益增长率、净利润增长率、销售增长率和总资产增长率。

案例分析题①

2015 年 2 月 5 日，有着近百年历史的美国电子产品零售连锁品牌瑞赛电器公司（RadioShack）正式申请破产保护。究竟发生了什么使这棵枝繁叶茂的大树在短短几年时间里从辉煌走向破产？

1. 公司基本背景介绍及财务危机表现

RadioShack 成立于 1921 年，是美国仅次于百思买（BestBuy）的第二大电子产品零售商。RadioShack 成立之初的经营模式是店面零售及邮购，目标消费人群主要是无线电业余爱好者。1962 年，Tandy 成功收购 RadioShack 后，对其经营模式进行了一系列调整，使之成为美国信誉最佳的电子产品专业零售商。RadioShack 将自己定义为普遍存在的电子公司，据统计，94%的美国人从家或公司走到最近的 RadioShack 门店只需要 5 分钟，它的零售店数量之多、分布之广是其他零售商不能匹敌的。截至 2014 年年底，其门店数量在全球有近 7 000 家。根据 RadioShack 的财报资料显示，截至 2014 年 11 月 1 日，RadioShack 当年亏损高达 4.35 亿美元，公司的净资产总额为 12 亿美元，但其债务规模高达 13.87 亿美元，已经资不抵债。2014 年 8 月 2 日公布的财报显示，RadioShack 的现金及现金等价物储备低至 3 050 万美元，已经无法维持公司的日常经营。

2. RadioShack 公司破产原因分析

1）电商冲击导致公司盈利能力下降

21 世纪电子商务的蓬勃发展对各行业的零售商都带来不小的冲击，RadioShack 首当其冲。公司 2007 年各类别的产品销售额均受到不同程度的影响，其中无线产品销售额下降 25%，个人电子产品（相机、摄像机、音乐播放器等）下降 9%。2007 年以后，公司的盈

---

① 资料来源：高冠群，李兴法. 美国第二大电子产品零售商陨落的财务警示[J]. 财务与会计，2016(6):41-42.

利能力每况日下，销售毛利率、销售净利率、净资产收益率、投入资本回报率等各项指标整体都呈下降趋势。

如果说行业整体盈利能力下降主要是受电商发展的影响，那么，RadioShack 遭受的额外冲击更多则是来源于早期经营决策错误的影响。从 20 世纪 90 年代中期起，RadioShack 就开始放弃小部件的销售，将利润更大的手机销售作为主营业务。同时舍弃了其他零售商所不具备的优势——品类齐全的特殊零件供销链，转而投入到和沃尔玛、百思买等大型供应商的直接竞争当中。手机销售在为其带来丰厚利润的同时也埋下了诸多隐患，首先是门店注重手机销售而停止更新各种零件的库存，甚至大部分零件都需要特殊订货，店员集中精力销售盈利更大的手机而冷落了寻求其他帮助的顾客，RadioShack 的老主顾们纷纷失望离开。从长期的发展来看，失去曾经的忠实客户也是最终导致其失去市场吸引力和竞争力的原因。

在市场被电商瓜分、盈利能力严重不足、股价大幅下跌的困境下，2000—2011 年，RadioShack 总共斥资 26 亿美元回购自己的股票，试图撑起从 24.33 美元跌落到 2.53 美元的股价，直到 2012 年面对 1.39 亿美元的亏损才暂停回购。这一错误的决策使 RadioShack 更加接近破产的深渊。

2）资本结构安排不当使公司陷入财务困境

根据公司年报，截至 2014 年 11 月 2 日，RadioShack 亏损高达 4.35 亿美元，2014 年 8 月 2 日，其资产缩水到 1.15 亿美元，陷入了资不抵债的境地。

根据公司的报表数据分析可知，RadioShack 2009 年的流动比率最高，达到 3.08，2010 年的流动比率骤然下降到 1.96，原因是当年斥资回购公司股票，之后几年流动比率维持在 2.5 左右。RadioShack 的速动比率呈逐年递减趋势，表明其偿债能力逐年下降。但是 RadioShack 的资产负债率却在逐年递增，2010 年已经超过 60%，2014 年更是达到 115.55%，表明资不抵债，公司无法偿还到期债务，不当的资本结构使公司陷入财务困境，最终导致其走向了破产。

3）高层治理机制混乱引发危机

整个行业遭受电商冲击时，RadioShack 并没能在第一时间制定战略与之展开竞争，主要是由于高层治理机制出现了漏洞。自 1962 年 Tandy 接手 RadioShack 之后的 43 年里，公司总共有 3 任董事长，其经营也一直保持稳步发展。而 2006 年后的短短不到 10 年里，RadioShack 先后换了 6 任董事长，公司管理陷入混乱。

2006 年是 RadioShack 受到重创的一年。当年 2 月公司首席执行官 David Edmondson 承认其简历造假并辞职，7 月董事会任命 Julian Day 担任董事长兼首席执行官。但是 Julian 上任后也并未能给公司带来更好的管理，他通过关闭一系列店铺、大幅度裁员等方式在短时间内削减开支，从而削弱报表上营业收入锐减带来的利润下降的影响。这些错误的管理决策使得大量专业型销售人员流失，RadioShack 也就失去了曾经助其成功的经营特色，在与电商和其他竞争者的市场争夺中始终处于弱势，最终走上了破产之路。

要求：

请自行寻找一家与 RadioShack 经营业务类似的上市公司，并收售近两年的公司年报资料，利用本章所学的知识，结合上述 RadioShack 的启示，对该上市公司进行财务拓展分析。

第 3 章
财务估值与风险收益

马克斯·韦伯（Max Weber）在其经典名著《新教伦理与资本主义精神》一书第二章开篇，援引了美国政治家、思想家本杰明·富兰克林（Benjamin Franklin）的几段话，来解释和阐述资本主义的精神。其中有这么一段名言："切记，金钱具有滋生繁衍性。金钱可以生金钱，滋生的金钱又可再生，如此生生不已。五先令经周转变成六先令，再周转变成七先令三便士，如此周转下去变到一百英镑。金钱越多，每次周转再生的钱也就越多，这样，收益也就增长得越来越快。谁若把一头下崽的母猪杀了，实际上就是毁了它一千代。谁若是糟蹋了一个五先令的硬币，实际了就毁了所有它本可生出的钱，很可能是几十英镑"。

可见，从时间和周转角度看，钱能滋生更多的钱，任何钱的使用都具有其机会成本。

通过本章学习，你应该能够：

（1）掌握货币时间价值的含义、性质；了解现值与终值的含义与计算，掌握复利现值与年金现值的计算。

（2）能够运用相关模型对固定收益证券、权益证券等进行估值并作出决策；理解风险与收益的关系；掌握收益、风险的含义与计量。

（3）理解组合投资中的系统性风险与非系统性风险以及组合投资的多元化效应。

（4）掌握资本资产定价模型的基本内涵及其应用。

3.1 货币时间价值与财务估值原理

3.1.1 货币时间价值

1. 货币时间价值的概念

货币时间价值（time value of money）是客观存在的经济范畴，它不仅构成了财务管理的基本价值观念，也是进行各项投资决策必须考虑的因素。根本上，货币时间价值概念为计量并比较不同时点上的资产价值提供了依据。

货币时间价值是指货币拥有者因放弃货币使用权而依其时间长短所获得的一种报酬。

理论上认为，货币时间价值是货币所有权和货币使用权分离后，货币使用者向货币所有者支付的一种报酬或代价。借贷关系的产生是货币时间价值存在的前提。

西方经济学认为，货币时间价值是因让渡货币使用权而应得的一种价值补偿，即货币拥有者推迟当期消费、让渡使用权以期取得未来更多消费的增值补偿。因此，货币时间价值是时间的函数，让渡时间越长，所得补偿价值越高。为什么会如此？原因可解释为：①货币拥有者推迟当期消费，即表明是将当期现金用于投资，投资未来到期后的价值总额应当是本金加租金（利润），该部分租金即为时间序列下的收益——价值增值额；②相对于未来消费，人们更喜欢当期消费，因此推迟现时消费、让渡货币，天然要求在未来能提供更多的补偿——未来更多的消费；③未来的货币都存在着风险，从而会降低其价值，因此需要考虑未来货币的现在价值。

货币时间价值可以用绝对数来表示，也可以用相对数来表示，如利息额或利息率。通常情况下，相对数应用更为普遍。从相对数看，货币时间价值可以看成一种在不考虑通货膨胀和风险价值情况下的社会资金平均利润率。通常所用到的利率（如贷款利率、债券利率等），都是包含通货膨胀和风险补偿价值在内的收益率，它们并不等于货币时间价值。

2. 单利与复利

单利（simple interest）和复利（compound interest）是货币时间价值计算中两种不同的计息方法。在单利计息法下，货币时间价值中的利息不再计息；而在复利计息的情形下，货币时间价值中的利息要在时间序列下计息。

【例 3-1】 某储户存入银行 1 000 元，假定 1 年期的存款利率为 3%，则 1 年后该笔存款的本息和为 1 030 元，其中本金为 1 000 元，利息为 30 元。假定存入期限为 2 年且利率不变，要求分别计算单利、复利两种计息方式下的本利和。

解：单利、复利两种计息方式下本利和的计算如下：

（1）单利，2 年后到期的本利和 = 1 000 ×（1 + 2 × 3%）= 1 060（元）。

（2）复利，2 年后到期的本利和 = 1 000 ×（1 + 3%）×（1 + 3%）= 1 060.9（元）。

上述计算结果说明：单利计息下，第一年的利息不作为第二年续存的本金；复利计息则相反，第一年利息作为第二年续存的本金。第二年到期后，二者的本利和之差为 1 060.9 − 1 060 = 0.9（元），该差异数是复利下第一年利息 30 元在第二年续存后所得的利息（30 × 3%）。可见，复利是一种利上加利或连续复利（continuous compounding）的计息方法。

货币时间价值是时间的函数，因此复利计息更为准确。在财务价值判断中，如果不作特别提示，均指复利计息情形。

3.1.2 终值与现值

货币时间价值计量通常采取终值、现值两种形式。

1. 终值

终值（future value）是复利计息下某项资产现在价值的将来值，一般用 FV 表示。

第 3 章　财务估值与风险收益

【例 3-2】某储户将一笔 1 000 元的存款存入银行，存款定期 5 年。假定年利率为 10%，单利终值和复利终值的计算结果可见表 3-1。

表 3-1　单利终值和复利终值比较表

期间	单利终值/元	复利终值/元
第一年年末 FV = 1 000	FV = 1 000 × （1 + 10% × 1）= 1 100	FV = 1 000 × （1 + 10% × 1）= 1 100
第二年年末 FV = 1 000	FV = 1 000 × （1 + 10% × 2）= 1 200	FV = 1 100 × （1 + 10% × 1）= 1 210
第三年年末 FV = 1 000	FV = 1 000 × （1 + 10% × 3）= 1 300	FV = 1 210 × （1 + 10% × 1）= 1 331
第四年年末 FV = 1 000	FV = 1 000 × （1 + 10% × 4）= 1 400	FV = 1 331 × （1 + 10% × 1）= 1 464
第五年年末 FV = 1 000	FV = 1 000 × （1 + 10% × 5）= 1 500	FV = 1 464 × （1 + 10% × 1）= 1 611

根据表 3-1，不难归结出复利终值的计算公式：

$$FV = PV(1+i)^n \tag{3-1}$$

式中，FV 为终值，PV 为现值，$(1+i)^n$ 为复利终值系数。

在实际计算中，复利终值系数（用 $FVIF_{i,n}$ 表示）可以通过查"复利终值系数表"（见附录）来求得。该表是按照 1 元为基础编制的，它列示了不同利率（i）水平和不同计息期数（n）的各相应情形的复利终值系数 $(1+i)^n$。

【例 3-3】某公司管理层决定将 60 万元存入银行，准备 8 年后用于更新设备。假定银行定期 8 年的存款利率为 10%，每年复利一次。问该公司 8 年后可取得多少钱来更新设备？其中 8 年内的利息总额是多少？

解：查"复利终值系数表"可得到利率为 10%、期数为 8 年的一元复利终值系数，即 $(1+10\%)^8 = 2.144$。则该存款在 8 年后的终值（本息和）为

$$FV = 60 \times 2.144 = 128.64（万元）$$

$$R（利息）= 128.64 - 60 = 68.64（万元）$$

以上计算结果可知，该公司 8 年后可向银行取得本息和 128.64 万元用来更新设备，其中 8 年内的利息总额为 68.64 万元。

【例 3-4】假设某公司管理层决定将 140 000 元存入银行以备兴建一栋仓库。根据施工单位按图纸估算，预算整个工程需要 300 000 元。假定银行存款利率为 8%，每年复利一次。那么需要存多少年才能获得建仓库所需要的资金？

解：依题意，可以列出：$300\,000 = 140\,000 \times (1+8\%)^n$

$$(1+8\%)^n = 300\,000/140\,000 = 2.143$$

查"复利终值系数表"，可在 $i = 8\%$ 的栏中找到一个最接近 2.143，但比 2.143 小的终值系数，为 1.999，其相应的期数为 9；然后，再在此栏中找到一个最接近 2.143，但比 2.143 大的终值系数，为 2.159，其相应期数为 10。因此，所要求的 n 值一定是介于 9 和 10 之间。这样，就可以采用插值法（图 3-1）进行计算：

$$x/(10-9) = (2.143 - 1.999)/(2.159 - 1.999)$$

解之得

$$x = 0.9（年），n = 9.9（年）$$

```
         年                    复利终值系数
        9 ⎫                   1.999 ⎫
        n ⎬ x ⎫ 1             2.143 ⎬ 0.144 ⎫ 0.160
       10 ⎭                   2.159 ⎭
```

图 3-1　插值法

因此，该公司需要存 9.9 年才能获得建仓库所需要的 300 000 元资金。

2. 现值

现值（present value）就是在复利计息情形下某项资产的将来值的现在价值。其计算公式为

$$PV = \frac{FV_n}{(1+i)^n} \quad (3\text{-}2)$$

由将来值求现在值的过程在财务上被称为折现（或贴现），其中 i 称作折现率，$(1+i)^{-n}$ 称作折现系数（用 $PVIF_{i,n}$ 表示），它可以通过查 "复利现值系数表"（见附录）得到。

【例 3-5】某储户希望在 10 年后收到 1 000 元，如果年利率为 10%，则该储户现在需要存入银行多少钱？

解：在这一例子中，已知 10 年后的价值（将来值），要求的是这 1 000 元的现在价值。其现值为

$$PV = 1\,000 \times 0.385\,5 = 385.5（元）$$

其中，0.385 5 是期限为 10 年、利率 10% 的复利现值系数。

【例 3-6】已知某项资产投资在未来 3 年所取得的现金收益分别是 100 万元、150 万元和 80 万元，且该项目的折现率为 10%，则该项资产现时的投资总额不超过多少时，才是值得的？

解：从该例可以看出，只要项目的现时投资总额低于投资该项目所取得未来收益的现值总额，从财务上都可能被认为是可行的。因此，本例的关键是计算出该项目的现在值，即现值。用式（3-2）可计算出：

$$PV = \frac{100}{1+10\%} + \frac{150}{(1+10\%)^2} + \frac{80}{(1+10\%)^3} = 274.98（万元）$$

同样，可以通过 "复利现值系数表" 来直接查得各期折现系数，即 $(1+i)^{-n}$，从而得出同样的结果。

3.1.3　年金及财务估值

年金（annuity）是指间隔期限相等的等额现金流入或流出。普通债券的债息收入就是一种年金，因为普通债券的债息是每隔半年或一年计息一次，每次的债息额是相等的（按票面固定利率来计算利息）。

年金有多种形式，如普通年金和即付年金、永续年金和增长年金等。

1. 普通年金

普通年金（ordinary annuity）又称后付年金（annuity in arrears），是指每期期末收付等

额款项的年金。普通年金计算分为年金现值与年金终值两方面。

1）普通年金现值

普通年金现值是指每期期末收入或支出等额款项的复利现值之和，一般用 PVA 表示。图 3-2 解释了普通年金现值的计算过程（年金为 1 元，利率为 10%，期数为 4 年）。

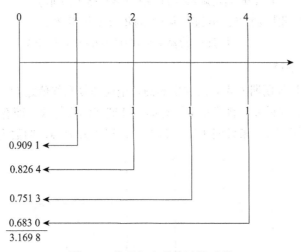

图 3-2　普通年金现值计算过程

由图 3-2 得，年金现值的计算公式为

$$\begin{aligned} \text{PVA}_n &= A\frac{1}{(1+i)^1} + A\frac{1}{(1+i)^2} + \cdots + A\frac{1}{(1+i)^{n-1}} + A\frac{1}{(1+i)^n} \\ &= A\sum_{t=1}^{n}\frac{1}{(1+i)^t} \\ &= \frac{A}{i}\left[1 - \frac{1}{(1+i)^n}\right] \end{aligned} \quad (3\text{-}3)$$

式中，A 为每期的收付额；$\sum_{t=1}^{n}\frac{1}{(1+i)^t}$ 或 $\frac{1}{i}\left[1-\frac{1}{(1+i)^n}\right]$ 叫作年金现值系数，在具体计算时可以通过查"年金现值系数表"求得（见附录）。

式（3-3）的推导过程如下。

由于 $\text{PVA}_n = A(1+i)^{-1} + A(1+i)^{-2} + A(1+i)^{-3} + \cdots + A(1+i)^{-n}$

将上式两边同乘以 $(1+i)$ 得：

$\text{PVA}_n(1+i) = A + A(1+i)^{-1} + A(1+i)^{-2} + \cdots + A(1+i)^{-(n-2)} + A(1+i)^{-(n-1)}$

并将上述两式相减得：

$\text{PVA}_n(1+i) - \text{PVA}_n = A - A(1+i)^{-n}$

则得到：

$$\text{PVA}_n = \frac{A}{i}\left[1 - \frac{1}{(1+i)^n}\right]$$

【例 3-7】 假设你准备买一套公寓住房,总计房款为 100 万元。如首付 20%,年利率为 8%,银行提供 20 年按揭贷款,则每年应付款多少?如果每月不计复利的话,每月的付款额是多少?

解:依题意,购房总共需贷款额 = 100 ×(1 − 20%) = 80(万元)

每年分期付款额 = 80/9.818 = 8.15(万元)

(注:9.818 为期限 20 年、年利率为 8%的年金现值系数)

则 每月付款额 = 8.15/12 = 0.68(万元)

2)普通年金终值

普通年金终值是每期期末收入或支出等额现金流的复利终值之和。设 FVA 为普通年金终值;A 为每期的收付额。普通年金没有第一期期初的收付款,而有第 n 期期末的收付款,其计算过程可用图 3-3 来说明(年金为 1 元,利率为 10%,期数为 4 年)。

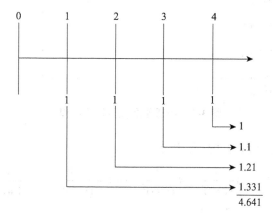

图 3-3 普通年金终值计算过程

由图 3-3 可以推测出,普通年金终值的计算公式为

$$\begin{aligned}\text{FVA}_n &= A(1+i)^0 + A(1+i)^1 + A(1+i)^2 + \cdots + A(1+i)^{n-2} + A(1+i)^{n-1} \\ &= A[(1+i)^0 + (1+i)^1 + (1+i)^2 + \cdots + (1+i)^{n-2} + (1+i)^{n-1}] \\ &= A\sum_{t=1}^{n}(1+i)^{t-1} \\ &= A\frac{(1+i)^n - 1}{i}\end{aligned}$$

(3-4)

式中,$\sum_{t=1}^{n}(1+i)^{t-1}$ 或 $\frac{(1+i)^n-1}{i}$ 叫作年金终值系数,在实际计算中可通过查"年金终值系数表"(见附录)求得。

式(3-4)的推导过程如下:

由于 $\text{FVA}_n = A(1+i)^0 + A(1+i)^1 + A(1+i)^2 + \cdots + A(1+i)^{n-2} + A(1+i)^{n-1}$

将上式两边同乘以(1 + i)得:

$\text{FVA}_n(1+i) = A(1+i)^1 + A(1+i)^2 + \cdots + A(1+i)^{n-1} + A(1+i)^n$

将上述两式相减得:

$$FVA_n(1+i) - FVA_n = -A + A(1+i)$$

$$FVA_n = A\frac{(1+i)^n - 1}{i}$$

【例 3-8】 某公司有一个基建项目，分 5 年投资，每年年末投入 400 000 元，预计 5 年后建成。若该项目投资所需款项来自银行借款，借款利率为 10%，则该项目的投资总额是多少？

解：该项目的投资总额为

$$FVA_n = 400\,000 \times [(1+10\%)^5 - 1]/10\%$$
$$= 400\,000 \times 6.105\,1$$
$$= 2\,442\,040\,(元)$$

式中，6.105 1 可通过查期限 5 年、年利率为 10%的年金终值系数表求得。

3）偿债基金

偿债基金（sinking fund）计算的是为在未来某一时期偿还一定数额的债务，现在应存入多少钱，它是年金终值的逆运算。由普通年金终值计算公式，可直接求得偿债基金的公式：

$$A = FVA_n \times \frac{i}{(1+i)^n - 1} \tag{3-5}$$

式中，$\frac{i}{(1+i)^n - 1}$ 为偿债基金系数，它可以和年金终值一样，事先编制"一元的偿债基金系数表"以备查用，也可根据年金终值系数求其倒数来求得。

【例 3-9】 某公司决定自今年起建立偿债基金，即在今后 5 年内每年年末存入银行等额款项，用来偿还该公司在第 6 年年初到期的公司债务 1 000 万元。若银行存款利率为 9%，每年复利一次。问该公司每年年末需存入银行多少等额款项？

$$A = 1\,000 \times \frac{1}{5.985} = 167.08\,(万元)$$

上式中，5.985 为期限 5 年、年利率为 9%的年金终值系数。

从以上计算结果可知，该公司每年年末需存入银行 167.08 万元，才能保证第 6 年年初有足够的 1 000 万元用于偿还债务。

2. 即付年金

即付年金（annuity in advance）是指在每期期初支付的年金。在计算即付年金时，为了利用普通年金现值和终值系数，须将即付年金转换为普通年金形式。下面将举例说明二者的关系及即付年金的计算。

【例 3-10】 某公司欲出租设备，设备出租期 20 年，且每年租金为 5 万元。依合同规定，承租方需要在每年年初支付租金，假定利率为 8%。问：该租金收入的现值总额是多少？

解：依题意，设备出租期限为 20 年，年初支付等额租金 5 万元，属于即付年金。用两种方法来处理。

（1）将该即付年金当作两部分：第 1 年为期初支付，而后 19 年可看成普通年金：

其现值 = 50 000（在期初支付）

+ 50 000 × 9.604（利率为 8%、期限 19 年的普通年金现值系数）

= 530200（元）

（2）将该即付年金直接转换为计息次数多 1 年的 20 年期普通年金，其现值为在 20 年普通年金现值系数的基础上乘以（1 + i）。

现值总额 = 50 000 × 9.818（利率为 8%、期限为 20 年的普通年金现值系数）×（1 + 8%）

= 530 172（元）

在本书以后的计算中，如果没有特别强调，年金都指普通年金。

3. 永续年金

永续年金（perpetuity）是指计息期数永远持续的年金，一般用 PV 表示。如公司发行的优先股，其股息即为一项永续年金（假定该公司具有持续经营能力）。假定每期年金是在各期期末收到，其现金流为 A，折现率为 i，则该永续年金的现值为

$$PV = \frac{A}{1+i} + \frac{A}{(1+i)^2} + \cdots + \frac{A}{(1+i)^n} + \cdots$$

$$= \sum_{t=1}^{\infty} \frac{A}{(1+i)^t} \tag{3-6}$$

$$= \frac{A}{i}$$

【例 3-11】某公司发行一种优先股，每股年固定股息为 1 元，年底支付。如果 i = 10%，则该优先股的现值是多少？

解：该优先股可假定为持续经营假设下的一种固定收益证券，如果折现利率 i = 10%，则该优先股的现值为

$$PV = \frac{1}{(1+i)} + \frac{1}{(1+i)^2} + \cdots = \frac{1}{1.1} + \frac{1}{1.1^2} + \cdots = \frac{1}{0.1} = 10（元）$$

4. 增长年金

增长年金（growing annuity）是指以不变的增长率增长的年金。

增长年金现值的计算公式为

$$PV = \frac{A}{i-g}\left[1 - \frac{(1+g)^n}{(1+i)^n}\right] \tag{3-7}$$

式中，A 为第 1 年年末现金流；i 为折现率；g 为年金增长率；n 为年金期数。

【例 3-12】某公司向某基金捐款，约定第一年捐款为 10 000 元，以后每年增加 5%，期限为 20 年，折现率为 10%。问该笔基金的现值是多少？

解：按照增长年金的计算公式（3-7），该基金的现值总额为

$$PV = \frac{10\ 000}{0.1 - 0.05} \times \left[1 - \left(\frac{1.05}{1.10}\right)^{20}\right] = 121\ 120（元）$$

5. 永续增长年金

永续增长年金（growing perpetuity）是指永远以稳定增长率增长的年金。其现值计算可列示为：

假设增长型永续年金第 1 年年末的现金流为 A，第 2 年为 $A(1+g)^1$，第 3 年为 $(1+g)^2$……，第 n 年为 $A(1+g)^{n-1}$，……同时假定折现率为 i，则永续增长年金现值的推算公式为：

$$\text{PV} = \frac{A}{i-g} \tag{3-8}$$

式中，A 为第 1 年年末现金流；i 为折现率；g 为年金增长率。

【例 3-13】 假定例 3-12 中，该项捐款的期限不是 20 年，而是永续性的，则该永续捐款的现值是多少？

解：由永续增长年金计算公式（3-8）可知，$A = 10\,000$，$i = 10\%$，$g = 5\%$，则：

$$\text{PV} = \frac{10\,000}{0.1 - 0.05} = 200\,000(元)$$

在计算永续年金现值时，要注意一点，即折现率 i 必须高于增长率 g。只有这样，永续年金现值计算公式才会有意义。

3.2 固定收益证券估值

3.2.1 固定收益证券属性及收益率

1. 固定收益证券的概念

固定收益证券也称为债务证券，持券人可以在特定的时间内取得固定收益并预先知道取得收益的数量和时间，典型如固定利率债券、优先股股票等。

固定收益证券是企业或政府发行的一种债务性证券，其中由企业发行的叫企业债券，由政府发行的叫公债或国库券。债券由以下要素构成：一是票面金额（通常是一个整数，如 1 000 元），它是债券到期后的还本额；二是票面利率，它用于确定债券的每期利息；三是债券期限，债券一般都规定到期日，以便到期时归还本金。

2. 固定收益证券的分类

1）按债券是否记名分类

按债券是否记有持券人的姓名或名称，可分为记名债券和无记名债券。在公司债券上记载持券人姓名或名称的为记名公司债券；反之为无记名公司债券。

2）按债券能否转换为股票分类

按能否转换为公司股票，可分为可转换债券和不可转换债券。若公司债券能转换为本公司股票，为可转换债券；反之为不可转换债券。一般来讲，前种债券的利率要低于后种债券。

3）按有无财产抵押分类

按有无特定的财产担保，分为抵押债券和信用债券。发行公司以特定财产作为抵押品的债券为抵押债券；没有特定财产作为抵押，凭信用发行的债券为信用债券。抵押债券又分为：一般抵押债券，即以公司全部资产作为抵押品而发行的债券；不动产抵押债券，即以公司的不动产为抵押而发行的债券；设备抵押债券，即以公司的机器设备为抵押而发行的债券；证券信托债券，即以公司持有的股票证券以及其他担保证书交付给信托公司作为抵押而发行的债券等。

4）按能否上市分类

按能否上市，可分为上市债券和非上市债券。可在证券交易所挂牌交易的债券为上市债券；反之为非上市债券。上市债券信用度高，且变现速度快，故而容易吸引投资者，但上市条件严格，并要承担上市费用。

5）按偿还方式分类

按偿还方式，分为到期一次债券和分期债券。发行公司于债券到期日一次集中清偿本息的，为到期一次债券；一次发行而分期、分批偿还的债券为分期债券。

6）按债券的发行人分类

按发行人不同，债券可分为以下类别。

（1）政府债券：通常指中央政府发行的债券。一般认为，政府债券会按时偿还利息和本金，没有拖欠风险。但是，在市场利率上升时，政府债券的市场流通价格会下降，因此也是有风险的。

（2）地方政府债券：指地方政府发行的债券，地方政府债券有拖欠风险，因此利率会高于中央政府债券。

（3）公司债券：指公司发行的债券。公司债券有拖欠风险，不同的公司债券拖欠风险有很大差别。拖欠风险越大，债券的利率越高。

（4）国际债券：指外国政府或外国公司发行的债券。不仅外国公司债有拖欠风险，有些外国政府债券也有拖欠风险。此外如果国际债券以国外货币结算，购买者还需要承担汇率风险。

3. 债券到期收益率与持有期间收益率

债券到期收益率（yield to maturity，YTM）是指自债券购买以后一直持有至到期日的收益率，即债券现金流入量与现金流出量（现实购买价格）相等时的内含报酬率。

对于每期期末付息、到期一次还本的债券，其到期收益率（K_d）可以根据下述公式来计算求得

$$购买价格 = \sum_{t=1}^{n} \frac{I}{(1+K_d)^t} + \frac{M}{(1+K_d)^n} \quad (3-9)$$

式中，M 为债券面值；I 为每期利息；n 为付息总期数；K_d 为到期收益率。

持有期间收益率是投资者持有的债券未至到期日便中途转卖时，其持有期内的收益率。持有期间收益率用公式来表示为

$$持有期间收益率 = \frac{卖出价格 - 买入价格 + 债券持有期间利息}{买入价格 \times 持有年数} \times 100\%$$

【例 3-14】 李新于当年 6 月 1 日按 1 060 元的价格购买了面值为 1 000 元的某企业债券，已知该债券的票面利率为 6%，每年 6 月 1 日计算并支付一次利息，5 年后到期一次性还本。要求计算：（1）如果该投资者持有债券至到期日，则该债券的到期收益率是多少？（2）如果该投资者在两年以后以 1 040 元的价格卖出该债券，则其持有期间收益率是多少？

解：（1）到期收益率计算步骤为：

由于：

$$1\,060 = \sum_{t=1}^{5} \frac{1\,000 \times 6\%}{(1+K_d)^t} + \frac{1\,000}{(1+K_d)^5}$$

求上式的 K_d 值。其值可以通过金融计算器或 Excel 来求出，也可以通过插值法来确定。由于当 $K_d = 5\%$ 时可测算出该债券的现值为 $60 \times 4.329 + 1\,000 \times 0.783\,5 = 1\,043.24$（元）；而当 $K_d = 4\%$ 时可测算其现值为 $60 \times 4.452 + 1\,000 \times 0.821\,9 = 1\,089.02$（元）。因此，用插值法，可求得 $K_d = 4.63\%$。

这一到期收益率就是投资该债券所取得的现金流入量与投资购买价格相等时的折现率，即为投资该债券的内含报酬率。

（2）持有期间收益率，可直接利用公式求得

$$持有期间收益率 = \frac{1\,040 - 1\,060 + 60 \times 2}{1\,060 \times 2} \times 100\% = 4.72\%$$

3.2.2 普通债券估值

普通债券价值即为该债券的内含价值。它分以下两种情形。

1. 复利计息下的内含价值

复利计息下的内含价值是指在复利计息下，通过对债券投资所取得的现金流入量进行折现而求得的价值总和。其计算公式为

$$P = \sum_{t=1}^{n} \frac{I}{(1+K_d)^t} + \frac{M}{(1+K_d)^n} \quad (3\text{-}10)$$

式中，P 为债券内含价值；I 为每期债息额（债券计息期内的名义利率×债券面值）；M 为债券面值；K_d 为到期收益率；n 为付息总期数。

【例 3-15】 某公司发行普通债券，其面值为 1 000 元，票面利率为 10%，期限为 5 年，每半年付息一次，到期一次还本。假定市场年利率（或者投资者要求收益率）分别为 12%、10% 和 8%，请分别计算该债券的内含价值。

解：因为该债券是按半年计息一次，因此，5 年期债券的计息次数是 10 次（计息期为 10），每期的计息利率（名义利率）为 10%/2 = 5%。

（1）由于市场年利率为 12% 时，其半年期市场利率为 6%。用式（3-10）可计算得到：

该债券的内含价值 = $1\,000 \times 10\%/2 \times 7.360 + 1\,000 \times 0.558 = 926$（元）

（注：7.360、0.558 分别是期限为 10、利率为 6% 的年金现值系数和复利现值系数）。

（2）当市场年利率为10%时，其半年期市场利率为5%。用式（3-10）可计算得到：

该债券的内含价值 = 1 000 × 10%/2 × 7.722 + 1 000 × 0.614 = 1 000（元）

（3）当市场年利率为8%时，用式（3-10）可计算得到

该债券的内含价值 = 1 000 × 10%/2 × 8.111 + 1 000 × 0.676 = 1 081.55（元）

通过上例计算，可以看到：

当债券票面利率＞市场利率时，债券内含价值应高于债券面值；

当债券票面利率＝市场利率时，债券内含价值应等于债券面值；

当债券票面利率＜市场利率时，债券内含价值应低于债券面值。

2. 不复利计息下的内含价值

这类债券大体上一次还本付息，且不计复利。我国多数企业债券属于此类。其债券内含价值计算公式为

$$P = \frac{M + M \times i \times n}{(1+K_d)^n} \tag{3-11}$$

【例3-16】 某企业拟购买另一家企业发行的利随本清的企业债券，该债券面值为1 000元，期限10年，票面利率8%，债息不计复利，当前市场利率为5%。问：该债券发行价格为多少时，企业才能购买？

解：由式（3-11）可计算得到

$$P = \frac{1\,000 + 1\,000 \times 8\% \times 10}{(1+5\%)^{10}} = 1105.02(元)$$

该债券内含价值为1 105.02元，因此，要使债券投资获利（不低于5%的必要收益率），该债券价格的购买价值应不高于1 105.02元。

3. 债券内含价值、发行价格与债券投资决策

债券内含价值是根据债券票面利率、投资期限和投资者必要报酬率等因素确定的，它是债券发行人确定债券发行价格的重要依据。在实际发行过程中，债券发行价格总是围绕其内含价值上下波动，发行价格既可能高于其内含价值，也可能低于或等于其内含价值。债券发行价格的波动，一方面取决于债券的供求关系；另一方面则取决于投资者对该债券的收益预期。

从投资者的角度看，将投资者购买债券实际付出的成本视为现金流出，而将其未来收益视为现金流入，因此，投资者可借此来确定债券投资的实际收益率（债券的到期收益率）并进行决策。根据前述原理可知：①当债券发行价格高于其内含价值时，债券投资的实际收益率将低于投资者预期收益率（必要报酬率）；②当债券发行价格低于其内含价值时，债券投资的实际收益率将高于投资者预期收率；③当债券发行价格与其内含价值相等时，债券投资的实际收益率正好等于投资者预期收益率。

【例3-17】 某投资者按1 060元的发行价格购买了面值为1 000元的某企业债券，该债券的票面利率为6%，每年计息一次，5年后到期一次性还本。假定投资者必要报酬率为8%。判断该投资者此次债券投资是否可行。

解：要判断该投资者是否可行，有两种办法：一是从绝对数的价值增值角度来判断，

即如果债券的购买价格高于其内含价值,则为不可行,反之则可行;二是从相对数的收益率角度来判断,即如果债券的实际收益率低于投资者必要报酬率,则为不可行,反之则可行。这两种方法所得结论应当是一致的。分析如下。

(1)从绝对数的价值增值角度看:

该债券的内含价值 = $\sum_{t=1}^{5} \frac{60}{(1+8\%)^t} + \frac{1000}{(1+8\%)^5} = 920.58(元)$,而该债券的投资成本(现金流出现值)为 1 060 元,则价值增值额 = 920.58 − 1 060 = − 139.42(元)。可见,从财务角度判断,该债券投资是不可行的。

(2)从相对数的收益率角度看:人们可以计算出该债券的到期收益率。经计算,该债券的到期收益率为 4.63%,该收益率即为投资者持有该债券至到期日时的实际投资收益率;而投资者的必要报酬率预期是 8%。由计算可知,投资该债券的实际收益率低于投资者的期望收益率,因此,该债券投资并不可行。

上述决策结果是一致的。

3.2.3 特殊债券估值

可转换债券允许其持有人在债券到期日之前的任一时间(包括到期日)里将可转换债券转换为一定数量的股票。

1. 可转换债券的主要条款

1)可转换性

可转换债券,可以转换为特定公司的普通股。这种转换在资产负债表上只是负债转换为普通股,并不增加额外的资本。可转换债券可以看成一种期权,证券持有人可以选择转股,也可选择不转换而继续持有债券。

2)转换价格

可转换债券发行之时,明确了以怎样的价格转换为普通股,这一规定的价格就是可转换债券的转换价格(也称转股价格),即转换发生时投资者为取得普通股每股所支付的实际价格。

3)转换比率

转换比率是债权人通过转换可获得的普通股股数。转换比率 = 债券面值/转换价格。

4)转换期

转换期是指可转换债券转换为股份的起始日至结束日的时间。可转换债券的转换期可以与债券的期限相同,也可以短于债券的期限。

2. 可转换债券的估值

可转换债券的价值可以分为以下三个部分:纯粹债券价值、转换价值和期权价值。

1)纯粹债券价值

纯粹债券价值是指可转换债券如不具备可转换的特征,仅仅当作债券持有的情况下,在市场上能销售的价值。它取决于利率的一般水平和违约风险程度。

2）转换价值

可转换债券的价值也取决于转换价值。转换价值（conversion value）是指如果可转换债券能以当前市价立即转换为普通股，这些可转换债券所能取得的价值。转换价值典型的计算方法是：将每份债券所能转换的普通股股票份数乘以普通股的当前价格。

3）期权价值

可转换债券的价值通常会高于纯粹债券价值和转换价值。之所以会发生这种情况，是因为可转换债券的持有者不必立即转换。相反，持有者可以通过等待并在将来利用纯粹债券价值与转换价值二者孰高来选择对己有利的策略（是转换普通股还是当作债券持有）。这份通过等待而得到的选择权（期权）也有价值，它导致了可转换债券的价值高于纯粹债券价值和转换价值。

当公司普通股价值比较低的时候，可转换债券的价值主要显著地受到其基础价值如纯粹债券价值的影响。然而，当公司普通股价值比较高的时候，可转换债券的价值主要由基本转换价值决定。

【例 3-18】A 公司拟发行可转换债券筹资 5 000 万元，有关资料见表 3-2。问：该证券的纯债券价值和转换价值是多少？

表 3-2　A 公司筹资情况表

每张可转换债券售价	1 000
期限/年	20
票面利率/%	10
转换比率	20
转换价格（可转换债券价值/转换比率）	50
当前股票市场价格/（元/股）	35
等风险普通债权市场利率（折现率）/%	12

解：（1）分析纯债券价值。

$$发行日纯债券价值 = \sum_{t=1}^{20} \frac{每年利息}{(1+i)^t} + \frac{到期值}{(1+i)^{20}}$$

$$= \sum_{t=1}^{20} \frac{100}{(1.12)^t} + \frac{1\ 000}{(1.12)^{20}}$$

$$= 850.61(元)$$

（2）分析转换价值。

$$转换价值 = 股价 \times 转换比率 = 35 \times 20 = 700（元）$$

3.2.4　优先股估值

优先股是指在一般规定的普通股种类股份之外，另行规定的其他种类股份，其股份持有人优先于普通股股东分配公司利润和剩余资产，但参与公司决策管理等权利受到限制。

1. 优先股的特殊性

1) 优先股优先分配股利

优先股股东按照约定的票面股息率,优先于普通股股东分配公司利润。公司应当以现金的形式向优先股股东支付股息,在完全支付约定的股息之前,不得向普通股股东分配利润。

2) 优先分配剩余财产

公司因解散、破产等原因进行清算时,公司财产在按照公司法和破产法有关规定进行清偿后的剩余财产,应当优先向优先股股东支付未派发的股息和公司章程约定的清算金额,不足以支付的按照优先股股东持股比例分配。

3) 表决权限制

优先股股东不出席股东大会会议,所持股份没有表决权。但下列情况除外:①修改公司章程中与优先股相关的内容;②一次或累计减少公司注册资本超过 10%;③公司合并、分立、解散或变更公司形式;④发行优先股;⑤公司章程规定的其他情形。

2. 优先股的估值方法

优先股按照约定的票面股息率支付股利,其票面股息率可以是固定股息率或浮动股息率。

无论优先股采用固定股息率还是浮动股息率,优先股股价均可通过对未来优先股股利的折现进行估计,即采用股利的现金流量折现模型估值。其中,当优先股存续期内采用相同的固定股息率时,每股股息就形成了无期限定额支付的年金,即永续年金,优先股则相当于永久债券。其估值公式如下:

$$V_p = \frac{D_p}{k_p} \quad (3\text{-}12)$$

式中,V_p 为优先股的价值;D_p 为优先股每股股息;k_p 为优先股股东的必要报酬率。

【例 3-19】ABC 公司准备发行优先股融资,约定每股优先股每年可以获得固定股息 0.2 元。若优先股股东的必要报酬率为 10%,则优先股的价值是多少?

解:

$$\text{优先股的价值} = \frac{D_p}{k_p} = \frac{0.2}{10\%} = 2(\text{元})$$

3.3 权益估值

3.3.1 权益属性

权益通常指股东所拥有公司的股份或份额。在上市公司中,它体现为公司股东所拥有的普通股(stocks 或 shares)的总价值。由此,普通股票即为权益类有价证券,投资者购买公司股票并成为公司股东,且股东拥有公司控制权、收益权、股票转让权及优先认购权等。在非上市公司中,权益即为公司价值扣除债权人价值后为股东所拥有的剩余价值。

金融市场上任何金融资产的价值，都是由该资产的未来现金流及其现值决定的。对于上市公司的普通股而言，股东投资于股票所取得的未来现金流回报，有以下两种基本的形式。

（1）从公司定期取得的股利（dividends）。

（2）通过"出售"股票取得收入。出售股票所得收入大于购入成本的差额，被定义为资本利得（capital gains）。

资本利得或资本损失，可以表现为"真正"出售股票而取得的"已实现收益"，也可以是继续持有股票而形成的"未实现损益"。不论是已实现损益还是未实现损益，在金融资产估价时，都视其为现金流入。例如，某投资者投资于A股票，其购入价格是10元/股，而当股票价格涨到12元/股时，该投资者出售了该股票，其出售股票所得的价差（资本利得）为2元/股，此为已实现损益。如果该投资者并未实际出售该股票，而是选择继续持有（从而没有真正实现其资本利得收益），在这种情况下，估价理论依然认为其资本利得收益为2元/股。也就是说，在理论上，资本利得实现并不以该股东是否实际出售其股票为标准。或者说，该投资者已被假定按12元/股的当前价格出售了其拥有的股票（并由此取得收益为2元/股），然后再以出售股票所得价款（12元/股），按现时股票价格（仍然是12元/股）购入了同一股票（当然，也可以看成是另一个投资者从该投资者手中以12元/股的价格来购入股票）。

股票投资收益可以看成是股利收益与资本利得收益之和，用公式来表示为

$$K_e = \frac{D_1 + P_1 - P_0}{P_0} = \frac{D_1}{P_0} + \frac{P_1 - P_0}{P_0} \tag{3-13}$$

式中，P_0为股票在T_0时的每股价格；P_1为预期股票在T_1时的未来价格；D_1为股票每股红利；K_e为在T_1时的股票收益率。

从式（3-13）中得到，$\frac{D_1}{P_0}$为股票收益率，$\frac{P_1 - P_0}{P_0}$为资本利得收益率。

3.3.2 股利折现模型

如果将式（3-13）进行变换，可以得出

$$P_0 = \frac{D_1 + P_1}{1 + K_e} \tag{3-14}$$

它表明，股票现值（P_0）等于该股票第1期预期股利（D_1）的现值和第一期期末股票售价（P_1）的现值之和。如果从时间序列看，P_1还可看成是另一位投资者在第1年年底支付P_1的价格购买该股票，而这位投资者可以通过以下公式测定其股票价格：

$$P_1 = \frac{D_2 + P_2}{1 + K_e}$$

将上式中的P_1代入式（3-14）可以求得

$$P_0 = \frac{D_1}{1 + K_e} + \frac{D_2}{(1 + K_e)^2} + \frac{P_2}{(1 + K_e)^2}$$

同样地，在时间序列下，P_2还可以看成是另一位投资者在第2年年底为获得股票第3年的股利和资本利得而支付的购买价。这个过程可以一直延续下去，因此，人们就能最后得到下述重要公式：

$$P_0 = \frac{D_1}{1+K_e} + \frac{D_2}{(1+K_e)^2} + \frac{P_3}{(1+K_e)^3} + \cdots = \sum_{t=1}^{\infty} \frac{D_t}{(1+K_e)^t} \quad （3-15）$$

这就是股票股价的股利折现模型（dividend discount model，DDM），它意味着：股票现值等于预期未来所有股利的现值。

1. 零增长股利假定下的估价模型

零增长股利（zero growth dividend）是假定股票的未来各期股利为零增长，从而未来各期股利是固定的。这样，股东所得的各期现金股利就是年金，即

$$D_1 = D_2 = D_3 = \cdots = D$$

因此，股票现值可估计为

$$P_0 = \frac{D_1}{1+K_e} + \frac{D_2}{(1+K_e)^2} + \frac{D_3}{(1+K_e)^3} + \cdots = \frac{D}{K_e} \quad （3-16）$$

式中，K_e 为股东的必要收益率，下同。

【**例 3-20**】假定某公司在未来无限期支付的每股股利为 1.5 元，同时投资者要求的必要收益率为 10%。求该股票的现时价值。

解：

$$该股票的现时价值 = 1.5/10\% = 15（元）$$

零增长股利假定下的股票估价模型比较简单，但这一假定非常严格。除优先股估价外，这一模型的实用价值并不高。

2. 股利固定增长率假定下的估价模型

固定增长率（constant growth）是假定公司未来股利将按某一固定增长率（g）增长，在这种情况下：

$$D_2 = (1+g)D_1, D_3 = (1+g)D_2 = (1+g)^2 D_1, \cdots$$

因此

$$P_0 = \frac{D_1}{1+K_e} + \frac{D_2}{(1+K_e)^2} + \frac{D_3}{(1+K_e)^3} + \cdots$$

$$= \frac{D_1}{1+K_e} + \frac{(1+g)D_1}{(1+K_e)^2} + \frac{(1+g)^2 D_1}{(1+K_e)^3} + \cdots$$

$$= \frac{D_1}{K_e - g} \quad （3-17）$$

式中，D_1 为第一期期末的预计股利。这一估价模型是由戈登（M.J.Gordon）于 1962 年提出的，因此该模型又称戈登模型。从式（3-17）可知，该模型的应用前提是 $K_e > g$。

对于成长型公司而言，如果公司的投资、收益及净利润都处于某一固定的增长率，则用这一模型来估计其股票价值，是非常有益的。

【**例 3-21**】某股票预期 $D_0 = 2$，且股利的预期增长率为 6%，求该股票的内含价值（股东的必要报酬率 K_e 为 13%）。

解：

$$P_0 = \frac{D_1}{K_e - g} = \frac{2.12}{0.13 - 0.06}$$

$$= \frac{2.12}{0.07}$$

$$= 30.29$$

3. 股利变动增长率假定下的估价模型

股利固定增长率估价模型的假定也十分严格，该假定在现实中可能并不存在。为此，财务上提出股利变动增长率（differential growth）假定，即假定在股票的前几年，可以通过正常预计来判断其未来各期股利的增长，而之后的各期股利则假定将按某一固定增长率（g）增长，从而，其估价模型可表达为

$$P_0 = \frac{D_0(1+g_1)}{1+K_e} + \frac{D_1(1+g_2)}{(1+K_e)^2} + \cdots + \frac{D_{t-1}(1+g_t)}{(1+K_e)^t} + \frac{\frac{D_{t+1}}{K_e - g}}{(1+K_e)^t} \quad (3\text{-}18)$$

式（3-18）中，$g_1 \sim g_t$ 为 t 期前的预计的各期股利增长率，而 g 则是 t 期之后的股利固定增长率。由于该估价模型为分段估计，因此也称为分段估价模型。

【例3-22】某物流公司随着进出口业务大量增长而在近年来表现出强劲的增长势头。据估计，从现在（D_0）开始其每股的股利为 2 元，在以后的 3 年里，股利将以每年 30% 的速度增长。3 年后转为正常增长（年股利增长率假定为 6%）。假设预计的必要报酬率为 13%，则该公司的股票价值是多少？

解：该公司股票的估值过程如下。

（1）测算该股票前 3 年股利的现值见表 3-3。

表 3-3　该公司股票的股利现值表

年份	增长率/%	预计股利	股利现值（折现率 13%）
1	30	2.60	2.301
2	30	3.380	2.647
3	30	4.394	3.045
1~3 年股利现值总额			7.993

（2）测算该股票从第 3 年后开始的股利现值。

$$\text{该公司第3年年末的股票价格} = \frac{D_4}{K_e - g} = \frac{4.394 \times (1+6\%)}{13\% - 6\%} = 66.54(\text{元})$$

第 3 年年底的股票价格折现到现在的价值 $= 66.54 \times 0.693\,1 = 46.119$（元）

（3）该股票的总现值 $= 7.993 + 46.119 = 54.112$（元）

4. 预期股利、增长率与公司股票价值

从股利折现模型可以看出，确定公司股票价值的主要变量有三个：①预期股利；②市场必要报酬率；③增长率 g。投资者购买股票一方面是为了取得股利；另一方面是为

了取得因公司增长而带来的未来价值增长。因此，如果不考虑市场必要报酬率，则预期股利、公司增长率是决定公司股票价值的主要变量。

股利与增长率又是高度相关的。其相关性体现在：①公司盈利及未来股利增长来自投资增长，投资是拉动经济增长和提高预期股利的主要方式；②从投资增长看，当公司当期总投资等于当期所提的资产折旧时，公司在当期并没有发生投资的净增长。如当期折旧为500万元，而当期投资总额也是500万元，则当期投资净增长为零（资产总额并没有变化）。而当未来投资总额大于相应期折旧，即出现投资正的净增长时，如果公司不考虑外部融资（如新股发行），而只采用内部融资方式（如折旧和当期收益的留存），则当期用于股利支付的部分越多，用于支持未来投资增长及股利增长的资本投入额就越少；反之则越多。

可见，如果公司能够保证：①所有未来项目都有正的净现值（项目从财务上是可行的）；②所有这些项目所需投资额都用利润留存来满足，则提高公司利润留存比率，将有助于公司价值的增长。净利润留存比率将是提高公司未来股利增长率及公司价值的主要驱动因素。

3.3.3 市场类比法

现金流量折现模型在概念上很健全，但是在应用时会碰到很多技术问题，有一种相对容易的估值方法，就是市场类比法。

其基本做法是：首先，寻找一个影响企业价值的关键变量（如净利）；其次，确定一组可以比较的类似企业，计算可比企业的市价/关键变量的平均值（如平均市盈率）；最后，根据目标企业的关键变量（如净利）乘以得到的平均值（平均市盈率），计算目标企业的评估价值。

1. 市盈率模型

市盈率是指普通股每股市价与每股收益的比率，即

$$市盈率 = \frac{每股市价}{每股收益} \tag{3-19}$$

运用市盈率估值的模型如下：

$$目标企业每股价值 = 可比企业市盈率 \times 目标企业每股收益 \tag{3-20}$$

该模型假设每股市价是每股收益的一定倍数。每股收益越大，则每股价值越大。同类企业有类似的市盈率，所以目标企业的每股价值可以用每股收益乘以可比企业市盈率计算。

市盈率模型的优点：首先，计算市盈率的数据容易取得，并且计算简单；其次，市盈率把价格和收益联系起来，直观反映投入和产出的关系；最后，市盈率涵盖了风险补偿率、增长率、股利支付率的影响，具有很高的综合性。

市盈率模型的局限性：如果收益是负值，市盈率就失去了意义。因此，市盈率模型最适合连续盈利的企业。

【例3-23】甲企业的市盈率是14.48，乙企业与甲企业是类似企业，每股收益1.5元，根据甲企业本期市盈率对乙企业估值，其股票价值是多少？

解：乙企业的股票价值 = 14.48 × 1.5 = 21.72（元/股）

2. 市净率模型

市净率是指每股市价与每股净资产的比率，即

$$市净率 = \frac{每股市价}{每股净资产} \quad (3-21)$$

这种方法假设股权价值是净资产的函数，类似企业有相同的市净率，净资产越大则股权价值越大。因此，股权价值是净资产的一定倍数，目标企业的价值可以用每股净资产乘以市净率计算，即

$$目标企业每股价值 = 可比企业市净率 \times 目标企业每股净资产$$

市净率估值模型的优点：首先，净利为负的企业不能用市盈率进行估值，而市净率极少为负值，可用于大多数企业。其次，净资产账面价值的数据容易取得，并且容易理解。再次，净资产账面价值比净利稳定，也不像利润那样经常被人为操纵。最后，如果会计标准合理并且各企业会计政策一致，市净率的变化可以反映企业价值的变化。

市净率模型的局限性：首先，账面价值受会计政策选择的影响，如果各企业执行不同的会计标准或会计政策，市净率会失去可比性。其次，固定资产很少的服务性企业和高科技企业，净资产与企业价值的关系不大，其市净率比较没有什么实际意义。最后，少数企业的净资产是负值，市净率没有意义，无法用于比较。

因此，这种方法主要适用于需要拥有大量资产、净资产为正值的企业。

【例3-24】 表3-4列出了20×9年汽车制造业6家上市公司的市盈率和市净率，以及全年平均实际股价。请用这6家企业的平均市盈率和市净率评价G汽车公司的股价？

解：按市盈率估值 = 0.06×30.23 = 1.81（元/股）

按市净率估值 = 1.92×2.89 = 5.55（元/股）

市净率的评价更接近实际价格。因为汽车制造业是一个需要大量资产的行业。由此可见，合理选择模型的种类对于正确估值是很重要的。

表3-4 20×9年6家上市公司的市盈率和市净率

公司名称	每股收益/元	每股净资产/元	平均价格/元	市盈率	市净率
A	0.53	3.43	11.98	22.6	3.49
B	0.37	2.69	6.26	16.92	2.33
C	0.52	4.75	15.4	29.62	3.24
D	0.23	2.34	6.1	26.52	2.61
E	0.19	2.54	6.8	35.79	2.68
F	0.12	2.10	5.99	49.92	2.98
平均				30.23	2.89
G	0.06	1.92	6.03		

3. 市销率模型

市销率是指每股市价与每股销售收入的比率，即

$$市销率 = \frac{每股市价}{每股销售收入} \quad (3-22)$$

这种方法是假设影响每股价值的关键变量是销售收入，每股价值是每股销售收入的函数，每股销售收入越大则每股价值越大。既然每股价值是每股销售收入的一定倍数，那么目标企业的每股价值可以用每股销售收入乘以可比企业市销率估计。

市销率模型的优点：首先，它不会出现负值，对亏损企业和资不抵债的企业，也可以计算出一个有意义的价值乘数。其次，它比较稳定、可靠，不容易被操纵。最后，市销率对价格政策和企业战略变化敏感，可以反映这种变化的后果。

市销率估值模型的局限性：不能反映成本的变化，而成本是影响企业现金流量和价值的重要因素之一。

【例 3-25】甲公司是一个大型连锁超市，具有行业代表性。乙公司也是一个连锁超市，与甲公司具有可比性，目前每股销售收入为 50 元。若甲公司的市销率为 0.8，请根据市销率模型估计乙公司的股票价值。

解：乙公司股票价值 = 50 × 0.8 = 40（元/股）

3.3.4 公司估值与权益价值

1. 公司估值的意义

公司估价（business valuation）是对企业整体内含价值所进行的评估。一项资产的内含价值取决于该项资产创造未来现金流的能力。或者说，资产价值就是该项资产有效利用而在未来预期收到的现金流的现值之和。

与债券及股票等单项资产不同，任何一家公司都可以看成由多项资产形成的集合体（资产组合），因此，公司价值就是对这一整体资产组合所创造的预期现金流的折现值。

一般认为，公司整体估值的意义主要体现在以下四个方面。

1）用于资本市场及融资需要

公司投资者，不论是债权人还是股东，也不论是现实的还是潜在的，都可能是公司资本的提供者，他们投入资本是期望从中取得回报。对债权人而言，其收益（利息收入）是建立在本金偿还风险基础上的，因此对公司整体资产进行价值评估，可以提高债权人的贷款安全意识，增强对公司的贷款信心。对股东而言，如果公司不能为股东带来收益，或者说，资产利用所产生的价值增值低于股东价值增值期望，股东就不会轻易地将资本投入公司。股东作为公司剩余风险承担者，对公司未来价值的关注比债权人更强烈。可见，如果公司不能持续创造价值，也就不可能持续地从资本市场筹集所需资本。公司价值评估的目的之一就是通过公司整体价值评估来建立投资者的投资信心。

从另一个角度看，资本市场上的证券分析师正是通过对公司价值的评估，来发现被市场高估或低估价值的公司，从而取得短期投资盈利。正是这种持续不断的价值评估，给公司经营者带来了价值增值的压力和动力，从而促使其改善经营、创造价值。

2）用于并购市场

公司价值评估的另一个重要目的是满足并购市场的需要。并购市场是建立和规范公司外部治理、完善公司制度的重要机制。在并购市场中，主并公司（acquiring company）在向被并公司（acquired company）提供并购意愿时（不论是恶意的还是善意的），都需要对被并公司的价值进行评估，并以此作为并购价格的确定依据。在理论上，如果并购价格高于被并公司的内含价值，则将增加主并公司的并购成本，从而有损于主并公司股东价值；反之则相反。

3）用于经营者业绩评价

公司经营者的根本目的是为股东创造价值。持续评估公司价值、确定经营各期的价值增值，是评价经营者业绩的根本方法之一。在现实中，经营者薪酬计划往往与其经营任期内所创造的价值增值额挂钩。在这种情况下，公司价值评估的作用更为突出。

4）用于价值基础管理

经营者为实现股东价值增值目标，需要对公司投资、运营进行有效控制和管理。价值管理（value based management，VBM）就是这样一种全新的管理体系，它以价值增值为标准来评价公司所制定、实施的战略的有效性，以价值尺度来衡量日常经营、资源配置及管理控制的有效性，以价值增值与否来评价经营者业绩并实施有效激励。如公司在进行战略型项目投资时，必须利用价值评估方法对拟投资项目的价值增值进行评估，即以该项目未来现金流增量的现在价值扣减初始投入成本，以评估项目的可行性（这种项目评估方法被称为净现值法）。可见，公司的价值管理体系离不开对公司各项投资、管理活动的价值评估，离不开对公司整体资产增值的评估。

2. 公司价值与权益价值的关系

如前所述，公司价值是公司各项活动所产生未来预期现金流量的折现值。

1）公司价值 = 债权人价值 + 股东价值

从资产负债表看，由于"资产 = 负债 + 股东权益"，所以公司整体价值 = 债权人价值 + 股东价值。从股东角度看，股东价值可以看成公司整体价值减去债权人价值后的余额，即股东价值 = 公司整体价值 − 债权人价值。

从估价角度看，公司整体价值与股东价值在属性上没有本质差异，二者之差即债权人价值。如果债权人价值确定，则估算出公司整体价值即可得到股东价值。

2）债权人价值的确定

债权人价值即为公司资产负债表的债务账面价值。由于债权人预期从公司取得的现金流入量主要由本金归还收入、债息收入两部分组成，因此，确定债权人价值的分析如下。

首先，分析本金。在持续经营状态下，如果公司预期有能力用现金偿还债权人本金（筹资活动的现金流出），则也就相应意味着公司有能力从债权人处再借入相同的资本（筹资活动的现金流入）。

其次，分析利息。如果公司预期有能力支付债务利息，则公司完全有能力以借入新债、归还旧债的策略，来应对公司的资本需求，从而不会对公司筹资活动及现金流变化产生不利影响。

最后，综合上述情况，如果公司借入新款与归还旧款在金额上相等，从而引起公司现金流出（或债权人现金流入）的项目即为公司债息支出（另一个角度为债权人债息收入），因此债权人价值最终将体现在债息收入流的折现值。假定公司债务的平均债息率一定,则债权人的债息收入流即表现为一个债息年金(其金额=本金×固定债息率)。从估价模型中可知,债权人价值=债息收入/必要收益率=本金×固定债息率/必要收益率。如果市场有效,那么平均债息率等于债权人必要收益率,则债权人价值即为会计账面的债务本金总额。因此,在正常经营状态下,公司预期支付其债务利息的能力有保障,则债权人价值可以用会计账面值来替代。

3. 公司估值中的现金流量折现模型

1)基本模型及其解释

公司价值(V)被定义为公司经营期内产生的预期剩余现金流的折现值。其估价模型为

$$V = \sum_{i}^{t} \frac{CF_t}{(1+K_w)^t} \tag{3-23}$$

式中,CF 为公司未来期剩余现金流量;K_w 为由于公司剩余现金流量本身具有风险而对其进行调整所用的折现率,在财务中即为公司加权平均资本成本利率;t 为公司创造现金流的预测所涵盖的生命周期。

2)公司估值模型中用现金流而不用利润额的原因

公司利润是公司经营活动的最终结果,它体现公司整体资产在未来的收益能力。从长期时间序列来观测,利润与现金流应当相等。但从短期来看,二者差异很大,公司估值中用现金流概念更为科学、客观。原因如下。

(1)利润是会计政策选择及其计量的结果,具有一定的主观性、可操纵性,而以现金流折现为基础的公司价值,具有客观性(因为现金流是客观的)。

(2)会计利润与现金流对于投资者具有不同的财务含义。但从价值角度看,投资者可能更关注现金流。实证研究表明:当公司利润与现金流背离时,股票价格总是随着现金流的变动而变动。利润与现金流相背离的情形主要有:第一,公司折旧方法由加速法改为直线法,会计利润增加,但现金流却减少;第二,存货计价方法改变时,会计利润可能减少,但现金流却增加了;第三,管理层剥离非增值资产或业务单元时,可能会减少当期利润,但可能会提高公司股价。可见,有利润的公司未必有价值,没有利润的公司其价值未必较低。

3)估值模型的修正

从基本模型可以看出,要评价公司整体价值,就必须对公司未来期的所有现金流进行预测。在现实中,要做到这一点是非常困难的。为此,需要对基本模型进行修正,即对现金流量预测期进行分段处理,将未来现金流预测期拆分为可预见期内、可预见期外这两个时间段,从而所取得的公司价值估计也分为可预见期内价值、可预见期外价值,以分别进行估计,其中终值(TV)往往采用年金方式来处理。因此,式(3-23)可改写为

企业价值=可预见期内现金流量的折现值+可预见期外终值的折现值

$$= \sum_{t=1}^{n} \frac{CF_t}{(1+K_w)^t} + \frac{TV_n}{(1+K_w)^n} \tag{3-24}$$

式中，t 为可预见期内（如 10 年以内）；TV_n 为可预见期末时点的终值。

4. 剩余现金流量定义及其估算

在公司估价模型中，需要预测的主要参数是现金流量，该现金流量是指公司的剩余现金流量。

1）剩余现金流量的概念

剩余现金流量是指公司经营活动所产生的现金流量在满足资本支出和营运资本净增加额后的剩余额，它是公司可以自由支配的现金流量。用公式表示为

剩余现金流量 = 经营活动现金流量 -（本期资本支出额 + 本期营运资本净增加额）（3-25）

从式（3-25）中可看出，剩余现金流量主要来自经营活动所产生的现金净流量。从长期时间序列看，如果公司剩余现金流量持续多年为正，则意味着公司有足够多的现金额用于偿还债务本息，并支付现金股利，正数越大则公司价值越高；反之，如果公司剩余现金流量持续多年为负，则意味着公司用于支付债务本息和现金股利的能力低，公司价值也相应较低。如果从短期时间序列看，剩余现金流量的正负波动并不与公司价值完全相关，如某一年的剩余现金流量为负，可能意味着公司当年投资规模过大（造成现金"短缺"）。因此，只要当期投资项目的未来收益能力较强，则当期负的剩余现金流量并不会影响市场对公司价值的长期判断。

2）剩余现金流量的计算

根据式（3-25），公司剩余现金流量由以下三部分组成。

（1）经营活动现金流量。它是指公司经营活动直接产生的现金流（不包括投资和筹资活动所产生的现金流）。其计算公式为

经营活动现金流量 = 息税前利润 + 折旧和摊销 - 所得税费用 （3-26）

关于经营活动现金流量计算的几点说明如下。

①息税前利润的计算有两种方法：一是直接法，即用下述公式直接计算：息税前利润 = 营业收入 - 营业成本 - 税金 - 销售费用 - 管理费用；二是间接法，即息税前利润 = 经营利润 + 利息支出。

②之所以用息税前利润，是因为利息支出是筹资活动形成的现金流出量，它与经营活动现金流量无关，因此在计算经营活动现金流量时需调整加回。

③在计算息税前利润时，除折旧、摊销费用外，其他所有管理费用、销售费用都被假定为当期付现费用。

④折旧、摊销等作为营业收入的扣减项，在现金流量上并没有形成公司真正的现金流出，因此，在计算经营活动现金流量时需要调整加回。

⑤所得税费用支出。它是指公司当期应支付的所得税费用，其计算公式为：

所得税费用 =（息税前利润 - 债务利息）× 适用所得税税率

（2）本期资本支出额。本期资本支出是以净额方式体现的，它是本期购置固定资产等长期资产所形成的现金流出扣减当期处置固定资产等所形成的现金流入后的净增加额。用公式表示为

本期资本支出额 = 本期购置固定资产等的现金流出 - 本期处置固定资产等的现金流入 (3-27)

（3）本期营运资本净增加额。营运资本净增加额是在扩大经营、提高营运资本管理效率等的基础上，公司当期新增的营运资本投入量，它用营运资本期末、期初数间的差量来表示，计算公式为

营运资本净增加额 = 期末营运资本 - 期初营运资本 (3-28)

【例 3-26】根据大业公司有关报表（表 3-5、表 3-6），计算该公司 2×18 年的剩余现金流量。

表 3-5 大业公司资产负债表（2×18 年 12 月 31 日）　　　　　单位：百万元

资产	2×17	2×18	负债和股东权益	2×17	2×18
流动资产			流动负债		
货币资金	12	11	短期借款	40	60
应收及预付款项	50	45	应付及预收款项	30	32
交易性投资	1	1	应交税金	1	2
存货	55	50	应付职工薪酬	1	1
小计数	118	107	小计数	72	95
非流动资产			长期负债		
长期股权投资	58	58	长期借款	100	80
固定资产原值	160	200	长期应付款	—	—
减：累计折旧	35	30	应付债券	—	—
固定资产净值	135	170	股东权益		
无形资产	1	1	实收资本	90	100
			资本公积	19	20
			盈余公积	20	28
			未分配利润	11	13
资产合计	312	336	负债和股东权益合计	312	336

注：(1) 长期借款净减少 20 百万元；(2) 实收资本和资本公积账户合计新增 11 百万元（10+1），是由于本期内吸收投资所形成的

表 3-6 大业公司利润表（2×18 年）　　　　　单位：百万元

一、营业收入	890
减：营业成本	560
税金及附加	70
销售费用	120
管理费用（含本期折旧额 5）	80
财务费用	10
资产减值损失	0

续表

	加：公允价值变动损益	0
	投资收益	0
二、营业利润		50
	加：营业外收入	3
	减：营业外支出	3
	其中：非流动资产处置损失	0
三、利润总额		50
	减：所得税（30%）	15
四、净利润		35
	其中：支付股利 25	
	留存收益 10（盈余公积增加 8，未分配利润增加 2）	
五、每股收益（净利润/发行在外的普通股股数）		—

解：利用大业公司的报表及相关信息，计算该公司 2×18 年剩余现金流量的基本步骤如下。

（1）计算该公司 2×18 年度经营活动现金流量。

由于：息税前利润 = 营业利润 + 利息 = 50 + 10 = 60（百万元）

本期折旧与摊销 = 5（百万元）

本期所得税费用 = 15（百万元）

因此：

经营活动现金流量 = 息税前利润 + 折旧与摊销 − 本期所得税费用

$$= 60 + 5 - 15$$
$$= 50（百万元）$$

（2）计算该公司 2×18 年度资本支出额。

本期资本支出额 = 本期固定资产购置 − 本期固定资产处置

$$=（170 - 135）+（30 - 25）+（1 - 1）$$
$$= 40（百万元）$$

（3）计算该公司 2×18 年度营运资本净增加额（投资额）。

本期营运资本净增加额 = 期末营运资本 − 期初营运资本

$$=（107 - 32 - 2 - 1）-（118 - 30 - 1 - 1）$$
$$= -14（百万元）$$

（4）计算该公司 2×18 年度剩余现金流量。

剩余现金流量 = 经营活动现金流量 − 资本支出额 − 营运资本净增加额

$$= 50 - 40 -（-14）$$
$$= 24（百万元）$$

5. 剩余现金流量的等式

剩余现金流量是公司当期可自由支配的现金流量。在属性上，它分别归属于债权人和股东，因此：

$$剩余现金流量 = 债权人现金流量 + 股东现金流量 \quad (3\text{-}29)$$

1）债权人现金流量

债权人现金流量是归属于债权人的现金流量总额，被定义为债权人现金流入量与债权人现金流出量的差额，其中：债权人从公司取得的利息和本金偿还额为债权人的现金流入量，债权人给公司的新增贷款额则为债权人的现金流出量。因此，债权人现金流量可以表示为

$$债权人现金流量 = 债权人现金流入量 - 债权人现金流出量$$
$$= （利息 + 当期本金偿还） - 当期新债融资 \quad (3\text{-}30)$$

在这里，债权人是指有息债权的权益索取人，如短期借款、长期银行借款、长期公司债、长期应付款等形成的债权人。从式（3-30）还可以看出，如果债权人在本期内既没有给公司提供新增贷款，也没有发生原有贷款在本期的到期偿还，或者债权人在本期向公司提供的新增贷款与其从公司取得的还本额相等，则债权人现金流量即为债权人从公司取得的当期利息收入。

沿用大业公司的例子，可以计算该公司 2×18 年的债权人现金流量，即

$$债权人现金流量 = [10 + （100 - 80）] - （60 - 40） = 10（百万元）$$

2）股东现金流量

股东现金流量是指归属于股东的现金流量净额；被定义为股东现金流入量和股东现金流出量的差额。其中，股东现金流入量是股东从公司所取得的现金流入额（如公司回购股票、投入资本的返还、现金分红等）；股东现金流出量则是股东提供给公司的现金流出量（如股东购买公司所发行的股票等），在会计科目上表现为"实收资本（股本）"和"资本公积"项目的净增加额。其计算公式为

$$股东现金流量 = 股东现金流入量 - 股东现金流出量$$
$$= （现金股利 + 股票回购和股本返回） - 新增资本或股票发行 \quad (3\text{-}31)$$

从式（3-31）可以看出，如果公司在本期内没有增资扩股或减资缩股（它们都属于融资活动），或者增资额及减资额在数量上相等，则股东现金流量即为股东从公司剩余现金流量中分到的现金股利额。

沿用大业公司的例子，可计算出该公司 2×18 年股东现金流量，即

$$股东现金流量 = 25 - [（100 - 90） + （20 - 19）] = 14（百万元）$$

3）债权人现金流量、股东现金流量与公司价值

无论是从债权人还是从股东角度看，如果公司剩余现金流量持续为正，则债权人债息和股东股利是有保障的。由于债权人价值是依据未来利息确定的，且归属于债权人的现金流量相对固定，因此，最大化剩余现金流量也就间接等于最大化股东现金流量，从而最大化股东价值。

关于公司估算的具体方法及应用案例，参见本书第 9 章并购估值中的相关内容。

3.4 风险收益与资本资产定价模型

3.4.1 风险与收益定义

1. 收益

如果投资者年初购买了 10 000 元 A 公司的股票,一年后卖出该股票,收回 11 500 元。该投资者持有股票期间,A 公司未分配股利。则该投资者的年投资收益率是多少?一种最直观的衡量方式是以金额表示,即用期末收回的 11 500 元,减去期初的投资,即 10 000 元,两者的差额即反映了这种投资的效果,即 1 500 元。如果将这个计算过程用公式表述,即为

$$收益 = 收回金额 - 投资金额 \tag{3-32}$$

式(3-32)以绝对数的衡量方式,直观地反映了投资收益。但这一方法却无法解决不同投资项目的投资效果比较问题,例如,两项投资的收益相同,但初始投资额不同;或者收益和初始投资都相同,但收益的期限不同。

因此,人们还用收益率(rate of return)来对投资收益进行计算。收益率的计算方法可以使投资效果衡量"标准化"。其计算公式为

$$收益率 = \frac{收回的金额 - 投资金额}{投资金额} \tag{3-33}$$

在上例中,可以计算出该投资者股票投资的收益率为 0.15 或 15%,它表明每 1 元投资额产生了 0.15 元或者 15%的收益。一般通过年收益率的方式来计算投资收益。

在财务上,收益(return)就是投资者投资于某种资产在一定时期内所获得的总利得或损失,它通常以相对数表达,称为收益率。

2. 风险

与收益相伴生的另一个概念是风险。

在财务定义中,风险是指在一定条件下和一定时期内可能发生的各种实际结果偏离预期结果的程度。与风险相似的一个概念是不确定性(uncertainty)。严格地讲,这两个概念在程度上是不同的。风险是指事前可以知道所有可能的情况,以及每种情况的概率;而不确定性是指事前不知道所有可能的情况,或者虽然知道可能的情况,但却不知道它们出现的概率。因此,风险可以用概率统计来衡量,而不确定性则不能。但在现实中,由于很难对这两者进行严格区分,为了简化分析,在大多数情况下,人们将风险与不确定性视为同义语。

从资本市场及证券投资角度分析,可以将风险分为两种方式来讨论:①以单一投资为基础进行分析,这时人们将该投资视为独立投资;②以投资组合为基础进行分析,这时,某一证券投资即为该组合投资中的一项。

3.4.2 单一证券的风险与收益

1. 概率

在财务理论中,人们可以借助于分析投资者的可能结果及其结果出现的可能概率来度量风险。概率(probability)是指随机事件发生可能性的大小。在统计方法中,人们把必然发生的事件的概率定义为 1,把完全不可能发生的事件的概率定义为 0,而大多数随机事件发生的概率介于 0 至 1 之间。概率越大,表示随机事件发生的可能性越大。如某股票投资收益率为 20% 的概率是 0.3,就意味着该股票投资收益率为 20% 的可能性是 30%。另外,通过观察,无论随机事件的发生有多少种可能,各种可能发生的概率之和为 1。

2. 期望值

通过计算一项投资的概率可以得到衡量风险的基础,但仅仅依靠计算概率并不能满足投资者风险管理的需要。因为在风险的世界里,对收益进行准确测度是非常困难的。所以,财务理论上用期望值作为一种替代的测试工具来表示一定风险下的收益情况。

期望值是由一项投资所有可能产生的不同结果来决定的。用公式表示即

$$期望值 = \bar{R} = \sum_{i=1}^{n} R_i P_i = R_1 P_1 + R_2 P_2 + \cdots + R_n P_n \qquad (3-34)$$

式中,$\bar{R}$ 为平均收益率(期望值);R_i 为第 i 种可能结果的收益率;P_i 为第 i 种可能结果出现的概率;n 为可能结果的总数。

【例 3-27】 2018 年 9 月,某证券分析师预测 A 股票在经济繁荣、一般和衰退阶段的报酬率分别为 40%,20% 和 0%。同时,经济繁荣、一般和衰退的发生概率分别为 0.3, 0.5 和 0.2。请计算 A 股票的期望报酬率。

解:根据式(3-34):

A 股票的期望报酬率($\bar{R}$) = 0.3 × 40% + 0.5 × 20% + 0.2 × 0% = 22%

3. 单一投资的风险衡量

虽然风险定义有时难以把控,但从统计方法上,人们可以较容易地衡量风险,并利用收益频数分布的离散程度来显示其风险大小。收益分布的离散程度所表明的是单一具体收益与平均收益(期望收益)之间的距离。统计上有两种方法可用于测量这种离散程度,即方差与标准差、变异系数。

1)方差与标准差

方差(variance)和标准差(standard deviation)是度量变动程度或离散程度的指标。标准差是方差的平方根。一般用 Var 或 σ^2 来表示方差,用 SD 或 σ 来表示标准差。以 A 股票数据为基础,可以计算其方差与标准差。

(1)计算期望收益率。

$$期望值 = \bar{R} = \sum_{i=1}^{n} R_i P_i = R_1 P_1 + R_2 P_2 + \cdots + R_n P_n$$

根据前面的计算结果得知 A 股票的期望收益率为 22%。

（2）计算每一种可能情况下具体收益率与期望收益率之间的差额，从而得到表 3-7 中的一组离差（deviation）（见第 1 列）。

第 i 个离差 $=R_i-\overline{R}$

表 3-7 A 股票标准差的计算

离差 $=R_i-\overline{R}$	$(R_i-\overline{R})^2$	$(R_i-\overline{R})^2 P_i$
40% − 22% = 18%	3.24%	3.24%×0.3 = 0.972%
20% − 22% = − 2%	4%	4%×0.5 = 2%
0% − 22% = − 22%	4.84%	4.84%×0.2 = 0.968%
		方差 σ^2 = 3.94%
		标准差 $\sigma=\sqrt{\sigma^2}=\sqrt{3.94\%}=1.98\%$

（3）如表 3-7 中第 2、3 列所示，将各个离差进行平方，然后将结果与相应的概率相乘，并将这些乘积相加，即可得到方差：

$$方差\sigma^2=\sum_{i=1}^{n}(R_i-\overline{R})^2 P_i \quad (3-35)$$

（4）对方差求平方根后即可得到标准差：

$$标准差\sigma=\sqrt{\sum_{i=1}^{n}(R_i-\overline{R})^2 P_i} \quad (3-36)$$

通过上述计算过程，就可以得到对某项投资或资产风险水平的度量。在收益一定的条件下，标准差（或方差）越大，则该项投资（或资产）的风险也就越大；反之则越小。

2）变异系数

但是如果两家公司的期望收益率不一样，标准差也不一样，投资者又该如何进行选择呢？

一般情况下，只有在期望收益率相差不大的情况下，标准差才能够被用来对不同投资的相关风险程度进行度量、比较。但如果各项目期望值相差较大，则在统计上需要引入变异系数（coefficient of variantion，CV）这一指标来评价各项目风险。

所谓变异系数，是指单位期望收益所承担的标准差，其计算公式如下：

$$CV=\frac{\sigma}{\overline{R}} \quad (3-37)$$

通过变异系数计算，就可以得到每一单位收益的风险水平，从而可以将任何风险与收益的组合进行比较。

【3-28】假设 X 项目的期望收益率为 30%，标准差为 10%；Y 项目的期望收益率为 10%，标准差为 5%。计算 X、Y 两个项目的变异系数。

解：X、Y 两个项目的变异系数可以分别表示为

$$CV_X=\frac{\sigma}{\overline{R}}=\frac{10\%}{30\%}=0.33$$

$$CV_Y = \frac{\sigma}{\overline{R}} = \frac{5\%}{10\%} = 0.5$$

计算结果表明，虽然 X 项目期望值和风险均高于 Y 项目，但由于其单位收益率水平所承担的风险低于 Y 项目，也即 X 项目的变异系数小于 Y，因此，X 项目的风险水平相对较低。

3.4.3 组合投资的风险与收益

1. 组合投资的收益

与单一投资相对应，人们将投资于两种或两种以上资产的投资称为组合投资（portfolio）。

【例 3-29】某投资者拥有 10 000 元，并打算将其投资于 A、B 两家公司股票。已知 A 公司股票收益率为 10%，B 公司股票收益率为 20%。该投资者的投资策略有两个：①单一投资策略，即将 10 000 元全部购买 A 股票，或者全部购买 B 股票；②组合投资策略，即将 10 000 元分散投资于 A、B 两种股票，其中 3 000 元用于购买 A 公司股票，7 000 元用于购买 B 公司股票。该投资者最后选择了组合策略。问：该投资者持有的这一资产组合，其收益率是多少？

解：要回答这一问题其实很简单，投资者只需计算出该组合中各项目的投资收益，即可计算 10 000 元投资的总收益。即

$$投资总收益额 = 3\,000 \times 10\% + 7\,000 \times 20\% = 1\,700（元）$$

则其收益率即为

$$\frac{3\,000 \times 10\% + 7\,000 \times 20\%}{10\,000} = 17\%$$

进一步观察，上述算式可以分解为

$$\frac{3\,000}{10\,000} \times 10\% + \frac{7\,000}{10\,000} \times 20\% = 17\%$$

其中的分式代表该投资者在资产组合中每一种资产的投资权重。

将上式推而广之，可得到组合投资收益的一般表达式，即

$$R_p = \sum_{j=1}^{m} R_j W_j \left(\sum_{j=1}^{m} W_j = 1 且 0 \leqslant W_j \leqslant 1 \right) \quad (3\text{-}38)$$

式中，R_p 为组合资产的期望收益率；W_j 为投资于 j 资产的资金占总投资额的比例；R_j 为资产 j 的期望收益率；m 为投资组合中不同投资项目的总数。

2. 资产组合的风险

在组合投资中，组合收益可以通过对组合中单个资产的收益进行加权平均得到。但组合投资中的风险度量就不那么简单了。在组合投资中，除了组合中单个资产的个别风险外，这些资产相互之间也会产生各种关系，这些因素对于组合投资的风险影响是不尽相同的。

1）两种资产投资组合的风险

在理论上，完全可以找出这样两种证券，当分别进行投资的时候，它们的可能风险极高；但当将它们进行组合投资的时候，风险可能被完全消除掉，即组合投资的风险为零。此时，投资组合的风险大小除了与组合投资中各资产的风险大小相关外，还与组合投资中各资产收益变化的关系存在很大的相关性。

归纳起来，两种股票（A股票与B股票）收益率的变化关系可能有如图3-4所示的三种情形。

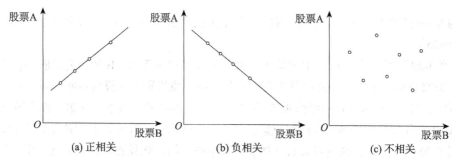

图3-4 股票A与股票B的相关性

观察图3-4可以发现：①在图3-4(a)中，两种资产的收益涨落属于同方向变化，属于正相关（如果收益涨落的幅度完全相同，则为完全正相关）；②在图3-4(b)中，两种资产的收益涨落的方向相反，属于负相关（如果收益涨落的幅度完全相同，则为完全负相关）；③在图3-4(c)中，两种资产的收益涨落之间没有任何线性关系，则为线性不相关。

上述三种关系都可以通过定量方法来度量，协方差、相关系数就是度量组合风险时所涉及的两个非常重要的概念。

2）组合投资风险的度量：协方差与相关系数

（1）协方差。协方差（covariance）是对两个变量之间一般运动关系的度量。例如，如果股票A的价格上涨，股票B此时的价格是上涨、下跌还是保持不变？协方差就是对股票A和股票B价格间的这种相互关系进行度量和评价，其计算公式为

$$\text{Cov}(A,B) = \sum_{i=1}^{n}(R_{Ai} - \overline{R_A})(R_{Bi} - \overline{R_B})P_i \qquad (3\text{-}39)$$

式中，（$R_{Ai} - \overline{R_A}$）为在第 i 种经济状态下股票A的收益率偏离其期望收益率的离差；（$R_{Bi} - \overline{R_B}$）为在同一经济状态下股票B的收益率偏离其期望收益率的离差；P_i 为第 i 种经济状态出现的概率。

观察式（3-29）可以发现：

①如果A、B两种资产同向变化，公式右边括号内或者同时为正，或者同时为负，则（$R_{Ai} - \overline{R_A}$）（$R_{Bi} - \overline{R_B}$）永远为正值，则 Cov（A,B）也为正值。

②如果A、B两种资产反向变化，即（$R_{Ai} - \overline{R_A}$）（$R_{Bi} - \overline{R_B}$）将为负值，则 Cov（A,B）也为负值。

③如果 A、B 两种资产收益随机变动，则 ($R_{Ai} - \overline{R_A}$)($R_{Bi} - \overline{R_B}$) 将有时为正，有时为负，Cov（A,B）的值也不确定了。

（2）相关系数。相关系数可以视为标准化的协方差，其计算公式为

$$\rho(A,B) = \frac{Cov(A,B)}{\sigma_A \sigma_B} \qquad (3\text{-}40)$$

式中，ρ 为 A，B 两种股票的相关系数；Cov（A,B）为 A、B 两种股票的协方差；σ_A 为股票 A 的标准差；σ_B 为股票 B 的标准差。

观察式（3-40）可以发现，相关系数的符号与协方差相同：正号表示两变量同向变动，负号表示两变量反向变动，0 表示两种股票收益的涨落没有固定关系。通过标准化，相关系数的取值在 −1 与 +1 之间。

①如果 ρ > 0，则股票 A 与股票 B 之间存在正的线性相关关系。ρ 越接近于 1，股票 A 与股票 B 之间正的线性相关程度越强。当 ρ = +1 时，则称 A 与 B 完全正相关。

②如果 ρ < 0，则股票 A 与股票 B 之间存在负的线性相关关系。ρ 越接近于 −1，股票 A 与股票 B 之间负的线性相关程度越强。当 ρ = −1 时，则称 A 与 B 完全负相关。

③如果 ρ = 0，则称股票 A 与股票 B 线性不相关。

由此可见，当 A 与 B 两种资产的收益变动属于完全正相关时，组合投资对减少风险不起任何作用；而当 A、B 完全负相关时，所有风险均可以通过组合消除。原则上，只要 A、B 不是完全正相关，人们总能通过一定的组合来减少风险，但只有在 A、B 完全负相关的情况下，才能完全消除风险。

（3）组合投资的标准差。在了解了组合投资的协方差和相关系数的概念之后，就可以计算组合资产的标准差。在一个由两项资产组成的组合投资中，组合投资的标准差可以通过式（3-41）进行计算：

$$\sigma_p = \sqrt{W_A^2 \sigma_A^2 + W_B^2 \sigma_B^2 + 2W_A W_B \sigma_A \sigma_B \rho_{AB}} \qquad (3\text{-}41)$$

式中，σ_p 为包含股票 A、股票 B 的组合投资的标准差；ρ_{AB} 为 A、B 两种股票的相关系数；W_A 为股票 A 在投资组合中的比例；W_B 为股票 B 在投资组合中的比例；σ_A 为股票 A 的标准差；σ_B 为股票 B 的标准差。

【例 3-30】某投资者正计划进行组合投资于 W、M 两家公司股票。经测算，两家公司在不同市场情境下的收益率表现并不相同。市场情境较好的概率为 0.2，此时 W 股票的收益率为 15%，M 股票的收益率为 −7.5%；市场情境一般的概率为 0.6，此时 W 股票的收益率为 7.5%，M 股票的收益率为 5%；市场情境较差的概率为 0.2，此时 W 股票的收益率为 −7.5%，M 股票的收益率为 12.5%。投资者拟用 50%投资于 W 股票、50%投资于 M 股票，以构建 WM 投资组合。要求：（1）计算该投资组合的协方差；（2）计算该投资组合的相关系数；（3）计算该投资组合的标准差。

解：
首先，计算单一资产的期望收益和标准差。

股票 W 的期望收益率为：$R_W = 0.2 \times 15\% + 0.6 \times 7.5\% + 0.2 \times (-7.5\%) = 6\%$

股票 M 的期望收益率为：$R_M = 0.2 \times (-7.5\%) + 0.6 \times 5\% + 0.2 \times 12.5\% = 4\%$

股票 W 的标准差为：

$$\sigma_W = \sqrt{(15\%-6\%)^2 \times 0.2 + (7.5\%-6\%)^2 \times 0.6 + (-7.5\%-6\%)^2 \times 0.2}$$
$$= 0.073$$

股票 M 的标准差为：

$$\sigma_M = \sqrt{(-7.5\%-4\%)^2 \times 0.2 + (5\%-4\%)^2 \times 0.6 + (12.5\%-4\%)^2 \times 0.2}$$
$$= 0.064$$

（1）计算该投资组合的协方差：

根据公式（3-29），来计算 WM 投资组合的协方差，可得：

$$Cov(W,M) = \sum_{i=1}^{n}(R_{Wi} - \overline{R_W})(R_{Mi} - \overline{R_M})P_i$$
$$= (15\%-6\%) \times (-7.5\%-4\%) \times 0.2 + (7.5\%-6\%) \times (5\%-4\%) \times 0.6$$
$$+ (-7.5\%-6\%) \times (12.5\%-4\%) \times 0.2$$
$$= 9\% \times (-11.5\%) \times 0.2 + 1.5\% \times 1\% \times 0.6$$
$$+ (-13.5\%) \times (8.5\%) \times 0.2$$
$$= -0.004275$$

协方差度量两个变量之间的运动关系。由于 W 股票和 M 股票的协方差为–0.004275，可知，W 股票与 M 股票呈现相反的运动方向。

（2）计算该投资组合的相关系数：

根据公式（3-30），该投资组合的相关系数，可得：

$$\rho(W,M) = \frac{Cov(W,M)}{\sigma_W \sigma_M} = \frac{-0.004275}{0.073 \times 0.064} = -0.915$$

由上式可知，该投资组合相关系数的符号与协方差相同。$\rho<0$，说明 W 股票与 M 股票存在负的线性相关关系。因此，WM 投资组合的风险在很大程度上可以消除。

（3）计算该投资组合的标准差：

根据公式（3-31），该投资组合的标准差可以表示为：

$$\sigma_p = \sqrt{W_W^2 \sigma_W^2 + W_M^2 \sigma_M^2 + 2W_W W_M \sigma_W \sigma_M \rho_{WM}}$$
$$= \sqrt{(0.5)^2 \times (0.073)^2 + (0.5)^2 \times (0.064)^2 + 2 \times 0.5 \times 0.5 \times 0.073 \times 0.064 \times (-0.915)}$$
$$= 0.0148$$

由上式可知，WM 投资组合的标准差小于 W 股票和 M 股票各自的标准差。印证了 WM 投资组合可以在很大程度上消除风险的观点。

3. 资产组合的系统风险与非系统风险

按照一般规律，被组合的资产数量越多，组合风险也就越低，但不可能降为 0。同时，组合风险降低的幅度还取决于被组合证券间的相关系数（ρ）。相关系数越小，组合对降低风险的效用就越大。如果人们能够找到足够多的相关系数为零或为负的证券进行组合的话，则全部风险可望被消除。但在现实世界中，各个股票之间的相关系数均为小于 1 的正值。

在证券市场上，绝大多数股票的收益在经济状况良好时提高，在经济状况恶劣时下降。因此，即使是最大限度的股票组合也只能消除一定程度的风险。

图 3-5 列示了组合投资中资产数目对组合投资风险的影响。通过图 3-5 可以看到，一个投资组合的风险实际上是由两部分组成的。一部分是无法通过增加组合中资产数目来减少的风险，理论上称之为系统性风险（systematic risk，或市场风险 market risk），这种风险源于各个公司的外部因素，如战争、通货膨胀、经济衰退等。所有公司都会同时地、共同地受到这些因素的有利或不利的影响。另外一部分是非系统性风险（unsystematic risk，也称公司特定风险 company-specific risk），它是指由股票发行公司内部事项所引起的风险，如公司诉讼、罢工、成功或失败的营销活动、获得或失去重大合同等。这些事项只对本公司发行股票的收益水平产生影响，不会影响市场上的其他股票。非系统性风险可通过多元化投资组合而得以降低，如果多元化投资组合充分有效，这种风险就有可能被完全消除。

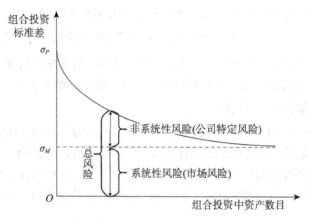

图 3-5　组合投资中资产数目对组合投资风险的影响

3.4.4　资本资产定价模型及其应用

投资者承受风险便期望得到额外的收益补偿，也就是说，证券的风险越高，投资者就越需要一个更高的预期收益。但是，通过组合投资分析可知，投资者可以通过增加投资组合中的资产数量来降低其风险水平。因此，真正可以得到补偿的风险只是那些不能分散的市场风险。也就是说，投资者会更关心单一证券风险对于市场组合投资风险的影响。资本资产定价模型（capital asset pricing model，CAPM）就是衡量这种影响的一种工具。

1. 相关假设及资本资产定价模型

1）资本资产定价模型的基本假设

（1）所有投资者均追求单期财富的期望效用最大化，并以各备选组合的期望收益和标准差为基础进行组合选择。这样，在一个风险与收益的二维空间中，人们进行组合投资选择的基本逻辑即为，收益一定时要求风险最低，或者在风险一定时要求期望收益最高。

（2）所有投资者均可以用无风险利率（K_f），无数额限制地借入或贷出资金，并且在任何资产上都没有卖空限制。

（3）所有投资者拥有同样的预期，即对所有资产收益的均值、方差和协方差等，投资者均有完全相同的主观估计。

(4）所有的资产均可以被完全细分，拥有充分的流动性且没有交易成本。
(5）没有税收影响。
(6）所有投资者均为价格接受者，都不会对股票价格产生影响。
(7）所有资产的数量是给定的，且固定不变。

简言之，资本资产定价理论假定投资者是理性的，资本市场是完全竞争和有效的。在这种情况下，资本资产定价模型阐述了充分多元化的组合投资中风险与要求收益率之间的均衡关系，即在市场均衡的状态下，某项风险资产的预期报酬率与预期所承担的风险之间的关系满足如下等式：

$$K_j = K_f + \beta_j(\bar{K}_m - K_f) \tag{3-42}$$

式中，K_j 为第 j 项风险资产的要求收益率；K_f 为无风险资产的收益率；$\bar{K}_m$ 为市场组合资产的要求收益率，代表市场的平均收益率；β_j 为第 j 项风险资产不可分散风险的度量。

该模型表明，风险是解释某项资产收益的唯一变量。这里的风险即为某项资产收益变动之于市场组合收益变动所体现的相对程度，人们一般用 β 值来表示。

2）β 系数的概念及其计算

(1）β 的概念。在理论上，β 体现的是某一单一证券收益相对于市场组合收益的相对变化趋势，它所度量的是该资产的系统性风险。例如，某股票的 $\beta=1$，即表明该股票的收益率上升或下降的幅度均与市场变化相同。在这种情况下，人们将该股票称为平均股票或中性股票。举例来说，如果市场收益上升 10%，该股票收益率也将上升 10%；如果市场收

表 3-8　17 个国家 1900—2010 年年度平均股权风险溢价：$\bar{K}_m - K_f$

国家	历史平均风险溢价/%
澳大利亚	8.3
比利时	5.5
加拿大	5.6
丹麦	4.6
法国	8.7
德国	9.8
爱尔兰	5.3
意大利	9.8
日本	9.0
荷兰	6.5
挪威	5.9
南非	8.3
西班牙	5.4
瑞典	6.6
瑞士	5.1
英国	6.0
美国	7.2
均值	6.9

资料来源：Elroy Dimson, Paul Marsh, Michael Staunton, Credit Suisse Global Investment Returns Sourcebook, published by Credit Suisse Research Institute, 2011

益下降10%，该股票收益也将下降10%。如果某股票的$\beta>1$，说明其收益上升与下降的幅度大于市场变化的幅度，人们将这种股票称为进攻型股票。如果某股票的$\beta<1$，说明其收益上升与下降的幅度小于市场变化的幅度，则将这种股票称为防守型股票。

表3-9 美国股票市场的部分公司β系数

股票	β系数
苹果公司	1.676 4
亚马逊	0.856 8
波音	2.590 3
美国银行	1.577 6
花旗集团	1.728 0
福特汽车	1.323 7
通用电气	0.388 3

（2）β值统计回归计算法。在β值的计算原理中，β值可通过下述公式来计算求得

$$\beta_j = \frac{\text{Cov}(\overline{K}_j, \overline{K}_m)}{\sigma_m^2} = \frac{\rho_{jm}\sigma_j\sigma_m}{\sigma_m^2} = \rho_{jm}\frac{\sigma_j}{\sigma_m} \tag{3-43}$$

但是，它所涉及的参数有时难以估计。从定义可以看出，某股票的β值反映该股票收益变动与整个市场收益变动的相对程度。因此，从方法上，只要找出这两种收益率变动之间的相关性及其程度，即可计算β值。人们常常借助于市场模型（$\overline{K}_j = \alpha_j + \beta_j\overline{K}_m + \varepsilon_j$）并以统计回归方式来确定$\beta$值。

在市场模型公式中：

$\overline{K}_j$为j股票的历史已获得收益率，即实际收益率；$\overline{K}_m$为市场历史已获得收益率；α_j为j股票的纵轴截距点；β_j为j股票的β值，也即回归线的斜率；ε_j为随机误差，反映j股票在特定年度中的实际收益率与按照回归线预测的收益率之间的差异。

【例3-31】甲股票的β系数是2，股票的市场报酬率为14%，无风险报酬率为10%。试确定该股票的要求收益率。

解：甲股票的要求收益率 $= K_f + \beta_j(\overline{K}_m - K_f) = 10\% + 2\times(14\% - 10\%) = 18\%$

可以说，资本资产定价模型的讨论非常简单直观，但是资本资产定价模型更多反映股票对某一特定风险的反应程度，却无法解决多种类型的系统风险对股票收益的影响。例如，系统性风险涵盖通货膨胀、国民生产总值、利率等内容，在考虑股票收益时，将不同种类的系统性风险予以考虑显得十分必要。罗斯（Stephen A. Ross）用多个因素来解释风险资产收益，并根据无套利原则，得到风险资产均衡收益与多个因素之间存在（近似的）线性关系，于1976年提出的套利定价理论（arbitrage pricing theory，APT）。套利定价理论可以被认为是一种广义的资本资产定价模型，为投资者提供了一种替代性的方法，来理解市场中的风险与收益率间的均衡关系。

2. 证券市场线

按照资本资产定价模型理论，单一证券的风险可由β度量，且风险与收益之间的关系

也可以通过资本资产定价模型来确定，并形成证券市场线（security market line，SML）。

证券市场线是对任意证券或证券组合的预期收益率和风险之间关系的一种描述，它清晰地反映了风险资产的预期收益率与其所承担的系统性风险 β 系数之间呈线性关系，充分体现了高风险高收益的原则。

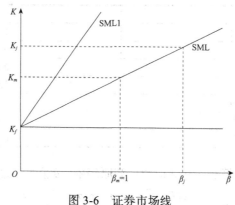

图 3-6 证券市场线

关于证券市场线，应当注意以下几点。

（1）纵轴 K 为要求收益率，横轴则是以 β 值表示风险。

（2）K_f 为证券市场线在纵轴的截距。

（3）证券市场线的斜率表示经济系统中风险厌恶感的程度。一般来讲，投资者对风险的厌恶感越强，证券市场线的斜率越大，对风险资产所要求的风险补偿越大，对风险资产的要求收益率越高。需要注意的是，β 值并不是证券市场线的斜率。

（4）β 值越大，要求报酬率越高。

从证券市场线可以看出，投资者的要求收益率不仅仅取决于市场风险，而且还取决于无风险利率和市场风险溢酬。由于这些因素始终处于变动之中，故证券市场线也不可能一成不变。例如，预计通货膨胀的提高会提高名义无风险利率，进而导致证券市场线的向上平移。再如，风险厌恶感的加强会增大证券市场线的斜率等。

3. 资本资产定价模型的应用

资本资产定价模型描述了市场达到均衡状态时的资产定价，它在财务管理领域有着广泛的应用，后续章节中所涉及的资本运算、资本成本估计等内容都会用到这个模型。

本章小结

本章主要阐述财务估值与风险收益相关内容。其要点包括：①货币的时间价值基本概念。包括终值、现值的计算，财务估值的基本模型等。②固定收益证券的估值。包括普通债券、特殊债券以及优先股的估值方法。③权益证券的估值。包括股利折现模型、市场类比法等。④风险收益的基本概念及资本资产定价模型。主要包括收益的度量方法、风险的度量方法，以及单一证券风险与收益和组合投资的风险与收益等内容。

核心名词

货币时间价值（time value of money）
单利（simple interest）
复利（compound interest）
终值（future value）
现值（present value）
年金（annuity）
普通年金（ordinary annuity）
偿债基金（sinking fund）
永续年金（perpetuity）
增长年金（growing annuity）
永续增长年金（growing perpetuity）
债券（bond）
债券到期收益率（yield to maturity，YTM）
股票（stocks）
股利（dividends）
股利折现模型（dividend discount model，DDM）
公司估值（business valuation）
收益（return）
风险（risk）
期望收益率（expected rate of return）
标准差（standard deviation）
变异系数（coefficient of variation）
投资组合（portfolio）
系统性风险（systematic risk）
非系统性风险（unsystematic risk）
资本资产定价模型（capital assets pricing model，CAPM）

思考题

1. 什么是终值与现值？
2. 普通年金现值与普通年金终值是如何计算的？
3. 债券内含价值是如何确定的？
4. 股票估值的基本模型是什么？它有几种修正模式？
5. 在公司估值中，人们为什么通常以现金流量而不是以利润为基础？
6. 什么是期望值、标准差、方差和变异系数？

7. 组合投资对于降低风险有何作用？其作用受到哪些因素限制？

8. 系统性风险与非系统性风险分别会受哪些因素影响？

1. 假设你每年年底都向一个账户存入 15 000 元，连续 5 年，如果年利率为 10%，那么在第 8 年年底将钱全部取出，将得到多少钱？

2. 市场上有 A、B、C 三种证券，可能的投资报酬率见表 3-10。

表 3-10 A，B，C 三种证券的投资报酬率及其概率分布

经济情况	概率	投资报酬率/%		
		A	B	C
1	0.2	25	25	10
2	0.4	20	10	15
3	0.4	15	20	20

请回答下列问题：

（1）三种证券的期望报酬率和标准差是多少？

（2）有 50%的 A 证券和 50%的 B 证券构成的投资组合的标准离差是多少？

（3）有 50%的 A 证券和 50%的 C 证券构成的投资组合的标准离差是多少？

（4）有 50%的 B 证券和 50%的 C 证券构成的投资组合的标准离差是多少？

3. M 公司发行一种债券，年利率为 12%，按季计息，1 年后还本付息，每张债券还本付息 1 000 元。该债券的现值为多少？

4. A 证券的 β 系数为 1.5，B 证券的 β 系数为 0.4。设无风险利率为 8%，市场上所有证券的报酬率为 14%，则上述两种证券的必要报酬率分别为多少？

大中公司是一家汽车生产企业，随着汽车行业的发展，董事会讨论收购一家轮胎公司，以更好地整合供应链，提升产品品质。在调查研究的基础上，大中公司认为 X 公司是一家值得收购的公司，并委托财务人员对 X 公司进行评估，帮助确定 X 公司的价值。

X 公司是一家私营企业，在最近几年经历了快速的增长，拥有业内较为先进的技术和生产设备，其创始人持有公司全部股票为 150 000 股，20×9 年年末每股收益为 1.1 元，公司的股东必要收益率为 25%。A 公司与 X 公司同处于一个行业，且在证券交易所上市，A 公司股票的市盈率为 4。

要求：

（1）根据股利折现模型计算 X 公司的现时价值。

（2）若 X 公司的股利增长率为 6%，计算 X 公司的现时价值。

（3）根据 A 公司采用市场类比法，计算 X 公司的现时价值。

（4）应用市场类比法的前提是什么，有什么缺点？

 本章附录：资本市场有效性

1. 有效资本市场的含义

有效市场假说（efficient market hypothesis，EMH）对投资者和公司来说有许多重要的含义，分别是：①因为信息立刻反映在价格里，投资者应该只能预期获得正常的收益率。等到信息披露后才认识到信息的价值并不能给投资者带来任何好处。价格在投资者进行交易前已经调整到位。②公司从它出售的证券中应该预期得到公允价值。"公允"表示公司发行证券所收到的价格是现值。因此，在有效的资本市场上，不存在通过愚弄投资者创造价值的融资机会。

2. 市场有效性的条件

安德鲁·施莱弗（Andrei Shleifer）认为有三个条件，分别是理性、独立的理性偏差、套利。任何一个都可以导致市场有效性。

（1）理性。假设所有投资者都是理性的，当市场发布新信息时，所有投资者都会以理性的方式调整自己对股价的估计。

（2）独立的理性偏差。假设非理性乐观的人和非理性悲观的人在数量上大体相当，即使大多数投资者都被归为非完全理性的，股价上涨也很可能和市场有效性预计的一致。因此，市场有效性并不要求理性的个人——只要相互抵消各种非理性。

（3）套利。假定专业投资者系统地、理性地进行交易，如果股票被低估，他们会买进；如果被高估，他们会卖出。如果专业投资者套利能够控制业余投资者的投机，市场依然还是有效的。

3. 有效资本市场的类型

有效资本市场是指一个股票价格能够充分反映可用信息的资本市场。现实中，某种信息对股票价格的影响可能比其他信息快。为了分析股票价格对不同信息的反应速度，研究人员将信息划分为不同的种类。最常见的分类体系是三类：过去价格的信息、公开信息和所有信息。

（1）弱型有效市场。如果资本市场完全包含了过去价格的信息，人们认为资本市场是弱型有效的，或者说满足弱型效率假说(weak form efficiency)。

（2）半强型有效市场。如果价格反映（包含）了所有公开可用的信息，包括公布的公司财务报表和历史价格信息，那么市场达到了"半强型有效"（semi-strong form efficiency）。

（3）强型有效市场。如果价格反映了所有的信息，包括公开信息和内幕信息，那么市场达到了"强型有效"（strong form efficiency）。

弱型效率是我们期望市场表现的最弱形式的有效性，因为历史价格信息是股票信息中最容易获取的一种。历史价格的信息集是公开可用信息集的子集，公开可用信息集又是所有信息集的子集。因此强型效率包含着半强型效率，半强型效率包含着弱型效率。半强型效率和强型效率的区别在于半强型效率要求资本市场上的证券价格不仅充分反映了历史的信息，而且充分地反映了所有公开发布的可用信息。

第 4 章

项目投资财务决策

苏州恒久光电科技股份有限公司是一家以留学归国博士为核心组建的高新技术企业,坐落于苏州国家高新技术产业开发区,专业研制、生产与销售新一代激光打印机、数码复印机、激光传真机及多功能信息一体机等现代办公设备中最为核心的光电转换及成像器件——激光光导鼓。

公司 2016 年 8 月 2 日公开发行股票 3 000 万股,每股发行价格 7.71 元,净募集资金额 19 069.93 万元。本次发行募集资金中的 15 430.20 拟投资于激光有机光导鼓建设项目。该项目位于苏州市吴中区旺山科技产业园,占地 32,375 平方米,拟建成三条生产线和相关配套设施,新增员工约 200 名,建设期 2 年,全面达产后可实现 1 500 万只激光 OPC 鼓的年生产量,产品覆盖黑白、彩色、数码等激光有机光导鼓系列,能够广泛应用于世界各种品牌、各种型号的打印机、复印机、激光传真机及多功能一体机。项目主要财务指标见表 4-1。

表 4-1 项目主要财务指标

序号	名称	单位	数据	备注
1	项目建设总投资 其中:固定资产 　　　铺底流动资金	万元	16 518 14 106 2 412	
2	达产年销售收入	万元	23 000	
3	达产年税金及附加	万元	87	
4	达产年利润总额	万元	5 032	
5	达产年所得税	万元	1 258	
6	达产年税后利润	万元	3 774	
7	总投资利润率	%	23	
8	项目增量财务内部收益率	%	30	
9	项目增量投资回收期	年	5.21	含建设期

思考:

激光有机光导鼓建设项目对公司发展有何意义?表 4-1 中主要财务指标如何测算?如何对项目的可行性进行评价?

资料来源:根据苏州恒久光电科技股份有限公司招股说明书改编

通过本章学习,你应该能够:
(1)了解长期投资决策的分类和投资过程。
(2)掌握投资决策中的财务评价原理。
(3)掌握贴现现金流指标以及非贴现现金流指标的计算。
(4)应用长期投资财务评价的规则评价投资方案的优劣并进行决策。
(5)掌握项目现金流量的估算方法。
(6)掌握项目折现率的测算方法。
(7)认识项目风险分析的重要性,并熟悉项目风险分析的各种基本方法。

4.1 项目投资类型与决策程序

4.1.1 投资战略与项目投资类型

1. 投资战略

1)投资战略含义

就企业而言,所谓投资战略就是为了企业的长期生存和发展,在充分估计影响企业长期发展的内外环境中各种因素的基础上,对企业长期投资所作出的总体筹划和部署。企业投资战略的主要目的在于有效地利用人力、物力、财力,合理地、科学地组织配置企业各种资源,使企业在急剧变化的环境中保持旺盛的生机与活力,实现价值最大化。

企业投资战略包括战略思想、战略目标和战略计划三个基本要素。战略思想是制订企业投资战略的指导原则,也是长期投资者运筹帷幄的灵魂。投资战略目标是企业投资战略思想的具体体现,是企业在较长时期内投资规模、水平、能力、效益等综合发展的具体定量目标。战略计划是将战略目标系统化,用来指导企业在一定期间的各种投资活动,以达到预定战略目标的一种纲领性文件,包括目标、手段、资金、日程、实施的组织、预期效果等。

企业投资战略具有四大特点,即从属性、导向性、长期性、风险性。从属性是指企业投资战略是对企业可以支配的资源进行长远的、系统的、全局的谋划,必须服从和反映企业总体发展目标。企业投资战略目标,必须根据企业的总体战略制订。导向性是指企业投资战略一经制定,就成为企业进行投资活动的指导原则,是企业发展的纲领,在一定时期内相对稳定,具有多重功能、多重影响。长期性是指投资战略为谋求企业的长远发展,在科学预测的基础上,确定企业发展方向和趋势,也规定各项短期投资计划的基调,具有长期的影响。立足当前、放眼未来、照顾当前和未来的关系是投资战略考虑的紧要之点。风险性是指投资战略不能消除风险,也难以把风险降为最小。换言之,投资战略一旦实现,就会给整个企业带来生机和活力，使企业得以迅速发展；但是投资战略一旦落空，将会给企业带来较大损失，甚至陷入破产、倒闭的局面。

企业投资战略可以按不同标准进行多种分类。

按性质可将投资战略划分为：稳定性投资战略、扩张性投资战略、紧缩性投资战略和混合性投资战略。①稳定性投资战略是一种维持现状的战略，即外部环境在近期无重大变化，将现有战略继续进行下去，最有效地利用现有的资金和条件，继续保持现有市场，维持现有投资水平，降低成本和改善企业现金流量，以尽可能多地获取现有产品的利润，积聚资金为将来发展作准备。这种战略实际上是产品转向的一个过渡阶段。其过渡时间的长短，取决于现有产品的生命周期和转入新产品的难易程度。②扩张性投资战略指企业扩大生产规模，增加新的产品生产和经营项目，其核心是发展和壮大。具体包括市场开发战略、产品开发战略和多样化成长战略（经营新的产品或服务项目）。③紧缩性投资战略是从进取竞争中退下来，从现有经营领域抽出投资，缩小经营范围，休养生息。这种战略可分为两种：完全紧缩性投资战略，即企业受到全面威胁时，将全部资产清算以收回资金、偿还债务；部分紧缩性投资战略，是将企业部分非关键产品或技术出卖，紧缩经营规模。企业在经营决策严重失误，经营优势丧失，或者在取得竞争胜利后，放慢竞争节奏时宜采用紧缩性投资战略。④混合性投资战略是指企业在一个战略时期内同时采取稳定、扩张、紧缩性等几种战略，多管齐下，全面出击。其战略核心是在不同阶段或不同经营领域，采用不同的投资战略。

2）投资战略与企业价值创造

按照现金流量贴现模型，一个企业的价值有赖于：①未来长期的自由现金流量规模；②未来投资的加权资本成本、必要收益率或机会成本；③公司现在的和未来的投资风险；④收益持续的时期长短。而未来现金流入取决于公司管理的质量、产品的竞争地位，以及对产品市场环境变化的快速适应能力。

这样就提出了一系列问题：企业为什么需要投资战略？应该接受什么样的投资战略？应该抛弃什么样的投资战略？

第一，投资是拉动公司增长的核心方式。

第二，投资是创造公司价值的直接源泉，净现值大于零的项目都将直接增加公司价值。根据价值可加性原理，一个公司的价值等于该公司所有项目净现值之和。投资远景、投资成本、预期收益（现金流量）及资本成本等企业投资战略的基本构成因素都会影响企业的价值创造，因此企业投资战略的制定与实施应当以价值创造为目标。

第三，投资战略分析的任务就是寻找正净现值的投资项目。正净现值的来源分析过程实质上就是公司战略分析的过程。净现值大于零即意味着项目投资增加了股东财富，提升了公司价值，净现值最大化也即表示股东财富最大化。因此，公司价值增值应成为评价投资战略的唯一标准。

第四，投资项目是否可行，需要就战略、财务可行性这两个维度进行筛选，且遵循先战略可行、后财务可行这一思路进行。投资决策既要关注当前利益，也要关注长期利益。

企业投资正净现值的项目可能对短期盈利有不利影响，而管理层推迟资本支出，削减或推迟诸如广告、研究和开发、厂房和设备维修、销售调查和人员培训等费用的开支虽然能够提高当期利润，但可能长远影响、抑制未来的竞争能力，损害公司的长期利益。

3) 投资战略制定应考虑的因素

研究表明，下列因素对投资战略的选择起着关键性的作用。

(1) 企业的总体战略。企业的总体战略决定着企业投资战略选择，它是投资战略选择过程的起点。

(2) 项目的盈利性。可利用资金的成本与规模只强调了固定资产投资决策的一个方面，而其根本方面应是投资项目本身的盈利性，资本成本的高低也是与项目的预期收益率相对而言的。投资的根本动机是追求收益的最大化，投资收益主要是指投入资金运用后所得的收入与发生的成本之差，投资决策中考虑投资收益要求投资方案的选择必须以投资收益的大小来取舍，即应选择投资收益最高的方案。

(3) 决策者对风险的态度。投资风险意味着投资收益的不确定性，它主要来自投资者对市场预期的不确定性。企业决策者对风险的态度会影响对投资战略的选择。高风险投资战略方案意味着高收益的可能性。有的企业决策者愿意承担投资风险，通常采取进攻性的发展战略，回避投资风险的企业决策者通常采取防御性战略。

(4) 企业筹集和调配资源的能力。融资无疑决定着投资，是投资的前提。企业确定的投资方案或项目所需的资金数额需要通过融资解决，只有及时足额筹集到投资所需要的资金，投资方案才能实施。如果融资不顺利、筹集不到或筹不足所需要的资金，即使再好的投资方案也不能得以实施。另外，企业投资中需要原材料、优秀的人才、能源等一系列资源，企业本身是否有独特的优势是企业成败的关键。企业与金融界、政府部门及其他企业的关系，企业的声誉及还款能力，企业在产业中的组织和协调能力等，与企业筹集资源的能力有很大关系。

(5) 投资弹性。投资弹性包括两个方面：一是规模弹性，投资企业必须根据自身资金的可供能力和投资效益或者市场供求状况，调整投资规模，或者收缩或者扩张；二是结构弹性，投资企业必须有能力根据市场风险或市场价格的变动，调整现存投资结构。由于市场处于变动之中，企业经营规模和投资规模、企业经营结构和投资结构都必须相应调整，调整的前提就是投资弹性。投资弹性与资产的专用性有关，资产专用性越强，其变现及投资调整的余地越小，投资风险也越大。

(6) 价值链。企业应基于价值链角度考虑投资项目的选择。任何一个企业都不可能完全包含从材料生产到产品产出这一个过程，应选择价值链中最有利的环节进行投资，必要时采用外包生产、租赁及其他各种"轻资产策略"。

2. 长期投资类型

长期投资决策（资本预算）是指公司对长期投资项目进行规划、评价和取舍的过程，它是公司财务管理的重要内容之一。长期投资决策就是要决定企业生产何种产品或提供什么服务，以及为生产这些产品或提供相关服务需要增加什么样的固定资产和无形资产。投资具有长期性，一旦投入很难再改变。因此，企业的长期投资决策将决定其未来相当长一段时间内的经营状况和经营成果，是企业最重要的战略和财务决策，有时又称为"战略资产配置"。从财务角度而言，长期投资决策就是对拟投资项目进行价值评估，即判断其能否创造出超过投入资本价值的更大价值，能否为公司价值、股东财富带来增值，从而评价该项目的财务可行性（或不可行性）。

长期投资按不同分类标准可分为不同类型。

1）按投资范围进行分类

按投资范围可将长期投资项目分为对内投资和对外投资。

（1）对内投资，是指把资金投向公司内部，购置和发展各种生产经营用长期资产的投资。

（2）对外投资，是指公司以现金、实物、无形资产等方式或者以购买股票、债券等有价证券方式向其他单位的长期投资。

对企业而言，对内投资都是直接投资；对外投资既可以是现金、实物、产权等形式的直接投资，也可以是购买有价证券等形式的间接投资。本章所讨论的投资，是对内投资，即项目投资，主要关注固定资产购置等生产性投资。

2）按投资目的进行分类

按投资目的可将长期投资项目分为资产更新项目、扩大经营项目、法定投资项目等。

（1）资产更新项目，又称维持性投资项目。它是指针对现有资产的各种损耗而对其进行替换或改造，是为了保证企业现有生产经营活动的正常进行而作的投资。这类项目还可细分为以下两类：第一，资产重置，即当原有资产老化时，公司重新购置资产更新替代原有资产，以继续维持现有的经营模式和规模；第二，资产替代，即购置先进的资产设备以替换原有的因技术进步而过时陈旧的资产设备，以降低经营成本、提高公司竞争力。

资产更新项目一般不扩大企业现有的生产规模，也不改变企业现有的生产经营方向，对企业的前途不产生重大的影响。工程技术分析是这类投资分析的重要方面；同时，也必须注意投资项目的财务分析。准备用于更新换代的设备必须能够产生足够的效益以补偿投资成本，否则应考虑其他方案。

（2）扩大经营项目，又称扩张性投资项目。它是指为扩大生产经营而进行的一种项目投资，包括为实现扩大再生产所进行的追加性投资，为调整生产经营方向所进行的转移性投资等。例如，扩大现有产品生产规模或扩大现有营销渠道而进行的投资；按战略规划需要而进行新产品或新营销渠道的投资等。

这类投资或扩大企业的生产经营规模，或改变企业的生产经营方向，对企业前途将产生较重大的影响。相对于资产更新项目，这类项目的投资决策要复杂得多。原因在于，决策者要对未来的需求变化、技术发展、竞争对手的经营战略等有较清楚的预测和了解，而面向未来的预测将是非常复杂的，难度很大，因而风险性明显提高。

（3）法定投资项目。它是指由国家法律法规或政府政策规定的，公司为进行所从事的生产经营活动必须进行的投资，如保证安全生产的投资、保护环境质量的投资等。

这类项目大多是强制性的，企业必须进行投资。决策时需要考虑的主要问题是怎样以最低的成本达到投资的质量要求。

3）按投资项目之间的相互关系分类

按项目的相互关系可将长期投资项目分为独立项目、互斥项目和关联项目。

（1）独立项目（independent projects），是指这样一些项目，即某一项目的现金流量与其他方案的现金流量无关。因此，如果 A、B、C 等项目之间是相互独立的，在公司资本充足的情况下，只要满足相关投资决策标准，接受（或拒绝）项目 A 并不影响接受（或拒绝）项目 B、C 等。

（2）互斥项目（mutually exclusive projects），是指这样一些项目，即某一项目的现金流量将对其他项目现金流量产生相反的影响。也就是说，如果 A、B 两个项目间是互斥关系的话，选择项目 A 也就意味着要拒绝项目 B，反之亦然。例如，在一块土地上可以建设不同的项目，既可以建设住宅，也可以建设商场，但最终只能选择一个项目。

（3）关联项目（related projects），是指这样一些项目，即某一项目的存在必须依赖于其他项目的实施，因此关联项目之间保持着互补性。例如建立水泥厂，需配套安装环保设备；建立轧钢厂，需配套安装电力设备等。

4.1.2 公司治理与投资权力配置

从控制的角度出发，与治理组织架构对接，设计合理的企业经营决策、投资决策、财务决策程序，使各种决策有序运行，成为公司治理中一个重要命题。

1. 公司治理结构与项目投资权力分层实现

一般地讲，法人治理结构包括四大机构：股东大会、董事会、经理层和监事会。股东大会是公司的权力机构，董事会是公司的决策机构，经理层属于执行机构，监事会是监督机构。现代法人治理结构的根本任务在于明确划分股东、董事会、经理人员和监事会各自的权力、责任和利益，形成相互之间的制衡关系，最终保证公司制度的有效运行。投资决策是为了达到特定的财务目标并提升公司价值，而从两个以上的可行方案中选择一个最优方案，并付诸实施的过程。公司治理在这个过程中要解决的是：①由谁提议？②由谁决策？③由谁执行？④由谁监督？这涉及项目投资管理的四项基本权力及其配置问题，公司应当根据现代公司治理的要求，合理配置相关权力，明确项目投资的权力机构、权限、性质、层次以及决策程序和责任等。

理论上，企业内部的任何组织和个人都有项目提议权。实务中，项目投资建议一般由生产、销售、研发等业务部门或投资管理部门提出；报请集团总部审批、决策的项目，一般由子公司提出。

投资决策特别是长期投资决策属于企业战略规划。根据公司法，投资决策权属于股东大会或董事会，即出资者及其代理人。股东大会拥有投资最终决策权，董事会拥有实际投资决策权。公司治理结构是以董事会为中心构建的，董事会对外代表公司进行各项主要活动，对内管理公司的财务和经营，因此，只有董事会才能全方位负责财务决策和控制。根据投资决策内容、性质、金额，股东大会可以授权董事会进行决策，董事会也可以授权经营层进行决策，从而提高决策效率。如何安排股东大会和董事会之间在最终投资决策权和实际投资决策权的制衡关系，是治理结构安排的关键。为强化决策支持作用，董事会下应设置战略委员会或类似机构（如投资决策委员会），或者在董事会成员中安排一定比例的独立董事，以提升科学决策水平与效率，平衡股东之间在投资决策上的分歧。对于我国国有企业"三重一大"（重大问题决策、重要干部任免、重大项目投资决策、大额资金使用）决策，更要遵循相关决策程序，并严格实施责任追究制度。

经理层拥有项目的执行权，监事会则负责对投资决策和实施过程进行监督，即拥有监督权。

可见，项目投资权限的制度安排是在公司治理结构的框架下实现的，是公司治理的深化和细化。投资权力的分层或分享并没有根本改变公司治理结构中所体现的层级权力，而是根据投资决策与管理的要求，提出了进一步强化投资层级权力，建立约束机制和均衡控制的治理目标。

2. 投资决策程序

项目投资具有相当大的风险，一旦决策失误，就会严重影响企业的财务状况和现金流量，甚至会使企业走向破产。因此投资决策必须从公司战略方向、项目风险、投资回报比、公司自身能力与资源分配等方面加以综合评估，筛选出成功可能性最大的项目并制定实施计划、投资决策程序与规则。

重大投资决策的基本程序包括以下几个步骤。

1）投资项目的提出

应该以公司总体战略为出发点对公司的投资战略进行规划。依据公司的投资战略来对各投资机会加以初步分析，对所投资行业的行业成长性、竞争情况等进行分析。投资方向初步确定以后，在投资方案设计前应进行广泛的信息分析与收集工作，从财务决策支持网络中调出并补充收集有关总市场规模、年度增长率、主要或潜在对手的产品质量、价格、市场规模等信息，分析自己的优劣势，选择合适的投资时间、投资规模、资金投放方式，制订出可行的投资方案。

企业的股东、董事、经营者都可以提出新的投资项目。一般而言，企业的最高管理层提出的投资，多数是大规模的战略性投资，其方案一般由生产、市场、财务等各方面专家组成的专门小组写出。基层或中层人员提出的，主要是战术性投资项目，其方案由主管部门组织人员拟订。

新的投资项目首先要经过经理层审批，若经理层通过了该项目，则进入到投资项目的论证阶段。

2）投资项目的论证

投资项目的论证主要涉及如下几项工作：一是把提出的投资项目进行分类，为分析评价做好准备；二是计算有关项目的预计收入和成本，预测投资项目的现金流量；三是运用各种投资评价指标，把各项投资按可行性的顺序进行排队；四是编制项目可行性报告。

项目正式立项后，由项目小组，负责对项目进行进一步可行性分析。通过对以下方面的评估确定项目的可行性：①相关政策法规是否对该业务已有或有潜在的限制；②行业投资回报率；③公司能否获取与行业成功要素相应的关键能力；④公司是否能筹集项目投资所需资源。如项目不可行，通报相关人员并解释原因，如可行则向董事会或项目管理委员会递交可行性分析报告。

如董事会通过了投资项目的可行性分析报告，则投资管理部应聘请顾问公司对投资项目的实施进行进一步的论证，并开始投资项目的洽商，以确定其实际可行性。项目小组确认项目的可行性以后，编制项目计划书提交总经理保留参考并指导项目实施。项目计划书的主要内容为：①项目的行业（市场规模、增长速度等）背景介绍；②项目可行性分析；③项目业务目标；④业务战略和实施计划；⑤财务分析；⑥资源配置计划；⑦项目执行主体等。

3）投资项目的评估与决策

这一阶段主要是综合论证投资项目在技术上的先进性、可行性和经济上的合理性、盈利性，一般由企业的经营者来组织项目所涉及的各方面专家来完成，其论证所形成的可行性报告是整个投资项目决策的基础。应确定建设方案，包括建设规模、建设依据、建设布局和建设进度等内容。项目评估一般是委托建设单位或投资单位以外的中介机构，对可行性报告再进行评价，作为项目决策的最后依据。项目评估以后，将项目投资建议书报有关权力部门审议批准。从决策主体来看，投资额较小的项目，有时中层经理就有决策权；投资额较大的投资项目一般由董事会决策，总经理办公会议在提供的项目背景资料和项目建议书的基础上对项目实施最后决策（提交总经理办公会议的项目计划书应先由法律顾问审核，以免除法律风险）；投资额特别大的投资项目，要由董事会甚至股东大会投票表决。投资项目一经批准，也就正式作出了投资决策，进入项目的实施阶段。

4）投资项目实施与后评价

项目实施是指正式开始为完成项目而进行的活动或工作过程。在项目实施过程中，成本、时间、质量是管理重点，一方面决定决策落实的力度和质量；另一方面也一定程度上决定项目未来的绩效。

项目后评价是指在项目已经完成并运行一段时间后，对项目的目的、执行过程、效益、作用和影响进行系统的、客观的分析和总结的一种技术经济活动。项目后评价的内容有项目目标评价、项目实施过程评价、项目影响评价、项目持续性评价，以检查项目是否按照原先的计划进行，是否取得了预期的经济效益，是否符合公司总体战略和公司的投资战略规划。

上述分析如图4-1所示。

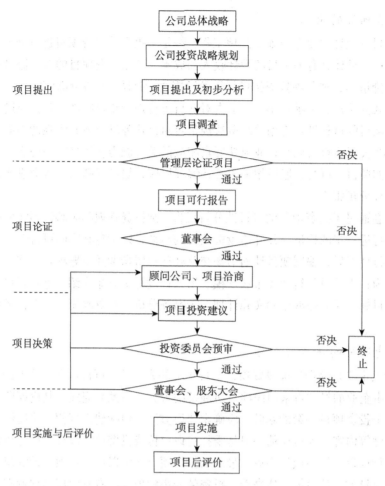

图 4-1 投资决策的基本程序

4.2 项目投资决策的基本方法

为获得带来价值增值的项目投资,提高长期投资决策的质量,降低长期投资决策风险,公司管理层必须运用合理的财务评价原理和方法,对项目投资进行评价与判断。

4.2.1 项目投资决策的基本原理

项目投资的价值来源于未来现金流量及其风险,因此,项目投资的财务评价也是以投资价值作为判断依据,通过对项目现金流出量(投资成本)与未来现金净流入量(预期现金收益)的折现价值的评估与分析进行可行性评价。如果项目的现金流出量(投资成本)的现值小于等于项目价值,项目可行;反之,则不可行。

项目投资的价值用财务语言来表达,即

$$V = \sum_{t=0}^{n} \frac{\mathrm{NCF}_t}{(1+k)^t} \qquad (4\text{-}1)$$

式中，V 为该项目投资的内含价值；NCF_t 为该项目投资的未来现金净流入量（预期现金收益）；n 为该项目投资年限；k 为折现率。

项目投资决策的财务评价涉及三个主要变量：一是与项目相关的现金流量，二是折现率，三是项目期限。

1. 现金流量

现金流量（CF）是对投资项目在其项目期限内可能发生的现金流入量和现金流出量的统称，它是计算项目投资决策评价指标的主要依据和重要信息之一。

在项目投资决策中为什么使用现金流量而不是利润来进行决策？主要原因是：①从财务角度看，公司价值本质上来源于公司或项目给投资者带来未来现金流量的能力，因此，应依此评价项目投资的财务可行性。②采用现金流量能够考虑时间价值因素。项目投资持续时间长，必须将时间价值因素的影响引入决策之中，即将不同时点的现金流入或流出调整到同一时点（决策时点）进行汇总和比较，方能客观反映项目是否创造了增量价值。而会计利润的计量遵循权责发生制原则，收入与费用的确认与真实现金流量的发生时间并不匹配，无法体现货币时间价值的影响。③项目投资决策采用现金流量更符合客观实际。会计利润的计量带有一定的主观性，而现金流量则是一种客观实在，它排除了各种会计政策选择对其的影响。④在投资分析中，项目的现金流动状况比盈亏状况更重要。一个项目能否维持下去，不取决于一定期间是否盈利，而取决于有没有现金用于各种支付。⑤从长期来看，在项目整个生命期限内，现金净流量总额通常与利润总额是相等的，所以，现金净流量可以取代利润作为评价项目投资方案优劣的基础指标。

在项目投资决策中如何预测和分析项目生命周期内的现金流量，是项目决策最关键的问题之一。这一内容将在 4.3 节中进行详细分析。

2. 折现率

折现率 k 反映了投资者对公司经营收益的最低要求，它是公司选择投资项目的重要标准。在投资项目评价中，它是指将未来有限期预期收益折算成现值的比率。在项目决策中，选择恰当的折现率同样非常重要。从技术上讲，折现率的选择过程是对公司收益及风险大小的评价过程。在其他条件一定的情况下，折现率越低，项目投资价值就越大，反之则越小。折现率的选择，需要考虑投资项目的风险以及投资者的必要收益率等，如何确定折现率，将在 4.3 节中进行详细分析。

3. 项目期限

在财务评价中，确定项目期限（t）是一个纯技术性的问题，但又是一个难度极大的工作。因为项目投资决策是面向未来的，项目生命周期的长短除了取决于项目本身的条件外，环境因素对项目生命周期也具有较大影响。确定投资期限的难点正是对未来环境变化的预测。一般情况下，为分析简化起见，将项目核心资产的经济使用年限作为项目期限。

4.2.2 项目投资财务评价方法

财务评价方法可分为动态评价法和静态评价法两大类。所谓动态评价法，又称折现现金流量法，是指考虑了货币时间价值的分析评价方法。这类方法认为不同时期的现金流量具有不同的价值，从而不能直接相加减，应该通过一定的方法将不同时点上的现金流量折算到同一时点，然后才能进行比较、判断。动态评价法主要包括净现值法、内含报酬率法、现值指数法等。所谓静态评价法，又称非折现现金流法，是指不考虑货币时间价值的分析评价方法。这类方法假定不同时期的现金流量是等效的，对它们不加区别，直接相加减。在实际运用中，主要有回收期法、投资报酬率法等。下面对常用方法进行介绍。

1. 净现值法

1）净现值法的含义及计算

净现值法是以净现值（net present value，NPV）作为项目评价标准的财务评价方法。它是项目投资决策中最常用的方法。净现值是指投资项目未来现金流入总现值与现金流出总现值的差额，它反映了项目投资的新增价值额。其计算公式为

$$\text{净现值} = \text{未来每年税后现金净流量的现值} - \text{项目投资额的现值} \tag{4-2}$$

$$\text{NPV} = \sum_{t=m+1}^{n} \frac{\text{NCF}_t}{(1+k)^t} - \sum_{t=0}^{m} \frac{I_t}{(1+k)^t} \tag{4-3}$$

式中，NPV 为项目净现值；NCF_t 为第 t 年税后现金净流量；k 为折现率；I_t 为第 t 期现金投资额；n 为项目生命周期（包括建设期和经营期）；m 为项目的建设期。

如果项目是期初一次性投资，没有建设期，则计算公式为

$$\text{NPV} = \sum_{t=1}^{n} \frac{\text{NCF}_t}{(1+k)^t} - I_0 \tag{4-4}$$

式中，I_0 为期初一次性投资额。

2）净现值法的决策规则

用净现值法进行投资决策时，要区分项目的性质：①对于独立项目，如果净现值大于等于零，说明投资收益能够抵补投资成本，获得超过或等于折现率的收益水平，则项目可行；反之，则项目不可行。②对于互斥项目，应选择净现值大于零中的最大者。

【例 4-1】 大发公司 A、B 两个投资方案的现金流量分布见表 4-2：

表 4-2 大发公司 A、B 两个投资方案的现金流量　　　　　单位：元

时间	0	1	2	3	4	5
A 方案 NCF_t	−220 000	70 000	70 000	70 000	70 000	70 000
B 方案 NCF_t	−220 000	0	50 000	50 000	100 000	200 000

假设投资方案的折现率为 10%，计算方案 A 和方案 B 的净现值。

解：方案 A 的净现金流是相同的，因此，可直接运用年金现值公式进行计算，查年金现值系数表得，$\text{PVA}_{10\%,5} = 3.7908$，运用式（4-4）得

$$\text{NPV}_A = \text{NCF} \times \text{PVA}_{10\%,5} - I_0$$
$$= 70\,000 \times 3.7908 - 220\,000$$

= 265 356 − 220 000

= 45 356（元）

由于方案 B 的现金流量不等，故分别按复利折现，然后求和。运用式（4-4）得

$$\text{NPV}_B = \frac{0}{(1+10\%)^1} + \frac{50\,000}{(1+10\%)^2} + \frac{50\,000}{(1+10\%)^3} + \frac{100\,000}{(1+10\%)^4} + \frac{200\,000}{(1+10\%)^5} - 220\,000$$

= 0 + 41 322 + 37 566 + 68 301 + 124 184 − 220 000

= 271 373 − 220 000

= 51 373（元）

如果方案 A 和方案 B 是独立项目，由于二者的净现值均大于零，因此两个项目都可行。如果两个方案是互斥项目，由于 NPV$_B$ 大于 NPV$_A$，且两方案的初始投资相同，所以应选择方案 B。

3）净现值法的优缺点

净现值法的优点主要表现在：①考虑了货币的时间价值；②考虑了投资风险的影响，这是因为可作为折现率选择基础的资本成本或投资者要求的必要收益率中包括了风险；风险较大的投资项目，其选用的折现率将较高；③反映了财富绝对值的增加。

但净现值法也存在一定的局限性，主要体现在：①不能直接显示各投资项目本身预期达到的收益率；②在互斥项目决策中，没有考虑互斥项目的投资规模差异，从而不能说明单位投资所取得的净现值是多少；③折现率的确定比较困难，而其正确与否对净现值的影响至关重要。项目的现金流相同的情况下，如果采用不同的折现率，就会产生不同的净现值，导致决策结果产生差异。当选择的折现率较低时，项目决策结果可能是可行的；而当提高折现率时，项目决策结果可能不可行。可见，折现率对决策结果的影响会很大。

2. 内含报酬率法

1）内含报酬率法的含义及计算

内含报酬率法是以内含报酬率（internal rate of return，IRR）指标作为项目评价标准的财务评价方法。所谓内含报酬率，是使投资项目的净现值等于零时的折现率，计算公式为

$$\sum_{t=m+1}^{n} \frac{\text{NCF}_t}{(1+\text{IRR})^t} - \sum_{t=0}^{m} \frac{I_t}{(1+\text{IRR})^t} = 0 \tag{4-5}$$

式中，IRR 为内含报酬率，其他符号与前相同。

内含报酬率可以通过查年金现值系数表或试误法，并使用插值法计算，也可以用金融计算器直接代入求得。

【例 4-2】根据例 4-1 数据，计算方案 A 和方案 B 的内含报酬率。

解：由于方案 A 每年的 NCF 相等（均为 70 000 元），初始投资为 220 000 元，而内含报酬率是使净现值等于零的折现率，因此可采用查年金现值系数表方法，即

$$220\,000 = 70\,000 \times \text{PVA}_{\text{IRR},5}$$

$$\text{PVIFA}_{\text{IRR},5} = 220\,000/70\,000 = 3.142\,9$$

查年金现值系数表，第 5 期与 3.142 9 接近的年金现值系数是 3.274 3 和 3.127 2，其对

应的 k 分别指向 16%和 18%。用插值法计算如下：

折现率　　　　　　年金现值系数

$\left.\begin{matrix}16\%\\ \text{IRR}\\ 18\%\end{matrix}\right\}\text{IRR}-16\%\bigg\}18\%-16\%\ \left.\begin{matrix}3.274\,3\\ 3.142\,9\\ 3.127\,2\end{matrix}\right\}3.142\,9-3.274\,3\bigg\}3.127\,2-3.274\,3$

$$\frac{\text{IRR}-16\%}{18\%-16\%}=\frac{3.142\,9-3.274\,3}{3.127\,2-3.274\,3}$$

解得：IRR=17.79%

方案 B 每年 NCF 不等，不能像方案 A 一样直接查表并运用插值法计算内含报酬率。首先需要使用试误法，找到两个净现值分别大于 0 和小于 0 并接近于 0 的折现率，再利用插值法计算内含报酬率。

由于折现率为 10%时净现值大于 0，可见项目的实际报酬率大于折现率 10%，因此可按折现率大于 10%逐步测试。

假设折现率为 15%。

$$\text{NPV}_B=\frac{0}{(1+15\%)^1}+\frac{50\,000}{(1+15\%)^2}+\frac{50\,000}{(1+15\%)^3}+\frac{100\,000}{(1+15\%)^4}+\frac{200\,000}{(1+15\%)^5}-220\,000$$

$= 0 + 37\,807 + 32\,876 + 57\,175 + 99\,435 - 220\,000$

$= 7\,293$（元）

假设折现率为 16%。

$$\text{NPV}_B=\frac{0}{(1+16\%)^1}+\frac{50\,000}{(1+16\%)^2}+\frac{50\,000}{(1+16\%)^3}+\frac{100\,000}{(1+16\%)^4}+\frac{200\,000}{(1+16\%)^5}-220\,000$$

$= 0 + 37\,158 + 32\,033 + 55\,229 + 95\,223 - 220\,000$

$= -357$（元）

用插值法可计算出的方案 B 的内含报酬率：

$$\frac{\text{IRR}-15\%}{16\%-15\%}=\frac{0-7\,293}{-357-7\,293}$$

解得：IRR=15.95%

2）内含报酬率的决策规则

在评价独立项目时，只要内含报酬率大于或等于公司的资本成本或投资者要求的必要收益率时，投资项目可行；反之，则项目不可行。在评价互斥项目时，通常应选择内含报酬率较高的项目。

在例 4-2 中，方案 A 和方案 B 的内含报酬率均大于资本成本 10%，如果二者属独立项目，则它们都是可行的（这与净现值法决策结果一致）；如果二者属互斥项目，由于方案 A 的内含报酬率高于方案 B 的内含报酬率，从内含报酬率指标分析，方案 A 优于方案 B。显然，互斥项目下的这一决策结论与净现值法下的决策结论是相反的。为什么会产生矛盾？

我们将在各种决策方法的比较内容中进一步讨论。

3) 内含报酬率法的优缺点

内含报酬率是一种常用且重要的资本预算决策标准,它考虑了货币的时间价值,能正确反映投资项目本身实际能达到的真实报酬率。但应用这一方法所得出的决策结论,有时是具有歧义或错误的。

3. 现值指数法

1) 现值指数法的含义及计算

现值指数法（Profitability index，PI）又称盈利指数法,是指投资项目未来现金流量的总现值与项目投资额的现值之比。它反映了项目的投资效率,即投入1元初始投资所获得的未来现金流的现值。其计算公式为

$$PI = \sum_{t=m+1}^{n} \frac{NCF_t}{(1+k)^t} / \sum_{t=0}^{m} \frac{I_t}{(1+k)^t} \qquad (4-6)$$

【例4-3】 根据例4-1中的资料可以分别计算出方案A和方案B的现值指数如下。

$$PI_A = 265\ 356/220\ 000 = 1.21$$
$$PI_B = 271\ 373/220\ 000 = 1.23$$

由于投资规模相同,因此方案B比方案A要好,与净现值法得出同样的结论。

2) 现值指数法的决策规则

现值指数法是对NPV的补充,现值指数与净现值之间的关系可以表示为

$$PI = 1 + NPV/项目投资额的现值 \qquad (4-7)$$

因此,现值指数法的决策规则与NPV法相同,得出的结论也相同:①对于独立项目,现值指数大于或等于1,表明未来现金流入的总现值超过或等于初始投资的现值,此时NPV大于或等于0,项目可行;反之,项目不可行;②对于互斥项目,在同等投资规模下,现值指数越大,净现值就越大,项目对公司越有利,因此应该选择现值指数最大的项目。

在例4-3中,方案A和方案B的现值指数都大于1,如果它们是独立项目则都是可行的。如果它们是互斥项目,在投资规模相同时,方案B的现值指数较高,公司应选择方案B。但当互斥项目的投资规模不同时,现值指数与净现值法的评价结论有可能出现矛盾,这个问题将在下一节讨论。

3) 现值指数法的优缺点

现值指数法的优点是考虑了货币的时间价值,能够真实地反映投资项目的盈亏程度;由于现值指数是用相对数来表示,所以可以反映项目的投资效率。现值指数法的缺点是它无法反映投资项目本身的收益率水平,且在不同规模互斥项目的选择方面有时会产生误导性结果。

4. 回收期法

1) 回收期法的含义及计算

回收期法是最早广泛采用的财务评价方法之一。所谓回收期（payback period，PP）,

是指投资项目收回全部初始投资所需要的时间,一般以"年"为单位。回收年限越短,投资越有利。

由于投资项目每年预计产生的经营净现金流量可能相等,也可能不相等,因此,计算投资回收期的方法有两种。

(1)如果每年的经营净现金流量(NCF)相等,则回收期可按下列公式计算:

$$\text{回收期PP} = \frac{\text{初始投资总额}}{\text{每年净现金流量}} + \text{项目建设期} \tag{4-8}$$

(2)如果每年现金净流量(NCF)不相等,那么回收期可按下列公式计算:

$$\text{回收期PP} = n + \frac{\text{第}n\text{年末累积尚未回收投资额}}{\text{第}(n+1)\text{年回收额}} \tag{4-9}$$

式中,n 为年末存在尚未收回投资额的最后一年。

【例4-4】 根据例4-1中数据,计算方案A和方案B的投资回收期。

解:因为方案A每年的NCF相等,所以其回收期为

$$PP_A = 220\ 000/70\ 000 = 3.14(\text{年})$$

而投资方案B每年的NCF不等,则应累积计算。应先计算累积现金净流量和每年年末尚未收回的投资额(表4-3),然后计算投资回收期。

表4-3　投资方案B年末尚未回收额计算表　　　　单位:元

年份	每年现金净流量	累计现金净流量	年末尚未回收的投资额
0	−220 000	−220 000	
1	0	−220 000	220 000
2	50 000	−170 000	170 000
3	50 000	−120 000	120 000
4	100 000	−20 000	20 000
5	200 000	180 000	0

根据表4-3的数据,第3年年末尚有未收回的投资额,因此 n 等于4,根据式(4-9):

$$PP_B = 4 + 20\ 000/200\ 000 = 4.1(\text{年})$$

2)回收期法的决策规则

决策者在判定投资项目是否可行时,一般会事先设定一个可接受的投资回收期,称为基准回收期。当备选项目是独立方案时,只要投资项目回收期短于基准回收期,则项目可行;反之,则不可行。若备选项目是互斥方案,首先应考虑其回收期是否短于设定的期限,然后选择回收期最短的投资项目。

例4-4中,假设大发公司的基准回收期为4年,而方案A和B的回收期分别为3.14年和4.1年,所以,方案A可行,方案B则不可行。

3)回收期法的优缺点

回收期法的优点:计算简便,容易理解;可以用于衡量投资方案的相对风险。一般来讲,投资回收期越短,说明该项投资在未来时期内的风险越小,从而可避免将来经营环境

变化的不利影响；反之，风险越大。

但是，回收期法有其天然的缺陷，主要有：①忽略了整个项目期间的现金流量。回收期法既不考虑回收期内现金流量的时间序列，也忽略了回收期后的项目现金流量；②没有考虑货币的时间价值。

【**例 4-5**】 乐乐公司有 A、B、C 三个项目，其项目预期现金流量见表 4-4。

表 4-4　乐乐公司预期现金流量　　　　　单位：万元

年份	项目 A	项目 B	项目 C
0	−100	−100	−100
1	20	50	50
2	30	30	30
3	50	20	20
4	60	60	300
回收期（年数）	3	3	3

表 4-4 显示，A、B、C 三个项目的回收期均为 3 年，是否能说它们没有区别呢？通过比较，便可发现并非如此。比较项目 A 和项目 B，前 3 年，项目 A 的现金流量从 20 万元增加至 50 万元，与此同时，项目 B 的现金流量从 50 万元降到 20 万元。但由于项目 B 的大额现金流量 50 万元发生的时间早于项目 A，其净现值相对较高，而两者回收期相等，体现不出这个差别，即回收期法不考虑回收期内的现金流量序列。对比项目 B 和项目 C，两者回收期内的现金流量完全相同，但项目 C 的净现值明显高于项目 B，因为它在第四年有 300 万元的现金流入，远高于项目 B。所以回收期法忽略了回收期以后的现金流量。

另外，针对回收期法没有考虑货币时间价值这一缺陷，人们有时采用"折现回收期法"（又称动态回收期法）来确定其回收期，即将未来各期的现金流量采用适当的折现率进行折算，然后再计算回收期，这样的回收期指标更为精确。以例 4-5 中的项目 A 为例，假定项目折现率为 10%，则折现回收期的测算见表 4-5。

表 4-5　项目 A 折现回收期法

年份	现金流量	现金流量现值	年末尚未回收的投资额
0	−100	0	100
1	20	18.18	81.82
2	30	24.79	57.03
3	50	37.57	19.46
4	60	40.98	

$$\text{折现回收期 } PP = 3 + 19.46/40.98 = 3.47 \text{（年）}$$

由此可见，考虑资金时间价值后的项目 A 的回收期相对变长。尽管如此，折现回收期法的其他缺陷依然存在。回收期法虽然简单、通俗易懂，但比较粗糙。在一般情况下，它只适宜作为财务评价的辅助方法。

相关资料：投资决策评价方法应用的调查研究

本章讲述了公司可以采用哪些投资决策评价方法。一个同样重要的问题是：公司正在使用什么样的评价方法？Graham 和 Harvey（2001）的研究提供了若干经验证据。

如表 4-6 所见，在有效问卷调查的 392 个美国和加拿大样本公司中，大概有 75%的公司使用内含报酬率法与净现值法；有超过一半的公司使用回收期法；现值指数法则较少使用。

表 4-6　CFO 对资本预算方法使用情况的调查结论

	经常使用的比率/%
内含报酬率（IRR）	75.6
净现值（NPV）	74.9
回收期（PP）	56.7
折现回收期	29.5
现值指数（PI）	11.9

资料来源：John R. Graham & Campbell R. Harvey. The theory and practice of corporate finance: Evidence from the field, Journal of Financial Economics, 2001(60): 187-243

4.2.3　项目投资财务评价方法的比较

在上述介绍的各种方法中，一致性的结论是：动态评价法更为可取，而静态评价法只能作为决策的辅助方法。人们不禁要问，在所讨论的各种动态评价法中，哪一种方法可能是最没有决策风险的较优方法？为回答这一问题，需要对相关方法进行讨论与比较分析。

1. 净现值法与现值指数法的比较

由于净现值法与现值指数法使用的是相同的信息，在评价独立项目与同等规模下的互斥项目时，结论是一致的；而在评价规模不同的互斥项目时得到的结论有可能不同，此时应考虑公司的资本实力，它分为两种情形：①在资金无限制情况下，应以净现值为准；②在资金受限制情况下，公司应按照现值指数的大小排序来选择净现值之和最大的投资项目组合，以保证公司获得最大的收益，增加股东财富。

下例所分析的就是在资金限量情况下，投资组合决策的基本方法。

【例 4-6】京能公司本年度的资本限额为 600 万元，现有 5 个投资项目可供选择，各项目的投资规模、NPV、PI 见表 4-7，试分析可能的投资项目组合。

表 4-7　京能公司投资备选方案

投资项目	投资规模/万元	现值指数	净现值/万元
A	400	2.0	400
B	100	1.5	50
C	250	2.2	300
D	150	0.9	−15
E	200	2.5	300

解：（1）对所有投资项目按现值指数由大到小进行排序，其结果见表 4-8。

表 4-8　按现值指数排序的投资项目

投资项目	投资规模/万元	现值指数	净现值/万元
E	200	2.5	300
C	250	2.2	300
A	400	2.0	400
B	100	1.5	50
D	150	0.9	−15

（2）选择现值指数较高的投资项目，以确定投资组合，充分利用资本限额，并计算各种组合的净现值总额，比较合适的投资组合。其结果见表 4-9。

表 4-9　京能公司的投资组合选择

投资组合	包括的项目	投资规模/万元	净现值/万元
1	E、A	600	300+400=700
2	E、C、B 和 50 万元的投资机会	600	650 与余下的 50 万元带来的净现值

（3）按照投资组合的净现值总额选取最佳组合。从表 4-9 中可看出，最佳组合的选择取决于投资组合 2 中未充分利用的 50 万元所能带来的净现值是否超过 50 万元（700−650）。显然从一般投资逻辑看，投资 50 万元获得净现值 50 万元是不现实的。因此，最终决策结果是选择组合 1。

2. 净现值法与内含报酬率法的比较

净现值法与内含报酬率法是财务评价中最常用的两种方法。理论上认为，净现值法优于内含报酬率法。其理由如下。

1）内含报酬率下的再投资利率假定不合理

对于独立投资项目，内含报酬率的评价结果始终与净现值法的结果是一致的；但在评价互斥项目时，使用内含报酬率法具有其天然的不足，其决策结果与净现值法也可能存在矛盾。其原因在于内含报酬率法下的再投资利率假定不合理。

【例 4-7】根据例 4-1、例 4-2 所计算出的大发公司方案 A 和方案 B 的净现值和内含报酬率，其最终结果列示如表 4-10。

表 4-10　净现值和内含报酬率（假定折现率为 10%）

方案	投资额	NPV/元	IRR/%
A	220 000	45 356	17.79
B	220 000	51 373	15.95

假定 A、B 两个方案是互斥项目，选择哪一个方案最好？要回答这一问题，就涉及另一个关联问题，即哪一种决策标准是最可取的？

显然，对于 A、B 这两个互斥项目，根据净现值法决策规则，由于 $NPV_B>NPV_A$，公司应选择方案 B；而根据内含报酬率决策规则，由于 $IRR_A>IRR_B$，公司应选择方案 A，结果产生了矛盾。

为了进一步弄清其间的关系，我们分别计算不同折现率下两个方案的净现值，并用图 4-2 显示。

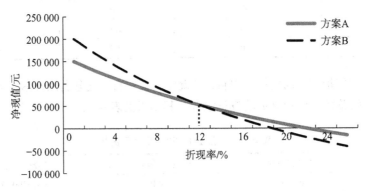

图 4-2 净现值法与内含报酬率法比较

由图 4-2 可以看出，A、B 两个方案的净现值曲线相交于折现率为 12%处，在这一交点，两种方案的选择是无差异的。而当项目折现率小于 12%，方案 B 的净现值大于方案 A，即方案 B 优于方案 A；当项目折现率大于 12%，方案 A 的 NPV 大于方案 B，即方案 A 优于方案 B。

不难看出：①在折现率为 10%时，方案 B 净现值较高，可为公司带来较多的财富，是较优的项目；②而当折现率大于 12%时，不论用净现值法还是用内含报酬率法，都会得出项目 A 优于项目 B 的结论。这就表明，净现值法总是正确的，而内含报酬率法有时会得出错误的结论。因此，当对互斥项目进行评价时，应以净现值法作为决策的依据。

那么，是什么原因造成了这两种方法的决策结果出现矛盾？理论上认为，造成净现值法和内含报酬率法发生矛盾的根本原因主要是两种方法对再投资利率的假设不同。具体而言：①在净现值法下，人们可以把净现值计算看成是：将未来现金流量全部按资本成本折算为未来终值，然后将其终值之和折现为现值，再用现值减去初始成本。以例 4-1 中方案 A 为例，其净现值可以计算为：$70\,000 \times 6.105\,1$（利率 10%，期限为 5 的年金终值系数）$\times 0.620\,9$（利率为 10%，期限为 5 的现值系数）$-220\,000=45\,346$（元）。从这一计算过程可看出，净现值法所隐含的假定是：投资方案所产生的净现金流量再投资后所能得到的收益率等于该方案的资本成本。②同样原理，人们可以看出，隐含在内含报酬率法中的再投资利率假定是，公司能够按照投资方案的内含报酬率将该方案所产生的净现金流量予以再投资。因此，需要回答的问题是，哪一种评价方法所隐含的再投资利率假设更合理？显然，以较高的内含报酬率作为再投资利率假定，通常会高估投资项目未来的收益率；因为在市场竞争充分的情况下，收益的平均化趋势终将使得再投资收益率向资本成本回归。基于上述解释，人们普遍认为，净现值法是投资决策中最没有风险的评价方法。

2）投资规模因素会使内含报酬率法所得的决策结论不合理

举个例子来说，假定 X 投资项目的初始投资额为 1 元，回报的现金流量为 2 元，不考虑时间价值因素，则该项目的净现值可简单计算为 1 元，其内含报酬率为 100%；Y 投资项目的初始投资额为 100 元，回报的现金流量为 110 元，则同样可计算出其净现值和内含报酬率分别是 10 元和 10%。哪一个方案更好？不同决策规则会得出相异的结论。但如果你是理性投资者，你会如何选择？在现实中，人们理性决策选择的答案应该是 Y 项目，因为其净现值最大，从而创造了更多财富。可见，在决策中，投资规模等因素会影响内含报酬率下的决策结论，它在某种程度上反映了该方法的缺陷与不足。

3）非正常现金流量下的多根问题

所谓非正常现金流量是指投资项目未来现金流量的正负值交替出现两次或两次以上变化时的现金流量。在长期项目投资中，这种情形是很常见的，如采矿业需要大量初始投资从而形成负的现金流量，项目投产后会产生大量正的现金流，而当矿业资源枯竭时则需要投入大量资本以恢复原有的矿山生态，此时的现金流再度为负。这种情况在用内含报酬率法进行项目评估时，计算过程中会出现两个或两个以上的多根解，且没有一个根解是正确的。在内含报酬率法下，这种情况是其自身无法避免的，导致决策出现困境。如果用净现值法进行评估决策，就不可能出现多解的问题。

举例来说，如果某项目的现金流量见表 4-11，且资本成本率为 10%。根据分析可以看出，该项目的现金流是不规则的，在计算其 IRR 值时，会得出两个根，如图 4-3 所示，但没有一个解是正确的解。

表 4-11 某项目的非正常现金流　　　　　　　　　　　　　　　　　单位：万元

时间	0	1	2	3	4
现金流量	1 000	−2 100	−1 500	2 000	1 000

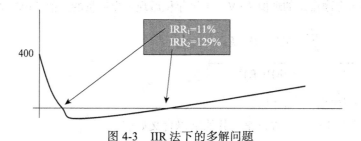

图 4-3　IIR 法下的多解问题

4）可能出现的评估错误

有时利用 IRR 法会出现一些评估错误。如表 4-12 的数例，假定资本成本为 10%，可以分别计算出 IRR 与 NPV 值。如图 4-4 所示。在这种情况下，显然 IRR 决策法则所得出的结论是错误的。

表 4-12　某项目的现金流　　　　　　　　　　单位：万元

时间	0	1	2	3
现金流量	1 000	2 500	−3 000	−2 000

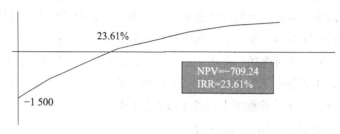

图 4-4　IRR 法的错误判断

5）修正的内含报酬率

修正的内含报酬率法（MIRR）可以一定程度地解决内含报酬率的问题。该方法假定项目预期年限中所有的现金流入都以必要报酬率作为再投资收益率，直到项目终止，而不是按内含收益率作为再投资利率。修正的内含报酬率的测算过程如下：首先，用投资者要求的必要收益率求出未来报酬（每年税后现金净流量 NCF）及项目终结点现金流量的将来值（FV）。然后，用投资者要求的必要收益率作为折现率计算项目投资额（I_t）的现值 PV，如果初始投资是唯一的现金流出，则初始投资就是项目现金流出的现值。最后，使项目每年税后现金净流量终值的现值等于项目投资额现值的折现率即为修正的内含报酬率（MIRR）。计算公式：

$$\text{项目投资额的现值}（PV_0）= \sum_{t=0}^{m} \frac{I_t}{(1+k)^t}$$

$$\text{每年税后现金净流量的终值}（FV_n）= \sum_{t=m+1}^{n} NCF_t \times (1+k)^{n-t}$$

每年税后现金净流量的现值（PV）= 每年税后现金净流量的终值（FV）/$(1+MIRR)^n$

令 $$\sum_{t=0}^{m} \frac{I_t}{(1+k)^t} = \frac{\sum_{t=m+1}^{n} NCF_t \times (1+k)^{n-t}}{(1+MIRR)^n}$$

则 $MIRR = \sqrt[n]{FV_n / PV_0} - 1$ 　　　　　　　　　　　　　　　　（4-10）

式中，MIRR 为修正的内含收益率，其他字母含义如前。

【例 4-8】　根据例 4-1 的相关资料，假设项目折现率为 10%，要求计算 A、B 两个方案的内含报酬率。

解：

方案 A 的每年现金净流量是相同的，因此，可直接运用年金公式计算终值，查年金终值系数表得，$FVA_{10\%,5}$ = 6.105 1，得

方案 A 每年税后现金净流量的终值（FV）= 70 000 × 6.105 1 = 427 357（元）

方案 A 投资额的现值（PV）= 220 000（元）

令 220 000 = 427 357/(1+MIRR)^n

解方程得：MIRR$_A$ = $\sqrt[5]{427\,357/220\,000}$ − 1 = 14.20%

由于方案 B 的现金流量不等，故分别按复利计算终值，然后求和：

方案 B 每年税后现金净流量的终值（FV）
= 50000 × (1 + 10%)$^{5-2}$ + 50000 × (1 + 10%)$^{5-3}$ + 100000
× (1+10%)$^{5-4}$ + 200000 × (1 + 10%)$^{5-5}$ = 437 050（元）

令 220 000 = 595 560/(1 + MIRR)^n

解方程得 MIRR$_A$ = $\sqrt[5]{437\,050/220\,000}$ − 1 = 14.72%

根据上述计算可见，方案 A 和方案 B 的 MIRR 均大于折现率，作为独立方案，两个都可行，这一结论与净现值法和内含报酬率法的决策结论是一致的；如果方案 A 和方案 B 为互斥方案，B 方案优于 A 方案，这一结论与净现值法是一致的。

采用修正的内含报酬率 MIRR 法能够很好地克服 IRR 法的不足，使项目投资决策更加符合实际。一般来说，同一项目的修正的内含报酬率 MIRR 会比不修正的内含报酬率 IRR 小，从而使项目评估更为贴近实际。与 IRR 法相比，MIRR 法的主要优点表现在：①针对 IRR 法再投资利率假定的不合理性而进行修正；②解决了 IRR 可能的多根问题。

4.2.4 各种方法的归纳

通过上述各种方法的比较，可以归纳出各种方法的优点与不足，见表 4-13。

表 4-13 各种决策方法的比较归纳

方法	接受标准	优点	缺点
净现值法（NPV）	NPV≥0	考虑现金流量的时间价值；为项目决策提供客观、基于增量价值的标准；包含了项目的全部现金流量；理论上最正确的方法	需要事先确定项目折现率
内含报酬率率（IRR）	IRR≥资本成本	考虑现金流量的时间价值；包含了项目的全部现金流量；反映了项目的实际回报率；易于解释 IRR 的含义	会出现多重根；可能与 NPV 法相矛盾
现值指数法（PI）	PI≥1	考虑现金流量的时间价值；包含了项目的全部现金流量；易于解决有关资本配置问题	对于不同规模互斥项目的评价容易产生误导；可能与 NPV 法相矛盾
回收期法（PP）	PP≤设定的回收期	便捷易懂；初步判断项目的风险；为项目清偿提供便利	非客观的决策标准；没有考虑现金流的时间价值；没有考虑回收期后的现金流

资料来源：根据 James R. Mcguigan, William J. Kretlow, R. Charles Moyer. Contemporary Financial Management 改编而成，Thomson, 10th, 347

4.3 项目投资决策参数估算

4.3.1 投资项目现金流量估算

1. 投资项目现金流量的分类

投资项目现金流量是指与投资项目决策相关的现金流入量、现金流出量和现金净流量,它是项目投资决策最基本的参数,可以根据不同标准进行分类。

1)按现金流向不同划分

按现金流向不同,可分为现金流入量、现金流出量和净现金流量。

(1)现金流入量。现金流入量是指一项投资所引起的现金收入的增加额。如营业现金收入、固定资产残值收入或变现收入、营运资本回收等。

(2)现金流出量。现金流出量是指一项投资所引起的现金支出的增加额。如建设投资、增加的营运资本、经营成本(付现成本)、所得税等。

(3)净现金流量。净现金流量是指一定期间内现金流入量与现金流出量的差额。这里所说的"一定期间",有时是指一年间,有时是指投资项目整个持续期间。现金流入量大于现金流出量时,净现金流量为正值,反之为负值。

2)按现金流量发生时间划分

按照现金流量的发生时间,长期投资项目的现金流量可以分为初始现金流量、经营期间现金流量和终结现金流量。

1)初始现金流量

初始现金流量是指开始投资时发生的现金流量,即建设期间现金流量。初始现金流量一般包括如下几个部分:①投资前费用。投资前费用是指在正式投资之前为做好各项准备工作而花费的费用。主要包括勘察设计费、技术资料费、土地购入费和其他费用。投资前费用的总额要在综合考虑以上费用的基础上,合理加以预测。②设备购置费用。设备购置费用是指为购买投资项目所需各项设备而花费的费用。企业财务人员要根据所需设备的数量、规格、型号、性能、价格、运输费用等预测设备购置费的多少。③设备安装费用。设备安装费用是指为安装各种设备所需的费用。这部分费用主要根据安装设备的多少、安装的难度、安装的工作量、当地安装的收费标准等因素进行预测。④建筑工程费。建筑工程费是指进行土建工程所花费的费用。这部分费用要根据建筑类型、建筑面积的大小、建筑质量的要求、当地的建筑造价标准进行预测。⑤营运资本的垫支。投资项目建成后,必须垫支一定的营运资本才能投入运营。这部分垫支的营运资本一般要到项目生命终结时才能收回。所以,这种投资应看作长期投资,而不属于短期投资。⑥原有固定资产的变现收入扣除相关税金后的净收益。变现收入主要是指固定资产更新时变卖原有固定资产所得的现金收入。⑦不可预见费。不可预见费是指在投资项目正式建设之前不能完全估计到的,但又很可能发生的一系列费用,如设备价格的上涨、出现自然灾害等。这些因素也要合理预测,以便为现金流量预测留有余地。

2）经营期间现金流量

经营期间现金流量，又称营业现金净流量，是指投资项目建成投产后，在其生命周期内因开展正常生产经营活动而产生的现金流入、流出及净现金流量，一般按年度进行计算。主要包括以下项目：①经营现金收入。经营现金收入指项目投产后生产产品或提供劳务而使公司每年增加的现金销售收入，这是经营期最主要的现金流入项目。②经营现金成本。经营现金成本又称为付现成本，是指所有以现金支出的各种成本和费用，如材料费用、人工费用、设备修理费用、税金及附加等，这是经营期间最主要的现金流出项目。公司每年支付的总成本中，一部分是付现成本；另一部分是非付现成本，如固定资产折旧费、无形资产摊销费等，而无形资产摊销费往往数额不大或是不经常发生，为简化起见通常忽略不计。因此，付现成本可以看成当年的总成本减固定资产折旧费后的余额。③缴纳的所得税。需要说明的是折旧费用作为成本项目直接减少营业利润，具有抵税效应，因此少缴纳的税收是公司少付的一部分现金，可将其视为一项税后现金流入。

如果一个投资项目的每年销售收入等于营业现金收入，付现成本等于营业现金支出，那么，年营业现金净流量（NCF）可用下列公式计算：

$$年营业现金净流量（NCF）=年营业收入-年付现成本-所得税 \qquad (4-11)$$

3）终结现金流量

终结现金流量主要包括：固定资产的残值收入或变价收入（指扣除了所需要上缴的税金等支出后的净收入）、原有垫支在各种流动资产上的资金收回、停止使用的土地成本的回收额等。

2. 投资项目现金流量估计应注意的问题

1）沉没成本

沉没成本，又叫过去成本，是指在决策时点前已经发生的成本。由于沉没成本是在项目决策之前发生的，它并不因接受或拒绝某个项目而改变，因此是无关成本，不构成项目的现金流量。例如，某公司 2016 年曾经打算引进一条生产线，并请有关专家做过可行性分析，支付了咨询费 15 万元，但是因为当时有争议，该项目被搁置下来。2019 年重新进行该项目的可行性评价，那么之前支付的咨询费是否仍然是相关成本呢？答案是否定的。不管公司是否引进新的生产线，这笔咨询费 15 万元已经支出，都无法收回，因而属于无关成本。

2）机会成本

由于资源的稀缺性，资源用于某一方面就不能同时用于另一方面。机会成本，是指一项经济资源因选择了某一使用方案而放弃其他使用方案时，被放弃方案的预期收益。在投资决策中，我们不能忽视机会成本。如公司引进新生产线的投资方案，需要使用公司拥有的一处厂房。该厂房如果出租，每年可以获得租金收入 800 万元，那么在投资分析时，这800 万元的租金收入就是使用该厂房的一项机会成本，在计算营业现金流量的时候，需要将其视作现金流出。

3）增量现金流量

对公司而言，接受一个项目所产生的影响，并不仅仅是孤立考察该项目自身所产生的现金流量的影响，而要考察这个项目对公司现在和未来整体现金流入流出状况的影响。因此，评估一个项目是否会增加公司的价值，就必须首先考虑这个项目对公司整体现金流量的全部影响，然后才能判断其对公司的真正影响。项目现金流量分析最基本的原则，也是最关键的一点，就是判断哪些现金流量是与项目相关的，哪些是不相关的。所谓相关现金流量，就是决定采纳该项目所导致的公司现金流量的改变量，这种改变量也就是公司现有现金流量的增加（减少）量。所以，相关现金流量又被称为增量现金流量。只有那些由于采纳某个项目而引起的现金支出增加额，才是该项目的现金流出量；只有那些由于采纳某个项目而引起的现金流入增加额，才是该项目的现金流入量。在财务评价中，只有增量现金流才是与项目相关的现金流。

4）关联现金流量

新项目生产的产品或提供的服务与公司现有产品或服务在功能上可能是相关的（如互斥或者互补），从而产生关联效应。当功能互斥时，新产品或新的服务会挤掉原有产品或服务的市场份额，从而减少了原有产品或服务为公司带来的现金流量。相反，互补时，新项目的实施会增加原有产品或服务为公司带来的现金流量。例如，某公司准备上一条新的产品生产线用于生产新型产品 A，公司原有的产品 B 仍继续生产销售。若 A 的生产销售将使 B 销售下降，每年 B 的现金流入量减少 100 万元，则应将这 100 万元列入 A 项目的现金流出量之中；若 A 的生产销售将使 B 的成本降低，每年 B 的现金流出量将减少 60 万元，则应将这 60 万元列入 A 项目的现金流入量。关联现金流量有时很难估算，但在逻辑上必须将其考虑在内。

5）非付现成本

非付现成本对现金流量有间接的影响。非付现成本虽然没有引起现金的流出，但却对税收有影响。由于折旧、无形资产摊销等非付现成本作为成本项目从企业销售收入中扣除，降低了企业的应纳税所得额，从而减少了企业的所得税支出。因此，计算现金流量时首先将非付现成本从税前收益中扣除，并据此计算所得税支出，然后在税后收益上再加回非付现成本。

6）税后现金流量

在项目可行性评价中，要以税后现金流量为基础进行。因为所得税和付现成本一样，是企业的一项现金流出。只有交纳税金以后的净流入才能形成投资收益，成为股东财富的来源。

7）利息费用和其他融资成本

在项目投资决策中，因项目借款所发生的借款本金偿还、利息费用支出和股利支付等所产生的现金流出，不单独在项目的增量现金流量中考虑。主要原因在于项目决策是关注项目自身经营活动的盈利性，而不考虑项目所需资本来源于何方。此为投资与融资分离原则。另外，在用项目折现率对项目增量现金流量进行折现时，就已经扣除了该项目的融资成本，因此估计现金流量时再考虑利息费用等融资现金流量，就会造成重复计算。

8）营运资本的垫支与回收

新项目开始运营时，因为材料采购和赊销会形成存货和应收账款，从而占用一定资金。

公司采购过程中也会自发形成各种应付款项。营运资本等于二者之间的差额。如果差额是正数,则意味着公司需要追加营运资本投入(营运资本垫支),发生现金支出;相反,如果差额是负数,则意味着公司对营运资本的回收,发生现金流入。而当项目终止时,公司将与项目有关的存货出售、应收账款变现、偿付应付款等,从而收回营运资本。在项目现金流量分析时,必须考虑营运资本的垫支与收回这一因素。

3. 投资项目增量现金流估算方法

前已述及,增量现金流量是指接受或拒绝某个投资项目后,公司总现金流量因此发生的变动。项目现金流量是项目生命周期内现金流入与流出的净增量。项目生命周期是指从投资建设开始到项目结束整个过程的全部时间,如图 4-5 所示。

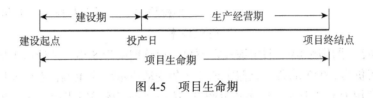

图 4-5 项目生命期

1)初始现金流量的估算

项目初始现金流量是项目投资起点的现金流入与流出的净额,即建设期间现金流量。举例说明其估算方法。

【例 4-9】 A 公司拟投资一项目,它涉及生产场地、厂房和设备等的购置。公司现在已购买一块价值 1 000 万元的土地;且厂房造价约 600 万元,建设期为两年,第一年需投资 400 万元,余下资金为第二年的投资额;两年后,厂房竣工交付使用,公司为此需要购置 800 万元的设备进行生产,另需运输及安装费 60 万元。为满足生产所需的材料等流动资产资金占用的需要,还需投入净营运资本 100 万元。请测算 A 公司的初始现金流量。

解:这是在该项目建设即新产品投产前的全部投资,它构成项目的初始现金流,其现金流量估算见表 4-14。

表 4-14 A 公司新项目的初始现金流量   单位:万元

年份	0	1	2
购置土地	1 000		
建造厂房	400	200	
购置设备及运输安装			860
净营运资本投入			100
合计	1 400	200	960

2)经营期间现金净流量的估算

项目经营期间现金净流量(NCF)是项目投产起点至项目终结点之间现金流入与流出的净额。经营期间现金净流量估算有三种基本方法。式(4-11)是计算经营期间现金净流量的直接法,它是根据营业现金净流量的定义直接计算的。该公式可以进行适当变形,得到间接法下计算营业现金净流量的计算公式：

年营业现金净流量（NCF）= 年营业收入 −（总成本 − 折旧与摊销等非付现成本）
  − 所得税
 =（年营业收入 − 总成本 − 所得税）
  + 折旧与摊销等非付现成本
 = 税后净利 + 折旧与摊销等非付现成本 （4-12）

上述公式还可以进一步简化，得到计算经营期间现金净流量的简化法：

年营业现金净流量（NCF）= 年营业收入 − 年付现成本 −（年营业收入
  − 年付现成本 − 折旧与摊销等非付现成本）× 所得税
 = 年营业收入 ×（1 − 所得税税率）− 年付现成本
  ×（1 − 所得税税率）+ 折旧与摊销等非付现成本
  × 所得税税率 （4-13）

【例 4-10】 沿用例 4-9，假定该投资项目的运营期限为 5 年。预计第 1 年产品销售量为 1 万件，售价为 2 000 元/件。且假定该公司的变动成本率为 40%，未计入折旧费用的每年固定成本费用为 600 万元。厂房和生产设备的经济使用年限分别为 20 年和 5 年。折旧采用全额计提，且对厂房使用直线法，生产设备使用双倍余额递减法，公司使用的折旧方法符合税法规定。公司平均所得税税率为 25%。请估算 A 公司经营期间第 1 年的现金流量。

解：
首先计算固定资产折旧。由于土地不允许计提折旧，因此，只考虑厂房和设备的折旧。该项目经营第 1 年的折旧费用为

$$厂房折旧费用 = 600 \times \frac{1}{20} = 30（万元）$$

$$生产设备折旧费用 = 860 \times \left(\frac{1}{5} \times 2\right) = 344（万元）$$

（1）间接法。

根据式（4-12），该项目经营期间的第 1 年现金流量可计算见表 4-15。

表 4-15　A 公司投资项目第 1 年经营现金流量　　　　　单位：万元

经营收入	2 000
减：变动成本费用（收入的 40%）	800
未含折旧的固定成本费用	600
厂房折旧费用	30
生产设备折旧费用	344
税前利润	226
减：所得税支出（税前利润的 25%）	56.5
税后利润	169.5
加：厂房折旧费用	30
生产设备折旧费用	344
营业现金净流量	543.5

（2）直接法。

运用式（4-11）得到第 1 年的经营期间现金净流量：
$$NCF = 2\,000 - 800 - 600 - 56.5 = 543.5（万元）$$

（3）简化法。

运用式（4-13）得到第 1 年的经营期间现金净流量：
$$NCF_1 = [1 \times 2000 \times (1 - 40\%) - 600] \times (1 - 25\%) + (30 + 344) \times 25\% = 543.5（万元）$$

3）终结现金流的估算

投资项目终结现金流是指项目在终结点的现金流入与流出的净额。

【例 4-11】 继续沿用例 4-9、例 4-10 中 A 公司投资项目的案例。该项目结束时，土地售价预计为 1 200 万元，厂房和设备的净残值分别为 400 万元和 20 万元。请估算该项目终结时的现金流量。

解：投资项目结束时的现金流是指资产处置及营运资本垫支的收回额。在 A 公司案例中，处置土地、厂房和设备时需要考虑税收因素。

（1）土地不计提折旧，未计提折旧额为最初取得成本 1 000 万元。

（2）厂房累计折旧总额为 $600 \times \left(\dfrac{1}{20} \times 5\right) = 150$（万元），则未计提折旧额为
$$600 - 150 = 450（万元）$$

（3）设备由于经济使用年限为 5 年，已全额计提折旧，在项目结束时，未计提折旧额为零。

根据上述结果，出售土地、厂房和设备形成的现金流量见表 4-16 所示。

表 4-16　A 公司项目终结时的现金流量　　　　　　　　单位：万元

项目	土地成本回收	厂房变价净收入	设备变价净收入	营运资本收回
（1）出售收入	1 200	400	20	
（2）减：未计提折旧额（账面价值）	1 000	450	0	
（3）资本利得或收益	200	-50	20	
（4）所得税支出（税率25%）	50	-12.5	5	
现金净流量：	1 150	412.5	15	100

4. 一个综合案例

【例 4-12】 巨星公司拟投资一个项目，需购置一台新设备 800 万元，使用年限为 8 年；新建一间价值 240 万元的仓库，使用年限为 20 年。投资期初需要存货投入 40 万元。设备投产后，第 1 年和第 2 年的新产品销量分别为 2 000 件和 3 000 件，以后各年均为 4 000 件。产品售价则一直维持在每件 4 000 元，每件产品的付现生产成本维持在每件 2 000 元，付现销售和管理费用是当期收入的 10%。税法要求折旧采用直线法，且全额折旧。第 8 年末，设备的残值预计为 8 万元，仓库由公司继续使用。公司的所得税税率为 25%。要求：估算巨星公司投资项目的增量现金流量。

解：由于这是新项目投资，应该考虑项目是否能够带来增量现金流量，从而增加巨星公司的价值。

1）初始现金流量为

（1）购买新设备成本　　　　　800（万元）
（2）新建一间仓库　　　　　　240（万元）
（3）营运资本的投入　　　　　 40（万元）
　　初始现金流量　　　　　　1 080（万元）

2）经营期间的现金净流量

设备年折旧 = 800/8 = 100（万元）
仓库年折旧 = 240/20 = 12（万元）

经营期现金净流量的计算可以通过列表的方式进行，见表4-17。

表4-17　巨星公司经营期现金净流量测算表　　　　　单位：万元

项目	1	2	3	4	5	6	7	8
（1）销量	2 000	3 000	4 000	4 000	4 000	4 000	4 000	4 000
（2）销价	0.4	0.4	0.4	0.4	0.4	0.4	0.4	0.4
（3）销售收入（1）×（2）	800	1200	1600	1600	1600	1600	1600	1600
（4）付现成本（1）×0.2	(400)	(600)	(800)	(800)	(800)	(800)	(800)	(800)
（5）付现销售和管理费用（3）×10%	(80)	(120)	(160)	(160)	(160)	(160)	(160)	(160)
（6）折旧费用	(112)	(112)	(112)	(112)	(112)	(112)	(112)	(112)
（7）税前利润（3）+（4）+（5）+（6）	208	368	528	528	528	528	528	528
（8）所得税支出（7）×25%	52	92	132	132	132	132	132	132
（9）税后利润（7）-（8）	156	276	396	396	396	396	396	396
（10）折旧费用	112	112	112	112	112	112	112	112
（11）营业现金净流量（9）+（10）	268	388	508	508	508	508	508	508

注：表中带括号的数字为负数，可理解为减项

3）项目终结时的现金净流量

项目终结时的现金净流量包括：

（1）营运资本回收额 = 400（万元）
（2）设备处理净收入 = 8×（1-25%）= 6（万元）
（3）仓库处理净收入 = 240 - 8×12 = 144（万元）

需要说明的是，仓库由公司继续使用为什么产生净收入？因为仓库由公司继续使用，可以看成公司重置该仓库，该重置成本即是该投资项目的机会收益，应当作为项目终结时的现金流量处理。

为方便进一步分析、利用相关数据，初始现金流量、经营期间现金净流量与终结时现金流量，可列示在同一张表中，见表4-18。

表 4-18 巨星公司项目增量现金流量测算表   单位：万元

	0	1	2	3	4	5	6	7	8
一、初始现金流量									
（1）购买设备成本	（800）								
（2）新建仓库成本	（240）								
（3）追加存货成本	（40）								
（4）初始现金流量	（1 080）								
二、经营期现金流量									
（1）税后利润		156	276	396	396	396	396	396	396
（2）折旧费用		112	112	112	112	112	112	112	112
（3）经营期现金流量		268	388	508	508	508	508	508	508
三、终结时现金流量									
（1）营运资本回收额									400
（2）设备处理净收入									6
（3）仓库处理净收入									144
（4）终结时现金流量									550
现金净流量总计	（1 080）	268	388	508	508	508	508	508	1 058

4.3.2 项目折现率的估算与选择

1. 确定项目折现率的基本原理

如前所述，折现率反映了投资者对公司经营收益的最低要求，它是公司选择投资项目的重要标准。折现率选择不当可能导致错误决策。那么，如何确定投资者对投资项目收益的最低要求呢？

投资者投资一个项目必然会丧失投资于其他项目的机会，投资者的最低收益期望就等于机会成本。因此，折现率本质上是投资的机会成本。但是资金的用途非常广泛，机会成本也各不相同。实务中，投资者一般可从投资和融资两个视角考虑机会成本，确定折现率。从投资的视角，企业投资于某项目期望获得的必要收益率应当达到行业平均收益率，以行业平均收益率作为折现率。项目预期收益率只有大于等于行业平均收益率，才能弥补投资该项目的机会成本。从融资的视角，企业投资于某项目期望获得的最低收益率必须能够弥补资本成本。也就是说，投资者可以根据资本成本的高低确定最低收益要求，以资本成本作为折现率。当然，当项目风险与公司经营方向及经营风险不一致时，还需要对项目风险进行调整。

2. 资本成本与项目折现率

资本成本包括个别资本成本和加权平均资本成本。个别资本成本是不同资金来源的资本成本，加权资本成本是个别资本成本按照公司的资本结构进行加权得到的综合资本成本。项目投资中，在测算各个投资方案的净现值时，通常以加权平均资本成本作为项目折现率，以比较、评价和选择投资方案，进行项目投资决策。

1）项目决策中的折现率：是个别资本成本还是加权平均资本成本

公司资本成本包括个别资本成本和加权平均资本成本，在长期投资决策中时，项目折现率采用加权平均资本成本而不是个别资本成本，不管该项目的资本来源是借款、权益还是两者的混合。这是为什么？

用一个例子来说明，合众公司目前长期负债总额 800 万元，资本成本 6%；普通股市值 1 200 万元，资本成本 15%，其加权平均资本成本则为 11.4%。假设合众公司准备融资 1 000 万元进行 A 项目的投资，虽然该公司希望保持目前的资本结构不变，但考虑到融资的经济性和规模效应，公司决定这次融资完全以债务融资的方式进行。假设这次债务的成本仍为 6%，而 A 项目的内含报酬率为 10%，由于 A 项目的内含报酬率大于所筹资金的资本成本，似乎可以接受 A 项目并进行投资。但是，半年后该公司又找到了一个内含报酬率为 13% 的 B 项目，需要投资 1 500 万元，由于公司需要保持债务资本与权益资本的比例为 2/3，所以这次公司要利用普通股融资。考虑到普通股的资本成本为 15%，大于 B 项目的内含报酬率，因此，公司似乎只好放弃 B 项目。如果决策过程真是这样的话，那么我们面临的问题就是：为什么半年前合众公司可以接受一个内含报酬率为 10% 的投资项目，而半年后却要拒绝一个内含报酬率为 13% 的投资项目？表面上看，问题的原因在于半年前所筹资金的成本低，半年后所筹资金的成本高，所以 A 项目可以被接受，B 项目只好被拒绝。但从实质上看，合众公司半年前筹措到的所谓低成本资金的成本并不低，因为合众公司需要保持既定的目标资本结构，在进行债务融资后必然要进行权益融资。因此，半年前的低成本资金是以半年后的高成本资金为代价的，两者平均以后，资本成本为 11.4%。所以，从整体上看，企业的资本成本既不是债务资本的 6%，也不是普通股资本的 15%，而是加权平均资本成本 11.4%。由此可知，投资者在进行投资决策分析时，应该将企业看作一个长期发展和长期生存的实体，从长远的角度，以加权平均资本成本作为计算投资项目净现值的折现率或与内含报酬率并进行比较的标准，而不是以某一次融资的个别资本成本作为折现率或比较标准。

2）公司加权平均资本成本作为项目折现率的条件

公司加权资本成本是从公司总体上反映其投资风险后的必要收益率。在实践中，人们一般用其作为项目折现率以评价项目的净现值。但问题是，如果新投资项目与公司当前经营业务不存在关联，或者新项目比已有经营业务的风险更大，则用反映公司当前资产风险的加权资本成本作为新项目决策的折现率，是否可行？

答案是不可行。在财务决策中，利用公司加权平均资本成本作为项目折现率，必须基于两个基本假设：①新项目与公司当前资产具有相同的经营风险；②资本结构不变，即新项目的融资结构与公司当前资本结构相同。

①新项目与公司当前的资产具有相同的经营风险。

经营风险反映公司全部投资（总资产）收益潜在变动的程度，它受公司投资和经营决策的影响，投资者要求的必要收益率以及公司加权资本成本是公司当前经营风险的函数。如果经营风险水平变动，则投资者自然会改变他们要求的必要收益率，公司资本成本也会相应发生变动。因此，当新投资项目与公司当前的资产具有不同的经营风险时，则不能采用公司加权平均资本成本作为折现率。如果项目的实际风险大于公司当前业务的风险，用公司的加权平均资本成本作为折现率可能会错误地接受不该接受的项目；反之，如果项目的实际风险小于公司当前业务的风险，用公司的加权平均资本成本作为折现率可能会错误地拒绝不该拒绝的项目。这时，可以利用资本资产定价模型（CAPM）或其他方法直接确定项目的资本成本，也可以根据项目风险与公司目前经营风险的差异对加权平均资本成本进行调整（在现有 WACC 的基础上加上或减去一定数量的风险溢酬）后得到新的资本成本。

②新项目的融资结构与公司当前的资本结构相同。

该假定意味着，新项目融资前后的公司资本结构不变，即财务风险不变。财务风险是指由于采用债务和优先股融资方式而导致的普通股收益的变动程度。当公司债务比例上升时，公司不能如期还款付息的可能性也将加大，相应的债务资本成本也将提高；不仅如此，公司财务风险变化也会影响股东的必要收益率，即当公司债务规模及比重上升时，股东将会因公司偿债与破产风险增加而提高其预期收益要求。因此，资本结构不同，将有不同的加权资本成本。在投资决策中，只有当公司继续采用相同的融资组合为新项目融资时，才能用公司当前的资本结构所估算出的公司加权平均资本成本，用于投资决策。

3. 投资风险与项目折现率

如前所述，公司加权平均资本成本用于新项目决策是有前提条件的。当新项目的经营风险、财务风险与公司当前经营与财务状态不同时，则需要进行新的风险分析和判断，以得出调整后的加权平均资本成本。

风险调整折现率法是指通过调整折现率的高低来反映项目风险的大小。在投资决策中，需要通过调整折现率来进行反映的项目风险是什么？在理论上，投资决策中的项目风险（project risk）有三个不同的层次：①项目自身特有风险。由于项目是公司资产中的一部分，如果项目自身特有风险可以通过公司内部资产组合分散掉，则项目自身特有风险并不需要通过调整折现率予以反映；②从公司角度来考虑，风险应当反映的是新项目对公司现有资产组合整体风险产生影响的增量风险；③从公司股东角度考虑，由于股东依然可以通过外部多样化投资策略而分散掉新增项目给公司整体风险产生的增量影响，因此，新增项目的风险仍然反映的是在市场整体投资组合中不可分散的系统性风险，它需要通过调整折现率来予以补偿。

4.4 项目投资风险决策

在实务中，投资的不确定性与风险是客观存在的，各种风险因素会对投资项目及其价值产生影响。投资项目风险决策的基本原理就是对投资决策的相关参数进行风险调整，以便管理者的决策建立在更加稳健的基础之上。项目风险的调整主要涉及两种：一是对项目折现率的调整；二是对项目预期现金流的调整。前者被称为风险调整折现率法（见 4.3 节），后者则被称为风险调整现金流量法。投资决策面临的风险因素是多方面的。在分析投资项目时，有必要了解在项目运行中各因素对项目的影响程度，以便有针对性地对这些因素加以控制。投资项目的风险分析方法主要有敏感性分析、情境分析和决策树分析等。以下对上述方法作进一步讨论。

4.4.1 风险调整现金流量法

风险调整现金流量法（risk-adjusted cash flows），是指按风险程度的大小，对项目未来各年的现金流量进行调整，然后进行长期投资决策的评价方法。常用的有肯定当量法和概率法。

1. 肯定当量法

肯定当量法就是用一个系数（通常称为约当系数），把各年不确定的现金流量调整为确定的现金流量，然后利用无风险折现率去计算净现值以评价投资项目可行性的决策分析方法。

约当系数是肯定的现金流量对与之相当的、不肯定的期望现金流量的比值，通常用 d 来表示。即

$$d = 等价的无风险现金流量（肯定当量）/ 原预期风险现金流量$$

则有

$$肯定当量 = 约当系数 \times 预期现金流 \tag{4-14}$$

在进行项目投资评价时，可根据各年现金流量风险的大小，选取不同的约当系数。当现金流量确定无风险时，可取 $d = 1.00$；当现金流量的风险很小时，可取 $1.00 > d \geqslant 0.80$；当现金流量的风险一般时，可取 $0.80 > d \geqslant 0.40$；当现金流量的风险很大时，可取 $0.40 > d > 0$。

约当系数的选用可能会因人而异，敢于冒险的投资者会选用较高的约当系数，而不愿冒险的投资者可能选用较低的约当系数。为了防止因决策者的偏好不同而造成决策失误，有些公司根据变异系数（标准离差率）来确定当量系数。因为变异系数是衡量现金流量风险大小的一个很好指标，用它来确定约当系数比较恰当。表 4-19 反映了约当系数与变异系数之间的经验对照关系。

表 4-19 变异系数与约当系数的经验对照关系

变异系数	约当系数	变异系数	约当系数
0.01~0.07	1	0.33~0.42	0.6
0.08~0.15	0.9	0.43~0.54	0.5
0.16~0.23	0.8	0.55~0.70	0.4
0.24~0.32	0.7	…	…

有时，也可以对不同的分析人员各自给出的约当系数进行加权平均，用这个加权平均约当系数将未来的不确定性现金流量转化为确定性现金流量。

【例 4-13】假设某公司准备进行一项投资，其各年的期望现金流量和分析人员确定的约当系数已列示在表 4-20 中，假定无风险折现率为 6%，试判断此项目是否可行。

表 4-20 项目投资的现金净流量与约当系数

时间（t）	0	1	2	3	4
NCF_t/元	−15 000	6 000	6 000	6 000	6 000
d_t	1.0	0.95	0.9	0.8	0.7

解：根据以上资料，首先用当量系数调整现金流量，然后利用净现值法进行评价。

$$NPV = 0.95 \times 6\,000 \times PV_{6\%,1} + 0.9 \times 6\,000 \times PV_{6\%,2} + 0.8 \times 6\,000 \times PV_{6\%,3} + 0.7 \times 6\,000 \times PV_{6\%,4} - 15\,000$$
$$= 5\,700 \times 0.943\,4 + 5\,400 \times 0.890\,0 + 4\,800 \times 0.839\,6 + 4\,200 \times 0.792\,1 - 15\,000$$
$$= 2\,540.28（元）$$

根据上述分析，按风险程度对现金流量进行调整后，计算出的净现值为正数，故该项目可以进行投资。

2. 概率法

概率法是指通过发生概率来调整各期的现金流量，并计算投资项目的年期望现金流量和期望净现值，进而对投资项目作出评价的一种方法。概率法一般适用于每年的现金流量相互独立的投资项目。所谓每年的现金流量相互独立，是指前后各年的现金流量互不相关。

运用概率法时，各年的期望现金流量计算公式为

$$\overline{NCF}_t = \sum_{i=1}^{n} NCF_{ti} \times P_{ti} \tag{4-15}$$

式中，$\overline{NCF}_t$ 为第 t 年的期望净现金流量；NCF_{ti} 为 t 年第 i 种现金流量的结果；P_{ti} 为 t 年第 i 种结果发生的概率；n 为可能结果的数量。

投资项目的期望净现值可以按式（4-16）计算：

$$\overline{NPV} = \sum_{t=0}^{m} \overline{NCF}_t \times PVIF_{k,t} \tag{4-16}$$

式中，$\overline{NPV}$ 为投资项目的期望净现值；$PVIF_{k,t}$ 为第 t 年折现率为 k 的复利现值系数；m 为未来现金流量的期数。

【例 4-14】 D 公司的一个投资项目各年现金流量与其概率分布情况见表 4-21，假设资本成本为 10%。试判断此项目是否可行。

表 4-21　投资项目的现金流量与概率分布表　　　　　　　　　　单位：元

第 0 年现金流出量		净现金流量					
		第一年		第二年		第三年	
概率	NCF_0	概率	NCF_1	概率	NCF_2	概率	NCF_3
1.00	40 000	0.40	20 000	0.20	30 000	0.30	40 000
		0.60	15 000	0.50	20 000	0.40	25 000
				0.30	10 000	0.30	10 000

解：(1) 根据表 4-21 的资料，计算各年期望净现金流量如下。

$\overline{NCF}_1 = 20\,000 \times 0.40 + 15\,000 \times 0.60 = 17\,000$（元）

$\overline{NCF}_2 = 30\,000 \times 0.20 + 20\,000 \times 0.50 + 10\,000 \times 0.30 = 19\,000$（元）

$\overline{NCF}_3 = 40\,000 \times 0.30 + 25\,000 \times 0.40 + 10\,000 \times 0.30 = 25\,000$（元）

(2)计算投资项目的期望净现值。

$$\overline{NPV} = \overline{NCF}_1 \times PV_{10\%,1} + \overline{NCF}_2 \times PV_{10\%,2} + \overline{NCF}_3 \times PV_{10\%,3} - NCF_0$$
$$= 17\,000 \times 0.909\,1 + 19\,000 \times 0.826\,4 + 25\,000 \times 0.751\,3 - 40\,000$$
$$= 9\,938.8（元）$$

因为该项目的期望净现值为正,所以可以投资。

4.4.2 敏感性分析

敏感性分析(sensitivity analysis)是投资项目的经济可行性评价中常用的一种研究不确定性的方法。它在确定性分析的基础上,进一步分析不确定性因素对投资项目的评价指标(如NPV、IRR等)的影响及影响程度。它有助于回答如果某个因素发生变化,将会对评价结果产生什么样的影响。敏感性分析是项目风险分析的一项重要技术,它可以帮助决策者找出那些影响结果的关键因素,以便对其实施重点控制。

敏感性分析的基本思想是:假定其他变量保持不变,分析某一因素发生一定程度变化后项目评价指标(如NPV、IRR等)的变化程度,并根据评价指标变化的敏感程度找出影响项目可行性的敏感因素。如果项目评价指标的数值对这一变量的微小变化有较大反应,说明决策结果对这一变量较为敏感,表明这一变量是影响项目的重要风险因素。反之,如果项目评价指标对这一变量的变化反应不明显,说明这一变量是非敏感因素,表明该变量不是影响项目的重要风险因素。

敏感性分析的程序如下。

(1)选择项目具体评价指标。项目评价指标是指能反映项目投资是否可行的决策标准,如净现值、内含报酬率、现值指数、回收期等。

(2)选择敏感性分析的变量。敏感性分析的变量是指可能影响项目评价指标的各种不确定因素,如销售量、单价、投资额、变动成本、固定成本、折现率等。

(3)估算出正常情况下(基础状态)的变量及项目评价指标数值。基础状态是指没有进行敏感性分析之前的项目评价结果,即根据对项目评价指标有影响的各种变量的预测值计算出的项目预期NPV等。

(4)确定各变量的变化范围。根据历史资料和对市场的预测,区分未来可能发生的状态(好、中等、差,或乐观、正常、悲观),并作出估计,如销售量的变化幅度为±15%,单价的变化幅度为±20%等。

(5)测算各变量单独变化引起项目评价指标的变化幅度。即每次假定只有一个变量发生变化而其他变量保持不变,分别计算NPV等及其变化幅度。

(6)计算敏感度,找出影响项目评价指标的重要敏感因素。如果项目评价指标的数值对某些变量的微小变化有较大反应,说明决策结果对这些变量较为敏感,应重点分析这些敏感变量的可能变化范围,并对其实施有效控制。

$$敏感度 = 项目评价指标变动率/影响因素变动率 \qquad (4-17)$$

【例 4-15】 长久公司新项目的计划投资额为 11 000 000 元,其中固定资产投资 10 000 000 元,营运资本投入 1 000 000 元。假定项目经济使用寿命为 4 年。项目投产后,每年新产品的销量预计为 28 000 件,单位售价为 250 元;变动成本占当期销售收入的 40%,且不含折旧的固定成本为 300 000 元/年,这两项成本均为付现成本。公司采用直线法计提折旧,预计残值为 500 000 元,并于项目终结时全额回收。第四年末营运资本也全额回收。假定公司所得税税率为 25%,项目具有平均风险,公司加权资本成本为 10%。请分析销量、单价、变动成本、固定成本、固定资产投资额和折现率对该投资项目净现值的影响,并找出最敏感的因素。

解:

(1)计算项目的基本净现值。

首先,计算固定资产折旧。

固定资产折旧 = (10 000 000 − 500 000)/4 = 2 375 000(元)

其次,计算项目经营期现金净流量,见表 4-22。

表 4-22 现金净流量测算表　　　　　　　　　　　　单位:元

期限	0	1-4	4
一、初始现金流量			
固定资产投资	−10 000 000		
营运资本投入	−1 000 000		
初始现金流量小计			
二、经营现金流量			
(1)销量		28 000	
(2)销价		250	
(3)销售收入(1)×(2)		7 000 000	
(4)变动成本(3)×40%		(2 800 000)	
(5)固定成本		(300 000)	
(6)折旧费用		(2 375 000)	
(7)税前利润(3)+(4)+(5)+(6)		1 525 000	
(8)所得税支出(7)×25%		(381 250)	
(9)税后利润(7)+(8)		1 143 750	
(10)折旧费用		2 375 000	
(11)经营现金净流量(9)+(10)		3 518 750	
三、终结期现金净流量			
设备净残值			500 000
营运资本回收			1 000 000
终结期现金净流量小计			1 500 000
现金净流量总计	−11 000 000	3 518 750	1 500 000

注:表中带括号的数字为负数,可理解为减项

最后,计算项目净现值。已知 PVIFA$_{4,10\%}$=3.169 9,PVIF$_{4,10\%}$=0.683 0。

NPV = 3 518 750 × PVIFA$_{4,10\%}$ + 1 500 000 × PVIF$_{4,10\%}$ − 11 000 000

　　 = 1 178 585.63(元)

（2）分别测算销量、单价、变动成本、固定成本、固定资产投资额和折现率变动10%时的净现值。

将现金净流量测算表4-22的销量、单价、变动成本、固定成本、固定资产投资额分别按变动10%进行逐一调整，可以计算出变化后的净现值。第（1）步中的各年现金流量不变，折现率增减10%，重新计算净现值。将变化后的净现值与基本净现值比较，可以计算出净现值变化率。计算结果见表4-23。

表 4-23 敏感性分析表

影响因素	影响因素变化率/%	净现值	净现值变化率/%	各因素敏感度
销量	+10	2 176 991.84	+84.73	8.47
	−10	179 976.61	−84.73	
单价	+10	2 176 991.84	+84.73	8.47
	−10	179 976.61	−84.73	
变动成本	+10	512 812.48	−56.49	5.65
	−10	1 844 155.97	+56.49	
固定成本	+10	1 107 162.25	−6.05	0.61
	−10	1 249 806.19	+6.05	
固定资产投资额	+10	376 600.81	−68.04	6.80
	−10	2 178 484.22	+68.04	
折现率	+10	904 827.23	−23.22	2.32
	−10	1 462 402.13	+23.22	

（3）计算敏感度。

根据式（4-17）计算各影响因素的敏感度，见表4-23最后一列。

根据表4-23中的数据，可以看出，净现值随着销量、单价和固定资产处理收入同向变化，随着变动成本、固定成本、固定资产投资额和折现率反向变化。净现值对销量、单价最为敏感，其次是固定资产投资额和折现率，企业应认真预测这些变量可能的变化情况，或在项目的运行中对其加以严格控制。总体来看，各因素发生10%的不利变化后，项目净现值仍然大于零，说明项目相对风险较小。

敏感性分析能够在一定程度上就多种不确定因素的变化对项目评价指标的影响进行定量分析，它有助于决策者了解项目决策需要重点分析和控制的因素。但是，敏感性分析也存在一些不足。主要体现在：①它忽略了各变量概率分布的影响。有些变量即使对项目决策标准的敏感性很强，但是如果它不发生变化，那么敏感性分析就失去了意义；相反，一些不太敏感的因素发生变化的可能性却很大，也会对投资评价指标产生重要影响。所以，要对项目投资风险进行深入分析，还须明确各变量的概率分布。②敏感性分析孤立地处理每一个影响因素的变化，有时也会与事实不符。实际上，许多影响因素都是相互关联的，这类问题可以通过场景分析的方法得到解决。③它有助于投资者找到关键变量，但它不能告诉投资者如何对待这一变量。如例4-16通过敏感性分析发现项目NPV对销售量特别敏感，但我们无法知道其原因何在，只有通过市场调研才能了解其原因，采取相应措施。

4.4.3 情境分析

情境分析（scenario analysis）是对不同情境下项目投资风险及其效益状况的分析，它是通过分别计算各种可能发生的情境下所有相关变量同时变动时对投资评价指标的影响，并将其与基础状态的结果进行对比的一种分析方法。通常在进行情境分析时，至少要设定三种情境：乐观的、悲观的以及最为可能的中间情境。在不同情境下，各种变量的预测值也需要反映该种情境下的特征，如在乐观情境下，各种变量的预测值都应按乐观状态予以估计，悲观情景下，变量预测值则应按悲观状态予以估计。

情境分析的具体程序包括：①估计各种情境发生的概率；②计算项目投资净现值的期望值、标准差和变异系数；③将项目的变异系数与公司原有资产的变异系数比较，以此评价项目投资风险的大小。

【例 4-16】 承例 4-15，假定长久公司现有资产的变异系数为 1，新项目可能面临三种情境：悲观、正常和乐观，这三种情境发生的概率分别为 25%、50% 和 25%，各情境下销量、单价和变动成本率见表 4-24。假设其他因素不变。

表 4-24 长久公司的情境分析

	概率分布/%	销量	单价	变动成本率/%
悲观情境	25	25 000	230	42
正常情境	50	28 000	250	40
乐观情境	25	32 000	270	38

要求：
（1）计算不同情境下的净现值；
（2）计算该项目的期望净现值；
（3）计算该项目的变异系数；
（4）判断项目风险。

解：
（1）计算不同情境下的净现值。

由于新项目未来面临三种不同的情境，这三种情境会使得销量、单价和变动成本率相应发生变化，经营现金净流量也不相同。本题中，初始现金流量和终结期现金流量与例 4-16 相同，不再重复计算。已知正常情况下的净现值为 1 178 484.22 元，以下分别计算悲观情境和乐观情境下的经营现金净流量和净现值。

悲观情境下：
第 1~4 年经营现金净流量（NCF_{1-4}）= 2 870 000（元）
净现值（NPV）= -877 887（元）

乐观情境下：
第 1~4 年经营现金净流量（NCF_{1-4}）= 4 386 350（元）

净现值（NPV）= 3 928 790.87（元）

（2）计算该项目的期望净现值。

$$E(\text{NPV}) = \sum_{i=1}^{n}(P_i \times \text{NPV}_i)$$

$$E(\text{NPV}) = -877\,887 \times 25\% + 1\,178\,585.63 \times 50\% + 3\,928\,790.87 \times 25\%$$
$$= 1\,352\,018.78（元）$$

（3）计算该项目的变异系数

净现值的标准差计算如下：

$$\sigma_{\text{NPV}} = \sqrt{\sum_{i=1}^{n} P_i \times [\text{NPV}_i - E(\text{NPV})]^2}$$

$$\sigma_{\text{NPV}} = \sqrt{(-877\,887 - 1\,352\,018.78)^2 \times 25\% + (1\,178\,585.63 - 1\,352\,018.78)^2 \times 50\%}$$
$$\overline{+(3\,928\,790.87 - 1\,352\,018.78)^2 \times 25\%}$$
$$= 1\,708\,244.15（元）$$

将其标准差标准化，得到净现值的变异系数：

$$V_{\text{NPV}} = \frac{\sigma_{\text{NPV}}}{E(\text{NPV})} = \frac{1\,708\,244.15}{1\,352\,018.78} = 1.26$$

（4）判断项目风险。

通过计算，可得到净现值的变异系数为1.26，大于长久公司现有资产的变异系数1，表明新项目的风险高于长久公司资产的平均风险。

上述分析结果表明，项目期望净现值为正，具有可行性。但是悲观情境发生，新项目净现值为负，项目就不可行了，且项目的变异系数大于公司现有资产的变异系数，表明该项目有较大的风险。

情境分析的意义在于：①能够提供比敏感性分析更具综合性的结果，反映了各种变量相互作用下对投资决策结果的可能影响。②通过区分不同情境并计算各种情境下的投资评价指标，可以了解项目在将来实施过程中可能遇到的机遇或威胁。如通过计算悲观情境下的NPV，可以了解项目在实施过程中遇到较差的经济环境时可能遭受的最大损失，从而提前作出相应的安排。当然，情境分析也存在一定的局限性。主要体现在：①情境分析考虑了项目投资在各种情境下变量变动的概率分布，比敏感性分析更为详尽。但是情境分析也只能提供高度简化的有限情境下的若干分析结果，所以仍存局限性。②情境分析中的估计值可能也不完全符合实际。例如在乐观情境中，往往假定所有变量的估计值都是乐观的，反之则反是。现实中这种情况发生的概率其实微乎其微。如销售量的上升往往引起单价的下降，固定成本的上升可能引起变动成本的下降，等等。因此，乐观情境下的变量取值及投资评价指标可能导致过高估计好的结果，悲观情境下的变量取值及投资评价指标则可能导致过低估计不好的结果。③无论人们分析了多少种情境，所得到的也只是一些可能性，并不代表现实中发生的结果。因此，情境分析只是帮助决策者估计项目潜在的风险，却不能告诉决策者项目是否应被接受或拒绝。

4.4.4 决策树分析

决策树分析法（decision tree analysis）是一种运用概率与图论中的树对决策中的不同方案进行比较，从而获得最优方案的风险型决策方法。它利用了概率论的原理，并且利用一种树形图作为分析工具。其基本原理是用决策点代表决策问题，用方案分枝代表可供选择的方案，用概率分枝代表方案可能出现的各种结果，经过对各种方案在各种结果条件下损益值的计算比较，为决策者提供决策依据。决策树由一个决策图和可能的结果组成，用来辅助决策，是一种特殊的树结构。整个决策树由决策节点、方案分枝、状态节点、概率分枝和结果点五个要素构成。

决策树分析的基本步骤包括：①绘制决策树图。从左到右的顺序画决策树，此过程本身就是对决策问题的再分析过程。②按从右到左的顺序计算各方案的期望值，并将结果写在相应方案节点上方。期望值的计算是从右到左沿着决策树的反方向进行的。③对比各方案的期望值的大小，进行剪枝优选。在舍去备选方案上，用"="记号隔断。

【例 4-17】假设某公司在考虑是否为电视机生产厂家生产工业用机器人，这一项目的投资分三阶段。第一阶段，市场调研，对电视机装配线上使用机器人的潜在市场进行调查研究，调研费 50 万元在项目初始（$t=0$）时一次支付。如果调研后确认有 30% 以上的市场潜力，就可进入下一阶段的投资论证。而如果确认市场潜力不足 30%，则取消该项目。第二阶段，如果通过第一阶段的市场调研论证，则在随后第一年（$t=1$）时支付 100 万元设计装配不同型号的机器人模型，并交由电视机厂家进行评价，如果有 40% 以上的厂家对机器人模型评价良好，则可进入第三阶段的投资论证，否则取消该项目。第三阶段，如果厂家对机器人模型评价良好，在 $t=2$ 时再投资 1 000 万元建造厂房、购置设备等。在此基础上，估计 $t=3、4、5、6$ 四年内每年的现金净流量，有 30% 以下的可能性第 3~6 年每年的现金净流量为 1 000 万元；30% 以下的可能性 3~6 年现金净流量为 −200、300、0、0；剩下 40% 以上的可能性每年现金净流量为 400 万元。现要求对该投资项目的风险进行决策树模拟分析，并判断是否该选择这个项目。

解：该项目属于分阶段决策，有 3 个决策点：一是市场调研阶段，需投资 50 万元；二是设计装配机器人阶段，需投资 100 万元；三是建厂购设备阶段，需投资 1 000 万元。各阶段现金流量及其发生概率见表 4-25。完成这 3 个阶段，会形成 5 个组合，分别测试这 5 个组合的净现值，再分别乘上每个组合发生的联合概率，就可以测算出项目的期望净现值了，见表 4-25。

从表 4-25 可以看出，该项目期望净现值为 52.29 万元，项目具有可行性。决策树法是管理人员和决策分析人员经常采用的一种行之有效的决策工具。它具有下列优点：①决策树列出了决策问题的全部可行方案和可能出现的各种自然状态，以及各可行方法在各种不同状态下的期望值。②能直观地显示整个决策问题在时间和决策顺序上不同阶段的决策过程。③在应用于复杂的多阶段决策时，阶段明显，层次清楚，便于决策机构集体研究，可以周密地思考各种因素，有利于作出正确的决策。当然，决策树法也不是十全十美的，它也有缺点，如使用范围有限，无法适用于一些不能用数量表示的决策；对各种情形出现概率的确定有时主观性较大，可能导致决策失误，等等。

表 4-25　决策树分析

时间点（年）	0	1	2	3	4	5	6	组合	联合概率	净现值	期望净现值
复利现值系数（i=10%）	1	0.909 1	0.826 4	0.751 3	0.683 0	0.620 9	0.564 5				
各阶段现金流量及概率	−50 决策点①	决策点② P=0.7	−100 决策点③	P=0.3 1 000 P=0.4 400 P=0.3 −200	1 000 400 300	1 000 400 0	1 000 400 0	1 2 3	0.126 0.168 0.126	1652.39 80.57 −912.67	208.20 13.54 −115.00
			取消 P=0.4					4	0.28	−140.91	−39.45
		取消 P=0.3						5	0.3	−50	−15.00
									1		52.29

本章小结

投资战略就是为了企业的长期生存和发展，在充分估计影响企业长期发展的内外环境中各种因素的基础上，对企业长期投资所作出的总体筹划和部署。企业投资战略包括战略思想、战略目标和战略计划三个基本要素和从属性、导向性、长期性、风险性四大特点。按性质可将投资战略划分为稳定性投资战略、扩张性投资战略、紧缩性投资战略和混合性投资战略；根据投资经营对象的差异，投资战略可分为密集型投资战略、一体化投资策略、多样化投资策略。投资战略制定应考虑的因素包括企业的总体战略、项目的盈利性、决策者对风险的态度、企业筹集和调配资源的能力、投资弹性、价值链等。投资决策特别是长期投资决策属于企业战略规划。股东大会拥有投资最终决策权，董事会拥有实际投资决策权。重大投资决策的基本程序包括投资项目的提出、论证、评估与决策、实施与后评价等。

项目投资决策的财务评价涉及三个主要变量：一是与项目相关的现金流量，二是折现率，三是项目期限。财务评价方法可分为动态评价法和静态评价法两大类。动态评价法包括净现值法、内含报酬率法、现值指数法等。静态评价法主要有回收期法、投资报酬率法等。投资项目现金流量是指与投资项目决策相关的现金流入量、现金流出量和现金净流量，它是项目投资决策最基本的参数。折现率反映了投资者对公司经营收益的最低要求，它是公司选择投资项目的重要标准。折现率本质上是投资的机会成本。从投资的视角，企业投资于某项目期望获得的必要收益率应当达到行业平均收益率，应以行业平均收益率作为折现率。从融资的视角，则可以以资本成本作为折现率。

投资项目风险决策的基本原理就是对投资决策的相关参数进行风险调整，以便管理者的决策建立在更加稳健的基础之上。项目风险的调整主要涉及两种：一是对项目折现率的调整；二是项目预期现金流的调整。投资项目风险决策的主要方法有风险调整现金流量法、敏感性分析法、情境分析法、决策树分析法等。

净现值（net present value，NPV）
内含报酬率（internal rate of return，IRR）
现值指数（profitability index，PI）
回收期（payback period）
现金流量（cash flow）
现金净流量（net cash flow）
折现率（discount rate）
资本成本（cost of capital）
风险调整折现率（risk-adjusted discount rate）
风险调整现金流量（risk-adjusted cash flows）
敏感性分析（sensitivity analysis）
情境分析（scenario analysis）
决策树分析（decision tree analysis）

1. 制定投资战略方法考虑哪些因素？
2. 项目投资财务评价方法主要有哪几种？各有什么优缺点？
3. 如何确定折现率？
4. 如何测算项目现金流量？
5. 如何考虑项目投资的风险？
6. 投资项目风险决策主要有哪几种方法？各种方法的基本原理是什么？

1. 华明公司于 2019 年 1 月 1 日购入设备一台，设备价款 1 500 万元，预计使用 3 年，预计期末无残值，采用直线法按 3 年计提折旧（均符合税法规定）。该设备于购入当日投入使用。预计能使公司未来 3 年的销售收入分别增长 1 200 万元、2 000 万元和 1 500 万元，付现成本分别增加400万元、1 000万元和600万元。该公司适用的所得税税率为25%，要求的最低投资收益率为10%。

要求：

（1）计算该设备每年折旧额。

（2）预测该项目各年经营净现金流量。

（3）计算项目的静态回收期。

（4）计算该项目的净现值和现值指数。

（5）计算该项目的内含报酬率。

（6）作出是否投资该项目的决策并说明理由。

2. F公司为扩大丁产品的生产规模新建一条生产线，预计投资15 000万元，其中2017年年初投资10 000万元，2018年年初投资5 000万元，项目投资期为2年，营业期为10年，营业期各年净现金流量均为4 000万元。项目终结时可收回净残值750万元。假设折现率为10%。

要求：

（1）计算静态回收期。

（2）计算项目净现值。

（3）评价项目投资可行性并说明理由。

3. B公司是一家生产电子产品的制造类企业，采用直线法计提折旧，适用的企业所得税税率为25%。在公司最近一次经营战略分析会上，多数管理人员认为，现有设备效率不高，影响了企业市场竞争力。公司准备配置新设备扩大生产规模，推动结构转型，生产新一代电子产品。

公司配置新设备后，预计每年营业收入扣除税金及附加后的差额为5 100万元，预计每年的相关费用如下：外购原材料、燃料和动力费为1 800万元，工资及福利费为1 600万元，其他费用为200万元，财务费用为零。市场上该设备的购买价（非含税价格，按现行增值税法规定，增值税进项税额不计入固定资产原值，可以全部抵扣）为4 000万元，折旧年限为5年，预计净残值为零。新设备当年投产时需要追加营运资金投资2 000万元。

假设基准贴现率为9%。

要求：

（1）根据上述资料，计算下列指标：

①使用新设备每年折旧额和1~5年每年的付现成本。

②营业期1~5年每年营业利润。

③投资期净现金流量（NCF_0），营业期所得税后净现金流量（NCF_{1-4}和NCF_5）及该项目净现值。

（2）运用净现值法进行项目投资决策并说明理由。

4. 甲公司拟投资100万元购置一台新设备，年初购入时支付20%的款项，剩余80%的款项下年初付清；新设备购入后可立即投入使用，使用年限为5年，预计净残值为5万元（与税法规定的净残值相同），按直线法计提折旧。新设备投产时需垫支营运资金10万元,设备使用期满时全额收回。新设备投入使用后,该公司每年新增净利润 11 万元。该项投资要求的必要报酬率为 12%。

要求:

(1) 计算新设备每年折旧额。

(2) 计算新设备投入使用后第 1~4 年营业现金净流量(NCF_{1-4})。

(3) 计算新设备投入使用后第 5 年现金净流量(NCF_5)。

(4) 计算原始投资额。

(5) 计算新设备购置项目的净现值(NPV)。

(6) 判断项目可行性,并说明理由。

案例分析题

苏州恒久激光有机光导鼓建设项目可行性评价

(一) 项目概要

见开篇案例。

(二) 项目建设的意义及必要性

(1) 符合国家产业政策。

(2) 适应市场发展需求。

(3) 提升核心竞争能力。

(4) 提高规模经济效益水平。

(5) 提升产业群体经济效益。

综上所述,本项目的实施对提升我国有机电子信息产品的技术水平、装备水平,促进该行业的产业化和规模化发展具有重大的现实意义,可以大大提高我国在此领域与国外同行业的整体竞争能力。

(三) 项目市场分析

1. 市场需求分析

目前苏州恒久的产品主要在售后配件通用耗材市场使用,部分进入配件维修市场,品牌整机市场尚未进入。

1) 全球市场需求概况

随着黑白和彩色激光打印机、复印机、一体机销量的持续上升,及保有数量不同幅度的增加,全球激光 OPC 鼓市场仍将保持稳定增长(图 4-6)。

2) 国内市场需求概况

据统计,2008 年中国国内各类激光打印机(黑白、彩色以及多功能一体)市场销售量达到约 392.64 万台(不含出口数据),与 2007 年同期相比增长 7.39%,激光打印机保有量达到约 1 094.3 万台(图 4-7);复印机市场销售约 48.2 万台,与 2007 年同期相比增长 6.4%,到 2008 年底,中国复印机保有量已达到约 309.8 万台(图 4-8)。

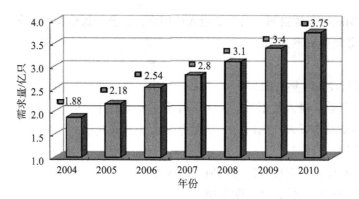

图 4-6　2004—2010 年全球激光 OPC 鼓市场需求量

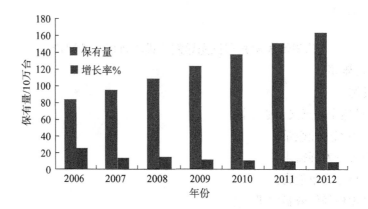

图 4-7　2006—2012 年中国激光打印机保有量

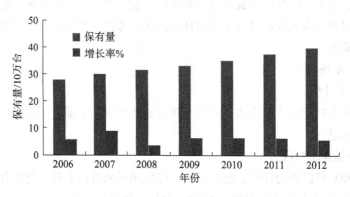

图 4-8　2006—2012 年中国复印机保有量

打印机、复印机产业的发展,极大地带动了与之相配套的关键零部件激光 OPC 鼓的发展。依据上述激光打印机及复印机几年来的保有量,考虑机器新旧程度、使用频度、使用者习惯对更换 OPC 的影响,以平均每年打印机更换 3 只激光 OPC 鼓、复印机更换 2 只这一保守数字来计算,基本可以测算出 2006 年至 2012 年国内激光 OPC 鼓的市场需求量水平(图 4-9)。

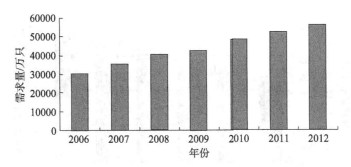

图 4-9 2006—2012 年中国激光有机光导鼓市场需求量测算
注：上述推算是基于前面打印机、复印机的保有量而进行的，
其中可能包含极少量的模拟复印机，这里将其忽略不计

多功能一体机在中国的增长速度也超过全球平均水平，据 IDC 数据显示，多功能一体机在 1998—2004 年增长了 15 倍，2008 年前三季度出货量达到 240 万台。IDC 同时预测，中国多功能打印市场在 2009—2012 年，将保持年复合增长率 13% 的良好态势，并将于 2012 年实现超过 500 万台出货量的市场规模。

国内彩色激光打印机、复印机市场继续保持快速增长的势头。2008 年彩色激光打印机市场销售量达到 30.6 万台，与 2007 年同期相比增长 8.04%，彩色复印机市场销售量与 2007 年同期相比增长 61.36%。（本节以上资料来源，除有注明外，均来自《再生时代》"2008 年中国办公设备市场状况"。）

与激光打印机、复印机市场的快速增长相适应，中国激光耗材市场潜力非常巨大。根据 IDC 的调研分析与预测，中国仅打印机耗材市场 2007—2012 年的复合增长率将达 10.6%。激光打印耗材中，硒鼓的 2007 年销售额占喷墨和激光耗材市场总体销售额的 56.8%，同比 2006 年增长了 17.1%，其 2007—2012 年复合增长率为 20.5%。有机光导鼓作为硒鼓及打印机、复印机的核心组件，也将在未来几年保持同比快速增长。

2. 市场竞争力分析

1）全球激光 OPC 鼓总产能

根据日本 Data Supply 公司 2008 年 6 月发布的调查统计，目前全球生产激光 OPC 鼓的厂商有 20 余家，2007 年全球激光 OPC 鼓总产量为 277 360 000 只。根据 Data Supply 的预测报告，全球激光 OPC 鼓未来的年增长率将保持在 7%~9%（图 4-10）。

Data Supply 调查发布的总产量与全球市场总需求量基本接近，然而 DataSupply 报告同时揭示，由于竞争加剧，再加上危机影响，部分企业由于生产成本较高或经营不善，已退出激光 OPC 鼓生产行业：2007 年为 1 家，至 2009 年达到 4 家。在总需求量不断上升的情况下，生产厂家的减少，也为苏州恒久市场扩张提供了很好的机会。

2）苏州恒久目前产能

在全球激光有机光导鼓生产制造厂家中，日本公司无论是产量还是销量都占了绝对主导，70%~80% 的市场由日本 OPC 鼓制造厂商所瓜分；其次是韩国及美国、德国的制造厂家，中国大陆包括苏州恒久在内只有少数几家 OPC 鼓制造厂商（不包括在我国境内投资

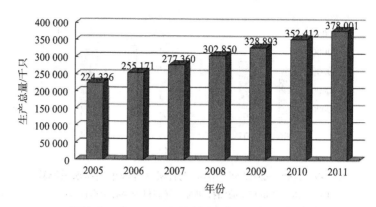

图 4-10 2005—2011 年激光 OPC 鼓生产总量

的外资厂商）。目前年总产量在 1 000 万~1 200 万只（仅以网上收集的数据计算），是 2008 年全球年生产总量 3 亿只的 3%~4%，占 2008 年中国国内激光光导鼓需求总量的 20%左右，实际供应量可能更低。

目前，苏州恒久两条线生产总量已达每年 600 万只，产能饱和，基本没有扩展的余量，而市场上对恒久产品的接受度已越来越高，尤其是国内市场，已经建立起恒久品牌，拥有了许多固定的客户。无论是国内还是国外市场，都还有巨大的空间可供发展，因此苏州恒久急需扩大规模以满足市场需求，扩大公司产品覆盖率，增强公司产品的规模经济效益。

3）主要竞争对手

目前国内通用耗材市场正处于品牌形成和建立阶段，绝大部分市场份额还是由国外品牌所占领，苏州恒久现阶段的主要竞争对手是台湾的金瑞治，韩国的汉普、大元，国内的邯郸光导等，其竞争主要体现在产品的性价比上。随着本项目的实施，苏州恒久可在国际市场上扩大竞争力，将会抢占现有大中规模激光 OPC 鼓制造厂商售后配件通用耗材的市场份额。在本项目达产后，苏州恒久可能将进入原装配件 OEM 代工市场，与现在为这些品牌打印机进行 OEM 代工的企业产生竞争。

（四）投资概算情况、预计项目投资规模及募集资金具体用途

1. 项目概算情况

本项目总投资 16 518 万元，其中建设总投资 14 106 万元，铺底流动资金为 2 412 万元。投资构成见表 4-26。

表 4-26 总投资构成表

序号	费用名称	金额/万元	所占比例/%
1	项目总投资	16 518	100.00
其中：（1）	土地购置费（含契税）	1 121	6.79
（2）	建筑工程费	6 767	40.97
（3）	设备费	6 218	37.64
（4）	铺底流动资金	2 412	14.60

2. 募集资金具体用途

1）厂房建设

本项目需购置土地 32 375 平方米，含契税合计购置费用约 1 121 万元。规划新建 2 层生产厂房 3 座，其他配套建筑包括办公楼、仓库及其它辅助车间等，总建筑面积 36 800 平方米。

辅助工程包括厂区道路、管道、围墙、绿化等。土建工程及辅助配套工程的建设情况见表 4-27。

表 4-27 土建工程及辅助配套工程的建设情况

小类	名称	明细或规格	面积	单价（元）	金额（万元）
厂房	厂房	生产车间/平方米	22 400	1 500	3,360
		办公楼/平方米	4 000	1 200	480
		仓库/平方米	5 600	1 200	672
		培训楼/平方米	4 800	1 200	576
辅助工程	道路	厂内道路/平方米	8 606	220	189
	上下水管道	自来水/污水/雨水	3 770	150	57
		循环水			
	围墙	2.5 米高×980 米长	2 450	350	86
	绿化	小树/草坪	8 769	50	44
配套费用	勘探		32 375	4	13
	设计		36 800	26	96
	施工监理费		36 800	18	64
	装修费				330
	预备费				500
	工程管理费用				300
合计					6 767

2）仪器设备选型

根据激光 OPC 鼓的性能要求，配置精度高、稳定性好、线性可调的镀膜系统及装配系统。主要设备选型情况见表 4-28。

表 4-28 主要设备选型情况

项目	名称	数量	产地	金额/万元
公用系统	供电系统	2	国产	400
	冰蓄冷系统	2	国产	400
	压缩空气系统	3	台湾	80
	纯水	3	国产	90
	循环水	1	国产	70

续表

项目	名称	数量	产地	金额/万元
	货梯	6	国产	100
	净化空调	3	国产	540
预处理系统	清洗系统	6	国产	260
	移载系统	3	国产	330
	激光刻码系统	3	国产	90
	流水线	39	国产	180
镀膜系统	自动镀膜系统	30	国产	780
	防爆空调	3	国产	15
镀膜系统	恒温系统	9	国产	18
	控制系统	3	国产	35
烘干系统	烘箱	4	国产	460
	托盘	230	国产	150
镀液配制系统	镀液配制系统	3	国产	410
	镀膜材料保存	1	国产	50
	镀液检测系统	30	国产	350
装配系统	视觉机器人	3	国产	105
	固化机	15	国产	15
	装配机	15	国产	60
检测系统	原料检测	95	国产	150
	过程检测	105	国产	200
	产品检测	8	进口	200
辅助系统	消防系统	3	国产	180
	环保系统	1	国产	300
	内部通信	1	国产	30
	监控系统	1	国产	50
	仓储、厂内搬运	1	国产	120
合计		637		6 218.00

（五）产品的质量标准、生产技术方案

略

（六）主要原材料、辅助材料及能源供应

略

（七）项目的竣工时间、产量、产品销售方式及营销措施

1. 项目竣工时间

三条生产线全部建成需要 2 年左右的时间。若募集资金能够在 2010 年 1 月到位，则全部的生产线将在 2012 年 6 月底竣工，转入正式生产。若募集资金不能在 2010 年 1 月到位，则整个项目的竣工时间将相应顺延。

2. 产能

项目全部达产后形成年产 1 500 万只激光有机光导鼓的生产能力。具体的产品方案见表 4-29。

表 4-29　具体的产品方案

产品名称及规格	设计能力（万只/年）	年运行天数	预计投产时间
黑白激光有机光导鼓	1 000	325	2010.12、2012.6*
彩色激光有机光导鼓	250	325	2011.6*
数码激光有机光导鼓	250	325	2011.6*

3．产品销售方式

略

4．营销措施

略

（八）环境保护、劳动安全、节能与消防

略

（九）项目的选址、拟占用土地面积、取得方式及土地用途

略

（十）项目的组织方式、项目的实施进展情况

略

（十一）项目经济效益评估

1．销售收入、利润

项目达成后，按照各产品权重计算的加权平均销售单价 15.33 元计算，达产年销售收入为 23 000 万元，达产年利润总额为 5 032 万元，企业所得税按 25% 计算，达产年净利润 3 774 万元。

2．项目盈利能力

（1）项目增量财务内含报酬率 30%。

（2）资本金增量财务内含报酬率 30%。

（3）项目增量财务净现值（Ic = 10%）15 138 万元。

（4）投资回收期（从建设期算起）5.21 年。

（5）总投资利润率 23%。

3．敏感性分析

经对本项目的投资额、销售单价以及材料成本的敏感性分析发现，该项目对销售单价的变动最为敏感，但即使平均销售单价低于本投资分析 10%，本项目仍可取得良好的投资汇报，这说明本项目具有较高的抗风险能力。具体见表 4-10。

表 4-30　敏感性分析表

序号	项目	变动幅度	内部收益率/%	净现值/万元	投资回收期/年
1	基本方案	—	30	15 138	5.21
2	固定资产投资	+10	27	13 592	5.55
		−10	34	16 406	4.89

续表

序号	项目	变动幅度	内部收益率/%	净现值/万元	投资回收期/年
3	销售收入	+10	42	24 460	4.37
		−10	18	5 502	7.00
4	原材料成本	+10	22	8 909	6.17
		−10	23	14 141	4.61

4. 经济效益分析

项目达产后每年可实现销售收入 23 000 万元，实现税后净利润 3 774 万元，销售净利润率为 16.40%；投资利润率 23%，含建设期的投资回收期 5.21 年，项目经济效益较好，可以为投资者获取良好的投资回报。

资料来源：根据苏州恒久光电科技股份有限公司招股说明书改编

要求：

（1）评价苏州恒久可行性报告的内容的完整性。

（2）指出苏州恒久可行性报告的不足及可能的影响。

（3）讨论苏州恒久对市场进行详细分析的目的与及其在财务可行性评价中的作用。

（4）讨论苏州恒久评价项目盈利能力的财务指标的合理性。

（5）分析苏州恒久进行敏感性分析的作用。

第 5 章

公司融资规划与融资方式

开篇案例

据花旗银行统计,2013 年全年国内房地产企业共发行 441 亿元的永续债券。但 2014 年仅上半年,永续债券发行规模就已经达到 424 亿元,累计规模达到 865 亿元(人民币,下同)。包括恒大地产、富力地产、雅居乐、方兴地产、佳兆业、旭辉控股、首创置业等多家国内房地产企业均成功发行了永续债券。

永续债券指没有到期日,投资人可按票面利息永久取得利息的债券。香港粤海证券投资银行董事黄立冲称,永续债最大的优点是不计入债务,从而给财务报表"美容";永续债的资金用途也比银行贷款更为灵活,因此在国内银根紧缩的大环境下受到房地产公司的追捧。"房地产是一个资金密集型行业,融资成本是决定利润水平的重要因素,对于在港上市的内地房股而言,国际评级机构的评级高低是决定融资成本的决定性因素。"某投资银行董事说,由于评级的高低与公司自身的负债水平直接相关,负债率越低评级越高,因此上市房企都希望在合理范围内尽可能美化财务报表,降低净负债率(有息负债减去货币资金后对所有者权益的比例)。

正因如此,永续债券是现行会计制度下的一个好工具。按照香港会计准则,永续债在港股年报里以"永久资本工具"体现,并计入"权益"项下,不需要计入债项,不仅有效降低上市公司的资产负债率,而且还增厚公司股东权益。与正常的银行借款相比,永续债的使用并没有太多的限制性规定,因此受到越来越多的房地产类上市公司青睐。

但硬币的另一面是,这些房地产类上市公司的真实杠杆率仍在不断提高,部分房地产企业的真实净负债率甚至接近 200%。假如房地产市场的低迷期超出了预期,巨大的偿债压力有可能成为压垮公司的最后一根稻草。

资料来源:内地房企永续债达 865 亿,后续高融资成本存隐忧[J].每日经济新闻,2014-09-12.

上述案例涉及的关键词包括:债券 融资 融资成本 评级

学习提要与目标

融资决策是公司最重要的财务决策之一。公司需要根据特定目的,选择融资渠道,运用融资工具获得资金。本章将介绍公司融资的基本概念与融资类型,讨论公司融资规模与公司增长之间的关系,并介绍融资方式中权益融资和债务融资各自的特点。

通过本章的学习,你应该能够:

（1）掌握融资的基本概念与类型。
（2）熟悉主要的融资方法以及所涉及的财务决策。
（3）了解相关的其他融资方式。

5.1 公司融资概述

5.1.1 融资概念及目的

融资（financing）通常指货币资金的持有者和需求者之间，直接或间接地进行资金融通的活动。融资之意在于时间上的互换，而且以信息对称为根本。在财务管理中，融资是公司为了满足生产经营与资本支出的需要而筹集资金的财务行为。公司的融资活动需要通过一定渠道并采取一定方式进行。

公司运营需要资本的支持，筹措资本的方式可以是向外借钱进行债务融资，或股权出售进行权益融资，或同时采取两种方法。无论公司采取怎样的融资方式，其目的都是实现股东财富的最大化。这个过程具体表现为：①选择适当的融资组合，使得所筹集资本的成本最低。融资的目的是投资，满足投资所需资本应当成为融资的基本目标。但是由于负债和股权都会从不同程度上影响投资项目的最低可接受的收益率和现金流量，因此，为了适应公司发展的需要，需要通过融资手段、渠道的选择，确定最佳或者最适合的融资方式。②选择合适的融资种类，通过资产和负债之间良好的搭配和期限上的配比，减轻负债压力。不同融资种类对于公司现金流的要求不同，与资产专用性间也存在一定的相关关系。例如固定资产产生现金流的期限较长，公司短期内可能无法收回现金，因此公司的短期借款就不适用于购买固定资产。因此，融资种类的选择，必须考虑公司财务弹性和灵活性，让融资成为公司发展真正的推动力，而不是成为遏制公司发展的"瓶颈"。

5.1.2 融资类型

1. 内源性融资和外源性融资

从融资的来源区分，融资可以分为内源性融资和外源性融资两大类。

内源性融资是指公司将自己留存在公司内部的储蓄不断转化为投资的一种融资方式。它由公司经营活动产生的公司内部融通的资金构成，主要包括留存收益和固定资产折旧两部分。内部融资来源于自有资金，公司在使用时具有很大的自主性，同时由于使用不需要和外部资金提供方进行沟通，具有低募集成本的特点。此外，充足的内源性融资能提高公司抵抗外部风险的能力。因此内源性融资是公司生存与发展不可或缺的重要组成部分。事实上，在发达的市场经济国家和成功的公司，内源性融资由于其自主性、低成本和抗风险性等特征，成为公司首选的融资方式，是公司资金最重要的来源。

外源性融资是指公司通过一定方式向公司之外的其他经济主体筹集资金的一种融资方式。外源性融资方式包括银行借款、发行股票、发行公司债券等。此外，公司之间诸如应收应付、预收预付等的商业信用，一定意义上也属于外源性融资的范围。

值得注意的是，公司对于内源性融资还是外源性融资的需求，除了受自身财务状况的影响外，还受金融体系发达程度、民族宗教习惯等的外部制度因素的影响。

2. 权益融资与债务融资

权益融资所形成的权益资本是公司依法筹集并长期拥有、自主支配的资本，它包括实收资本、资本公积等。权益融资是指公司股东以各种出资方式而产生的融资行为，正是由于这一行为，才产生了股东对公司权益的要求，从而使其权益涵盖了盈余公积和未分配利润。因此，不能说盈余公积、未分配利润属于权益融资，它是结果而不是行为或过程。债务融资形成公司的负债资金，称为借入资金或者债务资金，是公司依法筹集并依约使用、按期偿还的资金，主要包括银行或者非银行金融机构的各种借款、应付债券、应付票据等，需要注意的是，应付票据属于经营活动所产生的自然融资，并不属于主动的融资行为。

1）权益融资

从股东角度看，权益资本是出资者投入公司的财产及其权益准备，它代表出资者的财产所有权。出资者投资总是期望能够在资本保值增值的基础上获取资本增值收益，而且出资者的身份决定了它是法人财产责任的最终承担者。对于出资者而言，股权资本是其拥有的高风险资产，它期望得到与风险相对应的高回报，同时由于股东所承担的是收益不确定性风险，所以出资人所要求的是一种"状态依存性"收益，这种收益可以被称为剩余索取权。为了控制收益风险，股东均要求保留对于公司的剩余控制权。财产所有权和剩余索取权构成了股东要求取得对公司法人财产的权利。站在完整意义的公司法人角度，股权资本是一种高成本、低风险的资金来源，高成本表现为所有剩余收益全部交给股东，而低风险表现为公司并不需要偿还股权资本，也没有强制的付息义务，从而没有财务压力，因此可以作为债务资金偿还的财务保障。

2）债务融资

债务资本来自公司对外承担的债务所形成的负债资金，其是以还本付息为条件的。由于本金偿还有股权资本作为保障，且在借款期内能取得固定的约定收益，因此债务资本的资金提供方所承担的风险较小，出资风险较低，相对应的所获得回报也较低。此外债务融资产生的利息还可以在税前扣除，降低企业应税收入并降低最后缴纳的所得税，可以抵免税负。因此，债务资本的成本要小于权益资本的成本。作为融资方的公司则相反，一方面债务融资的兑付对于公司而言是刚性约束，增加了其还本付息的压力；另一方面这类融资的成本相对较低，可以借此来提高公司整体收益和公司价值。

权益融资与债务融资之间的特性差异可以从表5-1中分析得到。

如果将权益融资与债务融资进行组合，这会既降低公司的财务风险又提高收益。财务上将权益融资与债务融资的组合称为资本结构或者公司的财务结构。如何选择恰当的权益融资和债务融资比例，共同提高股东与债权人的价值，做到双赢，是公司融资决策重点之一。

在特定条件下，债务融资与权益融资可以相互转换，如可转债券转换为股票，或者债转股等。

表 5-1 权益融资与债务融资的主要差异比较

权益融资	债务融资
剩余索取权	固定索取权
不可抵免税收	可以抵免税收
在财务困境或破产中具有最后清偿权	在财务困境与破产中具有优先求偿权
无期限	固定期限
有管理控制权（剩余索取权）	无管理控制权
主要表现为：所有者股权、创业风险投资、普通股、优先股、认股权证等	主要表现为：银行借款、公司债券、融资租赁、商业票据、保理融资、集团授信等

相关资料：熔盛重工的债转股试点

包括央行、银监会在内的多个政府部门正在研究讨论银行债转股试点，允许商业银行处置一些不良债权时，将银行与企业间的债权债务关系，转变为持股关系，以期缓解银行不断攀升的不良贷款压力，帮助实体企业去杠杆，减轻债务负担。

1. 中行接盘熔盛重工成大股东

中国最大民营造船厂——熔盛重工（现更名为"华荣能源"）2016 年 3 月 7 日发布公告称，拟向债权人发行最多 171 亿股股票，包括向 22 家债权银行发行 141 亿股，向 1 000 家供应商债权人发行 30 亿股，以抵销 171 亿元债务。

国泰君安证券分析师徐寒飞认为，若是银行实施债转股，则相当于无限延长债务期限，并把利息支付降到零，降低银行的收入和使得资产结构中高风险权益资产占比上升，这会利空股市；而对于企业来说，增加权益，减少负债，杠杆下降，信用提升，利好存量债券。

2. 中行解盘熔盛重工，这笔买卖划算吗？

熔盛重工是成立于 2004 年的中国最大的民营造船厂，曾经数年市场接单量位居国内前列。但在 2012 年后，由于人员流失、造船业不景气等方面原因，公司业绩迅速下滑，2013 年及 2014 年，熔盛重工分别亏损 86.8 亿元和 77.5 亿元。一位不愿具名的资产管理公司（AMC）资深人士对券商中国记者表示，造船业是劳动密集型行业，熔盛重工连技工都大规模离开，再加上现在行业低迷、产量过剩，才导致连年亏损。

该人士认为，从长期看，包括中行在内 22 家债权银行解盘熔盛重工股权风险较高，但从未来 2~3 年的短期看，将逾期贷款债转股，可以避免贷款转为不良后占用的计提拨备，防止表面上银行利润的进一步侵蚀，"信贷资产债转股，对银行的财务报表来说，只是生息资产变成非生息资产，不会减少报表上的利润"。

不过，招商证券银行业首席分析师马鲲鹏认为，当前部分产能过剩行业（如钢铁、造船等）最大的问题并非产能过剩，而是产能过于分散，导致一系列的恶性竞争和产能分布不合理，商业银行一直有着扮演产能整合者的强烈诉求。而且银行只会在有整合潜质的行业中选择龙头企业进行债转股，不会将其无限制推广到所有"僵尸企业"。拿住困难行业龙头企业股权推动行业整合，是能最终解决产能过剩行业矛盾的有效途径。

3. 债转股试点不会大面积铺开

虽然舆论对银行债转股试点的看法不一，但业内人士普遍认为，该试点是通过以时间换空间的手段，缓解银行不良资产压力、减轻企业债务负担的不得已之举，试点并不会大面积铺开，且应该给予银行更多自主权，以市场化的手段选择债转股。

"对于一些过剩行业的企业来说，目前的困境主要是由于过去几年过度举债、迅猛扩张导致的，破产出清是其必须为之付出的代价。但如果破产出清在短时间内大面积出现，会对经济产生巨大波动，更不利于银行回收资产。选择债转股既是缓兵之计，也是对未来行业发展的投资。"一位股份制银行分析师称。

但该缓兵之计的前提应该是银行对债转股企业的谨慎选择。上述 AMC 资深人士称，银行应该选择一些自身经营状况未出现大问题、但缺乏资金流动性的企业作为债转股的对象，这样的企业所面临的债务困境多是阶段性的，股权投资具有前景。但如果一家企业自身经营状况也出现问题，即使债转股也没有用，还不如及早处置资产。

实际上，早在 20 世纪末，"债转股"曾经在我国处置银行不良资产时大量采用，彼时接盘的主体主要是 AMC，AMC 成为企业阶段性持股的股东，待企业经济状况好转以后，再通过上市、转让或企业回购形式回收资金。但目前情况已然不同，上述 AMC 资深人士称，首先多家大中型银行需要对股东负责，债转股的选择肯定要慎之又慎，且规模不会做大；其次，以熔盛重工这单债转股为例，现在企业的债务体量太大，AMC 等金融资本接盘的难度高，本次试点实施后，预计先以银行持有股权，而后通过产业资本介入转让股权的方式为主。

试讨论：债转股对于银行、企业的影响和意义。

资料来源：银行债转股有望试点 中行接盘熔盛重工成大股东福兮祸兮[J]. 证券时报, 2016-03-10

3. 长期融资与短期融资

长期融资是期限在 1 年以上的融资，它是公司持续、稳定经营的基本前提。长期融资的目的在于为诸如构建固定资产、取得无形资产、开展长期对外投资、垫支长期占用流动资产等长期资产提供资金。长期融资的方法包括吸收直接投资、股票与长期债券的发行、长期银行借款、融资租赁等。短期融资的对象则是期限在 1 年以内的资金，它主要用于经营过程中的短期资金周转，具体包括短期借款、商业信用、发行短期融资券等融资形式。

1）长期融资

长期融资主要用于满足公司投资扩张需要。从资金的供应方来看，由于长期融资占用期限长，未来充满不确定性，不可知因素多，因此风险大，收益要求相对较高，以弥补不确定性的风险补偿。从公司的角度来看，筹措长期资本的基本动因在于这类资金能够被长时间稳定地占用，有助于降低公司面临的财务风险。对于公司而言长期融资的选择也是有利有弊的，一方面长期占用能降低财务风险，具有低风险的特性，另一方面长期融资成本相对较高。

2）短期融资

短期融资具有资金占有期限较短、使用风险较大、成本相对较低等特点，一般而言，公司短期融资的来源包括短期借款和信用筹资。短期融资主要用于满足筹资者的短期资金使用和周转的需要，投资者主要用它来满足资产流动性管理的需要。

由于金融工具的期限不同，产生的作用和效益不同，筹资者追求低成本、低风险，要对不同筹资方式、筹资种类进行成本和风险的权衡，实现效用最大化。如何扬长避短，借助于长短期融资的组合与搭配，使得公司所占用的资金期限相对较长，使用的风险较低且资金成本较小，是公司融资管理中另一个基本且重要的问题。理论上认为，搞好长短期资金与长短期资产期限上的配比，是解决问题的关键。可以通过提高长期资产的使用效益来降低融资成本，将短期资金用于短期资产的占用，利用资产的流动性来解决使用的风险问题。

公司长期融资和短期融资，有时候也可以相互融通。例如可以用短期资金来满足临时性的长期资本需要，或者用长期融资解决临时性的短期资金不足。

4. 直接融资与间接融资

直接融资是指资金供给者与需求者通过一定的金融工具直接形成债权债务关系或者资金转移的融资行为。在直接融资中，公司不经过银行等金融机构，直接向资金供应者借入资金或者采用发行股票、债券等方式进行融资。在这个过程中，金融中介参与资金供给者或者资金需求者之间的交易。直接融资的工具有商业票据、直接借贷凭证以及股票和债券。直接融资的优点在于：自己供求双方直接联系，可以根据各自融资的条件如借款期限、数量和利率水平等方面的要求，实现资金的融通。而且由于资金供求双方直接进行交易，资金的提供方有更大的动机监督公司，使得公司在经营上有较大的压力，从而提高资金使用效益。此外，通过发行长期债券和发行股票，可为资金需求者筹集到比间接融资方式更长期的资金。

间接融资是指资金供给者与需求者通过商业银行、财务公司、保险公司、信托机构等金融中介机构间接实现资金融通的融资行为。在间接融资中，由金融中介机构分别与资金供需双方形成两个各自独立的债权债务关系。对资金的供给方来说，中介机构是债务人；对资金的需求方来说，中介机构是债权人。间接融资的工具包括金融机构发行的各种融资工具，如存单、借款合约等。间接融资具有融资手续简便、费用低、筹资效率高等特点。

据统计，2008—2015 年我国直接融资数额达到 7 万亿元，平均每年 8600 亿元。以银行贷款为主要代表的间接融资市场，2008 年到 2015 年新增贷款约 50 万亿元，贷款余额 390 万亿元。直接融资比例和银行新增贷款的比例达到近 1∶7，余额比例达到 1∶65。

 相关资料：投资银行的作用

投资银行是一级市场重要的市场中介，一般而言，在一级市场发行证券，投资银行一般要向客户提供下述四项基本服务。

（1）顾问。投资银行要充当顾问的角色。当公司需要集资，投资银行就集资数额和集资途径提供顾问意见。准确地说，投资银行要帮助发行者确定将要发行的证券的基本特点、价格和发行时间。

除此之外投资银行还帮客户分析有关合并、兼并及企业重组事宜。

（2）管理。一旦决定发行证券，投资银行将帮助客户完成证监会所需的书面材料，以符合法律要求。申报材料的大部分内容都在招股书（也叫计划说明书）中可以找到。招股书必须发给每一个要买新证券的人。招股书包括发行者的财务状况、管理水平、商业活动、资金的使用以及证券的基本情况。

（3）风险承担。投资银行一般同意在某一特定价格，全部收购公司发行的新证券，然后，它们再把证券分成很小的单位卖给个人或机构投资者。这个程序叫承保或承销。

假如发行量很大，一家投资银行单独承担不了，它可以联合其他投资银行一起做。这种合作方式叫辛迪加，也就是承销团的意思。辛迪加的好处是把上述的发行风险分散，集团里的每一家银行都有份。

（4）证券销售。投资银行把证券从发行者那收购后，就开始推销工作。辛迪加根据事先定好的价格把证券分摊给各成员去销售。投资银行收入来自从证券发行者买来与卖给其他投资者的差价。

投资银行的作用不仅限于一级市场，它们在二级市场也发挥着重要作用。作为证券交易商，他们买卖它们所熟悉证券，它们还参与券商之间的大额交易。多数的投资银行还同时扮演经纪人—交易商的双重角色，它既做批发也做零售和咨询工作，提供越来越多的相关理财服务。

此外，它们大量从事另类金融投资，如商品期货、金融期货、期权、风险投资、私募基金、对冲基金、地产投融资。它们是全球重大兼并收购案的推波助澜者。

资料来源：投资银行的主要作用是什么. 人民网，2008-10-31

5. 表内融资与表外融资

表内融资是指所筹集资金均在资产负债表内予以披露的融资行为，例如银行借款、发行债券等。反之，表外融资，是指不列入资产负债表的融资行为，即该项融资既不在资产负债表的资产方表现为某项资产的增加，也不在负债及所有者权益方表现为负债的增加。

表外融资有以下主要方式。

（1）长期租赁。长期租赁即融资性租赁，需满足以下四项条件：①出租人在租赁期满时将资产所有权转移给承租人；②承租人在租期届满后享有廉价购买选择权；③租赁期为资产使用年限的大部分（如75%以上）；④租赁开始日最低租赁偿付款的现值不小于资产公允市价的绝大部分（如90%以上）。

（2）合资经营。合资经营指某公司持有其他公司相当数量，但未达到控股程度的所有者权益，后者被称为未合并公司，由于该公司并不控制未合并公司，因此只须将长期投资作为一项资产予以确认，而不必在资产负债表上反映未合并公司的债务。

（3）资产证券化。资产证券化包括住宅按揭、信用卡、汽车借款、应收账款、租赁应收款等。其操作方式通常是融资方将某项资产的所有权转让给金融机构，该金融机构再以此项资产的未来收益为保证，在债券市场上以发行债券的方式向投资者进行融资。

表外融资行为掩盖了公司的重要财务信息，很可能误导信息使用者。随着金融创新工具越来越多，各种表外融资行为也会越来越多，作为财务人员，应明确哪些表外融资是合理的，哪些是为了修饰报表，是不合理的。

5.1.3 融资原则

资金作为公司最重要的资源，只有正常流动，满足公司生产经营的各项需要，各种生产要素才能有效配置，公司才能为股东创造利润。对公司而言，其发展过程实质上就是一次次"融资—投资—资金回收"的循环。因此，只有选择合适的融资方式，才能为公司带来最大效益，提升公司价值。公司在具体融资过程中，必须考虑以下原则。

1. 满足投融资需求

满足融资需求强调融资总量与时间上的匹配。筹资过多，可能造成资金闲置浪费，增加融资成本；或者可能导致公司负债过多，使其无法承受，偿还困难，增加经营风险。筹资不足，又会影响公司投融资计划及其他业务的正常开展。因此，公司在进行融资决策之初，要根据自身对资金的需要、自身的实际条件以及融资的难易程度和成本情况，量力而行来确定合理的融资规模。公司在融资过程中，无论通过何种渠道、采用何种方式融资，都应预先确定资金的需要量，使融资量和需要量相互平衡，防止融资不足影响生产经营活动的正常展开，同时也避免融资过剩降低资金的使用效益。此外，满足融资需求还需要公司把握好融资时机。融资时机，是指由有利于公司融资的一系列因素所构成的有利的融资环境和机会。公司选择融资时机的过程，就是公司寻求与公司内部条件相适应的外部环境的过程。从公司内部来讲，过早融资会造成资金闲置，过晚融资又会造成投资机会的丧失。公司在融资过程中，必须按照投资机会来把握融资时机，从投资计划或者时间安排上，确定合理的融资计划与融资时机，避免因取得资金过早而造成闲置，或者取得资金相对滞后而影响投资时机。

2. 控制财务风险

控制财务风险，主要控制融资方式与结构上带来的风险。公司融资的目的是将所融资金投入公司运营，最终获取经济效益，实现股东价值最大化。在每次融资之前，公司往往会预测本次融资的使用能够给公司带来的最终收益，收益越大往往意味着公司利润越多。但是需要注意公司同时所承担的相应风险，例如资本结构不当带来的财务风险。资本结构是指公司各种资本来源的构成及比例关系，其中债权资本和权益资本的构成比例在公司资本结构的决策中居于核心地位。公司在融资的过程中，必须使公司的股权资本与债权资本保持合理的结构关系，防止过多的负债带来资金成本上升和财务风险，增加偿债压力，或没有充分利用负债经营，使股权资本的收益水平降低。一旦风险演变为最终的损失，必然会给公司经营带来巨大的不利影响。因此公司融资核心的指导原则，就是考虑在既定的总收益下，公司要承担怎样的风险，以及这些风险一旦演变成最终的损失，公司能否承受。

3. 降低融资成本

降低融资成本，主要关注融资效率与成本控制。融资成本是指公司实际承担的融资代价（或费用），具体包括两部分：融资费用和使用费用。融资费用是公司在资金筹集过程中发生的各种费用，如向中介机构支付中介费；使用费用是指公司因使用资金而向其提供者支付的报酬,如股票融资向股东支付的股息、红利,发行债券和借款向债权人支付的利息。公司资金的来源渠道不同,则融资成本的构成不同。因此公司在融资过程中,必须认真选择融资来源和方式,综合考虑不同融资渠道与融资方式的融资难度、资本成本、长短期限等,进而降低公司的融资成本,直接提高融资的效益。

5.1.4 融资决策与融资契约

任何经济活动的开展都离不开经济主体的行为规范,融资活动也不例外。融资行为及其规范主要包括如下两个方面:融资决策程序及其规范、融资契约内容。

1. 公司治理与融资决策程序

公司融资必须置于公司治理框架下,遵循决策权、执行权与监督权三权分立的原则,由股东大会、董事会以及经营者、财务部门等分别履行各自职权,以保证融资决策的正确、融资活动的必要和融资过程的顺利进行。

1) 融资决策与管理的决策规则

(1) 出资者。出于对自身财产保全的目的,出资者希望对公司经营者进行监督,并对由董事会或授权的经营者团队作出的审议意见或审核意见出具最终意见,即审批意见。在现代公司治理框架下,公司的所有权与经营权分离。但是出资者对于重大决策事项通常会保留剩余控制权。股东大会作为公司最高权力机构,主要对以下重大融资事项作出决议:对公司增加或者减少注册资本;对公司发行债券;对股东向股东以外的人转让出资(本项为有限责任公司股东会议特有的职权)。股东大会对融资事项行使决策权的根本目的在于保护股东合法权益,主要体现为:保证原股东对于公司的控制权;避免由于过多债务而影响公司股东的剩余求偿权。

(2) 董事会。董事会作为公司的最高决策机构,其必须对公司经营管理进行决策,以保证股东大会决议的实施。就公司融资决策而言,董事会有权提出制订公司增加或者减少注册资本以及发行公司债券的方案,有权召集股东大会对有关重大融资决策进行表决,有权负责公司资本结构的调整,有权对数额较大的银行借款或其负债业务行使最终决策权,等等。

(3) 经营者。公司的经营者作为最高执行层,必须在董事会决议的基础上,对公司日常经营与管理作出部署和安排,履行其受托职责。就公司融资而言,经营者必须按照董事会制定的融资方针和决议,负责安排实施,对于数额特别巨大的融资项目(如影响公司资本结构的融资行为等),经营者有义务向董事会提出融资计划,对于数额一般的融资项目,经营者有权按照投资需要和有关管理规则,行使最终决策权。

(4) 财务部门。作为具体负责财务日常管理的财务经理及其财务人员,在经营者(如总经理,或财务副总经理、财务总监)的领导下,对公司日常财务活动进行策划与管理。就公司融资事项而言,财务经理与其他财务人员有责任提出融资初始方案,有责任负责融资决策的具体落实,有权处理一般融资业务,并协调好与银行等金融机构间的关系。

公司治理结构及其融资活动权限、行为安排因公司形态不同而各异,但是上述分析对于公司制公司而言带有普遍意义,非公司制公司也可以比照上述制度安排自身的融资决策与管理的基本职责与权限划分。

2）公司融资决策的基本程序

基于分层管理思想与融资管理行为的职责分工，结合不同融资项目对公司经营战略以及管理的影响，公司有必要提出适合不同情况的融资决策程序与融资制度。融资决策可以按照发生的重大水平和发生的频率区分为重大融资项目的决策程序与管理制度，以及日常融资项目的决策程序与管理制度。

（1）重大融资项目的决策程序与管理制度。融资活动总是伴随着投资活动的产生而产生，因此按照公司投资战略的需要，对于重大融资项目，应遵循以下程序：①由公司董事会提出长期经营方向与投资计划；②由经营者负责投资计划的编制，并向董事会提出相应的融资方案，该方案涉及融资目的、融资金额、融资成本、融资方式、融资时间、融资要求、融资用途、融资协议签订方法、该融资项目对于公司资本结构的影响，以及对后续融资的影响、融资风险的估计与防范等内容；③由公司董事会决定该融资方案是否可行，是否应向股东会（包括股东大会和股东特别会议）提出报告并审议，对需要由股东会作出审议或者决议的融资项目，经股东决议通过后，由董事会形成正式文件，在对外披露的同时下达公司经营者遵照执行；④由公司经营人员负责，会同公司财务部门和其他相关部门，具体落实融资计划方案；⑤对在融资方案落实过程中所遇到的具体问题，经理人员应及时协调处理，并向董事会报告。上述程序适用于重大融资项目，例如，公司新股发行、债券发行、对公司经营产生深远影响并且数额巨大的借款合同或者租赁合同、公司利用项目融资方式进行融资等。

（2）日常融资项目的决策程序与管理制度。日常融资项目决策一般无须通过公司董事会或者股东大会，包括了那些数额比较小、对财务风险不产生重大影响、不会引起公司资本结构变动，以及在重大融资项目计划内的程序性融资等。这类融资项目，一般由公司财务经理及其财务人员提出融资计划，并将该计划向公司经理人员报告，在经理人员审议决策之后，下达给财务经理及财务部门具体实施。这类融资计划可以采用一年一度定期计划和审批制度，亦可以采用临时性的非定期计划和审批制度。其中定期计划和审批制度，主要适用于年度融资规划，它是在年度销售计划预测的基础上，结合公司管理状况提出年度融资计划，由经理人员负责审批后下达执行，例如公司对于重大项目的资金需求。临时性的融资计划与决策，则根据经营过程中非经常性的资金需求，由财务部门提出融资计划，由财务经理负责审批后下达执行，例如公司对于资金的季节性需求等。

 相关资料：上海三毛企业（集团）股份有限公司融资管理制度（节选）

第一章 总则

第一条 为规范公司在经营中的融资行为，合理安排资金，降低资金成本，减少融资风险，根据《中华人民共和国公司法》《上海证券交易所股票上市规则》《公司章程》及《筹资管理制度》等相关法律法规建立本制度。

第二条 本制度中的融资业务系指公司为满足日常生产经营、项目投资所需向金融机构筹集资金的活动，包括但不限于短期借款、长期借款、银行票据贴现、短期融券、信用

证业务等。公司如需通过证券市场进行再融资或发行可转换债券等其他融资方式融资时，应遵守中国证券监督管理委员会颁布的有关规定。

……

第二章 组织和职责

第四条 公司财务部是公司实施融资管理的职能部门，其主要职责包括：（一）负责完善公司融资管理制度及具体实施办法，并呈报审批；（二）负责公司年度融资方案的编制和实施；（三）负责组织实施债务性融资的具体工作；（四）公司对外担保的审查论证；（五）对公司及下属子（分）公司的融资活动进行动态跟踪管理；（六）做好融资记录与资金管理工作，发挥会计控制的作用。财务总监为公司融资业务全面负责人。

第五条 董事会秘书对公司融资事项，应依照有关法律法规、中国证监会发布的有关规范性文件及上海证券交易所的相关规定履行信息披露义务。

第三章 授权与批准

第六条 公司应当根据年度经营预算编制融资预算，拟订融资方案并报董事会或股东大会审批。

第七条 下属子（分）公司原则上无权对外融资。未经公司批准，各单位一律不得自行向金融机构或其他外部单位借入资金。

第八条 公司债务性融资由财务部组织拟订具体实施方案，经公司财务总监同意后，报经董事长（或董事长授权人）批准，融资后的资产负债率不超过70%。重大融资方案须由总经理办公会审议通过，融资若超过董事会的授权范围则必须提呈董事会审批。

第九条 发生年度融资行为时，占公司最近一期经审计公司净资产（合并报表口径下同）10%时由董事会批准；凡单笔超过公司最近一期经审计净资产10%以上时由董事会提出预案，报股东大会批准。

第十条 发生与公司融资相关的抵押、质押事项时，凡单笔金额不超过公司最近一期经审计净资产10%（含）的担保由董事会批准；单笔金额超过公司最近一期经审计净资产10%以上的由董事会提出预案，报股东大会批准。

第十一条 按照连续十二个月累计计算原则，融资总额超过公司最近一期经审计总资产30%时由董事会提出预案，报股东大会批准。

第十二条 按照连续十二个月累计计算原则，融资总额超过公司最近一期经审计净资产50%，且绝对金额超过5 000万元以上时由董事会提出预案，报股东大会批准。

第十三条 公司发行短期融券由财务总监提出申请，经董事会审议后，报股东大会批准。

第四章 实施与执行

第十四条 各管理职能部门应按年、季、月向财务部提交资金回笼和使用计划，由财务部审核后，在年初、季初、月初做好资金平衡准备计划，严格控制融资规模和融资成本。

第十五条 财务部按月分析现金流量完成情况，安排次月的资金计划，提出融资的用途和期限、融资的银行，测算融资成本，并落实担保或抵押事项。

第十六条 财务部应寻找合适的合作银行或其他金融机构，商定融资方式、利率、期限、担保方式等，确保公司经营资金的需求，使公司融资成本最小化。各资金使用部门应提高资金使用效率。

第十七条 各财务部应严格审核借款合同的合理性、合法性，以保护公司的合法权益，必要时可就借款合同有关条款咨询法律顾问。公司应按照融资合同或协议约定，做到借入资金及时入账，并落实还贷资金及办理相关手续，确保按期还本付息。

第十八条 公司因经营计划的变更使某一期限内资金充裕，应协调有关贷款银行，完成提前归还贷款事项，以降低公司的融资成本。

第十九条 财务部应建立公司融资明细备查簿，动态反映公司融资的对象、金额、起始期限、利率、担保或抵押、展期等情况。

……

第五章 监 督

第二十条 财务部每月核对借款业务的明细与财务报表、银行贷款卡借款明细是否一致。发现差异应当及时查明原因并进行调整。

第二十一条 财务部应当加强对融资业务有关的文件和凭据的管理。每年末对融资业务的相关资料，如内部报告书、借款合同等整理造册，移交档案部门。

第二十二条 公司融资业务由监审部进行不定期检查、监督。如发现异常情况应以书面方式向分管领导报告。

……

资料来源：根据上海三毛集团公司网页相关资料整理

2. 融资契约的内容

从交易行为来看，公司的融资过程实质上是公司与资金的提供方之间就资金让渡的一系列问题签订契约的过程。融资契约（financing contract）就是处理资金提供者和需求者之间所形成的交易，这种交易大体上包括了权益和负债两类。由于不同的融资方式中，签约双方对于融资收益与风险的预期不同，因而签约形式和内容也存在很大的差异。具体而言，融资契约包括：与股东的股权契约、与债券持有人的债券契约、与银行等金融机构的借款契约、与其他公司的商业信用契约等。

1）与股东的股权契约

股东可以分为两大类：一是发起人股东；二是非发起人股东。发起人股东是指参加订立发起协议、提出设立公司的申请认购公司出资或股份并对公司设立承担责任的人。发起人股东为了实现设立公司的目的，通过签订设立公司的协议结合在一起，受发起协议的约束，在公司成立后，具有股东身份。发起人作为一个整体，与成立后的公司没有直接联系，只是相对于设立中的公司而言，属于设立中公司的机关，对外代表设立中的公司进行创立活动，履行设立义务。当公司依法成立后，发起人作为一个整体就不存在了。股东是对公司投资或基于其他的合法原因而持有公司资本的一定份额并享有股东权利的主体。股东不以发起人为限，在设立阶段和公司成立后认购、受让公司出资或股份的人都可以成为股东。发起人作为公司的出资人在公司成立后成为公司的首批股东，公司法没有限制股东必须具备发起人身份。

与股东的股权契约也可以分为两种情形：一是与发起人股东的股权契约，它最终将形成公司章程；二是与非发起人股东的股权契约，它的实质是通过市场行为而形成的。在与非发起人形成股东契约的过程中,公司必须向潜在股东公告有关招股说明以及所募集股本未来利用效率预测情况等,因此,包括未来收益预测在内的公司对外信息的充分披露,是公司与这类股东签订契约的基础,签约的具体内容会体现在公司章程以及相关股东权益管理制度之中。签约的行为,也充分体现了市场性原则。作为集中反映出资者与公司间签约的行为准则,公司法以及相关法规制度对签约内容作出了普遍适用的法律规范。

2)与债券持有人的债券契约

债券持有人购买公司债券,以对公司财务状况以及风险估计为依据,并以取得与风险相对应的债券利息收益为基础。与股票发行需要向市场公布招股说明书一样,债券的发行也要求公司必须向社会公布其债券募集办法,包括发行总额、债券面值、债券利率、还本付息期限与方式、公司净资产总额、已发行但是尚未到期的公司债券总额等具体情况,同时还需在债券募集办法中明确债券持有人的优先清偿权地位。为了保护债权人权益,对前一次发行债券尚未募足的,或者对已发债券或其债务有违约以及延迟债息支付的,均不得再次发行新债。债券发行人与债券持有人之间的债权契约,主要集中体现在风险、收益以及相关权益等条款上。《企业债券管理条例》对此作出了相应的规范。

3)与银行等金融机构的借款契约

银行等金融机构是公司融资的主要融资对象。与债券持有人的债券契约的"一对多"不同,公司与银行间的借款契约主要是"一对一"进行的,这类契约属于公司间的商业交易行为。银行等金融机构本着平等互利和公平交易的原则,坚持"效益性、安全性、流动性"的方针,开展与公司间的债务往来与债务签约。与银行等金融机构的借款契约主要以借款合同作为具体的签约形式,主要规范内容体现在《贷款通则》中。

4)与其他公司的商业信用契约

公司在日常经营过程中,还会与其他公司之间发生业务往来而形成商业信用。商业信用是公司之间相互提供的、与商品交易相联系的信用形式,其来源是公司之间基于商业行为的互利互信。从形式上而言,商业信用包括商业行为中的赊销、分期付款等形式提供的信用,以及在商品交易的基础上以预付现金或者延期付款等形式提供的信用。在与其他公司的商业信用契约中,公司既可能是债权人,也可能是债务人。作为市场交易原则,"重合同、守信用"应该成为公司经营与财务管理的重要信条。一般情况下,商业信用契约并没有正式的信用合同和法律法规来规范。

5.2 融资规模、融资计划与公司增长

5.2.1 融资规模、规模确定及其层次性

1. 融资规模确定的意义

公司的融资规模是指一定时期下作为投资主体的公司所需要募集资金的总额。公司融资需要付出成本。筹资过多,可能造成资金闲置浪费,降低融资使用效率,甚至可能导致公司负债过多,增加公司财务风险,让公司无法承受,偿还困难。如果公司筹资不足,会

使公司错过宝贵的投资机会，影响公司融资计划及其他业务的正常开展，甚至对公司的生存造成不利影响。因此公司在筹集资金时，首先要确定公司的融资规模。

公司融资规模的确定并不是一个孤立的过程，融资和投资都受到彼此的约束，确定公司计划购置的资产类型和数量时必须考虑公司筹集资金进行相应投资的能力。一般而言，公司推崇的一个目标是保持长期增长，公司都会愿意将一个明确的、以公司作为整体的增长率作为自己确定融资规模的必要组成部分。因此公司融资规模的确定，某种程度上和公司自身战略息息相关。

2. 确定融资规模的步骤

确定合理的融资规模、制订合理的融资计划，不仅可以降低公司的融资成本和经营风险，而且可以提高融资的成功率。具体而言，确定融资计划包含了以下几个步骤。

（1）确定资金用途。确定资金的使用用途，提出融资决策，确定资金投向，是合理筹集资金的先决条件。确定资金用途的方法可以是多样的，既可以通过市场调查，也可以通过模型测算。凭借相关信息，管理层可以了解公司的生产经营活动是否为市场所需要，据此确定公司未来的发展方向，例如新产品开发决策、新产品的定价与成本控制水平，并在此基础上确定资金投向，编制投资方案，提出融资决策。通常而言，公司资金投向包含两种可能的情况：一是和公司日常经营活动相关的投向，如公司对于净营运资本增加带来的资金需求；二是公司长期的项目投资，包括新建项目投资、扩建项目投资和更新改造项目投资这类固定资产的构建，也可能包括研发、专利购买等无形资产的构建。在这种情况下，公司对资金的需求包括长期资产投资对资金的需求。

（2）预测资金需求量。预测公司融资的资金需求量，就是在不同的可能的情境下，对资金需求的不同情况，运用各种方法对资金需要量作出估计和测算。具体的方法上，既可以是定性的，也可以是定量的。定性测算法包括个人经验法、专家会议法、德尔菲法等。

（3）制订融资方案。融资方案是指为筹集到所需资金，对于融资方式、融资渠道、融资成本的选择。在融资方案下，公司可以通过确定各种融资方式下的融资量，制订出多种可能的融资方式及其融资量组合的融资方案。

（4）选择最优融资方案。选择最优融资方案是指在已制订出的多个融资方案中，综合公司资本结构现状，比较不同融资方案对于公司融资结构的影响，综合考虑融资成本等因素，选择具有最优资本结构的融资方案。

（5）组织实施融资方案。实施融资方案，是指根据所选择的最优融资方案中安排的融资方式和确定的融资量，按照各种融资方式的融资程序，筹集所需资金的过程。

（6）反馈调整融资方案。在最优融资方案的实施过程中，如果发生融资活动受阻或者融资量达不到预定目标的情况，应当及时调整融资方案，按调整后的融资方案筹集所需资金。

3. 融资的层次性

公司的融资顺序是指公司为新项目融资时对融资方式选择的一种优先次序安排。自莫迪利阿尼和米勒1958年发表著名的MM定理以来，西方学者在MM模型基础上对公司资本结构作了全面的分析和讨论。形成了两个代表性的理论：权衡理论和融资优序理论。从西方大量的经验研究结果来看，融资优序理论获得更多的有效支持。

对于公司而言，公司融资的来源可以分为内源性融资和外源性融资。内源性融资来源于公司内部，自然形成的现金流和公司盈利的结余，它等于净利润加上折旧减去股利。公司可以通过将自己留存在公司内部的储蓄不断转化为投资来满足自身的融资需求。公司也可以通过外源性融资来获取资金，可以通过权益融资，也可以通过债务融资。

在融资优序理论（pecking order theory）下，公司和资金提供者之间存在不对称信息并且存在交易成本。当股票价格高估时，公司经营者会利用自己作为内部人的信息优势获知这一点，发行新股以获得更多的资金。面对这种情况，投资者会意识到信息不对称的问题，因此当公司宣布发行股票时，投资者会认为权益融资会传递公司经营的负面信息，进而会调低对现有股票和新发股票的估价，导致股票价格下降、公司市场价值降低，进而带来权益融资成本的上升。但是由于内源性融资不需要与投资者签订契约，公司可以自主进行处置，也无须支付各种费用，所受限制少，因而成本最低。由于信息不对称和交易成本的存在，外源性融资要多支付各种成本，债券的融资成本介于权益融资和内源性融资之间。因此内源性融资是公司首选的融资方式，其次是低风险债券，再次是高风险债券，最后在不得已的情况下才发行股票。所以公司融资一般会遵循内源性融资、债务融资、权益融资这样的先后顺序。

相关资料：苹果公司的零负债

苹果公司（Apple Inc.）财报显示，截止到 2011 年 6 月 25 日，其现金及有价证券达到 761 亿美元，而美国财政部截止到 7 月 27 日的现金余额为 737.7 亿美元。换句话说，苹果公司在某种程度上比美国政府还要有钱。

更令人称叹的是，与美国政府因不停借钱而陷入所谓"美债危机"不同，苹果公司却几近"零负债"。一位会计师看完苹果的财务报表后在微博上惊呼："苹果完全颠覆了我之前的财务常识。它除经营中发生的应付账款、应计费用外一分钱债务都没有，而且近几年都没有增发过股票进行融资！它仅凭自己产生的现金流就做到全球上市公司市值第二大的公司。"

"零负债"的财报便是苹果过去多年来谨慎花钱的写照。苹果在花钱上的原则可以简单概括为：守好自己的边界，不要轻易去做自己不擅长的事。

在首席运营官（COO）蒂姆·库克的帮助下，苹果大胆关闭了旗下所有的工厂，将所有制造外包，彻底变成一家轻资产公司。这让苹果能够有效抵御经济周期的影响，而且现金流开始越来越充裕。

试讨论：苹果保留如此多现金的动机是什么？

资料来源：苹果公司零负债富可敌国比美国财政部更有钱[J]. 21 世纪经济报道，2011-08-03

5.2.2 融资规划与销售百分比法

1. 融资规划

确定融资规模进而进行融资规划是一项系统性的工程，需要综合考虑所面对的市场需求、未来销售增长、投资增长、自身的财务收支之间的相互平衡等多方面因素。这些方面因素的综合考虑，构成了公司融资规划。

从广义上来讲，公司的融资规划是在公司战略、经营策略指导下，为实现战略目标而进行的中长期经营规划、年度经营计划和财务收支及预算安排。因此在广义口径下，公司和钱有关的计划、财务收支及预算安排都可以被称为公司的融资规划。从狭义上来讲，公司的融资规划包括公司未来融资需要量的估计与筹划。它从融资需求角度出发，通过公司未来销售增长、投资增长与财务收支之间的相互平衡，来分析、预测和判断公司融资缺口，以合理安排融资需要量与融资方式。

1）融资规划的时间与总量

融资规划的第一个维度是融资规划的时间跨度。为了制定融资规划，将未来看成短期还是长期具有很重要的意义。在实践中，短期融资规划是指未来 12 个月内的融资规划，长期的融资规划通常指那些 2~5 年的融资规划。

在制定融资规划时还需要将个别项目和公司拟实施的所有投资都综合在一起考虑，以决定总共需要多少投资。每一个经营单位较小的投资方案加总，其总和可以构成一个大的项目，这个过程被称为融资规划总量。

融资规划的时间跨度和总量确定之后，公司可以对二者进行一系列情形假定，包括：①最差的情形。这时融资规划需要对公司产品和经济状况作出相对悲观的假设。在这种情形假定下，融资规划要考虑最极端的情况对于公司融资需求的影响。②正常的情形。这要求融资规划对公司和经济状况作出最大可能性的假设。在这种假设下，公司未来面对的情况和现在大致相当，在人们的预期之内。③最佳的情形。最佳的情形所描述的是在最乐观的情况下所制定的融资规划。事实上，公司往往会遇到超过公司想象的好的结果，如果没有为好的结果作出计划，可能会导致公司利润大量流失。

对于拥有多个部门的公司而言，在讨论融资规划的时候，需要将经营活动在每个分部进行汇总，一般规划的时间跨度是 3 年。这种计划考虑了所有可能的事件，对于那些周期性行业（如航空业）而言，这样的融资规划尤为重要。

2）融资规划的作用

首先，通过融资规划，公司可以考察不同投资活动、不同决策之间的相互影响。其次，融资规划帮助经营者探索其他选项。融资规划使得公司采用一致的方法去探讨、分析和比较许多不同的情形，各种投融资选择都会被挖掘并评估其对公司价值的影响，还会提出关于公司未来业务范围和最优融资安排的问题，使经营者有一个系统的框架去探索其他可选机会。再次，融资规划能避免意外事项。通过对最差、正常和最佳情形的讨论，融资规划帮助经营者了解可能的后果，并提前针对不同情形做好计划。最后，融资规划能保障可行性和内部一致性。融资规划能使经营者了解是否能实现目标，以及提出（和未明确提出）的各个目标之间是否一致。对于公司而言，除了创造价值这个整体性的目标以外，公司一般有很多具体性的目标，如市场占有率、资产回报率、销售增长率等目标。有时候，不同的目标之间和公司不同经营方面之间的联系很难直接看出来。融资规划不但能明确这种联系，还能采用统一的结构来协调这些目的和目标。换句话说，融资规划正是公司协调具体领域的目标和计划的可行性与内在异质性的一种方式。相互冲突的目标经常存在，但是通过融资规划的制定，能对相应的目标进行取舍，建立相应的优先次序。

3）融资规划涉及的因素

具体而言，一个融资规划应当包含如下几个特定的要素。

（1）销售预测及其增长。销售预测的核心在于预测未来销售，并计算出未来销售收入所需要的资产投入和融资需要量。需要注意的是，对于未来的预测总是存在偏差，并且公司的销售收入不但取决于公司自身的努力，也取决于未来不确定的经济环境，因此在实际操作过程中，需要针对不同的状况考虑各种可能下的销售水平，考虑所需要的投资需求和融资需求之间的相互影响。

（2）预计财务报表。公司可以通过预测销售，进而估算一套预计的资产负债表、利润表和现金流量表。其内在的逻辑是，资产是为了支持销售而存在的，现金流量是伴随销售产生的。所以公司可以通过销售的增长估计出资产负债表中为了支持销售增长而带来的资产的增长，也可以通过销售的增长预测现金流量的增长。通过预计的财务报表，可以从总体上反映一定时期公司经营状况的全局。通过对销售收入的预测，可以估算出预计的利润表和现金流量表，进而估算出公司预计的留存收益和为了支撑预计销售所带来的负债与资产的增长，最终生成一套完整的预测财务报表。

（3）资产需求。公司需要资产进行生产，生产出来的产品成为公司的销售收入，因此通过描述公司的销售预测及其增长可以倒推出所需要的资产需求。公司可以根据资产负债表中占用在各资产上的资金与销售收入的变动关系，将资产负债项目分为两类：与销售额的变动呈同比例变动关系的项目，这类项目也被称为自发性项目或敏感项目；不随销售变动而变动的项目，这类项目也被称为非自发性项目或非敏感项目。在此基础上，通过不同项目与销售增长之间的关系做出预计的财务报表。在预计的财务报表中，预计的资产负债表中将包含固定资产总额和净营运资本的变动，这些变动实际上就是预期的公司总资本预算。

（4）融资需求。公司的融资规划还包括必要的融资安排部分。这部分包括未来对于股利政策和公司债务政策的相关安排。需要注意的是，未来对于股利政策和公司债务政策的相关安排一般是外生于销售增长的，因此一般认为相关安排不随销售变动而变动。有时候公司为了特定目的，需要削减自身负债或者发行新股进行融资。这种情况下，融资规划还需考虑哪种融资方式较为适合。

（5）调节。通过预计财务报表描述出公司未来的总资本预算、公司未来的负债和所有者权益增加以后，就可以计算出需要筹集的新的资金。因为在预计的过程中，预计的资产总额大多数情况下并不等于预计的负债和所有者权益总额，如果预计资产大于预计负债与所有者权益总额，为融资不足，如果预计资产小于预计负债与所有者权益总额，为融资剩余。对于公司而言，资产总是等于负债加所有者权益总额。因此资产负债表不再平衡的情况下，需要一个调节变量来应对融资不足（或者剩余），并将其作为平衡资产负债表的外部融资渠道。

例如，对于具有大量投资机会但是现金流量有限的公司，预计的财务报表经常会处于融资不足的状态，这样的公司可能就需要筹集新的权益资本作为其调节变量。而一个成长机会较小但是现金流充裕的公司,很可能会支付额外的股利作为调节融资剩余的调节变量。

(6)经济假设。公司的融资规划还应包含计划存续期间所预期的公司所处的经济环境,在必须的经济假设中,还包含公司预期的利率水平和公司所承担的所得税税率。

2. 销售百分比法

融资规划典型的代表是销售百分比法。销售百分比法是根据公司历史数据中已有的资产、负债、利润等项目占销售收入的稳定的百分比,来判断未来销售增长情况下相应资产、负债、所有者权益等项目的变化量,来确定外部融资需要量的一种方法。销售百分比法将预期的财务报表项目分为两个大类:与销售收入直接相关的和销售收入不相关的。这样通过对于销售收入的预测,就可以计算出公司为支持销售收入增长需要的融资金额。

1) 利润表

A 公司最近一期的利润表见表 5-2。在例子中,为了简化起见,将成本、折旧和期间费用合并成一个简单的营业成本数据。

表 5-2 A 公司最近一期的利润表

项目	当年利润表	占销售收入/%	项目	预计下年年利润表
营业收入	5 000		营业收入	5 500
营业成本	3 000	60	营业成本	3 300
利润总额	2 000	40	利润总额	2 200
所得税(25%)	500	10	所得税	550
净利润	1 500	30	净利润	1 650
现金股利	750		现金股利	825
转入留存收益	750		转入留存收益	825

A 公司预计下一年销售收入将增长 10%,所以预计下一年利润表中的营业收入由当年的 5 000 增加到 5 500。根据当年营业成本占营业收入的比例,可以预计下一年的营业成本仍然为营业收入的 60%(3 000/5 000)。这样公司能算出利润总额为 2 200。

接下来,需要预测支付的股利。对于公司而言,其股利的发放要遵循特定的股利政策。因此在没有特殊情况发生时,可以暂且认为股利发放率保持既定。在下年 A 公司将仍然保持与当年相同的股利发放率。因此有:

股利支付率 = 现金股利/净利润 = 750/1 500 = 50%

这样也可以计算留存收益增加额占净利润的比例,这个比例也被称为留存收益率(retention ratio),或者留存比率、再投资比例。

留存收益率 =(净利润 − 现金股利)/净利润
            =(1 500 − 750)/1 500 = 50%

从上式可以看到,留存收益率与股利支付率之和等于 1。因此对于下一年而言,预期现金股利和留存收益的增加额为

预计支付给股东的现金股利 = 1 650 × 50% = 825

预计留存收益增加额 = 1 650 × 50% = 825

2）资产负债表及自发性资产、自发性负债

为了编制预期的资产负债表，需要从当期的资产负债表（表 5-3）入手。在资产负债表中，对于那些和销售收入变动方式一致的项目，可以表示为当年年度项目占销售收入百分比的形式。在表 5-3 中，当一个项目不直接随销售收入变动时用 "–" 表示"不适用"。

表 5-3　A 公司的资产负债表

项目	当期数	销售百分比/%	预计数	项目	当期数	销售百分比/%	预计数
资产				负债与股东权益			
流动资产				短期负债			
现金	500	10	550	应付账款	900	18	990
应收账款	2 000	40	2 200	短期借款	2 500	–	2 500
存货	3 000	60	3 300	小计	3 400		3 490
小计	5 500	110	6 050	长期负债	2 000	–	2 000
非流动资产				股东权益			
净值	4 000	80	4 400	股本与股本溢价	2 000	–	2 000
				留存收益	2 100		2 925
				合计	4 100		4 925
资产合计	9 500	190	10 450	负债与股东权益合计	9 500		10 415

例如，在资产负债表的资产端，当年的存货占销售收入的 60%（3 000/5 000）。假设这一比例在下一年仍然适用，所以当销售收入增加 10% 到 5 500 时，存货从 3 000 增加到 3 300。在本例中，假设 A 公司的资产端所有项目都会随销售收入变动，因此最后预期的资产合计值由当年的 9 500 增加到 10 450。可以看到，资产增加的比例和销售收入增加的比例是一致的。在财务规划模型中，此类资产被定义为"自发性资产"。

在资产负债表的负债和所有者权益端，列示的应付账款随销售收入变化而变化。这比较好理解，公司可能保持一致的商业信用政策，随着销售量的增加，给供应商的订单也会更多，因此应付账款也随着销售量增加同步增加。在财务规划模型中，应付账款等被定义为"自发性负债"。另外，公司的短期借款和长期负债以及股本和公司特定的资本结构政策相关，除非公司经营者有特殊的需求并且采取特别行动来改变这一金额，否则这个项目将不会发生变化，因此将其标注为 "–"。负债和所有者权益端最后一个项目是留存收益，虽然留存收益在销售收入变动的情况下也将变动，但并不是简单地按照占销售收入百分比的方式变动的。相反，留存收益的变动额是通过前边预期利润表中对于净利润和预期现金股利的估计精确地计算出来的。

下一步可以进行预期资产负债表的编制。一方面，总资产占销售收入的比例为 190%，那么在销售收入增加 10% 的情况下，总资产也将增加 10%，由原来的 9 500 增加到 10 450，这表明公司拥有的资产，例如存货、设备、厂房等增加了 950。另一方面，负债和所有者权益，公司的应付账款增加了 10%，由原来的 900 增加到 990。短期借款、长期借款和股本与股本溢价并不随销售收入变动而变动，因此按照原来的金额列示。留存收益由原来的 2 100 增加到 2 925，增加了 825，这个数值等于在预计利润表中计算的留存收益的预计增加值。

这时候资产端预计的总额为 10 450，而负债和所有者权益端预计的总额为 10 415，资产增加了 950，而负债和所有者权益仅增加 915，这造成了 35（950 – 915）的短缺，这个短缺即为公司的外部融资需求（external financing needs，EFN）。

3. 公司外部融资需求

从上面的例子可以得知，外部融资需求是资产的增加额在利用经营性负债自发增长、可动用的金融资产以及公司内部留存收益满足一部分资金来源后，剩余需要通过金融活动从资本市场筹集的资金额。

通过总结上述的过程可以得到公司外部融资需求全过程。

（1）通过预测销售增长率，确定未来销售额。

（2）留存收益增加额，即公司取得净利润后留在公司内部，不以现金形式分发给股东的剩余，其计算公式如下。

$$留存收益增加额 = 预计销售额 × 销售净利率 × （1 - 股利支付率）$$

其中：

销售净利率 = 净利润/销售收率 × 100%

股利支付率 = 现金股利支付总额/净利润 × 100%

（3）计算预计销售额增长下的自发性资产、负债，即

资产（负债）增加额 =（∑预计销售额 × 各项目销售百分比）– 当期资产（负债）额

（4）预测资产增加量与预测负债与股东权益增加量之差，就是外部融资需要量，即

$$外部融资需求 = 预计总资产 - 预计总负债 - 预计股东权益$$

在上面的例子中，公司预测了 10% 的销售增长，最后带来了 35 的资金短缺。对于 A 公司而言，如果不增加新的债务或者发行新的股票，那么 10% 的销售增长就不可能实现。

如果将 10% 的销售增长看作既定的，A 公司会有三种可能的渠道作为选择：短期借款、长期借款和发行新股。这三种渠道之间如何组合，取决于经营者自身财务政策的安排。经营者可能会为了降低自己的负债结构发行新股，也可能为了保证股权结构的问题而借入债务。

上述公式在财务上也被称为财务规划模型（financial planning model）。可以将上述过程化简为

外部融资需求 = 增加的销售收入 × 自发性资产占销售百分比 – 增加的销售收入 × 自发性负债占销售百分比 – 预计销售额 × 销售净利率 ×（1 – 股利支付率）

从这个化简的公式，可以得到一些影响公司外部融资需求的因素。

（1）销售额增加（销售增长率）。

（2）自发性资产占销售百分比。这个项目和外部融资需求同向变化。

（3）自发性负债占销售百分比。这个项目和外部融资需求反向变化。

（4）销售净利率。在股利支付率小于 1 的情况下，这个项目和外部融资需求反向变化。

(5)股利支付率。在销售净利率大于 0 的情况下,这个项目和外部融资需求同向变化。

5.2.3 公司融资与增长管理

显然,外部融资需求量与增长相关联,若其他情况不变,销售额或资产的增长率越大,外部融资需求量越大。这里需要注意的是,任何公司之所以关注增长,不是因为增长是一个合适的目标,而是因为增长是考察投资决策与融资政策之间关系的一个便捷途径。实际上,公司融资与增长管理,是假设基于增长来安排计划过程中的高度整合的一个反映。

1. 公司增长与公司融资的关系

当公司销售增长水平较低时,内部融资(留存收益)也许会大于所需资产投资需求。但是随着销售增长水平的提高,单靠内部融资将很难满足资产需求,公司将不得不到资本市场中去筹集资金。因此逻辑的起点首先需要建立外部融资需求和增长间的关系。为此,在此引入 B 公司简化的预期资产负债表(表 5-4)来说明这个问题。为了简化问题的讨论,假设公司的资产随销售收入同步增长。

表 5-4 **B 公司简化的资产负债表**
2014 年

项目	金额/万元	销售百分比/%	项目	金额/万元
资产:			负债与股东权益:	
流动资产	700	35	负债	550
非流动资产	300	15	股东权益	450
资产总额	1 000	50	负债与股东权益	1 000

假设当年销售收入为 2 000 万元,销售净利率为 5%,股利发放率为 50%。公司预计下一年销售收入将增长 20%。根据前面对于外部融资需求的讨论能算出下一年的留存收益,这个数值是 60 万元(2 000×120%×5%×50%)。公司当年的股东权益总额为 450 万元,根据预计股东权益 = 当年股东权益+预期留存公司的留存收益,所以下一年的股东权益总额为 510 万元(450 + 60)。最后就能通过销售百分比法得出,在 20%销售收入增长的情况下,预期资产总额为 1 200 万元。同时,为了满足会计恒等式,预期负债和所有者权益总额也必须为 1 200 万元。以上数据表明,当 B 公司销售收入增长 20%时,该公司必须对外举债 140 万元(690 – 550)举债后该公司资产负债率将由原来的 55%(550/1 000)增加到 57.5%(690/1 200),见表 5-5。

表 5-5 **B 公司简化的预期资产负债**
2015 年

项目	金额/万元	销售百分比/%	项目	金额/万元
资产:			负债与股东权益:	
流动资产	840	35	负债	690(140)
非流动资产	360	15	股东权益	510
资产总额	1 200	50	负债与股东权益	1 200

如果改变对于销售增长率的预测，情况会变得如何呢？通过按照上述过程，通过销售增长率从 0%按照 5%的间隔增长到 35%，可以求出不同销售增长率下资产、股东权益、负债增量之间的关系，结果见表 5-6。从表中可以看出，相对于较低的销售增长率水平，公司可以完全依赖内部融资来满足自身的融资需求，甚至产生融资剩余。但是当公司的各销售增长上升到 10%以后，公司内部融资就不足以满足自身的融资需求。这时候融资剩余将会转变融资短缺。

表 5-6 不同销售增长率下资产、股东权益、负债增量之间的关系

销售增长率/%	预测资产增量/万元	预测留存收益增量/万元	外部融资需求/万元
0	0	50	−50
5	50	52.5	−2.5
10	100	55	45
15	150	57.5	92.5
20	200	60	140
25	250	62.5	187.5
30	300	65	235
35	350	67.5	282.5

图 5-1 标注了销售增长率所对应的资产需求和留存收益增加额，从图中可以更直观地看到销售增长率和外部融资需求之间的关系。如图所示，新增资产需求比新增留存收益的增长速度更快，因此新增留存收益提供的内部融资剩余很快就转变成融资短缺。所以公司存在融资剩余还是融资短缺，更大程度上取决于销售增长。

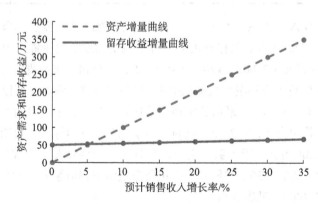

图 5-1 增长率所对应的资产需求和留存收益增加额

2. 融资政策与增长

根据之前所进行的讨论可以看到，销售增长与外部融资需求之间存在的直接关联，这部分将介绍两个相当有用的增长率。

1）内部增长率

内部增长率（internal growth rate）是指在公司完全不对外融资的情况下其预测增长率

的最高水平，或者说，公司完全依靠内部留存收益的再投资所带来的最大增长率。在图5-1中，内部增长率是两条线的交点。完全依靠内部留存收益再投资的前提下，资产的增长全部来源于净利润的留存，所以有如下等式：

$$额外融资需求 = \frac{总资产}{营业收入} \times 营业收入 \times 内部增长率 - 净利润 \times (1+内部增长率) \times 留存收益率$$

通过化简有：

$$内部增长率 = \frac{净利润 \times 留存收益率}{总资产 - 营业收入 \times 留存收益率}$$

将上述等式右侧上下同除以总资产有：

$$内部增长率 = \frac{ROA \times b}{1 - ROA \times b}$$

式中，ROA为资产报酬率；b为前文提到的留存收益率，或者是留存比率、再投资率等。

在这一点上，资产增长需求恰好等于留存收益增加额，因此外部融资需求为0。对于B公司而言，净利润是120，当年资产总额是1 000万元，因此ROA为120/1 000 = 12%。120万元的净利润中有50%被留存下来形成留存收益，所以留存收益率b为60/120 = 50%。根据这些数值计算出的内部增长率为

$$内部增长率 = \frac{ROA \times b}{1 - ROA \times b} = \frac{12\% \times 50\%}{1 - 12\% \times 50\%} = 6.38\%$$

因此，B公司在没有外部融资的情况下，能够扩张的最大速率是6.38%。

2）可持续增长率

但是如果B公司希望拥有更高的增长率，就不得不利用外部融资。对于公司而言，维持一定的资产负债结构非常重要，因为公司所面对的财务风险和融资成本都息息相关。因此第二个比率是没有外部股权融资，同时保持一个不变的负债权益比时，公司能够达到最大的增长率。这个比例通常被称为可持续增长率。可持续增长率（sustainable growth rate）是指在公司维持某一目标或最佳资产负债率的前提下，不对外发行新股融资时其增长率的最高值。在维持目标资产负债率的前提下有如下等式：

$$总资产 \times 可持续增长率 = 净利润 \times (1+可持续增长率) \times 留存收益率 + \frac{负债}{所有者权益} \times 净利润 \times (1+可持续增长率) \times 留存收益率$$

根据计算和化简可以准确地确定这一比例，即

$$可持续增长率 = \frac{ROE \times b}{1 - ROE \times b}$$

式中，ROE为净资产收益率；b为前文提到的留存收益率，或者是留存比率、再投资率等。

这里需要注意的是，维持公司资产负债结构的前提是只发行新的债务，而不发行新的股票。公司避免发行新股的原因有很多，如防止现有股东权益份额被稀释，也可能如在先前讨论过的，股权的资本成本是公司融资方式中成本最高的一种。

对于B公司而言，净利润是120万元，当年权益总额是450万元，因此ROE为120/

450 = 26.67%。120 万元的净利润中有 50%被留存下来形成盈余公积,所以留存收益率 b 为 60/120 = 50%。根据这些数值可以计算可持续增长率为

$$可持续增长率 = \frac{\text{ROE} \times b}{1 - \text{ROE} \times b} = \frac{26.67\% \times 50\%}{1 - 26.67\% \times 50\%} = 15.38\%$$

因此,B 公司在没有外部新增权益的情况下,能够扩张的最大速率是 15.38%。

3. 增长管理与财务政策

1)影响企业可持续增长的财务因素

上文中的可持续增长率指在不耗尽财务资源的情况下,企业销售所能达到的最大增长水平。杜邦分析法中提到,净资产收益率 = 销售净利率 × 资金周转率 × 权益乘数,同时上文中的可持续增长率还包括了留存收益率。因此通过相关分析,可以对企业的增长进行分析,分析影响企业可持续增长的财务因素。

(1)销售净利率。影响销售利率的因素包括销售价格、销售结构、销售成本、市场环境、行业特点等。成本费用的高低决定公司销售净利率的高低。在其他因素不变的情况下,企业净利率提高,销售净利润提高,内部留存收益增大,企业的可持续增长率提高。

(2)资产周期率。资产周转率是体现公司总资产实现销售收入的综合能力。一般情况下,公司的资产周转速度决定着公司利润的高低。资产周转率可分为固定资产周转率和流动资产周转率。固定资产周转率 = 销售收入/固定资产。由公式可以看出,在销售收入一定的情况下,提高固定资产周转率需要降低公司的固定资产总额。因此公司可以通过积极清理不需要的固定资产,不断增加销售收入,来提高固定资产的周转率。流动资产周转率 = 销售收入/流动资产,一般情况下,周转次数越多,周转速度越快,变现能力也就越强。

(3)留存收益。留存收益率包括未分配利润、任意盈余公积金、法定盈余公积金。公司在不断的发展过程中,需要设置可行的企业分配留存比例,妥善处理公司发展与股东利益之间的关系。其他因素保持不变的情况下,公司留存收益越大,自有资金越多,融资能力也就越强,越有利于企业可持续增长率的提高。

(4)权益乘数。权益乘数 = 资产/所有者权益。它是一个公司财务结构是否稳健的重要评价指标,反映了公司投资者权益对债权人的保障程度,权益乘数的高低取决于资产负债率的高低。在其他条件不变的情况下,资产负债率越高,权益乘数越大,越有利于企业可持续增长率的提高。

2)企业可持续增长的财务管理政策

企业在发展的过程中,适当地采取财务管理政策,有利于企业健康发展。

(1)过度增长的企业。对于过度增长的企业,可以单独采取以下四种财务政策或将其组合:①发售新股票。通过新股票发行,企业可以筹集权益资金,弥补现金缺口,但是需要谨慎使用,因为这种方法会分散企业股权控制。②降低现金股利支付率。企业可以通过提高企业的收益留存率,降低股利支付来实现企业的可持续增长。但这种手段也存在有一定局限性。在其他条件不变的情况下,将企业的股利支付缩减到零,也可能无法达到企业所要需要的增长率。③提高负债比例。对于盈利能力强、资产周转速度快的企业,当其实际增长率大于财务可持续增长率时,可以合理地提高资产负债率。④优化资产经济资源。

企业在现有的经营效率及财务政策不变的情况下，可以通过优化资产经济资源构成，提高资产周转率，解决资金不足。

（2）增长过慢的企业。增长过慢的企业通常资金充足、财务资源丰富却没有有效利用，导致经济资源的浪费。我们可以通过以下手段，实现企业的可持续发展：①回购股票。股票的回购可以减少流通在外的股票数量，有利于提高每股收益，导致股价上升。对于投资者来说，股票回购与现金股利相比灵活性较大，易于操作，同时又可以节约税收；对于管理层来说，股票回购可以实现长期的股利目标，与现金股利相比不会给公司带来派现压力。②降低负债比例。当企业拥有较多的财务资金又没有较好的投资领域时，可以要适当地降低负债比例，调整资本结构。因为较高的负债比例会给公司带来较大的还款压力，增加财务风险。因此降低负债比例，可以减轻还款压力，减轻财务风险，也有利于增加投资者的信心，便于与债权人维护长期的合作关系。③提高股利支付率。这种方式可以提高股东收益，反映企业的良好经营状况，提高企业的声誉，同时降低企业收益留存率，降低企业可持续增长率。

5.3 权益融资方式

不同公司的权益融资方式不同，有的公司采用出资人个人投资（如独资和合伙公司），有的则通过发行股票来筹集资本（如股份公司），还有一些高成长型公司采用风险投资的方式筹集资本。本节主要介绍这些权益类融资方式。

5.3.1 吸收直接投资

1. 吸收直接投资的概念

吸收直接投资（direct investment）是指公司照"共同投资、共同经营、共担风险、共享利润"的原则，以合同、协议等形式吸收各类投资主体直接投入的资金，如国家、其他法人、个人、外商和港澳台等，形成公司依法筹集并长期拥有、自主支配的资金的筹资形式。吸收直接投资并不以股票为媒介，因此适用于非股份制公司。

2. 吸收直接投资的种类与出资方式

吸收直接投资的种类可以从投资者分类和出资形式两个角度进行分类。

根据投资者身份可以将吸收直接投资分为以下几类。

1）吸收国家投资

国家投资是指有权代表国家投资的政府部门或机构，以国有资产投入公司，这种情况下形成的资本叫国有资本，国有资本的出资者包括了国家及各级国资委、政府或国有投资公司、国有经营公司等。根据《企业国有资本与公司财务管理暂行办法》第三章第十四条规定，企业拟定以盈余公积、资本公积转增实收资本的，国有企业和国有独资公司由公司董事会或者经理办公会决定，并报主管财政机关备案；股份有限公司和有限责任公司由董事会决定，并经股东大会或者股东会审议通过。国有企业和国有独资公司未按规定转增实收资本的，主管财政机关也可根据其资本积累情况，直接作出以盈余公积、资本公积转增实收资本的决定。

吸收国家投资一般具有以下特点：①产权归属国家所有，国家投资形成的国有资本由财政部负责制定国家统一的企业国有资本与财务管理的各项规章、制度，并由各级主管财政机关行使职责；②资金的运用和处置受国家约束较大，我国现在的国家投资受《企业国有资本与公司财务管理暂行办法》监督和管理；③在国有企业中采用比较广泛。

2）吸收法人投资

法人投资是指法人单位以其依法可支配的资产投入企业，这种情况下形成的资本称为法人资本。法人是有着自己名称、组织机构和场所的社会组织和集合体。吸收法人资本一般具有以下特点：①投资发生在法人单位之间；②投资多以参与公司利润分配或控制为目的，前者也可称其为财务投资者，后者一般是为了取得公司的控制权；③出资方式灵活多样，既可以采用货币资金的投资方式，也可以采取诸如土地、厂房、无形资产等投资方式。

3）吸收外商直接投资

外商直接投资，也叫国际直接投资，是以控制经营管理权为核心，以获取利益为目的的一种国际投资基本形式。企业可以通过合资经营或合作经营的方式吸收外商直接投资，即与其他国家的投资者共同投资，创办中外合资经营企业或者中外合作经营企业，共同经营、共担风险、共负盈亏、共享利益。吸收外商直接投资的形式，包括外商投资新建合资、合作、独资等企业，也包括了外商通过协议、产权市场或者股票市场取得企业全部或者部分产权，拥有所有权、控制权或者经营管理权。

4）吸收社会公众投资

社会公众投资是指社会个人或本公司职工以个人合法财产投入企业，这种情况下形成的资本称为个人资本。吸收社会公众投资一般具有以下特点：①参加投资的人员相对较多；②每人投资的数额相对较少；③以参与企业利润分配为基本目的。

根据出资形式可以将吸收直接投资的种类分为以下三种：①以现金出资的方式；②以实物出资的方式，实物出资一般是以机器设备、原料、零部件、货物、建筑物和厂房等作为出资；③以无形资产出资的方式，产权、非专利技术、土地使用权等，其作为一种无形资产，经过评估作价后一样可以作为出资。

其中现金出资是吸收直接投资最重要的出资方式。在企业吸收实物或者无形资产直接投资时，要做到按需吸收，以公平的方法评估折价，换算为现金，并且该实物应具有可以依法转让、对被投资企业具有有益性、未设担保、企业可以自由支配等特征。

 相关资料：关于国有控股混合所有制企业开展员工持股试点的意见（节选）

为全面贯彻党的十八大和十八届三中、四中、五中全会精神，落实"四个全面"战略布局和创新、协调、绿色、开放、共享的发展理念，根据《中共中央国务院关于深化国有企业改革的指导意见》（中发〔2015〕22号）有关要求，经国务院同意，现就国有控股混合所有制企业开展员工持股试点提出以下意见。

......

三、企业员工入股

（一）员工范围。参与持股人员应为在关键岗位工作并对公司经营业绩和持续发展有直接或较大影响的科研人员、经营管理人员和业务骨干，且与本公司签订了劳动合同。

党中央、国务院和地方党委、政府及其部门、机构任命的国有企业领导人员不得持股。外部董事、监事（含职工代表监事）不参与员工持股。如直系亲属多人在同一企业时，只能一人持股。

（二）员工出资。员工入股应主要以货币出资，并按约定及时足额缴纳。按照国家有关法律法规，员工以科技成果出资入股的，应提供所有权属证明并依法评估作价，及时办理财产权转移手续。上市公司回购本公司股票实施员工持股，须执行有关规定。

试点企业、国有股东不得向员工无偿赠与股份，不得向持股员工提供垫资、担保、借贷等财务资助。持股员工不得接受与试点企业有生产经营业务往来的其他企业的借款或融资帮助。

（三）入股价格。在员工入股前，应按照有关规定对试点企业进行财务审计和资产评估。员工入股价格不得低于经核准或备案的每股净资产评估值。国有控股上市公司员工入股价格按证券监管有关规定确定。

（四）持股比例。员工持股比例应结合企业规模、行业特点、企业发展阶段等因素确定。员工持股总量原则上不高于公司总股本的30%，单一员工持股比例原则上不高于公司总股本的1%。企业可采取适当方式预留部分股权，用于新引进人才。国有控股上市公司员工持股比例按证券监管有关规定确定。

（五）股权结构。实施员工持股后，应保证国有股东控股地位，且其持股比例不得低于公司总股本的34%。

（六）持股方式。持股员工可以个人名义直接持股，也可通过公司制企业、合伙制企业、资产管理计划等持股平台持有股权。通过资产管理计划方式持股的，不得使用杠杆融资。持股平台不得从事除持股以外的任何经营活动。

四、企业员工股权管理

（一）股权管理主体。员工所持股权一般应通过持股人会议等形式选出代表或设立相应机构进行管理。该股权代表或机构应制定管理规则，代表持股员工行使股东权利，维护持股员工合法权益。

（二）股权管理方式。公司各方股东应就员工股权的日常管理、动态调整和退出等问题协商一致，并通过公司章程或股东协议等予以明确。

（三）股权流转。实施员工持股，应设定不少于36个月的锁定期。在公司公开发行股份前已持股的员工，不得在公司首次公开发行时转让股份，并应承诺自上市之日起不少于36个月的锁定期。锁定期满后，公司董事、高级管理人员每年可转让股份不得高于所持股份总数的25%。

持股员工因辞职、调离、退休、死亡或被解雇等原因离开本公司的，应在12个月内将所持股份进行内部转让。转让给持股平台、符合条件的员工或非公有资本股东的，转让价格由双方协商确定；转让给国有股东的，转让价格不得高于上一年度经审计的每股净资产值。国有控股上市公司员工转让股份按证券监管有关规定办理。

（四）股权分红。员工持股企业应处理好股东短期收益与公司中长期发展的关系,合理确定利润分配方案和分红率。企业及国有股东不得向持股员工承诺年度分红回报或设置托底回购条款。持股员工与国有股东和其他股东享有同等权益,不得优先于国有股东和其他股东取得分红收益。

（五）破产重整和清算。员工持股企业破产重整和清算时,持股员工、国有股东和其他股东应以出资额为限,按照出资比例共同承担责任。

资料来源：国务院国有资产监督管理委员会网站

3. 吸收直接投资的程序

吸收直接投资的程序有如下几个。

1）确定融资数量

公司在新建或扩大经营时,首先确定资金的需要量。资金的需要量应根据公司的生产经营规模和供销条件等来核定,确保融资数量与资金需要量相适应。这要求公司在吸收直接投资时,做到从总量上协调融资与需求的关系。

2）选择吸收直接投资的具体形式

对于吸收直接投资的具体形式的选择,公司应当考虑各种出资方式形成的资产周转能力和变现能力是否能满足公司生产经营的需求,同时还需要考虑各种出资方式下资产间的合理搭配,确定合理的结构关系。

3）寻找投资单位

公司既要广泛了解有关投资者的资信、财力和投资意向,又要通过信息交流和宣传,使出资方了解公司的经营能力、财务状况以及未来预期,以便于公司从中寻找最合适的合作伙伴。

4）协商和签署投资协议

找到合适的投资伙伴后,双方或多方进行具体协商,确定出资数额、出资方式和出资时间。公司应尽可能吸收货币投资,如果投资方确有先进而适合需要的固定资产和无形资产,亦可采取非货币投资方式。对实物投资、工业产权投资、土地使用权投资等非货币资产,双方应按公平合理的原则协商定价。当出资数额、资产作价确定后,双方须签署投资的协议或合同,以明确双方的权利和责任。

5）取得所筹集的资金

签署投资协议后,公司应按规定或计划取得资金。若约定方式为实物投资,需要聘请专业资产评估机构来评定,出具第三方的资产评估报告,对相关实物进行相应核实,包括财产数量是否准确、评估价格是否公允、价格有无高估低估的情况,必要时可办理产权的转移手续取得资产。

4. 吸收直接投资的优缺点

吸收直接投资的主要优点如下：①快速形成生产能力。吸收直接投资不仅可以取得一部分货币资金,而且能够直接获得所需的先进设备和技术,快速形成生产经营能力。②财务风险小。吸收直接投资能够提高公司的资信水平和借款能力，此外直接投资使公司拥有可以任意处置的长期资产，因此可以根据经营状况向投资者支付报酬，极大地降低了公司的财务风险。③信息沟通成本较小。吸收直接投资的投资者比较单一，股权没有社会化、分散化，甚至有的投资者直接担任公司经营者职务，公司与投资者易于沟通。④融资费用较低。吸收投资的手续相对比较简便，实施的法定程序相对简单，因此融资费用较低。

吸收直接投资的主要缺点如下：①资本成本较高。当公司经营较好、盈利较多时，投资者往往要求将大部分盈余作为红利分配，因为公司向投资者支付的报酬是按其出资数额和公司实现利润的比率来计算的。②公司控制权集中，存在控制权争夺风险。采用吸收直接投资方式融资，投资者一般都要求获得与投资数额相适应的经营管理权。如果某个投资者的投资额比例较大，则该投资者对公司的经营管理就会有相当大的控制权，容易损害其他投资者的利益。③产权交易程序复杂，交易成本相对较高。吸收投入资本由于没有证券为媒介，不利于产权交易，难以进行产权转让。

5. 私募股权融资

私募股权融资（private equity）是最具有意义的一种吸收直接投资方式，其典型代表就是各类风险投资对于初创型公司的投资。公司发展通常会经历起步期、种子期、成长期、成熟期和衰退期等不同阶段。公开发行股票适用于商业模式得到验证、公司达到一定规模、利润和现金流比较稳定的成长期或者成熟期公司。处于种子期和成长早期的公司更倾向于利用非公开的私下募集的方式来筹集成长所需的权益资本，这类资本通常被称为风险投资。

风险投资是只向具有高增长潜力的未上市创业公司进行股权投资，并通过提供创业管理服务参与被投公司的经营管理，以期在所投资公司相对成熟后，通过股权转让实现高资本增值收益的资本运营方式。根据公司首次公开发行前各阶段的权益投资，即对处于种子期、初创期、发展期、扩展期、成熟期和Pre-IPO（上市前）各个时期公司所进行的投资，相关资本按照投资阶段可划分为创业投资、发展资本、并购基金、夹层资本、重振资本、Pre-IPO资本等。以创业投资为代表，风险投资主要有如下特征。

（1）特定的资本投资方式。创业投资多采取权益型投资方式，绝少涉及债权投资。创业投资机构也因此对被投资公司的决策管理享有一定的表决权。反映在投资工具上，多采用普通股或者可转让优先股，以及可转债的工具形式。

（2）特定的投资对象。创业投资的投资对象一般投资于私有公司即非上市公司，绝少投资已公开发行公司，不会涉及要约收购义务。与投资于公开证券市场的公募投资基金不同，创业投资基本上以放弃资本的流动性为代价来追求长期的、更高的资本收益，没有现成的市场供非上市公司的股权出让方与购买方直接达成交易，通常只能通过兼并收购时的股权转让和IPO（首次公开募股）时才能退出。

（3）特定的控制权安排。创业投资一般以投资换股权方式，积极参与对新兴企业的投资。但是由于初创型企业具有极大风险性，同时创业企业家的创业能力在企业成败中具有极其重要的作用，因此在股权安排中，风险投资机构往往会放弃公司的控制权，将公司控制权交由创业企业家。

（4）特定的增值服务。风险投资者不但是单纯的财务投资者，它更会主动参与公司管理。风险投资在投资目标公司的同时，也会协助目标公司改善经营管理，以及筹备在证券市场首次公开发行股票等。

（5）对赌协议。在创业投资对初创公司投资的过程中，常会引入对赌协议对创业企业家进行激励。对赌协议是投资方与融资方在达成融资协议时，对于未来不确定的情况进行的一种约定。如果约定的条件出现，投资方可以行使一种权利；如果约定的条件不出现，融资方则行使一种权利。一般而言，对业绩增长的要求是对赌协议中最为常见的标的，双方对公司未来数年的收入、净利润等关键指标作出约定，条件多为股权比例的变化，或现金溢价赎回部分股权的规定。对公司而言，签订对赌协议的好处是，能够在短期内获得足够现金支持发展，只要在协议规定范围内达到对赌条件，其资金利用成本会相对较低。

（6）特定的退出方式。创业投资等风险投资基金在选择投资项目或者投资对象时，一个决定性的要点就是退出机制，基金绝不会投资于没有明确退出渠道的投资项目。退出渠道多样化，包括公开市场发行、股权转让、兼并收购、控股股东回购、标的公司经营者回购等。

5.3.2 普通股融资

普通股（common stock）是公司发行的代表股东享有平等权利和义务，不加特别限制且股利不固定的股票。普通股在公司的经营管理和盈利及财产的分配上享有普通权利，代表满足所有债权偿付要求及优先股东的收益权与求偿权要求后对公司盈利和剩余财产的索取权。它构成公司资本的基础，是股票的一种基本形式。

公司的普通股融资可通过两种方式进行。其一为首次公开发行（IPO），是指一家公司第一次将它的股份向公众出售。通常，上市公司的股份是根据相应证券会出具的招股书或登记声明中约定的条款通过经纪商或做市商进行销售。一般来说，一旦首次公开上市完成后，这家公司就可以申请到证券交易所或报价系统挂牌交易。需要注意的是，有限责任公司在申请首次公开募股之前，应先变更为股份有限公司。其二为再融资（SEO），再融资是指上市公司通过配股、增发等方式在证券市场上进行的直接融资。配股是上市公司向原股东发行新股、筹集资金的行为。按照惯例，公司配股时新股的认购权按照原有股权比例在原股东之间分配，即原股东拥有优先认购权。增发配售是已上市的公司通过指定投资者（如大股东或机构投资者）或全部投资者额外发行股份募集资金的融资方式，发行价格一般为发行前某一阶段的平均价的某一比例。向指定投资者增发的过程被称为定向增发，向全部投资者额外发行股份的过程被称为非定向增发。

1. 普通股股东的权利

普通股在法律上享有的各种权利，以股东认购股份并缴清股款为取得标志。各国对普通股股东权利规定大体相同，其享有以下权利。

（1）公司重大决策表决权。股东有权依据公司章程的规定对股东大会的提案表示同意或者不同意。行使这一权利的途径是参加股东大会、行使表决权。股东大会应当每年召开一次年会，必要时也可召开临时股东大会。股东会议上股东按出资比例行使表决权。公司在股东大会上的决议必须经出席会议的股东半数通过,一些特别事项,如股东大会作出修改公司章程、增加或减少注册资本、公司合并分立解散或变更公司形式的决议,须经出席会议的股东 2/3 以上通过。

(2)公司资产收益权。公司资产收益权是普通股股东按出资比例,并结合公司经营状况分取红利的权利。我国法律规定:公司缴纳所得税后的利润在支付普通股票的红利之前,应按如下顺序分配:弥补亏损,提取法定公积金,提取任意公积金。一般情况下,公司只能用弥补亏损、提取法定公积金、提取任意公积金后剩余部分支付,并且股利的支付不能减少公司的注册资本。当公司在无力偿债时不能支付红利。由于股东收益视公司经营状况而定,因此股东的收益分配权属于一种状态依存型收益。

(3)公司剩余资产分配权。剩余资产分配权是公司清算时股东有权按照所持股份比例参与分配经财产清算以后公司剩余资产的权利。行使剩余资产分配权先决条件包括:行使时间在公司解散之时;行使的法定程序上,公司财产在分别支付清算费用、职工的工资、社会保险费用和法定补偿金、缴纳所欠税款、清偿公司债务后的剩余财产后,按照股东持有的股份比例分配。所以在制度安排上,股东剩余资产分配位于补偿债权人和优先股股东持有者之后。

(4)优先认股权。优先认股权是当股份公司为增加公司资本而决定增加发行新的股票时,原普通股股东享有的按其持股比例、以低于市价的某一特定价格优先认购一定数量新发行股票的权利。优先认股权存在的目的:一是保证股东原有的持股比例;二是保护原股东的利益和持股价值。对于普通股股东而言,优先认股权有三种选择:一是行使认购权;二是将该权利转让;三是不行使听任失效。

(5)股份转让的权利。股东有权依据有关法律的规定,自由转让其拥有的股份。

股东的上述权利,可以自己行使,也可以委托他人代理行使,还可以转让其权利。由上述权利派生,普通股股东还拥有其他一些相关权利,如查阅公司章程,查阅股东大会会议记录,查阅公司财务会计报告,对公司经营提出建议或者质询、诉讼,等等。同时与享受权利相对应的,股东还需履行一些基本义务,如遵守公司章程、缴纳股款、对公司债务负有限责任、不得抽回资本等。

2. 普通股融资的优劣分析

公司利用普通股股票融资具有明显的优势,主要表现在:①增加公司资本实力,降低财务风险。由于普通股票没有固定的到期日,不用支付固定的利息,不存在不能还本付息的风险。公司有盈余,并且认为适合分配股利,就可以分给股东;公司盈余少,或虽有盈余但资金短缺或者有有利的投资机会,就可以少支付或不支付股利。在公司持续经营期间可长期使用,能稳定而长期地占用资本,有利于增加公司实力,为债务融资提供基础,能充分保证公司生产经营的资金需求。②提高公司声誉。股票融资可以提高公司知名度,为公司带来良好的声誉。③借助市场规则,规范公司治理。股票融资需要建立透明的信息披露制度,同时要受到市场各方的监督和相关法律的约束,有利于帮助公司建立规范的现代公司制度。④增强股权流动性。公司上市后,公司股票流动性加强,股价更易于定价,产权转让更加方便,从而为公司资本成本确定和相关并购等经济活动提供可参照的价值体系。

股票融资也有明显的不足，主要有：①资本成本较高。首先，从投资者的角度讲，投资于普通股风险较高，相应地要求有较高的投资报酬率。其次，对融资来讲，普通股股利从税后利润中支付，不具有抵税作用。另外，普通股的发行成本也较高，直接加大了融资成本。②股票融资耗时较长，无法满足公司短时间内的融资需求。③容易分散控制权。当公司发行新股时，出售新股票，引进新股东，会导致公司原有股权稀释，从而直接影响或者削弱原股东对于公司的控制权。④上市后管理层会更加关注股票短期价格的涨跌，花费公司管理层精力，可能影响公司业务的持续开展，甚至会造成管理层短视的行为，影响公司长期价值。

5.3.3 优先股融资

优先股（preferred stock）是指依照《中华人民共和国公司法》（以下简称《公司法》），在一般规定的普通种类股份之外，另行规定的其他种类股份，其股份持有人优先于普通股股东分配公司利润和剩余财产，但参与公司决策管理等权利受到限制。上市公司可以发行优先股，非上市公众公司可以非公开发行优先股。与其他证券相比，它兼具有普通股和债券的一些特征，因此在习惯上，优先股也常被称为混合证券。

1. 优先股特征及其种类

持有优先股的股东在盈余分配和剩余财产分配上优先于普通的股东。优先股本质是种融资合约，既然是合约，其所有条款都是融资各方约定的结果，从而不同于拥有"剩余控制权"的普通股。在通常情况下，优先股股东并没有表决权，并且在企业正常经营情况下，优先股股东的股息率稳定在一定水平上，普通股股东可以在优先股股东股息分配以后，根据公司经营情况，分配到剩余红利。但是一旦企业资不抵债被迫破产，公司应首先偿还债务，再由优先股股东分配剩余资产，然后才能考虑普通股股东。

优先股具有普通股的一些特征，例如，优先股属于股本的一部分，大多数情况下没有到期日，股息从税后收益支取，能分配公司剩余财产，并承担有限责任等等。但是优先股也有普通股所没有的一些特征。通常而言，优先股具有以下四个特征：固定收益、先派息、先清偿、权利小。

一是优先股收益相对固定。由于优先股股息率事先规定，所以优先股的股息一般不会根据公司经营情况而增减，而且一般也不再参与公司普通股的分红。当然，公司经营情况复杂多变，如果公司当年没有足够利润向优先股股东支付股息，优先股股东当年也就无法取得固定收益。

二是优先股可以先于普通股获得股息。也就是说，公司可分配的利润先分给优先股股东，剩余部分再分给普通股股东。

三是优先股的清偿顺序先于普通股，次于债权人。一旦公司破产清算，剩余财产先分给债权人，再分给优先股股东，最后分给普通股股东。但与公司债权人不同，优先股股东不可以要求无法支付股息的公司进入破产程序，不能向人民法院提出公司重整、和解或者破产清算申请。

四是优先股的权利范围小。优先股股东对公司日常经营管理的一般事项没有表决权；

仅在股东大会表决与优先股股东自身利益直接相关的特定事项时，例如，修改公司章程中与优先股相关的条款，优先股股东才有投票权。同时，为了保护优先股股东利益，如果公司在约定的时间内未按规定支付股息，优先股股东按约定恢复表决权；如果公司支付了所欠股息，已恢复的优先股表决权终止。

根据不同的优先股约定的股息分配方式，优先股可以分为多个种类。

（1）固定股息率优先股和浮动股息率优先股。股息率优先股存续期内不作调整的，称为固定股息率优先股，而根据约定的计算方法进行调整的，称为浮动股息率优先股。

（2）强制分红优先股和非强制分红优先股。公司可以在章程中规定，在有可分配税后利润时必须向优先股股东分配利润的，是强制分红优先股，否则即为非强制分红优先股。

（3）可累积优先股和非累积优先股。根据公司因当年可分配利润不足而未向优先股股东足额派发股息，差额部分是否累计到下一会计年度，可分为可累积优先股和非累积优先股。可累积优先股可以将应付股息累积到次年或以后某一年盈利时，在普通股的股息发放之前，连同本年优先股股息一并发放。非累积优先股则是指公司不足以支付优先股的全部股息时，对所欠股息部分，优先股股东不能要求公司在以后年度补发。

（4）参与优先股和非参与优先股。根据优先股股东按照确定的股息率分配股息后，是否有权同普通股股东一起参加剩余税后利润分配，可分为参与优先股和非参与优先股。持有人只能获取一定股息但不能参加公司额外分红的优先股，称为非参与优先股。持有人除可按规定的股息率优先获得股息外，还可与普通股股东分享公司的剩余收益的优先股，称为参与优先股。

（5）可转换优先股和不可转换优先股。根据优先股是否可以转换成普通股，可分为可转换优先股和不可转换优先股。可转换优先股是指在规定的时间内，优先股股东或发行人可以按照一定的转换比率把优先股换成该公司普通股。否则是不可转换优先股。

（6）可回购优先股和不可回购优先股。根据发行人或优先股股东是否享有要求公司回购优先股的权利，可分为可回购优先股和不可回购优先股。可回购优先股是指允许发行公司按发行价加上一定比例的补偿收益回购优先股。公司通常在认为可以用较低股息率发行新的优先股时，就可用此方法回购已发行的优先股股票。不附有回购条款的优先股则被称为不可回购优先股。

2. 优先股发行目的

股份有限公司发行优先股主要出于筹集自有资本的需要。但是，由于优先股的特性，优先股的发行会考虑其他动机。①防止股权分散化。优先股不具有公司表决权，因此公司为避免普通股发行稀释现有股权，在资本额一定的情况下，发行一定数额的优先股，以保护原有普通股股东对于公司经营权的控制。②维持举债能力。由于优先股融资属于股权资本融资的范畴，因此它可以作为公司举债的基础，以提高公司的负债能力。③增加普通股权益。由于优先股的股息固定，且优先股股东对于公司留存收益不具有最终索取权，因此在公司收益一定的情况下，提高优先股的比重会相应提高普通股股东的权益，提高每股收益净额，从而具有杠杆作用。④调整资本结构。由于优先股在特定的情况下具有"可转换性"和"可赎回性"，因此在公司安排自有资本与对外负债比例关系时，可以借助优先股的这些特性来调整公司资本结构，达到公司特定的目的。

也正是由于上述动机的需要，按照国外经验，公司在发行优先股时需要就某一特定目的或者动机来配合选择发行时机。大体看来，优先股一般选择在以下几种情况时发行：公司初创时期，公司急需筹集资本时期，公司财务状况欠佳、不能追加债务时期或者公司财务重整时期，为避免股权稀释时期等等。

3. 优先股融资的优缺点

优先股股票融资的优点主要表现在：①股息支付非强制性。债券的本息支付具有强制性，而优先股虽然约定了固定股息率，但是在公司没有盈利的情况下，公司并没有固定的股息支付义务。因此优先股票股利不是发行公司必须偿付的一项法定债务，如果公司财务状况恶化，这种股利可以不付，从而减轻公司的财务负担。②与普通股相比，发行优先股一般不会稀释股东权益。③可能存在到期期限。优先股一般没有到期期限，不会减少公司现金流，不需要偿还本金。但是有些优先股是有期限约定的，如20年后可赎回。

优先股股票融资的缺点主要表现在：①优先股股利不可以税前扣除，同样存在双重征税的问题，导致其税后成本高于负债筹资。②优先股的股利通常被视为固定成本，与负债筹资没有什么差别，会增加公司的财务风险并进而增加普通股的成本。虽然股息没有强制支付的要求，但是如果公司不按规定支付股利，会影响公司形象。

 相关资料：中国农业银行发行境内资本市场首只优先股

2014年11月28日，中国农业银行400亿元优先股在上海证券交易所正式挂牌，标志着中国境内资本市场第一只优先股产品圆满完成发行及挂牌工作。农行优先股发行得到了市场的认可和追捧，数十家机构投资者参与报价，最终价格确定在6%，位于6%~6.5%报价区间的底端，包括保险、银行资管、企业、年金、券商、QFII等各类投资者入围。

优先股的推出，是国家深化金融体制改革、构建多层次资本市场的一项重要举措，对于商业银行融资创新和多元化资本市场建设具有里程碑意义。

一方面，实现了中国银行业融资模式的突破，有效缓解了市场对商业银行再融资的担忧。与发达国家相比，中国银行业融资渠道单一，由此造成核心一级资本和二级资本相对充足，其他一级资本短缺。此次发行的优先股，符合巴塞尔资本协议和中国银监会相关监管标准，能够补充一级资本，增强银行可持续发展能力，同时实现了商业银行资本结构的优化，有效节约了资本成本。按照2013年末数据计算，农行在发行400亿元优先股后，一级资本充足率将提升约0.41个百分点。通过发行优先股补充资本，有效缓解了此前市场对银行再融资的担忧，对银行业估值修复形成利好。

另一方面，丰富了投资品种，为多层次资本市场建设创造了条件。优先股推出，填补了国内证券产品的空白，为投资者特别是保险、年金等追求长期稳定收益的长线投资者提供了良好的投资工具，有利于促进境内市场"价值投资"理念的形成和巩固。同时，作为一项新的融资手段，优先股为企业间并购重组、股权置换等资本管理以及员工持股等新型公司治理建设创造了有利条件。

资料来源：中国农业银行发行境内资本市场首支优先股. 新华财经. 2014-11-28

5.4 债务融资方式

债务融资（debt financing）对大多数公司都是必要的，这是因为：第一，权益融资的有限性决定了公司必须借助于债务融资形式来满足公司生产经营的需要；第二，从公司发展速度与规模来看，如果不依赖于债务融资将很难扩大其生产经营规模；第三，在财务杠杆的帮助下，债务融资对降低股权资本成本具有重要意义。

西方财务理论在归纳债务融资利弊时，认为负债有两种好处：一是税收抵免，税率越高，优惠越大，我们称这种债务带来的税收优惠为税盾。二是增加了对经营者的约束。经营者与股东之间的利益诉求分离越大，负债对经营者的制约作用也越大。西方研究表明，现代股份制公司中普遍存在股东和经理人员的冲突。经理可以任意挥霍公司资产以满足个人私欲。当公司的规模一定时，债务融资比例增加，则权益融资比例减少，经理所持股份占公司总股份的比例就会增加，经理挥霍的成本也就相应增大，因而这种侵占行为就会有所减轻。此外，经理可能对过多的自由现金流随意使用。自由现金流是在经营过程中产生的、只有经营者能控制的现金流量，而债务使得公司必须在将来还本付息，对经营者形成了硬约束，强化了经营者的经营自律，这样就减少了经理对公司自由现金流的滥用，从而减少了代理成本。同时，由于债务的增加会使破产的可能性变大，因而能够激励经理努力工作，减少偷懒和在职消费的问题。因此，负债是促使经营者自律，并提高公司投资效益的一种有效的管理机制。

其不足之处主要表现在：第一，增加了公司财务风险和破产成本。负债率越高，就越难实现财务上的稳定，发生财务危机的可能性就越大。过高的负债率会导致公司破产，需要支付庞大的法律诉讼和清算费用。即使公司尚未破产，负债过多也会直接影响资金的使用，并提高新增融资的资本成本。第二，增加了股东与债权人之间的代理成本。由于股东的责任有限，而剩余收益则由股东分享，因此当某项投资具有产生远高于债务面值的收益时，即便成功的概率很低，股东也可能会选择这一高风险投资项目。因为这一风险投资项目一旦成功，超额收益全部归所有者所有；而项目一旦失败，有限责任决定了损失将主要由债权人来承担。股东与债权人之间的分歧越大，代理成本也越高。

从类型上看，公司债务融资包括银行借款、发行债券、融资租赁、商业信用等多种形式。从所筹集资金的期限上来看，有长期债务资金，如长期银行借款、长期债券、融资租赁等，也有短期债务资金，如短期银行借款、短期融资券、商业信用、保理融资等。本节将按其类型分别介绍。

5.4.1 银行借款

银行借款（bank loan）是指公司向银行或其他非银行金融机构根据借款协议或者合同，向银行或者其他金融机构借入的、需要还本付息的款项，包括偿还期限超过1年的长期借款和不足1年的短期借款。它以公司生产经营能力以及获利能力作为依托。长期借款主要用于公司长期资产投资和满足永久性流动资产需求，如公司购建固定资产，短期借款主要用于满足公司流动资金周转的需要。

1. 银行借款的种类

1）按照借款提供的机构可分为自营借款、委托借款和特定借款

自营借款，系指借款人以合法方式筹集的资金自主发放的借款，其风险由借款人承担，并由借款人收回本金和利息。其中最为典型的是商业性银行借款。它是由各商业银行向工商公司提供的借款，用以满足公司生产经营的资金需要，包括短期借款和长期借款。自营借款还包括其他金融机构借款，如从信托投资公司取得实物或货币形式的信托投资借款，从财务公司取得的各种中长期借款，从保险公司取得的借款等。其他金融机构的借款一般较商业银行借款的期限要长，要求的利率较高，对借款公司的信用要求和担保的选择比较严格。

委托借款，系指由政府部门、企事业单位及个人等委托人提供资金，由银行等金融机构作为受托人，根据委托人确定的借款对象、用途、金额期限、利率等代为发放给具体借款人，监督使用并协助收回的借款。受托人只收取手续费，不承担借款风险。

特定借款，指经国务院批准并对借款可能造成的损失采取相应补救措施后责成国有独资商业银行发放的借款。这类借款一般由政策性银行发放。政策性银行是指执行国家政策性贷款业务并向公司发放贷款的金融机构，此类机构发放的贷款通常为长期贷款。如国家开发银行贷款，主要满足公司承建国家重点建设项目的资金需要；中国进出口信贷银行贷款，主要为大型设备的进出口提供买方信贷或卖方信贷；中国农业发展银行贷款，主要用于确保国家对粮、棉、油等政策性收购资金的供应。

2）按照借款的期限可分为短期借款、中期借款和长期借款

短期借款，系指借款期限在1年以内（含1年）的借款；中期借款，系指借款期限在1年以上（不含1年）5年以下（含5年）的借款；长期借款，系指借款期限在5年（不含5年）以上的借款。

3）按机构对借款有无担保要求可分为信用借款、担保借款和票据贴现

信用借款是指以借款人的信誉或保证人的信用为依据而获得的借款。公司取得这种借款，无须以财产作抵押。对于这种借款，由于风险较高，银行通常要收取较高的利息，往往还附加一定的限制条件。

担保借款是指由借款人或第三方依法提供担保而获得的借款。担保包括保证责任、财务抵押、财产质押，由此，担保借款包括保证借款、抵押借款和质押借款。其中，保证借款，系指按法律规定的保证方式第三人承诺在借款人不能偿还借款时，按约定承担一般保证责任或者连带责任而发放的借款。抵押借款，系指按法律规定的抵押方式以借款人或第三人的财产作为抵押物发放的借款。质押借款，系指按法律规定的质押方式以借款人或第三人的动产或权利作为质物发放的借款。

票据贴现，是指借款人以购买借款人未到期商业票据的方式发放的借款。

4）集团授信

集团授信是指商业银行对集团客户统一进行授信管理，直接提供资金支持，或者商业银行对集团客户在有关经济活动中可能产生的赔偿、支付责任作出保证。包括但不限于：

贷款、贸易融资、票据承兑和贴现、透支、保理、担保、贷款承诺、开立信用证等表内外业务。

商业银行对集团客户授信应当遵循以下原则：①统一原则。商业银行对集团客户授信实行统一管理，集中对集团客户授信进行风险控制。②适度原则。商业银行应当根据授信客体风险大小和自身风险承担能力，合理确定对集团客户的总体授信额度，防止过度集中风险。③预警原则。商业银行应当建立风险预警机制，及时防范和化解集团客户授信风险。

此外，商业银行对集团客户授信，应当由集团客户总部（或核心公司）所在地的分支机构或总行指定机构为主管机构。主管机构应当负责集团客户统一授信的限额设定和调整或提出相应方案，按规定程序批准后执行，同时应当负责集团客户经营管理信息的跟踪收集和风险预警通报等工作。

2. 借款协议及保护性借款

对于银行借款，特别是一些长期的借款协议，由于期限长、风险大、不确定性强，银行通常对借款公司提出一些有助于保证贷款按时足额偿还的条件。这些条件写进贷款合约中，形成了合同的保护性条款。其目的在于保证银行自身权益，保证到期能收回贷款并且取得收益，进而要求借款公司保持良好的财务状况，特别是作出承诺时的状况。借款公司由于经营不善而可能违约时，银行可以据此采取必要的行为。归纳起来，保护性条款大致有三类：一般性保护条款、例行性保护条款、特殊性保护条款。

1）一般性保护条款

一般性保护条款应用于大多数借款合同，主要包括：①流动性资本的要求。流动性资本的要求是借款协议中最普遍和最复杂的保护条款，其对借款公司流动资金保持量的规定，目的在于保持借款公司资金的流动性和偿债能力，因此它规定公司在承诺期内必须保持流动性资本的最低限额，该限额通常以现有流动资本量和计划流动资本为基础，允许季节变动，且以不过分限制公司经营为限，如规定公司保持一定的流动比例与速动比率等。②现金股利与股票回购的限制。对支付现金股利和股票回购的限制，其目的在于限制现金用于业务以外的其他用途，以维持公司的清偿能力，最常用的方法是将现金股利与股票回购的支出限制为净利润的一定比率。③资本支出限制以及其他债务限制。对资本支出规模的限制是银行用来保证维持公司目前财务状况的一种工具，其目的在于减少公司日后不得不变卖固定资产以偿还贷款的可能性，仍着眼于保持借款公司资金的流动性。④限制其他长期贷款人权利，其目的在于防止其他贷款人取得对公司资产的优先求偿权。

2）例行性保护条款

例行性保护条款作为例行常规，在大多数借款合同中都会出现，主要包括：①借款公司定期向银行提交财务报表，其目的在于及时掌握公司的财务情况；②不准在正常情况下出售较多资产，以保持公司正常的生产经营能力；③如期清偿缴纳的税金和其他到期债务，以防被罚款而造成现金流失；④不准以任何资产作为其他的担保或抵押，以避免公司过重的负担；⑤不准贴现应收票据或出售应收账款，以避免或有负债；⑥限制租赁固定资产的规模，其目的在于防止公司负担巨额租金以致削弱其偿债能力，还在于防止公司以租赁固定资产的办法摆脱对其资本支出和负债的约束。

3）特殊性保护条款

特殊性保护条款是针对某些特殊情况而出现在部分借款合同中的，主要包括：①贷款专款专用；②不准公司投资于短期内不能收回资金的项目；③限制公司高级职员的薪金和奖金总额；④要求公司主要领导人在合同有效期担任领导职务；⑤要求公司主要经营者购买人身保险，等等。

此外，"短期借款融资"中的周转信贷协定、补偿性余额等条件，也同样适用于长期借款。

3. 银行借款利率的决定

影响借款利率高低的主要因素是借款期限与借款公司信用。借款期限越长，银行承担的风险越大，从而要求的借款利率越高；反之，借款期限越短，银行面临的不确定性越小，从而要求的借款利率越低。因此一般而言，短期借款的利率要低于长期借款。在期限一定的条件下，借款利率的高低也由借款公司的信用状况决定，信用好或者抵押品流动性强的借款公司，其借款利率相对信用低、抵押品流动性弱，或者没有抵押担保的借款公司利率要低。

银企间最终达成的借款协议，往往需要双方对利率进行预期，以选择对于自身有利的利率制度，并达到博弈均衡。贷款利率制度有固定利率制度和浮动利率制度两种，其中浮动利率通常有高、低限额，并在借款合同中明确其浮动幅度。为节约借款成本，公司必须进行有效的利率预期，并在此基础上灵活采用不同的利率制度。如果预期市场利率上升，则采用固定利率制度，如果预期市场利率下降，则采用浮动利率制度。

4. 银行借款的偿还

银行借款的偿还通常有两种方式：①到期一次性偿还；②定期或不定期偿还相等或者不相等金额的款项，到借款到期时还清全部本金。前者能使借款公司在借款期内使用全部所借金额，但是到期还款压力较大，需要公司在事先做好还款计划与还款准备，如建立偿债基金制度等。后者则使借款公司在借款期内边用边还，将还款与用款结合在一起，所用借款额不完整，且实际利率大于名义利率，但是偿债压力较小。不论采取哪种方式，还本付息均需要以所借款项能增加现金流量并且使用后能新增利润以及现金流入作为依托。如果借款使用后不能产生预期的利润以及现金流，则无论采用何种方式都会使公司难以应付。相反，如果所借款项能增加现金流量并且使公司收益大幅增长，则无论哪种方式对公司偿还借款都影响不大。

因此，为了避免债务危机，公司必须加强还款管理，具体包括：①合理选择还款方式。如对于借款期限较短或者未来效益较好而借款时间相对较长的借款，可采取一次性还本付息的方式，而对于未来效益一般的借款项目，可采用分期偿还的方式。②做好还款规划。按合同规定的还款方式，结合公司的经营和财务状况、资金市场变动等，做好还款计划和还款准备，建立偿债基金，利用借款时间差借新债还旧债。③提出应急措施。若当期债务期限已到，而公司暂时又不具备足够的还款能力，应当向银行事先提交有关延期还款申请，续签合同办理展期，或者通过其他融资渠道及时归还借款。

5. 银行借款的优缺点

短期借款和长期借款的优缺点各不相同。

短期借款资金的优点在于可以随公司的资金需要安排，便于灵活使用，取得程序较为简便。银行为了防范风险，对发放中长期贷款一般比较谨慎，利率也较高，这种情况下，短期借款就成为很多公司最为重要的财务资源通道。

短期借款主要缺点在于其短期性。对于公司而言，短期流动性压力会相对较大，需要保证资产的流动性，以符合一定的流动比率要求。在此情况下，公司必须能具备良好的经营活动现金流动机制，如果资产的盈利能力不振，经营活动现金流量匮乏，就会使公司资金的周转发生困难，造成流动比例下降，偿债能力恶化，陷入难以自拔的财务困境。

对于长期借款而言，它具有以下优点：①融资迅速。长期借款的借款手续相对比较简单，银行和公司之间相互了解，同时划款比较及时。②借款弹性大。无论是用款进度还是还款安排，由于只和某一银行进行一对一的协商，因此有利于公司按照自身的要求和能力，来变更借款数量与还款期限，对公司具有一定的灵活性。③成本低。借款的税收抵减作用和借款的低成本能帮助公司降低整体资本成本。④易于公司保守财务秘密。向银行办理借款，可以避免向公众提供公开的财务信息，因而易于减少财务信息的披露，对保守财务秘密有好处。⑤发挥财务杠杆作用。当公司的投资利润率大于银行借款利率时，合理运用财务杠杆会给公司权益资本带来额外收益。

长期借款也有相应的不足，主要包括：①融资风险大。尽管借款具有某种弹性，但是还本付息的固定义务仍然存在，公司偿付的压力较大，融资风险较高，另外公司有时会因为过多的借款出现无法偿付的风险。②使用限制多。银行为保证贷款的安全性，对借款的使用附加了很多约束性条款，这些条款在一定意义上限制了公司自主调配与运用资金的功能。③融资数量相对有限。过多的负债会导致公司财务风险上升，理论上，银行借款的数量受到公司资产负债率的限制，因此融资数量相对有限。

5.4.2 债券融资

公司债券是公司为筹集资金，依照法定程序发行，约定在一定期限内还本付息的反映借贷关系的有价证券。公司债券的发行主体是股份公司，但非股份公司也可以发行债券。所以，一般归类时，公司债券和公司发行的债券合在一起，可直接称为公司（企业）债券。因此，狭义上的公司债券可以被简称为公司债。

1. 公司债券的类型

公司债券按不同标准可以分为很多种类。最常见的分类有以下几种。

（1）按照期限划分，公司债券有短期公司债券、中期公司债券和长期公司债券。根据中国公司债券的期限划分，短期公司债券期限在1年以内，中期公司债券期限在1年以上5年以内，长期公司债券期限在5年以上。

（2）按是否记名划分，公司债券可分为记名公司债券和不记名公司债券。如果公司债券上登记有债券持有人的姓名，投资者领取利息时要凭印章或其他有效的身份证明，转让时要在债券上签名，同时还要到发行公司登记，那么，它就称为记名公司债券，反之称为不记名公司债券。

（3）按债券有无担保划分，公司债券可分为信用债券和担保债券。信用债券指仅凭融资人的信用发行的、没有担保的债券，信用债券只适用于信用等级高的债券发行人。担保债券是指以抵押、质押、保证等方式发行的债券，其中，抵押债券是指以不动产作为担保品所发行的债券，质押债券是指以其有价证券作为担保品所发行的债券，保证债券是指由第三者担保偿还本息的债券。

（4）按债券可否提前赎回划分，公司债券可分为可提前赎回债券和不可提前赎回债券。如果公司在债券到期前有权定期或随时购回全部或部分债券，这种债券就称为可提前赎回公司债券，这种债券的好处在于：当利率降低时，公司可以用"以新还旧"的方法，赎回已经发行的利率较高的债券，代之以发行新的、利率较低的债券，以降低债务成本。反之则是不可提前赎回公司债券，它是指依债务契约条款不能从债权人手中提前赎回的债券，它只能在证券市场上按照市场价格买回，或者等到债券到期后收回。

（5）按债券票面利率是否变动，公司债券可分为固定利率债券、浮动利率债券和累进利率债券。固定利率债券指在偿还期内利率固定不变的债券；浮动利率债券指票面利率随市场利率定期变动的债券；累进利率债券是指以利率逐年累进方法计息的债券，其利率随着时间的推移，后期利率将比前期利率更高，有一个递增率，呈累进状态。

（6）按发行人是否给予投资者选择权分类，公司债券可分为附有选择权的公司债券和不附有选择权的公司债券。附有选择权的公司债券，指债券发行人给予债券持有人一定的选择权，如可转让公司债券、有认股权证的公司债券、可退还公司债券等。可转换公司债券的持有者，能够在一定时间内按照规定的价格将债券转换成公司发行的股票；有认股权证的债券持有者，可凭认股权证购买所约定的公司的股票；可退还的公司债券，在规定的期限内可以退还。反之，债券持有人没有上述选择权的债券，即不附有选择权的公司债券。

（7）按发行方式分类，公司债券可分为公募债券和私募债券。公募债券指按法定手续经证券主管部门批准公开向社会投资者发行的债券；私募债券指以特定的少数投资者为对象发行的债券，发行手续简单，一般不能公开上市交易。

2. 债券融资的一般管理

利用债券方式进行融资是公司融资的重要途径。随着我国市场经济的发展，债券融资备受公司重视，债券融资管理也成为公司融资管理的一项重要内容。

1）债券发行资格与发行条件

只有股份有限公司、国有独资公司和两个以上的国有公司或者其他两个以上的国有投资主体设立的有限责任公司，才有资格发行公司债券。由于股东只以其出资额对公司盈亏承担有限责任，因此从法律上规定债券发行资格和发行条件，有利于保护债权持有者的权益，这种保护包括两个方面：一是债券本金收回的安全性；二是债券投资的收益性。

2)发行决议的作出

发行债券是公司在经营上的重大投资举措,必须由公司的最高权力机构决定,而董事会只是制订具体方案。股份有限公司、有限责任公司发行公司债券,由董事会制订方案,股东会作出决议。国有独资公司发行公司债券,应由国家授权投资的机构或者国家授权的部门作出决定。因国有独资公司不设股东会,故由国家授权投资机构或者国家授权的部门作出决定,决议或决定作出后,公司应当向国务院证券管理部门报请批准。

3)发行价格的制定

债券的发行价格,是指发行公司发行债券时所使用的价格,也即债券原始投资者购入债券时所实际支付的市场价格,它与债券的面值可能一致也可能不一致。公司在实际发行债券之前必须进行发行价格决策。

影响债券发行价格的基本因素主要有:第一,债券票面价值。债券售价的高低,从根本上取决于面值大小。第二,债券利率。债券利率越高,则售价也越高。第三,市场利率。它与债券售价成反比例关系。第四,债券期限。债券发行的起止日期越长,则风险越大,售价越低。

债券发行的价格确定方面,理论上,债券发行价格是债券的面值和需要支付的年利息按发行当时的市场利率折现所得到的现值。发行价格的具体计算公式为

$$债券发行价格 = \sum_{t=1}^{n} \frac{债券面值 \times 票面利率}{(1+市场利率)^t} + \frac{债券面值}{(1+市场利率)^n}$$

式中,t 为付息期数;市场利率通常指债券发行之时的市场利率,也即发行当时各潜在投资者(债权人)所要求的与该公司风险相对应的平均必要收益率,n 为付息总期数。

按照上市公司所确定的发行价格,理论上等同于债券实际的投资价值。同时由公式可知,票面利率和市场利率的关系影响到债券的发行价格。当债券票面利率等于市场利率时,债券发行价格等于面值;当债券票面利率低于市场利率时,公司仍以面值发行就不能吸引投资者,故一般要折价发行;反之,当债券票面利率高于市场利率时,公司仍以面值发行就会增加发行成本,故一般要溢价发行。在实务中,根据上述公式计算的发行价格一般是确定实际发行价格的基础,还要结合发行公司自身的信誉情况。

上述计算公式中,假定不同时期收益所用的市场利率(也叫作贴现率)等同于发行的市场利率,其实是一种简化的做法。从理论上看,不同时期的市场利率完全不同,越迟发生的收益,所用的市场利率应当越高。而决定债券市场利率的因素有以下几种。

(1)未来预期的通货膨胀。由于人们对未来通货膨胀率估计不准,使债券的名义利率与实际利率因通货膨胀率不同而产生较大偏差,为了补偿通货膨胀以及购买力风险,必须以提高收益率的方式作为补偿,导致长期债券的贴现率高于短期债券的贴现率,债券存续期间后期的贴现率高于前期的贴现率。

(2)违约风险。违约风险是指由于债券发行者的收入会随经营状况而改变,因此债券本息的偿付能力不同,这就给债券本息能否及时偿还带来了不确定性。违约风险低的债券利率也低,违约风险高的债券利率也高。如政府债券的违约风险低,因而利率也低。

（3）流动性偏好。人们总是希望手中的资金或者金融资产有较大的灵活性，因此在选择债券时，人们可以购买长期债券，也可以分期购买短期债券以保证较大的灵活性。债券的流动性越强，变现越容易，利率越低。反之，流动性越弱，利率越高。公司如果希望吸引投资者长期投资，就必须提供比短期债券更高的收益率，即降低长期债券的发行价格，提高贴现率。

4）发行种类的选择

决定债券发行种类的因素主要有两个：一是债券融资的市场吸引力。如果公司认为自身在投资者心中有相当高的吸引力，就可以发行普通的无附加条件的债券。反之，则需要选择有附加条件的、对投资者有吸引力的债券，如抵押债券等。二是资本结构调整的需要。有的债券有利于资本结构调整，有的可供调整的弹性较小。因此，公司在选择债券中类型时，应当考虑财务弹性的需要。

3. 债券评级

债券信用评级（bond credit rating）是以公司或经济主体发行的有价债券为对象进行的信用评级，为投资者购买债券和证券市场债券的流通转让活动提供信息服务。对于投资者来讲，债券评级可帮助他们选择投资对象，以降低信息不对称性。债券信用评级的另一个重要目的，是减少信誉高的发行人的融资成本。一般来说，资信等级越高的债券，越容易得到投资者的信任，越能够以较低的利率出售；而资信等级低的债券，风险较大，只能以较高的利率发行。

目前国际上公认的最具权威性的信用评级机构，主要有美国标准·普尔公司（Standard & Poor's）和穆迪投资服务公司（Moody's Investors Service）。上述两家公司负责评级的债券很广泛，包括地方政府债券、公司债券、外国债券等，由于它们占有详尽的资料，采用先进科学的分析技术，又有丰富的实践经验和大量专门人才，因此它们所作出的信用评级具有很高的权威性。标准·普尔公司信用等级标准从高到低可划分为：AAA级、AA级、A级、BBB级、BB级、B级、CCC级、CC级、C级和D级。穆迪投资服务公司信用等级标准从高到低可划分为：Aaa级、Aa级、A级、Baa级、Ba级、B级、Caa级、Ca级、C级、D级。两家机构信用等级划分大同小异。前四个级别债券信誉高，风险小，是"投资级债券"；第五级开始的债券信誉低，是"投机级债券"。从表5-7我们也可以看出，不同评级公司有不同的等级序列，但是基本含义一致。

债券评级机构主要根据发行财务管理状况的变动趋势与水平对其所发行的债券信用状况进行等级划分。评价指标主要分为定量和定性两个方面。

定量指标主要对被评估人运营的财务风险进行评估，主要包括：①公司的财务比率，如资产负债率、盈利能力指标、现金流量充足性、资产流动性等；②债券有无担保；③债券求偿权的顺序，求偿权越优先，则级别越高；④有无偿债基金；⑤公司经营是否稳定等。

定性指标主要分两大内容：一是行业风险评估，即评估公司所在行业现状及发展趋势，宏观经济景气周期，国家产业政策，行业和产品市场所受的季节性、周期性影响，行业进入门槛，技术更新速度等。通过这些指标评估公司未来经营的稳定性、资产质量、盈利能力和现金流等。一般说来，垄断程度较高的行业比自由竞争的行业盈利更有保障、风险相对较低。二是业务风险评估，即分析特定公司的市场竞争地位，如市场占有率、专利、研究与开发实力、业务多元化程度等。

表 5-7 两大公司评级比较

穆迪	标准·普尔	评级的含义	
Aaa	AAA	最高等级，支付利息和本金能力非常强	投资级债券
Aa	AA	支付利息和本金能力很强	
A	A	在经济条件改变或者环境变差时，比上面两个等级更容易受到不良影响，但是支付利息和本金能力仍然较强	
Baa	BBB	中等等级，低投机性，拥有足够的支付利息和本金能力	
Ba	BB	拥有支付利息和本金能力，但未来不保证不违约	投机级债券/垃圾债券
B	B	现在拥有支付利息和本金能力，但是未来会违约	
Caa	CCC	最低等级，具有高投机性	
Ca	CC	具有高投机性，并经常违约	
C	C	通常会违约	
D	D	已经违约，不具有支付利息和本金能力	

5.4.3 融资租赁

租赁是出租人以收取租金为条件，在契约或者合同规定的期限内，将自己所拥有的某种物品交与承租人使用，承租人由此获得在一段时期内使用该物品的权利，但物品的所有权仍保留在出租人手中，承租人为其所获得的使用权需向出租人支付一定的费用（租金）的经济行为。租赁中资产的使用权与所有权相分离这一特性，决定了任何形式的租赁关系都有别于一般意义上的资产买卖关系。租赁关系的构成涉及四个基本要素：①出租人，出租物件的所有者，拥有租赁物件的所有权，将物品租给他人使用，收取报酬；②承租人，出租物件的使用者，租用出租人物品，向出租人支付一定的费用；③租赁标的，指用于租赁的物件；④租赁费用，即租金，是承租人在租期内获得租赁物品的使用权而支付的代价。将租赁业务区分为经营性租赁和融资租赁是国际通行做法，其划分依据是租赁活动的目的和投资回收方式。

1. 融资租赁的特征及其种类

融资租赁（finance lease）是指出租人根据承租人对租赁物件的特定要求和对供货人的选择，出资向供货人购买租赁物件，并在契约或者合同规定的较长期限内租给承租人使用的信用业务。承租人分期向出租人支付租金，在租赁期内租赁物件的所有权属于出租人，承租人拥有租赁物件的使用权。租期届满，租金支付完毕并且承租人根据融资租赁合同的规定履行完全部义务后，对租赁物的归属没有约定的或者约定不明的，可以协议补充；不能达成补充协议的，按照合同有关条款或者交易习惯确定，仍然不能确定的，租赁物件所有权归出租人所有。

具体而言，根据《企业会计准则第21号——租赁》规定，融资租赁，是指实质上转移了与资产所有权有关的全部风险和报酬的租赁。其所有权最终可能转移，也可能不转移。符合下列一项或数项标准的，应当认定为融资租赁。

（1）在租赁期届满时，租赁资产的所有权转移给承租人。

（2）承租人有购买租赁资产的选择权，所订立的购买价款预计将远低于行使选择权时租赁资产的公允价值，因而在租赁开始日就可以合理确定承租人将会行使这种选择权。

（3）即使资产的所有权不转移，但租赁期占租赁资产使用寿命的大部分（"大部分"通常解释为等于或大于75%）。

（4）承租人在租赁开始日的最低租赁付款额现值，几乎相当于租赁开始日租赁资产公允价值；出租人在租赁开始日的最低租赁收款额现值，几乎相当于租赁开始日租赁资产公允价值（"几乎相当于"通常解释为等于或大于90%）。

（5）租赁资产性质特殊，如果不作较大改造，只有承租人才能使用。

符合上述（1）到（5）都属于融资租赁的范畴，否则属于经营性租赁。

经营性租赁，是指仅为满足临时或者短期使用资产的需要而进行的租赁活动，它是传统意义上的租赁行为。融资租赁与经营性租赁的区别体现在以下几方面。

（1）租赁程序不同。经营性租赁出租的设备由租赁公司根据市场需要选定，然后再寻找承租企业，而融资租赁出租的设备由承租企业提出要求购买或由承租企业直接从制造商或销售商那里选定。

（2）租赁期限不同。经营性租赁期较短，短于资产有效使用期，而融资租赁的租赁期较长，接近于资产的有效使用期。

（3）设备维修、保养的责任方不同。经营性租赁由租赁公司负责，而融资租赁由承租方负责。

（4）租赁期满后设备处置方法不同。经营性租赁期满后，承租资产由租赁公司收回，而融资租赁期满后，企业可以很少的"名义货价"（相当于设备残值的市场售价）留购。

（5）租赁的实质不同。经营性租赁实质上并没有转移与资产所有权有关的全部风险和报酬，而融资租赁实质上是将与资产所有权有关的全部风险和报酬转移给了承租人。

融资租赁是集融资与融物、贸易与技术更新于一体的新型金融产业，它通过融物来达到融资的目的，是现代租赁的主要形式。由于其融资与融物相结合的特点，出现问题时租赁公司可以回收、处理租赁物，因而在办理融资时对公司资信和担保的要求不高，所以非常适合中小公司融资。

1）融资租赁的特征

融资租赁的特征一般归纳为五个方面：①租期较长。融资租赁的租期一般达到租赁资产使用年限，按照国际惯例，租赁期一般接近资产经济使用年限的70%~80%，我国的有关规定，融资租赁的租赁期不低于经济使用寿命的50%。②租约一般不能取消。基于租赁资产风险和报酬的考虑，在租赁双方签订合同之后，在规定期限内不得终止合同，以维护双方的权益。③融资与融物相结合。在租赁期内，出租人与承租人之间形成债权债务关系属于信用范畴，但是租赁与借贷的具体形式不同，融资租赁集融资与融物于一体，而不同于银行信贷关系上纯粹的融资目的，融资租赁支付的租金包括设备的价款、租赁费和借款利息等。④租赁期满，按事先约定的方式来处置资产，或退还，或续租，或留购。多数情况下，一般承租人支付少量价款，即留购资产。承租人有优先选择廉价购买租赁资产的权利。⑤租金较高。西方经验表明，融资租赁的租金总额一般要高于机器设备价款的 30%~40%。

2）融资租赁的种类

从出租人的角度，按其所出租资产的投资来源不同，将融资租赁分为直接融资租赁、售后回租和杠杆租赁三种。

（1）直接融资租赁。直接融资租赁由承租人指定设备及生产厂家，委托出租人融通资金购买并提供设备，由承租人使用并支付租金，租赁期满由出租人向承租人转移设备所有权。它以出租人保留租赁物所有权和收取租金为条件，使承租人在租赁期内对租赁物取得占有、使用和收益的权利。这是一种最典型的融资租赁方式。

（2）售后回租。售后回租，有时又称出售回租、回租赁等，是指物件的所有权人首先与租赁公司签订《买卖合同》，将物件卖给租赁公司，取得现金。然后，物件的原所有权人作为承租人，与该租赁公司签订《回租合同》，将该物件租回。承租人按《回租合同》还完全部租金，并付清物件的残值以后，重新取得物件的所有权。

（3）杠杆租赁。杠杆租赁又称为第三者权益租赁，是介于承租人、出租人及贷款人间的三边协定。由于某些租赁设备购置成本较大，出租人独自承担其构筑成本相对较为困难，因而可以采用由出租人（租赁公司或商业银行）本身拿出部分资金，然后加上贷款人提供的资金，以便购买承租人所欲使用的资产，并交由承租人使用。而承租人使用租赁资产后，应定期支付租赁费用。通常出租人仅提供其中 20%~40%的资金，贷款人则提供 60%~80%的资金。杠杆租赁是目前最为复杂的融资租赁方式。

2. 融资租赁决策依据

融资租赁决策是指对购入还是租入进行决策，融资租赁决策分析必须考虑的因素主要有：风险因素、不同方式的现金流量、税收因素等。

（1）风险因素。一般情况，资本密集化程度的提高会造成较高的固定成本。因而税前和支付利息前的收益就会随着产量的变化而有较大的变动。不断利用借债会导致较大的固定债务，会加大公司的财务风险。因此融资租赁决策将直接影响公司的风险状况，进而影响再举债和筹集自有资金的能力。

（2）不同方式的现金流量。对于借款购入设备而言，借款要求还本付息构成公司现金流量支出，同时借款利息和设备折旧在税前扣除，减少了现金流出。如果设备有残值，其回收也构成现金流入。但是对于融资租入的设备而言，每期租金引起现金流出，而租金在税前列支，减税效应减少了现金流出，在实际决策中，需要针对这两组决策进行现金流量折现，比较其净现值。

（3）税收因素。国外租赁发展的历史证明，租赁业迅速发展的重要因素之一是国家的纳税优惠政策。由此可见，租赁的主要动机之一是为了取得纳税利益。承租公司的租赁成本可作为费用计入成本，从而抵减纳税额。因此，在租赁决策中还必须考虑税赋因素。

3. 融资租赁优缺点分析

从承租人角度看，融资租赁有以下优点。

（1）简化公司管理，降低成本。租入设备比贷款购设备能在采购环节节约大量的人力、物力、财力，易于决策。同时，出租人对于出租设备的运转调试也在一定程度上减少了承租人的资金投入。同时，融资租赁具有项目融资的特点，由项目自身所产生的效益支付租金，而资金提供者只保留对项目的有限权益，因此对于很难从银行取得贷款的中小公司来说也是很好的选择。

（2）提高资金的使用效益，也可以增加资金调度的灵活性。租赁公司可以根据每个公司的资金实力、销售季节性等具体情况，为公司制定灵活的还款安排，如延期支付、递增支付和递减支付等，使承租人能够根据自己的公司状况，定制付款额。

（3）能减少设备淘汰风险。由于融资租赁的期限一般多为资产使用年限的75%左右，承租人不会在整个使用期间都承担设备陈旧过时的风险。

（4）租赁期满后，承租人可按象征性价格购买租赁设备，作为承租人自己的财产。

（5）加速折旧。融资租赁要缴纳的税金在流转税、印花税上都低于一般销售，在所得税上还享有加速折旧的特别优待，具有节税功能。

融资租赁的缺点大致如下：如资金成本较高，设备在租期完后大多低价转移给承租方，固定的租金支付构成一定的负担等。相对于银行信贷而言，风险因素也较多。

5.4.4 其他债务融资方式

1. 短期融资券和中期票据

短期融资券和中期票据都是公司在银行间产权市场发行和交易，并约定在一定期限内还本付息的有价证券。其中，短期融资券，约定在1年内还本付息的债务融资工具。中期票据，约定在一定期限（3~5年）还本付息的债务融资工具。短期融资券及中期票据具有以下特点。

（1）审批简单、发行速度快，在中国银行间市场交易商协会注册后就可发行，不像公司债、企业债，需要经过层层审批。

（2）信贷规模不受限制，在公司净资产40%的范围内。

（3）利率市场化定价，一般低于银行同期贷款利率。短期融资券的利率一般低于银行同期贷款利率的2%左右，且发行期内不受银行利率浮动的影响。

（4）可免担保。发行公司可视自己的实际情况决定是否需要提供担保，是否需要提高自己公司的信用等级。

（5）不会因为债务融资工具的使用而导致股权的稀释等，但是同银行贷款一样具有到期还本付息的压力。

目前发行短期融资券和中期票据的公司大多是国有公司。

2. 保理业务

保理业务是以债权人转让其应收账款为前提,集应收账款催收、管理、坏账担保和融资于一体的综合性金融服务。债权人通过将其合法拥有的应收账款转让给银行,从而获得融资。保理业务包括保理融资、应收账款管理、应收账款的催收、信用风险控制与坏账担保等服务。由此可见,保理实际上是一种融结算、管理、担保、融资为一体的综合性服务业务,本质上是一种债权转让。

保理业务风险根植于供应链违约风险,主要指卖方供货不确定性和买方还款不确定的风险,其生成原因既有外生原因(如自然灾害、政策不确定性、市场不确定性、社会信用机制缺失等),也有内生原因(如信息、经营、制度、运输、利益分配等不确定性),涉及应收账款质量风险、信用风险、法律风险与操作风险等。此外,保理公司有可能要求卖方的母公司对本产品的全额兑付提供不可撤销的连带责任保证担保,以提高保理业务的安全性。

3. 资产证券化

资产证券化是以特定资产组合或特定现金流为支持,发行可交易证券的一种融资形式。自 1970 年美国的政府国民抵押协会,首次发行以抵押贷款组合为基础资产的抵押支持证券——房贷转付证券,完成首笔资产证券化交易以来,资产证券化逐渐成为一种金融创新工具而得到了迅猛发展,在此基础上,现在又衍生出如风险证券化产品。广义的资产证券化是指某一资产或者资产组合采取证券资产这一价值形态的资产运营方式,它包括:①实体资产证券化。实体资产向证券资产的转换,是以实物资产和无形资产为基础发行证券并上市的过程。②信贷资产证券化。把流动性不佳但有未来现金流的信贷资产(如银行的贷款、公司的应收账款等)经过重组形成资产池,并以此为基础发行证券。③证券资产证券化。证券资产的再证券化过程,就是将证券或证券组合作为基础资产,再以其产生的现金流或与现金流相关的变量为基础发行证券。④现金资产证券化。即投资者将现金资产投资于证券,获得证券的未来现金流,实现预期的经济收益。

4. 类金融融资

类金融模式是指采用低成本或无成本吸纳、占用供应链上各方资金,并通过滚动周期循环的方式供自己长期使用,或通过变相手段转作他用,从而得到快速扩张发展的经营模式。近年来,连锁公司类金融模式已经被零售业、房地产业,以及高尔夫球会、书店、美容院、洗衣店、快递业务等生活服务业广为采用。类金融模式发展源于商业信用行为。通过"账期"占用供应商的资金,将获得的无成本或低成本短期融资,通过周期循环投入公司的日常经营当中。

运用类金融融资,有助于缓解规模扩张和资金瓶颈之间的矛盾。推动公司规模扩张和多元化发展。但是,类金融模式是一把"双刃剑",一旦资金链断裂,其多米诺骨牌般的风险传导效应会影响公司声誉,威胁供应链安全,动摇商业信用的基础。

5. 价值链融资

价值链融资是近几年兴起的一种融资方式。价值链融资是基于价值链的融资模式，是通过审查价值链，在对价值链管理和核心公司实力掌握的基础上，对价值链核心公司及其上下游公司提供多品种的融资产品和金融服务的融资模式。银行从整个价值链的角度出发，开展综合授信，把价值链上的相关公司作为一个整体，根据交易中构成的链条关系和行业特点设定融资方案，将资金有效注入价值链上的相关公司，提供灵活多样的金融产品和服务。

价值链融资并非某个单一的业务或产品，它改变了过去银行等金融机构对单一公司主体的授信模式，在价值链中寻找出一个大的核心公司，以核心公司为出发点，为供应链提供金融支持，一方面将资金有效注入处于相对弱势的上下游配套中小公司，解决中小公司融资难和供应链失衡的问题。另一方面，将银行信用融入上下游公司的购销行为，增强其商业信用，促进中小公司与核心公司建立长期战略协同关系，实现整个价值链的不断增值。

6. 项目融资模式

项目融资是近些年兴起的一种融资手段，是以项目的名义筹措一年期以上的资金，以项目营运收入承担债务偿还责任的融资形式。项目融资模式是指国内外投资人或财团作为项目发起人，从某个国家的地方政府获得基础设施项目的建设和运营特许权，然后组建项目公司，负责项目建设的融资、设计、建造和运营，是私营企业参与基础设施建设，向社会提供公共服务的一种方式。

项目融资的优越性主要有以下几个方面：首先，减少项目对政府财政预算的影响，使政府在自有资金不足的情况下，仍能上马一些基建项目。政府可以集中资源，对那些不被投资者看好但又对地方政府有重大战略意义的项目进行投资。其次，把私营企业中的效率引入公用项目，可以极大提高项目建设质量并加快项目建设进度。同时，政府也将全部项目风险转移给了私营发起人。最后，吸引外国投资并引进国外的先进技术和管理方法，对地方的经济发展会产生积极的影响。项目融资方式主要用于建设收费公路、发电厂、铁路、废水处理设施和城市地铁等基础设施项目。

7. 公共私营合作制模式

公共私营合作制模式（public-private-partnership，PPP），是指政府与私人组织之间，为了合作建设城市基础设施项目，或是为了提供某种公共物品和服务，以特许权协议为基础，彼此之间形成一种伙伴式的合作关系，并通过签署合同来明确双方的权利和义务，以确保合作的顺利完成，最终使合作各方达到比预期单独行动更为有利的结果。

公共私营合作制模式是为了弥补项目融资模式的不足，是近年来出现的一种新的融资模式。其主要优点有：①节约投资费用。公共部门和私人企业在初始阶段私人企业与政府共同参与项目的识别、可行性研究、设施和融资等项目建设过程，保证了项目在技术和经济上的可行性，缩短前期工作周期，使项目费用降低。研究表明，与传统的融资模式相比，公共私营合作制模式项目平均为政府部门节约17%的费用。②转换政府职能。政府可以从繁重的事务中脱身出来，从过去的基础设施公共服务的提供者变成一个监管者，从而保证质量，也可以在财政预算方面减轻政府压力。③投资主体多元化。利用私营部门来提供资产和服务能为政府部门提供更多的资金和技能，促进投融资体制改革。同时，私营部门参与项目还能推动在项目设计、施工、设施管理过程等方面的革新，提高办事效率，传播最佳管理理念和经验。④提供高质量服务。政府部门和民间部门可以取长补短，发挥政府公共机构和民营机构各自的优势，弥补对方身上的不足。双方可以形成互利的长期目标，可以最有效的成本为公众提供高质量的服务。⑤组成战略联盟。项目参与各方整合组成战略联盟，对协调各方不同的利益目标发挥关键作用。⑥风险分配合理。公共私营合作制模式在项目初期就可以实现风险分配，同时由于政府分担一部分风险，使风险分配更合理，减少了承建商与投资商风险，从而降低了融资难度，提高了项目融资成功的可能性。政府在分担风险的同时也拥有一定的控制权。⑦应用范围广泛。该模式突破了引入私人企业参与公共基础设施项目组织机构的多种限制，可适用于城市供热等各类市政公用事业及道路、铁路、机场、医院、学校等建设。

本章小结

作为公司三种重要的财务活动之一，融资活动所取得的资金有效支撑了公司的投资活动和经营活动。而融资效益的好坏在很大程度上决定了公司整体效益的高低。本章介绍了公司主要的融资决策的基本问题。主要包括以下方面：①介绍了公司融资的基本分类，理解这些分类有助于加深对于融资决策所涉及的核心问题的了解。②阐述了销售增长和融资需求之间的关系，并讨论了制定融资规划对于探寻这些关系的功能。③介绍了权益融资与债务融资方式和特点，并对最新发展起来的若干权益和债务融资方式也进行了介绍。

核心名词

融资（financing）

融资契约（financing contract）

融资优序理论（pecking order theory）

留存收益率（retention ratio）

外部融资需求（external financing needs，EFN）

财务规划模型（financial planning model）

内部增长率（internal growth rate）

可持续增长率（sustainable growth rate）

直接投资（direct investment）

普通股（common stock）

优先股（preferred stock）

私募股权（private equity）

债务融资（debt financing）

银行借款（bank loan）
债券信用评级（bond credit rating）
融资租赁（finance lease）
公共私营合作制（public-private-partnership，PPP）

1. 什么是融资组合？从理论上分析各种融资组合的财务意义。
2. 简述融资的原则。
3. 融资决策的程序包括哪些内容？
4. 简述融资契约的内容。
5. 简述融资优序理论。
6. 外部融资规划涉及的因素包括哪些？
7. 吸收直接投资的优缺点有哪些？
8. 简述普通股股东的权利。
9. 普通股融资的优缺点有哪些？
10. 优先股融资的优缺点有哪些？
11. 银行借款的优缺点有哪些？
12. 简述公司债券的类型。
13. 债务评级的内容和作用是什么？

1. 天宇公司 20×5 年销售收入为 2 000 万元，销售净利率为 5%，股利发放率为 50%。公司预计 20×6 年销售收入将增长 20%。该公司财务经理认为：公司负债不随预计销售收入的增长而自发增长；同时，外部融资需求将通过对外借款来满足。

表 5-8 是天宇公司 20×5 年度的简化资产负债表，试对该公司 20×6 年度资产负债表项目进行预测，并求出天宇公司外部融资需求量。

表 5-8　天宇公司 20×5 年度简化资产负债表

项目	金额/万元	销售百分比/%	项目	金额/万元
资产：			负债与股东权益：	
流动资产	700	35	负债	550
固定资产	300	15	股东权益	450
资产总额	1000	50	负债与股东权益	1000

2. A 公司 20×5 年的相关财务信息如下：
销售收入 = 200 万元，净利润 = 40 万元，股利 = 20 万元，
流动资产 = 40 万元，固定资产 = 360 万元，

流动负债＝20万元，长期负债＝100万元，普通股股本＝200万元，留存收益＝80万元。

问：该公司的内部增长率为多少？

如果20×6年的计划销售额为220万元，那么A公司的外部融资需求为多少？假定利润率和股利发放率保持不变。

案例分析题

阿里巴巴的融资历史

本案例描述了阿里巴巴成长历程中各个时期最重要的几笔融资，通过使用不同的融资手段，阿里巴巴成长为国际性巨头公司，在这个过程中，风险投资起到了至关重要的作用。

2014年9月19日晚，一场可能是现代人类史上最大的融资事件正在美国纽约进行，事件的主角正是近年来频频被聚光灯包围的中国公司阿里巴巴。当晚，八位阿里巴巴"生态链条"代表敲响纽交所开市钟。他们之中有两位网店店主，其他分别是快递员、用户代表、电商服务商、网络模特和云客服，还有一位是来自美国的农场主皮特·维尔布鲁格。

那几日，全球各大财经和科技媒体的头版几乎都被这场盛宴所占据。在中国内地，网民通过社交网络平台、茶余饭后等方式来讨论和围观阿里巴巴上市，最受民众关注的无疑是"阿里巴巴融资额创造历史纪录"和"马云将成中国首富"的话题。客观来看，虽然这件事和我们大部分的普通民众并没有产生直接的利益关系，但这并不影响我们讨论阿里巴巴的融资历程，并从中吸取经验。

创业伊始，内部融资

1999年2月，阿里巴巴静悄悄地诞生在杭州湖畔花园的一间小公寓里。门上连一个牌子都没有挂，简陋、质朴、无名。马云决定在杭州成立公司，远离当时已成为IT中心的北京和深圳，这样会使公司运营成本更低。

阿里巴巴成立那天的第一次集会也成了筹资会。马云让参会的18人（都是马云任杭州科技大学英语老师时夜大英语班的学生，被称为阿里的"十八罗汉"）拿出自己的存款来，最终他们凑了50万元，作为初始投资。

小有名气，天使投资

很快，阿里巴巴网页发布了。马云很快就进入了外媒的视野。互联网是个烧钱的行业，它的规模效应比其他行业都重要，所以对资本最为渴求。马云需要风投资金。到了1999年底，钱已经成了公司的最大问题。1999年10月，高盛的500万美元天使投资把阿里巴巴从悬崖边拉了回来。

成长阶段，二轮融资

2000年1月18日，马云收到软银2 000万美元的融资。就在这一年4月，美国纳斯达克市场IT泡沫破灭，股价暴跌。这之后再没有投资者向中国的IT公司投资，而阿里巴巴却有充裕的资金度过寒冬。

快速扩张，三轮融资

2004年2月17日，马云在北京宣布，阿里巴巴第三轮融资8 200万美元，软银牵头出资6 000万美元，其余2 200万美金由富达、TDF和GGV出资。这笔投资是当时国内互

联网金额最大的一笔私募投资。三轮融资过后，阿里巴巴的持股结构改变为：马云及其团队占47%、软银占20%、富达占18%、其他几家股东占15%。三轮融资合计1.12亿美元，并没有改变马云在阿里巴巴大股东的地位。

上市准备，雅虎入股

2005年8月11日，阿里巴巴创始人马云与雅虎全球首席运营官丹尼尔·罗森格高调宣布，阿里巴巴收购雅虎中国全部资产，同时得到雅虎10亿美元投资。而雅虎获得阿里巴巴40%的股权及收益权和35%的表决权。这是中国互联网史上最大的一起资本运作。完成收购后，阿里巴巴公司新董事会共有4席，其中，阿里巴巴两席、雅虎公司一席、阿里巴巴的投资人日本软银公司一席，阿里巴巴创始人马云仍将担任公司的CEO与董事会主席。

港交所首次IPO融资

自2007年以来，阿里巴巴就一直寻求在香港上市。2007年，阿里巴巴进行了第一次重大的重组，在香港上市了公司的一部分，成功筹集到15亿美元的资金。2012年2月21日，阿里巴巴集团和阿里巴巴网络有限公司联合宣布，阿里巴巴集团向旗下港股上市公司阿里巴巴网络有限公司董事会提出私有化要约。

在阿里巴巴私有化要约中，回购价定为13.5港元/股，巧合的是，这一价格与2007年11月阿里巴巴在港上市时的发行价一样。5年的轮回，马云此番私有化代价是否"平进平出"？

实际上，仅从账面盈余看，对马云及其背后团队而言，这是一笔划算的生意。5年间，马云用与最初相同的价格买下了净利润增长6倍多、现金增长25倍的公司股权。相当于在这5年之间阿里巴巴使用了一笔15亿美元的无息借款。从这一角度考虑马云赚大了。

纽交所二次IPO融资

当然这并不是马云及阿里巴巴集团的终点。如外界所料，本次私有化只是暂时退市，马云采取的是以退为进的策略。阿里巴巴集团终究还会向资本市场发起冲击。果然，两年后马云再踏征途。美国时间2014年9月19日，马云在纽交所敲钟，阿里巴巴正式登陆纽交所，股票代码BABA。

阿里巴巴此次上市成为全球最大规模IPO。十几年前马云在杭州湖畔花园的一间小公寓里创立的"阿里巴巴"，终于在19日晚叩响美国资本市场大门。在纽交所上市交易首日开盘价92.70美元，收于93.89美元，市值为2 314亿美元，超越Facebook成为仅次于谷歌的世界第二大互联网公司。

收集资料并分析：

阿里巴巴发展过程中的各类融资行为，并讨论历次重大融资行为对其带来的影响。

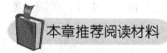

本章推荐阅读材料

[1] [美]斯蒂芬·A.罗斯，等. 公司理财[M]. 11版. 吴世农，等译. 北京：机械工业出版社，2016.

[2] 荆新，等. 财务管理学[M]. 7版. 北京：中国人民大学出版社，2015.

第 6 章

融 资 管 理

2015年8月10日,《检查日报》通报了这样一则案例:一对仅有小学文化的农村夫妇,因自家企业扩大规模急需周转资金,以给付高额利息作为回报,在短短几年时间里,非法吸储2亿余元,终因无力偿还借款本息,向当地公安机关投案自首。经重庆市奉节县检察院提起公诉,被告人曾×登、谭×华因犯非法吸收公众存款罪,分别被法院一审判处有期徒刑7年和有期徒刑6年,各并处罚金30万元。同时,法院责令两人退赔所有被害人的欠款。

二人从2000年开始,在兴隆镇从事棉絮加工、销售工作,生意红火时,如果进货缺少流动资金,两人就找朋友借钱周转。"那时候借钱不给利息,每次进一批棉花后做成棉絮卖掉,根据利润多少给他们分成。"朋友们很认可这种方式,跟着他们两口子赚了不少钱。有了这段带着大家共同致富的经历,有更多的人愿意借钱给他们。

2012年8月,二人建成了第一个分厂,同年11月,为方便棉絮销售,他们又成立了纺织品销售公司。扩大了生产、销售规模后,一些问题逐渐暴露出来,首先就是周转资金开始短缺,曾×登和谭×华只得继续找朋友借钱。而此时,资金需求量比以往大很多,要维持工厂和销售公司的正常运转,曾×登和谭×华开始以高额利息为回报对外借款,月息为2分至5分。这样一来,有人不但把自己的钱借给他们,还低息从别人那里借钱来,再高息放到他们这里赚差价。

由于第一个分厂建立后销路还可以,曾×登和谭×华决定再次扩大生产规模,在2013年初又新建了第二个分厂。由于需要的周转资金更多,两人只好继续以高额利息向别人筹资。第二个分厂成立不久,两人把公司的注册资金从200万元增加到了1 000万元。

然而,生产规模越来越大,销路却越来越差。转眼间,仓库就已积压了10余万床棉絮,价值1 600余万元。为了维持企业运转和偿还借款本息,曾×登和谭×华只能不断地找更多人借钱,短短几年时间,他们吸收的资金超过2亿元。

后经公安机关核查,两人在案发前已向借款人支付利息及本金1.87亿元,尚有2 670万元本金没有归还。"我们吸收的资金主要用于建新厂房,扩大生产规模,光是积压的棉絮就要花上千万元的成本,另外就是支付高额利息,并且是利滚利,到最后实在滚不动了。"

思考:公司在经营过程中应如何处理发展壮大和控制融资风险之间的关系?

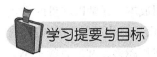

通过本章学习,你应该能够:

(1) 掌握资本成本的概念、性质和作用。
(2) 掌握各类资本成本的计算方法。
(3) 理解资本成本及资本结构对公司生存和发展的意义。
(4) 了解各类融资渠道与方式，理解股权融资和债务融资的优缺点。
(5) 了解主要的资本结构理论和确定最佳资本结构的原则。

6.1 融资活动与资本成本

融资是公司根据生产经营、对外投资以及调整资本结构的需要，通过各种融资渠道和方式从公司内部或公司外部有关组织和个人筹措与集中资金的财务行为。融资是公司生产经营活动的前提，是生产顺利进行的保证，也是公司投资和经营活动的基础与前提，融资的数量与结构直接影响了公司的业绩，因此，融资管理是公司财务管理的首要任务。

经营业绩良好、拥有较高信誉的大型公司，特别是上市公司，在进行融资决策的过程中，可供选择的融资渠道往往不只一条：它们既可以通过发行股票的方式，进行权益融资；也可以通过发行债券、向银行贷款的方式进行有息的债务融资；还可以利用商业信用（如应付账款、应付票据等），进行无息债务融资；同时，公司本身的留存收益也可以作为资金的一个来源。

公司选择不同的融资渠道需要付出的成本是不同的，不同的融资渠道所带来的收益及其蕴含的风险也是有差异的。平衡融资渠道的风险与收益，并降低融资的资金成本，是融资过程中需要考虑的关键问题，也是融资管理的本质问题。本章将结合各融资渠道，从公司的资本成本出发，阐述公司融资管理中的相关知识。

6.1.1 资本成本的概念

资本成本是公司取得和使用资金所支付的费用。从该定义中可以看到，资本成本包含两个部分：取得成本和使用成本。

取得成本又称为融资费用，是融资过程中一次性支付的成本，如融资过程中的各项承销费用、法律费用等。取得成本直接体现为公司融资净额的减少，计算过程中可以直接从融资总额中扣除。

使用成本是公司转移资本使用权而向投资者支付的机会成本或代价。资本的使用成本对投资者而言，表现为投资收益。在公司融资活动完成，资本进入公司之后，无论资金是否被使用，都需要支付使用成本，如按期支付的股利、分红、利息等。资金的使用成本是公司资本成本的主体。

6.1.2 债务资本成本测算

公司的全部债务资本既包括从银行、券商等金融机构获得的长期借款、债券等有息负债，也包括利用商业信用以应付账款、应付票据、预收账款等形式获得的无息负债。

在计算债务资本成本时，一般不考虑无息负债。负债的使用成本，通常以利息的方式体现，是在税前扣除的，具有抵税的作用：在公司的利润表中，除了部分资本化的利息外，公司因负债而支付的利息体现在财务费用中，公司支付的利息费用越多，利润总额越小，以利润总额乘以所得税率计算的企业所得税也越少。

1. 长期借款的资本成本

长期借款往往具有以下特点：取得长期借款时需要支付一定的融资费用；利息率的高低是预先确定的，且不受公司经营业绩的影响。因此，借款利息和手续费是计算长期借款资本成本的基础。

长期借款资本成本的计算公式为

$$K_l = \frac{I(1-T)}{L(1-f)} \tag{6-1}$$

式中，K_l 为长期借款的成本；L 为长期借款融资总额；T 为公司所得税税率；I 为长期借款利息（融资总额乘以借款利率）；f 为长期借款的手续费率。

【例 6-1】 A 公司欲从银行取得一笔三年期长期借款 2 000 万元，手续费率为 1%，年利率为 5%，公司所得税税率为 25%，这笔借款的资本成本为

$$K_l = \frac{2\,000 \times 5\% \times (1-25\%)}{2\,000 \times (1-1\%)} = 3.79\%$$

事实上，公司通过长期借款方式筹集到的可用资金数量与借款合同中的金额并不总是一致的，银行在给公司借款的时候往往会要求公司在银行账户中保持一个最低存款余额，且这部分存款不计算利息，称为补偿性余额。补偿性余额事实上增加了长期借款的资本成本，考虑到长期借款的补偿性余额 $L_{\min}$，长期借款的资本成本公式可写为

$$K_l = \frac{I(1-T)}{L(1-f) - L_{\min}} \tag{6-2}$$

【例 6-2】 B 公司欲从银行取得一笔三年期长期借款 5 000 万元，手续费率为 1%，年利率为 5%，银行要求的补偿性余额所占比为 20%，公司所得税税率为 25%，这笔借款的资本成本为

$$K_l = \frac{5\,000 \times 5\% \times (1-25\%)}{5\,000 \times (1-20\%-1\%)} = 4.75\%$$

2. 债券资本成本

当公司通过发行债券融资时，通常要事先规定利息率，并在票面上注明。按税法规定，债券利息与借款利息一样可以在税前利润中扣除，因此，债券资本成本可以参照长期借款的计算公式：

$$K_B = \frac{I_B(1-T)}{B(1-f_B)} \tag{6-3}$$

式中，K_B 为债券资本成本；I_B 为债券年利息；T 为公司所得税税率；B 为债券融资额；f_B 为债券融资费用率。

发行债券往往涉及两个价格，一个是票面价格，一个是实际发行价格。票面价格是事先确定的，并在债券上注明，票面价格决定了债券到期后投资者能够从公司获得的本金的数量，票面价格乘以票面利率是公司每期需要向每份债券持有者支持的利息。实际发行价

格则决定了公司通过债券能够筹集的资金数量。当债券采用平价发行时,发行价格等于票面价格;当债券采用溢价发行时,发行价格高于票面价格,公司实际筹集的资金数量可能高于债券的面值;而当债券采用折价发行时,实际筹集的资金数量少于债券的面值。

在式(6-3)中,公司需要支付的债券年利息 I_B 由票面价格和利息率决定,而公司的债券融资额 B 则由实际发行价格决定。

【例6-3】 C公司拟平价发行面值100元、期限5年、票面利率8%的债券,每年结息一次,发行费用为发行价格的5%,公司所得税税率为25%,则该批债券的资本成本为

$$K_B = \frac{I_B(1-T)}{B(1-f_B)} = \frac{100 \times 8\% \times (1-25\%)}{100 \times (1-5\%)} = 6.32\%$$

需要注意的是,上述算法中并未考虑货币的时间价值,若考虑到货币的时间价值,公司债券的税前资本成本率也就是债券持有人投资的必要报酬率,再乘以(1−T)并考虑到手续费率,折算为税后的资本成本率。其计算过程如下。

首先,计算债券的税前资本成本率,其公式为

$$P_0 = \sum_{i=1}^{n} \frac{I}{(1+R_B)^t} + \frac{P_n}{(1+R_B)^t} \tag{6-4}$$

式中,P_0 为债券发行价格;I 为债券年利息额;P_n 为债券到期价值(债券面值);R_B 为债券投资者的必要报酬率;t 为付息期数;n 为债券期限。

然后,根据式(6−4)得到债券投资者的必要报酬率 R_B,并计算债券的税后资本成本率,其公式为

$$K_B = R_B(1-T) + f \tag{6-5}$$

上述公式中 T 为公司的所得税税率,f 为债券发行的手续费率。

6.1.3 权益资本成本测算

权益资本是公司所有者投入公司的资本。根据具体形式的不同,可以将权益资本分为优先股、普通股和留存收益。权益资本成本包括投资者的预期投资报酬和融资费用两部分。权益成本的本质是公司在进行权益融资时,出资者出于对公司经营风险、财务风险的考虑而综合预估的必要收益率。实际权益资本成本的高低很大程度上由公司的经营效益决定,具有不确定性。另外,权益资本的使用成本是以利润分配的方式支付的,不具有抵税效应。

1. 优先股资本成本

优先股兼有普通股与债券的双重性质,主要表现为:优先股投资者的投资收益以股利的形式支付,且数量固定,除合同另有规定外,一般不用偿还本金。优先股的成本包括融资费用与预定股利两个部分。公司发行优先股,需要支付融资费用,同时还要定期支付股息。

优先股资本成本的计算公式为

$$K_p = \frac{D}{P_0 \times (1-f)} \tag{6-6}$$

式中，K_p 为优先股的资本成本；D 为每年支付的优先股每股股利；P_0 为优先股的发行价格；f 为发行优先股的融资费用率。

【例 6-4】 2015 年，中国银行采取非公开发行的方式发行优先股募集资金总额 280 亿元，在发行过程中支付的发行费用 2 800 万元，优先股票面股息率通过询价方式确定为 5.50%，则中国银行此次发行优先股的资本成本为

$$K_p = \frac{280 \times 5.5\%}{280 - 0.28} = \frac{0.055}{1 - 0.001} = 5.505\,5\%$$

2. 普通股资本成本

普通股是公司资本的重要组成部分，普通股股利以税后利润支付，且其求偿顺序在债权和优先股之后，由于公司的经营情况不确定，普通股资本成本也难以事先准确估计。除公司经营情况外，公司的股利支付政策也会影响普通股的资本成本。按照资金使用成本是投资者投资的报酬率的思路，计算普通股资本成本时可以参考本书 3.2 节中股票的估值模型，普通股资本成本可以通过以下几种方法来计算。

1）股利折现模型

其计算公式为

$$P_e = \sum_{t=1}^{\infty} \frac{D_t}{(1+K_e)^t} \tag{6-7}$$

式中，P_e 为普通股融资净额，即融资总额扣除发行费用；D_t 为普通股第 t 年支付的股利；K_e 在股票估值的模型中为必要报酬率，在这里则代表普通股的资本成本率。

如果公司永续经营且采用固定股利政策，则普通股的资本成本率可写成

$$K_e = \frac{D}{P_e} \tag{6-8}$$

【例 6-5】 D 公司拟发行一批普通股，发行价格为 11 元，每股发行费用 1 元，预定每年派发现金股利 1.2 元，则其资本成本率为

$$K_e = \frac{D}{P_e} = \frac{1.2}{11-1} \times 100\% = 12\%$$

而如果公司永续经营且采用固定增长的股利政策，股利固定增长率为 g，则普通股的资本成本率可写成

$$K_e = \frac{D}{P_e} + g \tag{6-9}$$

【例 6-6】 E 公司拟发行一批普通股，发行价格为 11 元，预计每股发行费用 1 元，预定每年派发现金股利 1.2 元，且以后每年股利增长 4%，则其资本成本率为

$$K_e = \frac{D}{P_e} + g = \frac{1.2}{11-1} \times 100\% + 4\% = 16\%$$

2）资本资产定价模型

普通投资的必要报酬率等于无风险报酬率加上风险溢价，其计算公式为

$$K_e = R_f + \beta_i(R_m - R_f) \qquad (6\text{-}10)$$

【例 6-7】 F 公司股票 β 值为 1.5，市场报酬率为 10%，无风险报酬率为 6%。该股票的资本成本率为

$$K_e = 6\% + 1.5 \times (10\% - 6\%) = 12\%$$

3. 留存收益资本成本

公司一般不会把净利润全部以现金股利的形式分配给股东，而是将其中的一部分留在公司内部继续使用，形成留存收益。从所有权来看，留存收益属于股东；从融资的角度来看，留存收益是公司一个很重要的资金来源。表面上，公司使用留存收益不需支付额外成本，事实上并非如此：股东将资金以留存收益的形式放在公司而不是以股利的形式取出进行投资或消费，这是股东对公司的追加投资，因而理应得到与普通股等价的报酬，此时留存收益的资本成本是股东的机会成本。因此留存收益资本成本确定方法与普通股资本成本的确定方法基本相同，唯一的区别在于公司利用留存收益筹集资金时不需要支付额外的融资费用。

6.1.4 加权平均资本成本及其应用

1. 加权平均资本成本

现实中，受公司经营状况、信用水平以及政策、法律等环境的制约，单一的融资渠道往往无法满足公司全部资金需求；即使单一融资渠道能够满足全部资金需求，出于降低成本、控制风险、保持资本结构等目的，公司也会综合运用多种融资渠道筹集资金。由此产生了公司全部融资平均成本计算的问题（即加权平均资本成本）。

加权平均资本成本是指一个公司全部长期资本的成本，通常在计算个别资本成本的基础上，以各种长期资本占全部资本的比例为权重，对个别资本成本进行加权平均进行测算而得来。其计算公式为

$$\text{WACC} = \sum K_j W_j \qquad (6\text{-}11)$$

式中，WACC 为公司的加权平均资本成本；K_j 为第 j 种资本的资本成本；W_j 为该项资本占全部资本的比重。

【例 6-8】 G 公司现有长期资本总额 1 000 万元，其中长期借款 200 万元，长期债券 300 万元，普通股 500 万元；个别资本成本分别为 4%、6% 和 10%，则公司的加权平均资本成本为

$$\text{WACC} = 4\% \times \frac{200}{1\,000} + 6\% \times \frac{300}{1\,000} + 10\% \times \frac{500}{1\,000} = 7.6\%$$

2. 加权平均资本成本的应用

公司的融资是投资的前提和基础，只有通过融资活动获得足够的资金，投资活动才能顺利进行。投资产生的收益能否覆盖融资的资本成本是衡量一项投资是否可行的重要依据。

在项目投资决策中得知，利用净现值法决策需要事先确定项目的必要报酬率（折现率），公司的加权平均资本成本是确定必要报酬率的一个重要参考；运用内部报酬率法计

算出来的内部报酬率是决定项目是否值得投资的一个重要参考指标,在得到内部报酬率之后,需要将其与临界值进行比对,加权平均资本成本也是设定内部报酬率临界值的一个重要参照标准。总而言之,只有拟投资项目的收益超过资本成本,项目才有投资的必要。

6.1.5 项目资本成本(项目折现率)

加权平均资本成本是站在公司整体的层面,从结果的角度来看待公司的资本成本,是投资者针对整个公司要求的报酬率,是投资者对于企业全部资产要求的最低报酬率。而现实中的融资决策经常是基于项目或为项目而融资的,由此产生了项目资本成本及其计算问题。

项目资本成本是公司投资于资本支出项目所要求的最低报酬率。每个项目有各自的机会成本,不同项目的风险不同,所要求的最低报酬率也不同。投资项目的资本成本即项目的最低报酬率,其高低取决于资本运用于什么样的项目,而非资金来源。

因此,公司在确定项目资本成本时,需要考虑到新投资项目的风险水平与公司现有资产平均风险水平的差异:如果公司新投资项目的风险与企业现有资产平均风险相同,则项目资本成本等于公司资本成本;如果新投资项目的风险高于企业现有资产的平均风险,则项目资本成本高于公司资本成本;反之亦然。

在计算项目资本成本时,如果拟投资项目与公司所属行业、经营风险相同,项目决策可以不以项目特定的融资方式及个别资本成本来确定其折现率,而是以加权平均资本成本作为折现率。而如果拟投资项目与公司所属行业、经营风险不同,则需要测定与项目风险相对应的资本成本,即风险调整折现率,风险调整折现率一般用替代法计算。

替代法是指寻找一家经营业务与待评估项目相似的公司,以该替代公司的 β 值来确定待评估项目的 β 值,从而确定项目折现率的方法。在使用替代法时,主要通过以下步骤来测算新项目的折现率。

1. 将含有资本结构因素的替代公司的 β 值转换为无债状态的 β 值。
2. 根据本公司目标资本结构,将无债状态的 β 转换为适用于本公司的 β 值。
3. 测算本公司经目标资本结构影响调整后的股权资本成本。
4. 根据新项目的融资结构及债务成本,测算该项目的加权资本成本。

将含有资本结构因素的替代公司的 β 值调整为无债状态下 β 系数时,所应用的转换公式为

$$\beta_u = \frac{\beta_L}{1+(1-T)(B/E)} \qquad (6\text{-}12)$$

式中,β_L 为替代公司的贝塔系数;β_u 为替代公司无债状态下贝塔系数;T 为税率;B 为资本结构中的负债总额;E 为资本结构中股权价值总额;B/E 为替代公司的资本结构。上述公式在财务理论中也被称 Hamada 等式。

【例 6-9】已知 H 公司的资本结构:2/3 为权益资本,1/3 为债务。替代公司贝塔系数为 1.5,无风险收益率为 8%,市场收益率为 15%,公司所得税税率为 40%。现公司拟投资一新项目,其资本结构将采取相对稳健的财务决策:90%权益和 10%债务,新项目的债务

成本（税后）为6%。

问：

（1）如果该新投资项目的 β_u 与公司其他资产 β_u 相同，按新的筹资结构（90%权益和10%债务），其股东要求收益率是多少？

（2）如果公司认为新项目的风险水平要高于公司现有风险，并找到一家与新项目的经营业务相似的替代公司。已知该替代公司资本结构为80%的权益和20%的债务，$T=35\%$，且其 $\beta_L=1.6$。要求根据替代公司信息，计算H公司新投资项目的折现率。

①由于公司的 β_u 与新项目完全相同，运用式（6-12）计算得新项目的 β_u：

$$\beta_u = \frac{1.5}{1+(1-0.40)\times 0.5} = 1.15$$

根据新项目的资本结构（90%权益和10%债务），继续运用式（6-12）可测算出其 β_L：

$$\beta_L = 1.15\times[1+(1-0.40)\times 10/90] = 1.23$$

根据资本资产定价模型，得到新项目的股东必要收益率 K_e：

$$K_e = 8\% + 1.23\times(15\%-8\%) = 16.6\%$$

②由于替代公司与A公司的新项目风险相同，可以运用替代公司的 β_u，根据式（6-12）测算新项目的 β_u：

$$\beta_u = \frac{1.6}{1+(1-0.35)(0.2/0.8)} = 1.38$$

在90%权益和10%债务的融资结构安排下，继续应用式（6-12），可得新项目的 β_L 为

$$\beta_L = 1.38\times[1+(1-0.40)\times(10/90)] = 1.47$$

根据资本资产定价模型，可得新项目的股东要求收益率 K_e：

$$K_e = 8\% + 1.47\times(15\%-8\%) = 18.3\%$$

最后再根据加权资本成本计算公式，即可计算出新项目的折现率：

$$WACC = 6\%\times 10\% + 18.3\%\times 90\% = 17.07\%$$

6.1.6 降低资本成本的途径

资本成本是评价公司融资成果的重要指标，同时也是公司投资决策的重要参考。高昂的资本成本不仅反映出公司融资过程的无效率，同时也影响了可投资项目的选择甚至投资的成败。对于任何一个公司而言，降低资本成本都具有重要的意义。一般来讲，公司可以从以下几个方面考虑降低资本成本。

1. 融资期限

公司资本成本的高低往往和融资期限密切相关。对于投资者而言，更长的投资期限意味着更高的不确定性，即更高的投资风险，投资者会因此而要求更高的风险溢价，体现在公司的融资过程中则意味着更高的资本成本。因此，公司可以从期限匹配的角度考虑降低资本成本，对于短期资金需求利用短期融资工具，而长期资金需求则利用长期融资工具筹集。

2. 利率预期

利率是金融市场资金供求关系变动的结果，同时还受政策和经济环境的影响。当市场利率提高时，公司的资本成本将随之提高，而当市场利率降低时，公司的资本成本也将下降。公司应当熟悉并提前预测市场利率的变化，采取有针对性的措施应对以降低融资的资本成本。

当预测到未来市场利率将下降时，公司可以更多地利用短期融资工具，或在融资合同中规定根据市场利率变化而调整的浮动利率，以利用利率下降所带来的资本成本降低的好处。

而当预期到未来市场利率将上升，公司应该更多地采用长期融资工具，并在融资合同中采用基于当前利率水平的固定利率，或采用风险对冲的金融手段和金融工具，避免或降低利率上升所带来的资本成本增加的风险。

3. 信用评级

公司在发行债券的时候，债券票面利率的高低往往与公司的信用水平相关，更高的信用水平意味着更低的利率和资本成本，因此，公司应随时关注和提升自己的信用水平，积极聘请评级机构对公司进行评级，以更高的信用评级发行债券。

4. 负债经营

在公司的投资收益率大于债务资本成本率的前提下，积极利用负债经营，一方面可以获得财务杠杆利益，提高自有资本的收益水平；另一方面，由于债务融资成本一般低于权益融资，负债经营还可以降低公司的加权平均资本成本，提高融资效率。

5. 股票增值

股东投资于公司的预期收益来自两个部分：公司发放的现金股利和股票交易的资本利得。其中，股利是公司的现金流出，构成权益融资的资本成本，而资本利得则属于市场收益的再分配，与公司的现金流出无关。因此上市公司应该努力提升股价，使股东有更多机会获得资本利得，此时即使公司只支付少量的股利，投资者也依然愿意接受。

同时，高股价还意味着公司在随后的股票增发过程中，让渡相同的股权能够获得更多的资金，同样可以降低公司的资本成本。

6.2 融资风险及控制

在融资过程中，除资本成本外，对融资风险的估计、度量和防范也是融资活动中的重要工作。现实中，由于对融资风险估计不足、防范不力而影响公司正常发展甚至危及公司生存的例子比比皆是。本节将分别从债务融资和权益融资两种融资方式出发，对融资风险的表现及其控制方式进行介绍。

6.2.1 债务融资风险及其控制

债务融资是指公司通过银行贷款、发行债券、商业信用等方式筹集公司所需资金的行为。公司在债务融资过程中可能面临的风险主要有以下几种。

首先，债务融资增加了公司的支付风险。公司进行债务融资必须保证投资收益高于资金成本，否则，将出现收不抵支，甚至发生亏损。其次，债务融资增加了公司的经营成本，影响资金的周转，如果债务融资还款期限比较集中于短期内，公司必须筹集巨额资金还债，这会影响公司资金的周转和使用。再次，过度负债会降低公司的再融资能力，甚至危及公司生存。最后，银行为了保证贷款的安全性，往往对借款的使用附加很多约束性条款，这些条款在一定程度上限制了公司自主调配与使用资金的能力。债务融资的这些不足之处往往以融资风险的形式表现出来。

1. 债务融资风险的表现形式

对采用债务融资的公司而言，债务融资意味着公司在融资期限内必须根据融资合同的规定承担按时偿还本息的义务。一方面，这是企业经营活动的一种压力；另一方面，债务融资的利息是公司资本成本的重要组成部分，而资本成本能否覆盖投资收益是公司进行投资决策的重要依据，因此，债务融资还可能影响公司的投资决策。公司在债务融资中可能面临的风险主要有以下几种：

1）财务风险

财务风险是指公司财务结构不合理、融资不当使公司可能丧失偿债能力而导致投资者预期收益下降的风险。财务风险是企业在财务管理过程中必须面对的一个现实问题，根据其严重程度，财务风险可以分为财务困境及破产风险两类。

（1）财务困境。财务困境也称为财务危机或财务失败，是指公司由于现金流量不足，无法偿还到期债务而处于的一种不利状态。

采用债务融资的公司在随后的经营过程中必须承担还本付息的压力，这种压力是强制的，是定期发生的现金支出。由于公司的经营周期与还款周期可能存在不匹配，即使是正常盈利的公司，也不能保证随时有足够的现金承担这笔支出，由此导致公司的财务困境。

公司发生财务困境的主要标志是现金流量短缺并呈持续状态，无力偿还到期债务，不得不采取一系列非常措施，例如：出售重要的经营性资产，高息借贷，停发现金股利，债务重组，申请破产等。发生财务困境的公司大多同时伴随着经济失败，但二者并不总是同时发生：经济失败是从公司的盈利能力描述公司的经营状态，而财务困境是从企业的偿债能力描述公司的经营状态。公司的财务困境是一种渐进式的积累过程，表现为不同的轻重程度，企业的违约、无偿付能力、亏损等都可视为财务困境的一种表现，破产则是财务困境的终极结果。

（2）破产风险。破产风险是指公司的资产不足以偿还其负债所带来的风险。所谓破产，在法律意义上是指债务人丧失清偿能力时，在法院监督下强制清算其全部财产，清偿全体债权人的法律制度。破产风险是公司风险的重要方面，通常是其他风险的综合结果，也是企业财务困境积累的终极结果。

采用债务融资的公司在随后的经营过程中需要承担按时偿还利息的压力，这种压力在利润表中以财务费用的形式体现出来，表现为公司净利润的减少，如果公司的经营成果不足以覆盖利息，则会面临亏损。如果公司亏损的状态持续下去，所有者权益不断减少，最终将处于资不抵债的状态，此时，公司全部资产不足以偿还全部负债，债权人有权要求公司进行破产清算。

公司债务融资的规模越大，债务的利率越高，盈利能力越差，以及上述状态持续的时间越长，公司的破产风险越高。

2）股东收益波动的风险

公司在债务融资之后，就应承担按时还本付息的义务，这种义务不考虑公司的经营状况及盈利能力，无论公司经营好坏，都不改变本金及利息的数量。这意味着：

如果债务融资之后公司全部资产的盈利能力超过债务的利息率，由债务形成的资产创造的利润（这里的利润是息税前利润）在偿还利息之后剩余部分将由全体股东分享，使得股东的收益超过其享有的公司资产创造的利润。

反之，如果公司全部资产的盈利能力低于债务的利息率，由债务形成的资产创造的利润与应偿还利息的差额将由股东投入的资产承担，使得股东的收益低于其享有的公司资产创造的利润。如果公司的全部利润不足以偿还利息，股东非但无法从公司的经营成果中获得收益，反而要遭受投资损失。

可见，由于债务融资，股东收益的波动性将增大，这就是债务融资带来的股东收益波动的风险。

3）投资不足

投资不足主要是因为信息不对称而引起的。信息不对称是现实经济生活中普遍存在的一个问题，由于信息不对称，处于信息优势地位的一方往往会过度利用这种优势，损害处于信息劣势一方的利益。

在债务融资的过程中，由于债权人一般不参与公司的日常经营决策，无法全面了解公司信息，也无力有效监督公司经营者对资金的使用，将承担由于信息不对称而产生的风险。意识到这种风险的债权投资人将采取应对性的措施对公司实施惩罚，造成公司的融资风险。信息不对称对债务融资的影响主要通过以下两种方式体现出来。

（1）逆向选择。在债务融资的过程中，投资者不可能全面了解融资公司的全部信息，而只能根据其了解的有限信息，制定一个符合这类公司"平均状态"的融资契约。此时，如果公司的实际状态优于融资契约所描述的"平均状态"，公司将不接受这样的融资契约而选择能够提供更优惠条件的投资者，而对于实际情况劣于"平均状态"的公司，接受这样的融资契约显然是一个理智的选择。由此，造成了"劣币驱逐良币"的结果，即接受投资者制定的融资契约的公司都是更差的公司，造成了负债融资过程中的逆向选择问题。

上述结论是在融资契约由投资者制定的前提下得出的，事实上，即使融资契约由公司提供，结论也不会有所改变，资质更好、可以 5%的利率水平获得足够资金的公司显然不会提供 8%利率水平的投资产品。因此，只要投融资双方信息不对称的状态存在，逆向选择就不可避免。

（2）道德风险。公司的债务融资一旦完成，债权投资者一般情况下仅有根据融资契约按时获得本金及利息回报的权利，他们既无法插手公司的日常经营决策，也无力监管公司筹措资金的用途。此时，作为公司股东的代表，经营者有可能将资金投资于有利于股东而非债权人利益的项目。

当公司长期亏损，甚至资不抵债时，公司及其经营者更有可能将资金投资于高风险的项目或资产，而非根据风险收益相匹配的原则决定公司的投资项目，造成资产替代。其原因在于如果公司依然根据风险收益相匹配的原则决定公司的投资项目，投资的收益只能用来弥补亏损，全部归债权人所有。而如果将资金投资于高风险的项目，一旦项目成功，获得的收益除了弥补亏损外，还可能有部分剩余以利润的形式归股东所有；即使项目失败，由于公司中归属股东的所有者权益已经接近于0，债权人也将承担大部分甚至全部损失。

由于逆向选择和道德风险的存在，即使公司面临 NPV 为正的投资项目，预期收益中的大部分甚至全部都会以减少预期破产成本的方式分配给债权人，而非以利润的形式分配给股东，公司将缺乏投资的动力而导致投资不足。

同时，对于这类公司而言，当需要为投资项目融资时，除非在融资合约中有特殊规定，潜在的投资者显然会意识到此时的投资收益将更多地用于弥补亏损而非分配给投资者，进行这样的投资是无利可图的。这将限制公司融资的规模和资金的可获得性，从而进一步加剧公司的投资不足。

2. 债务融资风险的衡量

除信息不对称外，债务融资的风险主要来自两个方面：公司的现金及易变现资产能否偿还到期债务，公司的盈利以及盈利的积累能否清偿全部或到期债务。因此，对于债务融资风险的衡量也可以从这两个方面展开，分别从公司的短期偿债能力和长期偿债能力考虑债务融资的风险。

1）公司财务风险的衡量

公司发生财务困境主要原因在于没有足够的资金偿还到期债务，对于到期债务，可以以公司的流动负债衡量，而对于资金，可以以公司的现金及现金等价物，以及短期内可以变现的流动资产的数量衡量。

2）股东收益波动风险及衡量

股东收益波动风险可以用财务杠杆衡量。财务杠杆也叫融资杠杆或资本杠杆，是指由于企业债务资本中固定费用的存在而导致普通股每股收益变动率异于息税前利润变动率的现象。其计算公司有以下几种，这几个计算公式是等价的：

$$DFL=\frac{\Delta EAT/EAT}{\Delta EBIT/EBIT} \qquad (6\text{-}13)$$

$$DFL=\frac{\Delta EPS/EPS}{\Delta EBIT/EBIT} \qquad (6\text{-}14)$$

$$DFL=\frac{EBIT}{EBIT-I} \qquad (6\text{-}15)$$

式中，EAT 为净利润；EBIT 为息税前利润；I 为债务年利息。

在财务杠杆中，如果公司资产的投资回报率高于债务利率，则财务杠杆大于 1，表现为负债对公司经营成果的放大；而如果公司资产的投资回报率低于债务利率，则财务杠杆小于 1，表现为负债对公司经营成果的侵蚀；如果公司的经营成果不足以覆盖利息支付，则表现为财务杠杆小于 0，此时公司处于亏损状态。

3）投资不足的衡量

投资不足指的是公司因缺乏足够的投资能力或投资意愿而放弃 NPV 大于 0 的项目的状态。事实上，从 NPV 是否大于 0 这一点是很难衡量公司是否存在投资不足的，一方面，我们无法穷尽所有可供公司投资的项目，也就无法判断公司是否放弃以及放弃了多少 NPV 大于 0 的项目。判断公司是否存在投资不足在理论上有很多具体方法，在此不作讨论。

1. 债务融资风险的控制

1）控制债务融资风险的一般办法

债务融资的风险很大一部分原因在于公司现金管理工作的缺陷，到期债务没有相应的现金保障偿付，因此，公司决策者和财务管理人员首先应综合考虑负债经营对公司正反两方面作用，从提升管理水平的角度科学平衡公司经营策略和融资战略，实现公司风险收益匹配，防范债务融资风险。具体可以采取以下方法。

（1）建立风险防范机制。公司生产经营会受到内部和外部多种因素的影响，有时导致实际结果与预期结果出现偏离。公司应做到未雨绸缪，有备无患，建立完善的财务风险预防机制，制订适合公司具体情况的风险规避方案，通过合理的融资结构来分散风险。建立完善的信息网络和风险防范预警机制，对财务风险进行及时的预测和防范。

（2）加强现金预算管理。公司应做好全年资金预算安排，把握融资额度，谨慎负债，认真研究资金市场的供求情况及利率走势，并据此作出相应的融资安排。

（3）保持合理的负债结构。公司制订负债计划时，应充分考虑资金的还款来源，制订详细的还款计划，合理安排长期、短期借款的归还时间，防止还款期过分集中。必要时还要进行还款计提，以免债务到期无法偿还，带来偿债风险。

（4）控制负债规模。对公司来讲，当资本收益率大于融资资本时，一般情况下资产负债率越高越有利，但资产负债率过高会增加现金流出，提高融资风险。因此，公司应保持合理的负债规模，着力于补充自有资本，降低资产负债率，做到适度负债；衡量自身的资金结构是否合理、公司负债比率是否与公司实际情况相适应等，以实现风险与报酬的最优组合。

2）针对债务融资风险具体表现的应对手段

债务融资风险不仅表现为融资企业的财务困境、破产风险和投资不足，还表现为债务投资者可能面临的逆向选择和道德风险。因此，公司还需针对上述债务融资风险的具体表现，制订更加具体的应对措施。

（1）保持一定的财务弹性。公司陷入财务困境的主要表现是到期债务无足够的现金偿还,针对这一点,公司在日常经营过程中需保持一定的现金存量,保证公司的财务弹性。当公司的实际运营发生意外情况,如应收账款不能按期收回时,会对公司的短期偿债能力造成威胁,此时如果公司保持一定的财务弹性,可以有效地避免现金流不足而陷入财务困境。

(2)及时制订债务重组预案。当公司长期经营不善或者发生重大损失时,将面临破产风险。如果公司破产,对于公司股东和经营者来说固然是件坏事;对于债权人来说,由于公司资产账面价值和可变现净值之间的差额以及破产清算所需要支出的大量费用,债权人也会因无法收回全部投资而遭受损失。因此,公司应制订债务重组的预案,当破产风险增加到一定程度时,应与债权人进行有效的沟通,通过债务减免、债转股等方式来提高公司资产负债表质量,减轻公司负担,维持公司的经营和发展能力。

(3)建立新老债权人的谈判机制。公司长期亏损之后往往伴随着投资不足,此时即使公司面临 NPV 为正的项目,也会因为资金来源受限而无力实施。在这种情况下,如果能够建立潜在债权投资者和原债权人之间的谈判机制,如规定新债权人在该项目中的优先求偿权,则可提高潜在投资者的投资意愿。对于原债权人而言,也可以分享该项目所产生的部分成果,提高其债权的保障能力。

(4)完善公司信息披露体系。道德风险是债权人在投资过程中面临的重要风险之一,由于道德风险的存在,债权人对公司经营者不完全信任,提高了债务融资的难度和融资成本。道德风险究其原因在于信息不对称,针对这一点,公司应该完善信息披露制度,提高信息披露质量,对债权人关注的问题进行充分的自愿信息披露,降低信息不对称。

(5)引入债权人监督制度。当公司的盈利能力下降并持续一段时间后,潜在的投资者会担心公司可能存在资产替代而不愿继续投资,公司也将因资金不足而使其财务状况进一步恶化。造成这一结果的很大原因在于债权投资者无力监督公司对资金的后续使用,因此,公司可以考虑引入债权人的监督制度,在制定公司投资和经营的重大决策时听取债权人意见,并及时向其反馈资金使用和项目进展情况。

(6)提高盈利能力。债务融资的风险的本质来源于公司的盈利不足以覆盖债务融资的成本而造成的亏损,因此,解决债务融资风险的最根本手段在于提高公司的盈利能力。当公司盈利高于债务融资成本,并且能够产生足够的现金流入时,债务融资的风险也就可以有效防范了。

相关资料:中钢集团债务违约事件

中钢股份于 2010 年 10 月 20 日发布了 2010 年中国中钢股份有限公司公司债券(简称"10 中钢债"),由母公司中钢集团提供无条件不可撤销连带责任保证担保。"10 中钢债"发行规模 20 亿元,2015 年 10 月 20 日为付息日。

"10 中钢债"发行说明书显示,在债券续存期第五年末,投资者有权将持有的本期债券按面值全部或部分回售给发行人,或选择继续持有。2015 年 9 月 29 日—10 月 12 日为债券持有人回售登记期。

然而，随着中钢股份现金流趋于枯竭，投资者纷纷选择出场，令"10中钢债"走向违约，中钢股份被迫将回售登记期不断往后推延。

2015年10月10日中钢股份发布公告称，经债券持有人同意，回售登记期调整为9月30日—10月16日。

2015年10月16日中钢股份公告称公司拟以所持上市公司中钢国际的股票为债券追加质押担保，考虑到新增抵质押担保可能会影响债券评级及投资人回售意愿，故将"10中钢债"的回售登记期调整为2015年9月30日—2015年11月16日。

2015年11月16日，中钢股份公告表示，为切实维护投资人权益，保障投资人利益，公司拟以所持上市公司中钢国际的股票为债券追加质押担保。

6.2.2 权益融资风险及其控制

1. 权益融资风险的类型

权益融资是通过扩大公司的所有者权益，如吸引新的投资者、发行新股、追加投资等方式实现的融资。权益融资完成后，投资者成了公司的部分所有者，通过股利或出售股权获得投资回报。权益融资中的风险主要包括以下三种。

1）控制权稀释

在公司成立之初，公司的创始股东（一个创始人）或创始股东联盟（多个创始人）拥有公司的全部股份，此时公司的控制权最集中。当公司引入新的权益投资者，如天使投资或风险投资后，新进入的投资者将获得公司的部分股权以及投票权，创始股东的控制权被稀释，而当公司通过IPO成为上市公司后，原有股东的控制权将进一步稀释。控制权稀释是公司对外权益融资后的必然结果，对于有志于做大做强一家公司的创始股东而言，适当稀释控制权可以帮助公司扩大规模，实现跨越式发展。但如果控制权过度稀释，创始股东则面临失去对公司控制能力的风险。

2）控制权争夺

向现有股东以外的其他投资者进行权益融资必然导致现有股东控制权的稀释，这是权益融资的必然结果，但控制权的稀释并不仅仅是股东持股比例数量上的改变，控制权稀释到一定程度时，将会对原有股东，特别是大股东对公司的控制能力带来质的变化。

大股东控制权稀释第一个质的变化出现在50%这一数量上。根据我国《公司法》的规定，直接拥有被投资公司50%以上的表决权或直接拥有被投资公司50%或以下的表决权，但具有实质控制权的情况，属于对公司拥有控制权。随着权益融资的进行，大股东的持股比例不断降低，当大股东的持股比例低于50%时，如果其他股东完全联合起来，就可以实现对公司的完全控制。此时，大股东有可能失去公司控制权。

控制权稀释的第二个质变的标志是出现与大股东持股比例相近的其他股东，此时，该股东可以通过继续增持公司的股份，或者与其他股东签署一致行动人协议等手段，以较低的代价获得超过原大股东的表决权，从而获得对公司的实际控制权。即使该股东目前尚未采取上述行动，原大股东也面临很大的控制权争夺的风险。

3）对赌协议与控制权转移

对赌协议又称估值调整机制，多用于并购或融资过程中，权益融资中的对赌协议一般指投资方与融资方在达成融资协议时，对于未来不确定的情况进行一种约定。如果约定的条件出现，投资方可以行使一种权利；如果约定的条件不出现，融资方则行使一种权利。其中约定的条件可以包括公司的盈利能力、发展速度、市场占有率、未来股价等，而对赌的条件则往往和公司的股权有关，在权益融资的对赌协议中，如果公司没有达到协议约定的条件，原有股东往往会丧失对公司的控制权。

2. 权益融资风险控制

针对权益融资中的风险，可以采用以下控制机制。

1）选择恰当的权益融资方式

权益融资并不必然带来控制权的稀释，只有向现有股东以外的其他股东进行普通股的权益融资才会导致原股东控制权的稀释。因此，在权益融资的过程中，需要注意融资方式的选择。

如果对原有股东控制权的稀释不会导致控制权转移或引起控制权争夺，此时可以采用公开发行的方式向原股东以外的投资者进行权益融资。

如果原股东已经理论上存在丧失控制权的可能性，此时面向新股东的权益融资就需要适当地考虑控制权转移的风险，可以采用优先股等方式进行权益融资，这样既可以融得权益资金，又不会进一步稀释原股东的控制权。

如果原控制权丧失的风险已经相当大，或者控制权的争夺已经开始显现，此时的权益融资不仅不应继续稀释控制权，反而应该通过配股或定向增发的方式实现控制权的集中。此时的权益融资可以采用非公开发行的方式，如向原股东或原股东的一致行动人定向增发，以增加原股东的控制权。

2）建立并完善治理规则

新股东取代原股东的第一大股东地位时，并不必然直接获得公司的控制权。新股东要想获得对公司实施控制需要进入公司的董事会和管理层，因此原股东可以从公司治理规则的角度出发，保证即使持股比例不占绝对多数，也不会丧失公司的控制权，可以采用以下方法。

（1）董事会轮选制。董事会轮选制使公司每年只能改选很小比例的董事。即使收购方已经取得了多数控股权，也难以在短时间内改组公司董事会或委任管理层，实现对公司董事会的控制，从而保住原股东对公司的控制权。

（2）超级多数条款。公司章程中需规定修改章程或重大事项（如公司的清盘、并购、资产的租赁）所需投票权的比例。超级多数条款规定公司被收购必须取得 2/3 或 80%的投票权，有时甚至会高达 95%。这样，若公司管理层和员工持有公司相当数量的股票，那么即使新股东获得绝对多数的持股，也无法完全控制公司。

3）采用双重股权结构

双重股权结构是指将公司的股票分高、低两种投票权。高投票权股票每股具有 2~10

票的投票权,主要由高级管理者所持有。低投票权股票的投票权只占高投票权股票的10%或1%,有的甚至没有投票权,由一般股东持有。作为补偿,高投票权的股票股利低,而且投票权仅限管理者使用,一定年限之后,一般是3年,才可转成低投票权股票,因此流通性较差。

在双重股权结构下,外部投资者即使获得了公司的多数股权,其投票权也无法超过现有股东,因而可以帮助实现权益融资的同时,保留现有股东对公司的控制权。

 相关资料:阿里巴巴的合伙人制度

"合伙人"在法律上有明确的定义,在中国或其他主要国家的合伙企业法中,普通合伙人是指共同出资、共同管理企业,并对企业债务承担无限连带责任的人。合伙人既是企业的所有者,又是企业的管理者,还是企业债务和责任不可推卸的责任人。根据阿里在招股说明书中的描述,阿里巴巴集团的合伙人虽然在文字和内涵上借鉴了这个概念,但实质上还是根本不同。

阿里的合伙人身份不等同于股东。虽然阿里要求合伙人必须持有公司一定的股份,但是合伙人要在60岁时退休或在离开阿里巴巴时同时退出合伙人(永久合伙人除外),这与只要持有公司股份就能保持股东身份不同。

阿里的合伙人身份不等同于公司董事。招股说明书显示,阿里集团内部,董事会拥有极高的权力。阿里合伙人会议并没有取代董事会来管理公司,合伙人会议的主要权力是董事会成员候选人的提名权。也就是说,合伙人拥有人事控制权,而非公司运营的直接管理权。

阿里的合伙人不需要承担无限连带责任。阿里合伙人的职责是体现和推广阿里巴巴的使命、愿景和价值观而非财产经济责任,也就是说,阿里合伙人履职的责任主要是精神和身份层面的,没有具体财产赔偿责任。

阿里巴巴合伙人拥有提名简单多数(50%以上)董事会成员候选人的专有权。表面上看,阿里巴巴的合伙人拥有的仅仅是董事的提名权,而非决定权。但是仔细研究阿里巴巴的章程可以发现,虽然合伙人提名的董事需要得到年度股东大会半数以上的赞同票才能当选为董事会成员,但是如果阿里巴巴合伙人提名的候选人没有被股东选中,或选中后因任何原因离开董事会,则阿里巴巴合伙人有权指定临时过渡董事来填补空缺,直到下届年度股东大会召开。

不仅如此,阿里的招股说明书还阐明:在任何时间,不论任何原因,当董事会成员人数少于阿里巴巴合伙人所提名的简单多数,阿里巴巴合伙人有权指定不足的董事会成员,以保证董事会成员中简单多数是由合伙人提名。也就是说,无论合伙人提名的董事股东会是否同意,合伙人总能让自己人行使董事的权利。实质上,阿里巴巴的合伙人已经通过上述程序实际控制了公司半数以上的董事。

目前阿里巴巴已经和软银及雅虎达成投票协议,软银和雅虎将在股东大会上为阿里巴巴所提名的董事投赞成票。

为了保证合伙人这一权力的持续有效,阿里巴巴还规定,如果要修改章程中关于合伙人提名权和相关条款,必须在股东大会上得到95%的到场股东或委托投票股东的同意。根据官方披露，马云、蔡崇信在 IPO 后仍然分别持有阿里 7.8%、3.2%的股份，而二人目前正是阿里巴巴合伙人团队中的永久合伙人，由此看来，合伙人的"董事提名权"坚如磐石，难以打破。

根据阿里巴巴公布的资料，阿里巴巴合伙人的任职资格中的"客观"条件很简单：为阿里巴巴或密切关联公司工作 5 年以上。其他条件，诸如"必须具有非常正直的人品、对公司发展有积极贡献，以及能传承公司文化或者愿为公司价值观竭尽全力"，都十分"主观"。

符合上述条件的候选人，由现有合伙人向合伙人委员会提名，新合伙人的选举一年一次。现有合伙人一人一票，需要 75%以上的合伙人通过，候选人才能被选为新合伙人。但是，阿里巴巴又要求每位合伙人必须拥有一定的阿里股份，能够成为阿里合伙人基本都是通过公司的股权激励制度获得了阿里股权的高管。

阿里合伙人制度的核心是"合伙人委员会"。阿里的合伙人委员会由 5 位合伙人（未来可能人数增加）组成，包括马云、蔡崇信、陆兆禧、彭蕾和曾鸣。每一届任期三年，可以连选连任。

根据阿里公布的资料，阿里的合伙人符合以下某一情形的，就丧失了合伙人的资格：
（1）60 岁时自动退休；
（2）自己随时选择退休；
（3）离开阿里巴巴工作；
（4）死亡或者丧失行为能力；
（5）被合伙人会议 50%以上投票除名。

同时，阿里巴巴又规定了永久合伙人和荣誉合伙人两种特殊的合伙人身份。只有永久合伙人将一直作为合伙人直到其自己选择退休、死亡，或丧失行为能力或被选举除名。目前阿里的永久合伙人只有马云、蔡崇信。永久合伙人的产生，可以由选举产生；也可以由退休的永久合伙人或在职的永久合伙人指定。

此外，退休的合伙人还可以被选为荣誉合伙人，荣誉合伙人无法行使合伙人权利，但是能够得到奖金池的一部分分配。

永久合伙人如果不再是阿里巴巴的职员，则无法得到奖金池的奖金分配；除非他仍然是荣誉合伙人。

6.3 资本结构理论与资本结构决策

6.3.1 资本结构含义

1. 资本结构及其影响因素

资本结构是指公司各种资本的价值构成及比例关系，是企业一定时期融资组合的结果。资本结构有广义和狭义之分。广义的资本结构是指公司全部资本的构成及其比例关系。公司一定时期的资本可以分为债务资本和权益资本，也可以分为短期资本和长期资本。一般而言，广义的资本结构包括：债务资本与权益资本的结构、长期资本与短期资本的结构，以及债务资本的内部结构、长期资本的内部结构和权益资本的内部结构等。狭义的资本结构是指公司各种长期资本的构成及比例关系，尤其是指长期债务资本与权益资本之间的构成及比例关系。公司的资本结构一般以资产负债率表示。

资本结构同时受企业自身及外部宏观环境和行业因素的影响，具体而言，影响资本结构的因素包括以下方面。

1）国别因素

由于政治、经济、法律、环境等国别差异，归属不同国家的公司资本结构也将呈现出显著的系统性差异。国家因素对资本结构影响的一个典型例子在于日本的公司通常更多地采用债务融资，表现出更高的杠杆率；而美国的公司更多地采用权益融资。

2）宏观经济因素

在通货膨胀率高的时期，公司往往更多地采用债务融资，这是因为通货膨胀降低了负债的真实利率。除此之外，GDP（国内生产总值）增长率、经济发展水平、税收政策等宏观因素也会影响公司的资本结构。

3）行业因素

由于资产风险、资产类型以及外部资金需求等都会随行业而变化，不同行业内公司的资本结构也将随之变化。一般来说，医药、食品、电子和食品行业的资产负债率是较低的，而造纸、纺织品、钢铁、航空和水泥行业的负债率则较高。管制行业（如电信、电力、煤气、航空等）的负债率一向是较高的。

4）公司特征

影响资本结构的公司特征因素有很多，主要包括：公司规模、资产结构、公司成长性、债务水平等。

5）公司治理因素

影响公司资本结构的公司治理因素包括：经营者持股数量及比例、高管任期、公司激励政策、董事会规模与构成、第一大股东持股比例、股东人数、机构投资者持股比例等。

2. 经营者与公司资本结构

公司的资本结构是公司融资组合的结果，公司融资活动获得资金的多少决定了公司未来的投资和经营规模。在两权分离的公司中，经营者对公司的日常经营活动负责，他们也必然要关注公司的资本结构，经营者对资本结构的偏好可以从以下几个方面考虑。

第一，与承受压力相比，经营者更偏好"安逸的生活"，而债务融资所产生的利息支付义务会打破这种安逸的生活。如果公司的经营成果不足以覆盖利息支出，公司将面临亏损，这无论对经营者的声誉还是薪酬都是一种损害，严重时甚至会危害经营者的职业生涯。因此，享受安逸生活的经营者将更加偏好低负债的公司，如果他们能够决定公司的融资活动，他们将更多地采用权益融资而非债务融资，使公司呈现更低的资产负债率。

第二，经营者通常有构建"企业帝国"的冲动，热衷于扩大公司规模。与小公司的经营者相比，大公司的经营者在薪酬水平、职业声誉、行业地位以及社会关系等方面都更有优势。因此作为有志于管理大公司的经营者，如果能够通过融资的方式迅速扩大公司规模，他们无疑是非常愿意的。考虑到我国的现实情况，权益融资除了公司本身的资质外，还受资本市场状况以及政策、法律、监管等诸方面影响，往往难以迅速完成。此时，债务融资经常成为公司唯一可行的融资渠道，从而导致公司高的负债率。

第三，经营者是公司日常经营决策的直接制定者，同时，公司经营的成败以及经营业绩的好坏也将直接决定经营者未来的职业前景。而债务融资一方面可以放大权益所有者的收益，另一方面如果公司经营不善，又会加剧损失，增大破产风险，因此为了维持公司的稳定发展和持续经营，经营者通常会选择一个恰当的负债率。

综上所述，公司的经营者既有可能为了"安逸的生活"而追求低负债率，又有可能为了构建"企业帝国"而通过负债盲目扩张，还可能出于公司稳定的角度选择他认为合适的负债率，最终经营者心目中公司的最优资本结构受以上多种因素的共同影响。

3. 股东与公司资本结构

股东是公司的所有者，享有相应的股东权利，我国《公司法》规定的股东权利包括享有资产收益、参与重大决策和选择管理者，股东在公司中享受的权利以及股东对自身权利的维护很大程度上决定了股东对公司资本结构的态度。

首先，享有资产收益的多少取决于公司收益的多少以及股东在公司中的持股比例。为了扩大公司的经营规模以获得更多的收益，股东希望公司能够尽可能地融资，提高公司盈利总额。在公司盈利一定的情况下，股东能够从公司盈利中分得的数量则取决于其在公司中的持股比例。为了享有更高的资产收益，股东倾向于公司尽可能地利用债务融资，提高资产负债率，通过财务杠杆提高公司净资产利润率以及股东在公司净利润中占有的份额。同时，股东在公司中享有的资产收益权属于剩余求偿权，其求偿顺序排在债权人之后，如果公司因过高的资产负债率影响正常经营，发生财务困境甚至破产，股东的利益将受到很大损害。因此，考虑到股东享有公司资产收益的权利，股东希望公司能够尽可能地利用负债放大经营成果，又不希望公司因过高的资产负债率而危及公司生存，

其次，股东参与公司重大决策权利的大小取决于持股比例，从这个角度来看，公司的现有股东，特别是公司大股东，往往不希望公司因权益融资而使其股权分散。当大股东的持股比例下降到相对较低的程度，引起其他股东对公司控制权争夺时，对公司的权益融资将持更加谨慎的态度。

最后，股东选择管理者的权利属于股东对经营者的监督，考虑到经营者对公司资本结构的态度，一方面，股东可以通过引入负债，凭借负债带来的强制还本付息的义务给经营者带来一定的压力，防止经营者过分追求"安逸的生活"。另一方面，为了避免管理者过度扩张，追求构建"企业帝国"的目标，股东又会对公司的扩张行为，包括通过负债实施的扩张，给予一定的抑制。

4. 债权人与公司资本结构

债权人投资于公司，其收益来源于相对固定的利息收入，与股东相比，一般情况下债权人既无法参与公司的日常经营，也不会从公司的经营成果中获得更多的回报。因此，与公司的盈利能力相比，债权人更关注公司的偿债能力，而公司偿债能力高低很大程度上取决于公司的现金流状况和公司陷入财务困境的可能性。债务融资本身给公司带来了按时还

本付息的压力，可能导致公司因现金流不足而陷入财务危机，因资不抵债而陷入破产风险，因此，债权人更希望公司拥有较低的资产负债率。

需要注意的是，债权人在关注公司资产负债率高低的同时，更关注的是公司偿债能力本身。而低的资产负债率既有可能是因为公司较少地利用债务融资，保留了未来的融资能力，在保持较高财务弹性的同时降低了财务风险；还有可能是公司本身经营存在问题，其他债权人不愿向公司投资，公司因无法采用债务融资而呈现出较低的资产负债率。现实中公司低负债率是因为哪种原因需要债权人在投资之前结合公司的具体情况进行分析。

6.3.2 资本结构理论

资本结构理论是关于公司资本结构、公司加权平均资本成本与公司价值三者之间关系的理论。它是公司财务理论的核心内容之一，也是资本结构决策的重要理论基础。从资本结构理论的发展来看，主要的资本结构理论有早期资本结构理论、MM 资本结构理论和新的资本结构理论。在现实中，资本结构是否会影响公司价值这一问题一直存在争议，被称为"资本结构之谜"。

1. 资本结构与公司价值

公司的资本结构问题，主要是资本的权属结构问题，即股权资本和债务资本的价值构成及其比例关系与债务资本的比例安排问题。在公司的资本结构决策中，如何合理地利用债务融资，科学地安排债务资本的比例，是公司融资管理的一个核心问题。此外，对公司资本结构与公司价值之间关系的研究也是公司财务领域长盛不衰的一个研究话题。资本结构对公司价值的影响主要体现在以下方面。

1）合理安排债务资本比例可以降低公司的加权平均资本成本

由于债务利息通常低于股票股利，而且债务利息在所得税前扣除，公司可以享受所得税节税利益，债务资本成本率显著低于股权资本成本率。因此，在一定限度内合理地提高债务资本的比例，可以降低公司的加权平均资本成本。

2）合理安排债务资本比例可以获得杠杆收益

由于债务利息通常是固定不变的，当息税前利润增大时，每一元利润所负担的固定利息会相应降低，可分配给股权资本的所有者的税后利润会相应增加。因此，在一定的限度内合理地利用债务资本，可以发挥财务杠杆的作用，给公司股权资本的所有者带来财务杠杆利益。

3）合理安排债务融资比例可以增加公司的价值

公司的价值等于其债务资本与权益资本的市场价值之和。公司的价值与公司的资本结构是紧密相关的，资本结构对公司债务资本市场价值、股权资本市场价值及公司总资本的市场价值都具有重要的影响。因此，合理安排债务融资比例有利于增加公司的市场价值。

2. 早期资本结构理论

这里的早期通常指的是 1958 年之前，学术界普遍认为，自 1958 年起，关于资本结构理论的研究进入现代公司财务的范畴。早期的资本结构理论主要有以下三种观点。

1）净收益观点

这种观点认为，在公司的资本结构中，债务资本的比例越高，公司的净收益或税后利润就越高。这是一种极端的资本结构理论观点。这种观点虽然考虑了财务杠杆利益，但忽略了财务风险。如果公司的债务资本过多，比例过高，财务风险很大，公司的综合资本成本率就会上升，公司的价值反而会下降。

2）净营业收益观点

这种观点认为，在公司的资本结构中，债务资本的多少，比例的高低，与公司的价值没有关系。这是另一种极端的资本结构理论观点。这种观点虽然认识到债务资本比例的变动会产生公司的财务风险，也可能影响公司的股权资本成本率，但实际上，公司的综合资本成本率不可能是一个常数。公司净营业收益的确会影响公司价值，但公司价值不仅仅取决于公司净营业收益的多少。

3）传统折中观点

关于资本结构理论的早期观点，除上述两种极端观点外，还有一种介于这两种极端观点之间的折中观点，称为传统折中观点。按照这种观点，增加债务资本对提高公司价值是有利的，但债务资本规模必须适中。如果公司负债过度，会导致综合资本成本率升高，公司价值下降。

3. MM 资本结构理论

MM 理论基于一系列严格假定及套利式证明法，证明了资本结构与公司价值之间的相关关系。根据假设前提不同，MM 理论分为无税状态下的 MM 理论和有税状态下的 MM 理论。

1）无税状态下的 MM 理论

无税状态下的 MM 理论认为，无论公司采用何种资本结构，其公司价值不变。也就是说，公司总的投资价值取决于潜在的获利能力和风险水平，而不取决于资本结构，故公司价值与资本结构无关。

基于此 MM 理论提出了两个对于未来资本结构的研究具有重要意义的命题。

命题一：无论公司有无债务，其价值等于公司所有资产的预期收益额按适合该公司风险等级的必要报酬率折现的价值。

命题二：有债公司权益资本成本等于同一风险等级中无债公司权益资本成本加上一定数量的风险溢价。

2）有税状态下的 MM 理论

该理论认为，公司所得税作为一种社会费用扣除，普通存在于公司经营之中。由于负债利息在税前支付，股东股利在税后支付，因此将体现出负债对公司价值的额外增值。公司价值在股东、债权人和政府之间进行分配，当公司创造的总财富不变时，增加负债可使公司所得税支出减少，从而使属于股东和债权人的全部收益增加，故公司价值相应增加。

基于债务利息税前支付的属性，MM 理论修正了最初的命题，并重新提出有税条件下的两个命题。

命题一：有债公司价值等于相同风险的无债公司价值加上因债务利息而产生的税盾价值。

命题二：有债公司的权益成本等于同一风险等级中无债公司的权益成本加上一定数量的风险溢价，且风险报酬的大小视负债程度而定。

4. 静态权衡理论

该观点认为，随着公司债务比例的提高，公司的风险会上升，公司陷入财务困境甚至破产的可能性也会增加，由此会增加公司的额外成本，降低公司的价值。因此，公司最佳的资本结构应当是节税收益和债务资本比例上升而带来的财务危机成本之间的平衡点。

财务危机在某些情况下会导致公司破产，因此公司的价值应当扣除财务危机成本的现值，财务危机成本取决于公司危机发生的概率和危机的严重程度。根据公司破产发生的可能性，财务危机成本可分为有破产成本的财务危机成本和无破产成本的财务危机成本。

当公司债务的账面价值总额大于公司市场价值时，公司面临破产。此时，公司的财务危机成本是有破产成本的财务危机成本。而这些成本实际上是由债权人承担的，即从债权人的利息收入中扣除。因此，债权人必然要求与公司破产风险相对应的较高报酬率，公司的债务价值和公司的总价值也因而降低。

当公司发生财务危机但还不至于破产时，同样存在财务危机成本并影响公司的价值。这时的财务危机成本是无破产成本的财务危机成本，对公司价值的影响体现在股东为保护其利益，在投资决策时以股票价值最大化代替公司价值最大化的目标，这会使公司的节税收益下降并降低公司价值。

在权衡理论看来，如果将财务困境成本引入模型中，有债公司价值应该写为

$$V_L = V_U + T_C D - C \quad (6-16)$$

式中，C 为公司的破产成本，V_U 为无债公司价值；T_C 为公司所得税率；D 为负债总额。

5. 代理成本理论

代理成本理论是通过研究代理成本与资本结构的关系而形成的，引入代理成本的资本结构模型已成为现代公司理论、资本结构理论研究的主流范式。

在 MM 理论中，公司被视为一个整体，且假设股东、债权人和经营者三者的利益一致。但事实并非如此，代理问题模型认为公司面临两类代理冲突：股东与经营者之间的代理冲突和股东与债权人之间的利益冲突。

1）股东与经营者之间的代理冲突

股东与经营者之间的代理冲突来自其不同的目标取向。作为委托方的股东，希望受托的经营者努力工作以实现股东财富最大化目标；而作为代理方的经营者则希望追求自身效用最大化。在信息不对称的条件下，外部股东与经营者之间的利益冲突会使权益融资产生高昂的股权代理成本。主要表现为以下几方面。

（1）委托人的监督成本。委托人的监督成本包括委托人用于审计、业绩评价、信用调查等验证成本；给予代理人适当的激励与约束等带来的制度建立成本；对代理人不当行为进行处罚的执行成本等。

（2）代理人的保证与履约成本。如在企业经营过程中，代理人为获得委托人的信任或使其经营决策获得顺利通过，聘请内部审计、定期公布财务与业绩信息的支出；制定公司管理制度、明确规范公司相关决策规则的支出。

（3）剩余损失。代理人并不总是按照委托人利益最大化的原则行事，代理人实际决策与使委托人利益最大化的最优决策之间的价值差异，即为委托人的福利损失或剩余损失。

引入债务融资能有效缓解外部股东与经营者之间的代理冲突，降低股权代理成本。其原因在于，债务融资迫使公司经营者必须以其经营成果履行还本付息责任，从而增强对经营者个人行为的约束。

2）股东与债权人之间的利益冲突

在信息不对称的情况下，公司代理人倾向于选择高风险的项目将预期损失转移给债权人：一旦项目成功，债权人只能获得固定利息，一旦项目投资失败，股东受有限责任保护，债权人将承担大部分甚至是全部利益损失。为此，债权人出于自身权益保护而减少对公司投资，使公司失去高效率投资的机会，这是债务融资的主要代理成本。除此之外，债务融资所产生的代理成本还包括以下两种。

（1）监督和担保成本。前者指债权人为加强对公司监督而付出的成本，后者指债权人要求公司提供担保所发生的成本。

（2）破产。公司因不能及时清偿债务或违反债务契约中的相关条款，从而被申请重组或破产等造成的股东福利损失。

3）最优资本结构及其推论

在代理理论框架下，公司最优资本结构建立在对债务融资的代理成本和收益的权衡之上。由最优资本结构可以得到如下推论。

（1）债务融资合约中增加限制性条款，可以提升公司价值。

（2）相同条件下，资产替代机会少的行业将有较高的负债水平。

6. 融资优序理论

该理论认为，在信息不对称的情况下，如果外部投资者对公司资产价值的信息不如内部投资者那样灵通，则公司的股票就会被错误定价。在考虑交易成本之后，权益融资会传递公司经营的负面信息，且因外部融资需要支付各种成本，因而公司融资一般会遵循内源融资、债务融资、权益融资这样一种先后顺序。

其逻辑在于，如果公司为投资项目寻找新的融资，经营者清楚地知道该项目 NPV>0，但外部投资者并不知道。外部投资者此时会猜测，如果项目 NPV>0，公司的老股东肯定不会同意发行新股，因为此时发行新股会定价太低使得新股东获得项目更多的收益，导致老股东的利益受损。由此导致，即使公司面临 NPV>0 的项目，也可能因无法获得足够资金而不得不放弃，导致公司投资不足。

此时，如果公司能够利用内部资本为新项目融资，就不用考虑公司经营者与外部投资者之间的信息不对称而导致的股票折价，所有 NPV 为正的项目都会被采纳。可见，经营者在项目资本选择时会优先考虑内源融资。而当内源融资不足的时候,公司将会优先考虑低风险证券和借款,原因在于,投资项目实现盈利后,债权人仅得到利息,大部分收益将由老股东分享。股票融资则排在最后,是公司不得已而为之的一种融资策略。

7. 信号传递理论

信号传递理论认为,公司可以通过调整资本结构,向外界传递有关公司盈利能力和风险方面的信息,以及公司如何看待股票市价的信息。公司的资本结构可能向外界传递如下几种信号。

1) 罗斯(ROSS)信号模型

在该模型中,假设内外部投资者对于公司质量存在信息不对称,但对于任何负债水平,低质量的公司都有更高的预期边际破产成本。所以,低质量公司的经营者不能通过发行更多的债务来模仿高质量公司。借助公司的债务比率,可以将好公司和坏公司区分开来。在这一信号模型下,可以得到如下结论。

(1) 公司价值与负债率正相关。公司负债率越高,证明其偿债能力越强,增加负债比率是好消息。

(2) 持有股份的经营者增加负债并向外部市场传递公司破产的可能性很小,较高的负债率是公司未来前景良好的信号。

(3) 公司价值、负债水平与公司破产可能性正相关。如果公司负债率超出了安全边界,公司还本付息的压力会增加其破产的可能性。

2) 风险厌恶模型

该模型中,假定经营者与投资者之间在项目投资收益上存在信息不对称,当公司提高其债务比率时,经营者持有的股权在公司总股权的比重会相对提高,对于风险厌恶的经营者而言,持股比例上升有可能会使其预期收益减少。

因此,拥有较高质量项目的公司,其经营者可通过提高公司债务比率的方式向外部投资传递投资项目好坏的信号。好的投资项目经营者将倾向于采用债务融资提高自身收益,而差的项目经营者更倾向于采用权益融资分担风险和损失。

6.3.3 资本结构决策

资本结构决策是在若干可行的资本结构方案中选取最佳资本结构的过程,可分为初始资本结构决策和追加资本结构决策两种情况。资本结构决策在财务决策中具有极其重要的地位,合理安排资本结构可以降低企业的加权平均资本成本、获得财务杠杆利益以及增加公司的价值。资本结构决策的标准包括:①有利于最大限度地增加所有者的财富,使企业价值最大化。②企业的加权平均资本成本最低。

在融资决策中,确定最佳资本结构的方法有比较最小资本成本法、每股利润无差别点法。

1. 比较最小资本成本法

比较最小资本成本法是通过计算不同资本结构下公司的加权平均资本成本,并以此为标准相互比较,选择加权平均资本成本率最低的资本结构为最佳资本结构的方法。运用比较最小资本成本法必须具备两个前提条件:一是能够通过债务融资;二是具备偿还能力。

(1)初始资本结构决策。企业在实际融资过程中,对拟定的融资总额可以采用多种融资方式来筹措,同时对各种融资方式的融资数额可有不同的安排,由此就形成若干个融资方案可供抉择。在个别资本成本率已确定的情况下,加权平均资本成本率的高低,主要取决于各种融资方式的融资额占拟定融资总额比重的高低。

【例 6-10】 J 公司创建时,拟融资 5000 万元,现有如表 6-1 所示两个融资方案可供选择。

表 6-1 两种融资方案

融资方式	资本成本/%	A 方案/万元	B 方案/万元
长期借款	10	1 000	1 500
股票	14	4 000	3 500
Σ	—	5 000	5 000

要求:根据上述资料,分别计算 A、B 融资方案的加权平均资本成本率,并比较其大小,从而确定最佳资本结构方案。

解:A 方案的加权平均资本成本为

$$\text{WACC}_A = \frac{1\,000}{5\,000} \times 10\% + \frac{4\,000}{5\,000} \times 14\% = 13.2\%$$

B 方案的加权平均资本成本为

$$\text{WACC}_B = \frac{1\,500}{5\,000} \times 10\% + \frac{3\,500}{5\,000} \times 14\% = 12.8\%$$

根据计算结果,B 方案的综合资本成本率小于 A 方案,在其他条件相同的情况下,B 方案为最佳融资方案,其所形成的资本结构也是最佳资本结构。

(2)追加资本结构决策。企业因扩大业务或投资的需要而增加资本,原资本结构就会因追加融资发生变化。追加资本结构决策步骤和方法如下。

第一步,计算各融资方式的加权平均资本成本率,即组平均数。计算公式为

$$C_i = \sum_j K_{i,j} W_{i,j} \tag{6-17}$$

式中,K 为原资本结构和追加资本结构中同一融资方式下的个别资本成本率;W 为原资本结构和追加资本结构中同一融资方式下的融资额所占比重。

第二步,计算追加资本结构的加权平均资本成本率,即总平均数。计算公式如下:

$$\text{WACC} = \sum_j C_j W_j \tag{6-18}$$

式中,C_j 为追加方案实施后根据式(6-17)计算的个别资本成本;W_j 为该项资本占总资本的比例。

【例 6-11】 接例 6-10,J 公司在经营发展过程中需要追加融资,现有两种方案可供选择,公司的原始资本结构和两种追加资本的见表 1-2。

表 6-2 两种追加资本方案

融资方式	原资本结构		追加资本 A 方案		追加资本 B 方案	
	融资额/万元	资本成本/%	融资额/万元	资本成本/%	融资额/万元	资本成本/%
长期借款	1500	10	1000	8	500	8
股票	3500	14	1000	12.5	1500	12.5
Σ	5000	12.8	2000	—	2000	—

要求：用比较资本成本法选择最优追加资本方案

解：公司 A 方案如果实施。

债权的个别资本成本为

$$C_L = 10\% \times \frac{1\,500}{2\,500} + 8\% \times \frac{1\,000}{2\,500} = 7.2\%$$

股权的个别资本成本为

$$C_E = 14\% \times \frac{3\,500}{4\,500} + 12.5\% \times \frac{1\,000}{4\,500} = 13.67\%$$

加权平均资本成本为

$$\text{WACC} = 7.2\% \times \frac{2\,500}{7\,000} + 13.67\% \times \frac{4\,500}{7\,000} = 11.36\%$$

公司 B 方案如果实施。

债权的个别资本成本为

$$C_L = 10\% \times \frac{1\,500}{2\,000} + 8\% \times \frac{500}{2\,000} = 9.5\%$$

股权的个别资本成本为

$$C_E = 14\% \times \frac{3\,500}{5\,000} + 12.5\% \times \frac{1\,500}{5\,000} = 13.55\%$$

加权平均资本成本为

$$\text{WACC} = 9.5\% \times \frac{2\,000}{7\,000} + 13.55\% \times \frac{5\,000}{7\,000} = 12.39\%$$

根据计算结果，A 方案追加资本后的综合资本成本率低于 B 方案，因此 A 方案为最佳资本结构方案。

2. EBIT-EPS（或 ROE）法

该方法是将企业的盈利能力与负债对股东财富的影响结合起来，去分析资本结构与每股利润之间的关系，进而确定合理的资本结构的方法，也叫息税前利润—每股利润分析法、每股利润无差别点法，简写为 EBIT-EPS 分析法。它是利用息税前利润和每股利润之间的关系来确定最优资本结构的方法。这种方法确定的最佳资本结构亦即每股利润最大的资本结构。

该方法认为负债的偿还能力是建立在未来盈利能力基础之上的。研究资本结构，不能脱离企业的盈利能力。企业的盈利能力，一般用息税前利润（EBIT）表示。负债融资是通过它的杠杆作用来增加财富的。确定资本结构不能不考虑它对股东财富的影响。股东财富用每股盈余（EPS）来表示。现以具体例题介绍每股利润无差别点法的计算方法。

【例 6-12】 K 公司为了增强市场竞争力决定筹集资金升级轮胎生产线。该公司总资产 4 000 万元，其中，通过长期借款筹集 1 600 万元，借款年利率 12%；通过发行普通股筹集 2 400 万元，企业适用的所得税税率为 25%。

根据该企业股利政策，去年已支付的每股股利 3 元，预计今年股利增长率为 6%，普通股发行价格为 25 元，当前市价也为 25 元。

该公司计划筹集资金 200 万元，融资费率不计，现有两种融资方案可供选择。

方案一：增加长期借款 200 万元，借款年利率仍为 12%，其他条件不变。

方案二：增发普通股 8 万股，普通股市价仍为每股 25 元。

要求：根据每股利润无差别点法，选择最优追加资本方案。

方案一：

普通股总股数=2 400÷25=96（万股）

$$EPS_1 = (EBIT - 1\,600 \times 12\% - 200 \times 12\%) \times (1 - 25\%) / 96$$

方案二：

普通股总股数=96+8=104（万股）

$$EPS_2 = (EBIT - 1\,600 \times 12\%) * (1 - 25\%) / 104$$

当 $EPS_1 = EPS_2$ 时，

$$(EBIT - 1\,600 \times 12\% - 200 \times 12\%) \times (1 - 25\%) / 96 = (EBIT - 1\,600 \times 12\%) \times (1 - 25\%) / 104$$

可求得 EBIT = 504（万元），

此时 $EPS_1 = EPS_2 = 2.25$（元）。

即当预期息税前利润为 504 万元时，两方案每股收益均为 2.25 元，选择任一方案对盈利水平影响无差别。因为盈利水平是反映公司价值增长的重要指标，同等情况下每股收益越大的融资方案对公司越有利，所以，当预期息税前利润大于每股收益无差别点时的息税前利润 504 万元时，选择债务性融资方式，方案一对企业有利；当预期息税前利润小于每股收益无差别点时的息税前利润 504 万元时，选择权益性融资方式，方案二对公司有利。

6.3.4 资本结构调整

1. 目标资本结构设定

目标资本结构是指更加接近最优资本结构的资本结构，是达到公司价值最大化时的负债价值与权益价值之比。目标资本结构对公司融资行为的影响主要体现在以下方面。

首先，它要求公司的融资结构符合目标资本结构的要求，即融资对资本结构造成的影响，应保持在目标资本结构许可的范围内。

其次，应该考虑控制权转移的风险。公司发行普通股融资，拥有控制权的股东持股比例下降，此时有可能造成公司控制权旁落。因而通过普通股融资数量受到一定的限制。

最后，融资决策要考虑现金流出与流入的平衡。如果公司融资规模较大而且大部分资本需要通过债务融资解决，融资之后公司将支付大量的利息，此时如果其现金流入有限，现金流出与流入就存在不平衡，这将极大影响公司的正常运营。

2. 资本结构动态调整

即使确定了公司的目标资本结构，由于种种原因，公司的实际资本结构与最优资本结构并不总是相同，即使资本结构在某一时点上恰好处于最优水平，在经营发展过程中，由于种种原因（如新的融资活动、经营业绩等），也不可避免会出现偏离。尽管如此，以价值最大化为目标的公司是不会让其资本结构长期偏离最优水平的，在动态发展过程中，公司会不断调整资本结构，使其尽量接近最优水平。因此，资本结构表现出对目标或最优水平的偏离—趋近—再偏离—再趋近这一不断循环的动态调整过程。

本章对公司的融资管理问题进行了进一步的阐述，主要包括以下内容。

（1）介绍了融资活动中涉及的资本成本。首先，列举了公司银行借款、发行债券、发行优先股、发行普通股及利用内部留存收益的资本成本及其计算方法；其次，在单项资本成本的基础上，介绍了公司的加权平均资本成本及项目资本成本的计算方法；最后，介绍了降低公司资本成本的可行途径。

（2）介绍了公司融资可能面临的风险及其控制方法。首先，介绍了债务融资可能导致的公司财务困境、破产风险和投资不足以及道德风险和逆向选择问题，并介绍了控制方法；随后，介绍了权益融资及由其导致的公司控制权稀释和控制权的争夺，并对该风险的防范措施进行了介绍。

（3）介绍了主要的资本结构理论及公司的资本结构决策。首先，介绍了资本结构的含义及其影响因素，并分别从经营者、股东和债权人的角度阐述了各利益相关者对公司资本结构的看法；其次，从资本结构与公司价值的角度，介绍了主流的资本结构理论；最后，对公司资本结构调整决策需要考虑的问题进行了阐述。

融资（financing）

资本成本（capital cost）

加权平均资本成本（weighted average cost of capital，WACC）

财务杠杆（financial leverage）

财务困境（financial distress）

破产风险（bankruptcy risk）

道德风险（moral hazard）

逆向选择（adverse selection）

控制权争夺（control right contest）

资本结构（capital structure）

代理问题（agency problem）

信号理论（signaling theory）

融资优序理论（pecking order theory）

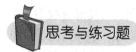

1. 如何计算银行借款的资本成本？
2. 公司发行债券的资本成本如何计算？
3. 优先股与普通股的资本成本有何异同？
4. 公司内部留存收益的资本成本如何计算？
5. 加权平均资本成本如何计算？
6. 简述权益融资和债务融资的融资风险。
7. 简述主流的现代资本结构理论。
8. A公司长期资产总额为10 000万元，其中：2 000万元来自银行的长期借款，利率8%，手续费为借款总额的0.3%，银行要求的补偿性余额为借款总额的10%；3 000万元来自发行债券，债券面值100元，期限为5年，发行价格110元，票面利率8%，按年计息，发行费用为发行价格的1%（不考虑货币时间价值）；其他5 000万元来自普通股，公司股票 β 系数为1.8，无风险利率参考银行长期借款利率，市场上所有股票的平均报酬率为10%，公司所得税税率为25%。试计算该公司长期借款、债券、股票的资本成本及公司的加权平均资本成本。
9. 已知B公司的资本结构：1/3为权益资本，2/3为债务。替代公司贝塔系数为2，无风险收益率为8%，市场收益率为10%，公司所得税税率为25%。现公司拟投资一新项目，其资本结构将采取相对稳健的财务决策：80%权益和20%债务，新项目的债务资本成本为6%。

计算：

（1）如果该新投资项目的与公司其他资产 β_u 相同，按新的融资结构（80%权益和20%债务），其股东要求收益率是多少？

（2）如果公司认为新项目的风险水平要高于公司现有风险，并找到一家与新项目的经营业务相似的替代公司。已知该替代公司资本结构为90%的权益和10%的债务，$T=25\%$，且其 $\beta_L=2$。要求根据替代公司信息，计算B公司新投资项目的折现率。

10. C公司创建时，拟融资3000万元，现有如表6-3所示两个融资方案可供选择：

表6-3 C公司两种融资方案

融资方式	资本成本/%	A方案/万元	B方案/万元
长期借款	5	1 000	2 000
股 票	10	2 000	1 000
Σ	—	3 000	3 000

要求：根据上述资料，分别计算A、B方案的加权平均资本成本率，并比较其大小，

从而确定最佳资本结构方案。

案例分析题

万科公司股份有限公司成立于1984年5月，以房地产为核心业务，是中国大陆首批公开上市的公司之一。公司于1991年1月29日在深圳证券交易所挂牌上交易，深圳经济特区发展（集团）公司（下文简称深特发）为第一大股东，持股比例约为10%。

1993年1月，万科集团在上海市正式推出城市居民住宅——上海万科城市花园，涉足房地产行业。在该项目及随后的地产项目中，为了以小搏大，迅速扩大经营规模，万科开始采用"0.4投资法"，即积极寻找合作伙伴，项目中的60%由合作伙伴投入；而剩余40%中的60%通过银行贷款获得，万科自身投入资金仅占16%（40%×40%）；不仅如此，在这16%的投资中，60%依靠销售回款。通过以上一系列措施，万科仅利用少量资金即可实现快速扩张的目标。

1993年3月，万科公司与以渣打（亚洲）有限公司、君安证券有限公司为主组成的承销团签署了公开发售4 500万股B股的承销协议，万科B股于当年5月28日在深圳证券交易所上市。然而，这一次发行执行得并不完全成功，大量万科B积压在各家承销商手中，仅君安证券就有1 000万股积压在手上。万科B开盘后，迅速跌破发行价。

1997年，深特发开始与华润接触，寻求股权转让。1999年底，深特发最终以4.46元/股的价格，将持有的0.51亿国有法人股一次性转让给中国华润总公司，占万科总股本的8.11%。2000年8月，华润集团及其关联公司以15.08%的股权份额成为万科第一大股东。

2000年12月，华润集团又拿下万科4.27%股权。与此同时，万科公布准备向华润进行B股定向增发，规模为4.5亿股，价格每股4.2港元，但此举遭到其他股东的激烈反对，被迫放弃。

此后万科在资本市场上持续低调。直到2012年，万科借壳南联地产（现万科置业海外，01036.HK）实现H股上市，次年通过B股转H股登陆港交所，打开海外融资渠道。

2014年，万科推行合伙人制度，5月，由代表万科合伙人的"深圳盈安财务顾问公司"借道资管计划，购入万科A共计0.36亿股，占公司总股本0.33%。

2015年，"宝能系"及旗下公司大举增持万科A股，由此掀起了万科控制权之争。"宝能系"是深圳市宝能投资集团有限公司及其麾下深圳钜盛华、前海人寿等诸多子公司的统称。7月，前海人寿在二级市场买入5.5亿万科A，占万科A总股本的约5%。两周后，前海人寿、钜盛华再度增持，占万科总股本的10%。8月26日，前海人寿、钜盛华通知万科，宝能系合计持有万科15.04%，以0.15%的优势，首次超越了万科原第一大股东华润集团。

之后，华润耗资4.97亿元，分别于8月31日和9月1日两次增持，重新夺回万科的大股东之位。截至11月20日，华润共持有万科A股15.29%股份。

11月27日—12月4日，钜盛华再次买入万科5.49亿股，占总股本的20.008%，重新取代华润成为万科第一大股东。

事实上，此时"宝能系"的大举增持已经引起万科管理层的警惕，万科管理层还曾于

2015年中，决定以不高于13.70元/股的价格对公司流通股份进行回购。当时公司估算，预计回购股份占已发行股本比例不低于6.60%。但由于宝能系的大举增持，万科股价距最低点已上升近一倍，截至12月初，公司仅回购1 200万余股，占总股本0.113%。

2015年12月17日，王石内部讲话称"不欢迎'宝能系'成为万科第一大股东"。12月18日，万科宣布筹划资产重组，向深交所申请公司股票自2015年12月18日下午13：00起停牌，待公司刊登相关公告后复牌。

2015年12月24日，万科另一重要股东安邦保险集团发表声明，对万科现有管理层表示支持。万科集团也在官网中发布声明称，万科欢迎安邦成为万科重要股东。事实上，在12月17日和18日两天，安邦两度增持万科A股，其所持股份占万科总股本比例升至6.18%，与此同时，在万科股票停牌前，宝能系也再度增持，截至12月24日，宝能系对万科的持股比例增至24.26%。

2016年1月16日，万科发布临时公告，申请继续停牌3个月，并计划于2016年4月18日前发布重大资产重组预案或公告书。事实上，此次停牌一直延续到2016年7月4日。

2016年3月14日，万科发布临时公告，称与深圳市地铁集团有限公司签署合作备忘录，公司拟采取以向地铁集团新发行股份为主的方式收购地铁集团全部或部分股权。对此，钜盛华和华润均表示反对。

2016年6月18日，万科宣布，董事会通过包括向深圳地铁增发股票、万科以456亿元人民币向深圳地铁收购资产等议案，所有的议案表决都是同意7票、反对3票、弃权1票通过。但现公司第二大股东华润则认为万科公司董事会未达到批准议案所需的2/3以上的绝对多数，质疑董事会通过议案的合法性。

2016年6月27日，钜盛华和前海人寿提请召开2016年第二次临时股东大会，并提交了包括罢免全部7名董事、3名独立董事和2名监事的12项提案。2016年7月1日下午，该提请被董事会否决。

2016年6月28日，万科发布了2015年度股东大会决议公告，其中，现第一大股东"宝能系"及原第一大股东华润均对《2015年度董事会报告》和《2015年度监事会报告》投了反对票，导致这两项议案被否决。

2016年7月5日至2016年7月6日，钜盛华通过资产管理计划继续从二级市场增持公司A股股份0.710%，至此，钜盛华及其一致行动人前海人寿保险股份有限公司合计持有万科25.00%的股份。

2016年7月19日，万科向深圳证监局现场提交《关于提请查处姚振华及其控制的相关资管计划违法违规行为的报告》。

2016年8月8日，恒大通过旗下的7家公司增持万科A股股份5.5亿股，占公司总股份的5.00%。至2016年8月15日，中国恒大持股占公司已发行股本总额约6.82%。

分析：

（1）为什么万科会成为此次控制权争夺的目标？

（2）回顾万科的发展历程，公司的融资方式如何影响公司的未来发展？不同融资方式的优劣是什么？

第 7 章

股利分配政策

开篇案例

贵州茅台和五粮液是中国白酒品牌中两个著名品牌。就股利分配而言，贵州茅台是高派现股利政策的典范，而五粮液则实行低派现或不派现的股利政策。

在优良业绩支撑下，贵州茅台一直选择高派现的股利政策，其股利政策呈现出以下几个明显的特征：第一，连续性。2001—2011 年，贵州茅台每年都派发现金股利，从未间断。第二，以现金分红为主，送股和转股相对较少。第三，高股利。2001—2011 年贵州茅台年均现金股利支付率高达 28.52%，年均现金分红为 1.1 元/股，并呈现逐年递增趋势。贵州茅台在 2010 年和 2011 年以每 10 股送 1 股派现 23 元和每 10 股派现 39.97 元创下了 A 股派现之最，被誉为 A 股最"牛"股利分配方案。

五粮液股利政策总体上是低派现或不派现，主要以送股和转增形式为主。2001—2011 年，五粮液年均现金分红仅为 0.12 元/股；其在 2002 年、2004 年和 2007 年度又执行了"不分配、不转增"政策；即便在有现金分红的年份，现金分红也没有超过每 10 股派现 5 元。另外，五粮液股利政策缺乏连续性和稳定性，送股、转增和派现行为交叉出现，没有特定的规律可循。

同样是白酒行业的"绩优股"，在分配股利时贵州茅台为什么表现得如此慷慨大方，而五粮液却如此吝啬？这种股利政策的差异是两家公司的理性选择，还是股利分配时的一时冲动？

资料来源：王艳林. 贵州茅台与五粮液股利政策选择的动因分析[J]. 财务与会计（理财版）. 2013——（10）

学习提要与目标

企业所实现的税后利润在弥补亏损、提取公积金后，可以向股东进行分配，作为其投资的报酬之一。公司是否需要分配股利，分配多少，以及以什么形式分配都是企业股利分配决策的重要内容之一。本章主要介绍股利分配的形式、程序、股利分配理论、股利政策决策等。

通过本章学习，你应该能够：

1. 了解股利分配的内容及支付程序。
2. 掌握股利分配的基本理论。

3. 了解影响公司股利政策制定的各种因素。
4. 了解股票回购和股票分割的相关内容。

7.1 股利分配形式及程序

7.1.1 利润分配的程序

股利分配是将公司利润分配给公司股东的行为，股利分配是利润分配的重要组成部分。在涉及股利分配的具体内容之前，首先介绍公司利润分配的程序。

我国《公司法（2018）》第一百六十六条规定："公司分配当年税后利润时，应当提取利润的百分之十列入公司法定公积金。公司法定公积金累计额为公司注册资本的百分之五十以上的，可以不再提取。公司的法定公积金不足以弥补以前年度亏损的，在依照规定提取法定公积金之前，应当先用当年利润弥补亏损。公司从税后利润中提取法定公积金后，经股东会或者股东大会决议，还可以从税后利润中提取任意公积金。公司弥补亏损和提取公积金后所余税后利润，有限责任公司依照本法第三十四条①的规定分配；股份有限公司按照股东持有的股份比例分配，但股份有限公司章程规定不按持股比例分配的除外。股东会、股东大会或者董事会违反前款规定，在公司弥补亏损和提取法定公积金之前向股东分配利润的，股东必须将违反规定分配的利润退还公司。公司持有的本公司股份不得分配利润。"

从上述法律规定可以看出，公司当年税后利润的分配程序为：①弥补以前年度亏损；②提取法定公积金；③提取任意公积金；④向股东分配利润，即股利分配。

其中，法定公积金与任意公积金统称为公积金，它们是企业在弥补以前年度亏损后从税后利润提取的用于防范和抵御风险、弥补公司资本的重要资本来源。法定公积金的计提比例及计提方法由《公司法》统一规定（见前文），任意公积金的计提比例及计提方法由公司自行决定。根据《公司法（2018）》第一百六十八条的规定，公司的公积金可用于弥补公司的亏损、扩大公司生产经营或者转为增加公司资本。但是，法定公积金转为资本时，所留存的该项公积金不得少于转增前公司注册资本的25%。

在此需要明确三个概念：一是可供分配的利润，公司当年可用于分配的利润并不一定等于公司当年实现的净利润，即可供分配的利润=当年实现的净利润+年初未分配利润（或减年初未弥补亏损）+其他转入，可供分配的利润是公司利润分配的基础；二是可供投资者分配的利润，可供分配的利润减计提盈余公积等税后计提金额后为可供投资者分配的利润；三是期末未分配利润，期末未分配利润=可供分配的利润－提取的盈余公积－向投资者分配利润。

7.1.2 股利分配形式

如前所述，公司所创造的税后利润在弥补亏损、提取公积金后，可以向股东分配，作

---

① 《公司法（2018）》第三十四条规定，股东按照实缴的出资比例分取红利；公司新增资本时，股东有权优先按照实缴的出资比例认缴出资。但是，全体股东约定不按出资比例分取红利或者不按出资比例优先认缴出资的除外。

为其投资的报酬之一,即股利分配。

在我国,公司发放股利的形式一般有现金股利、股票股利和混合股利三种[①]。下文中我们分别介绍这三种股利分配形式。

1. 现金股利

现金股利(cash dividend)是指完全用现金支付股利,即将公司的现金财产发给股东作为其投资的报酬。现金股利又称为红利,是最常见的股利分配形式。现金股利发放对公司现金流的要求较高,所以,一般来说,当公司现金充裕,即现金流入超出现金流出的余额越多时,会发放较多的现金股利;而当公司现金紧张时,为了应对意外情况的发生,公司往往不愿意发放过多的现金股利。

发放现金股利后,公司的未分配利润和货币资金同时减少,所以,发放现金股利会减少公司的资产和所有者权益金额,从而降低公司价值,但其对负债金额没有影响。

现金股利操作简便,易于为股东接受,也不会改变企业原有的股权结构。但现金股利也存在如下缺点。

(1)一旦宣布现金股利发放,即形成公司偿付义务,从而潜在增加公司财务风险。如果预料到将支付大量现金,公司为此应根据现金流情况进行合理运作,以保障现金股利支付,避免偿付风险。例如,如果股利支付之前有现金流入,可将其暂时存入银行或投资于流动性很好、风险较小又有一定短期收益的有价证券;如果预计股利支付之后不久有现金流入,则可采用短期借款方式来筹集支付股利所需资金;如果目前现金不足,短期内又没有现金流入,则应采用长期融资方式筹集资本。

(2)发放现金股利,股东需要缴纳个人所得税,从而减少了股东净收益。

2. 股票股利

股票股利(stock dividend)是指用公司股票作为股利支付给股东,即将公司的股权份额发给股东以增加其在公司股东权益中的份额,并以此作为股东的投资报酬。股票股利通常又称为红股[②]。股票股利的发放并不增加公司股东财富,也不会增加公司价值。这是因为股票股利的宣布及发放,既不构成公司的负债,又没有现金流出,而只是将股东权益中留存收益的一部分转入股本及资本公积账户,它只会导致股东权益内部结构的变化,而不影响公司价值。

【例 7-1】 假设 A 公司发行在外的普通股股数为 100 000 股,每股面值为 1 元,每股市价为 6 元,股权结构见表 7-1。现该公司决定发放 20% 的股票股利,每持有 5 股股票,就能收到 1 股增发的股票,即增加 20 000 股的普通股。那么,随着股票股利的发放,留存

[①] 实际上,财产股利也是股利分配形式之一,但由于这种以公司非现金财产(如公司产品)支付股利的形式目前已不多见,所以在本书中没有将其包括在股利分配形式中。

[②] 股票股利是一种送股的形式,有时公司也会向股东配股,即发给股东一定的认股权证,而且往往和送股同时进行,如"10 送 3 配 2"。这种配股行为不等同于股票股利,虽然它与股票股利一样都能在不改变公司股权结构的情况下(以股东行为为前提),增加公司股票总数,但股票股利是一种股利分配形式,不会增加股东权益;而配股是一种融资方式,它将增加股东权益。

收益中有 20 000 元转入股本①。但该公司的股东权益总额并未发生变化。

表 7-1 A 公司发放股票股利前后的股权结构   单位：元

发放股票股利前		发放股票股利后	
股本（每股面值 1 元；100 000 股）	100,000	股本（每股面值 1 元；120 000 股）	120 000
资本公积	600 000	资本公积	600 000
留存收益	800 000	留存收益	780 000
股东权益合计	1 500 000	股东权益合计	1 500 000

注：现行每股市价为 6 元人民币

分配股票股利后，股东所持的股份数虽然有所增加，但由于股票股利是按照股东的持股比例来分配的，故股东在公司中所占权益的比重没有发生改变，股东财富并没有增加。此时，分派股票股利导致公司的股票数量增加，而股票价格却有相应幅度的下降。

假设发放股票股利前公司股票价格为 P，公司现在每股股票发放 x 股的股票股利，则：

发放股票股利后公司股票价格 = $P/(1+x)$

股票价格的下跌额 = $P - P/(1+x) = P[1 - 1/(1+x)]$

如表 7-1 中的 A 公司，发放股票股利后，由于流通在外的股数增加了 20%，那么，公司每股收益也会按比例减少。假设公司税后利润为 600 000 元，则发放利之前每股收益为 600 000/100 000=6 元，而在发放股利之后每股收益为 600 000/120 000 = 5 元。股票市价也会随之降低，A 公司股票在除权日后市场价格应降至 5 元（6/1.2）。如果某股东原有 100 股普通股，每股市价为 6 元，那么其持有股票的总价值为 600 万。20%的股利发放以后，股票价格虽然下跌了 1 元，但由于其持有的股票数量上升到 120 股，所以其持有股票的总价值仍为 600 元（120×5）。

发行股票股利虽然不能增加股东财富，也不会增加公司价值，但它会给股东和公司带来好处。这主要表现在以下几方面。

（1）能达到节约现金支出的目的。较之现金股利，股票股利既可以实现股利分配的目标，又可以不增加企业的现金流出量，这对于处于高速成长期、现金流较为短缺的公司尤为有利。

（2）有助于公司把股票市价维持在希望的范围内。有些公司不希望股票市价过高，因为这可能使一些投资人失去购买能力。对于这类公司，可利用分配股票股利的办法，把股价维持在希望的范围内。

（3）与现金股利配合使用，以增加股东财富。如果公司在发放股票股利之后，维持现金股利的发放，则对股东有利。假设公司每股现金股利为 3 元，对于拥有 100 股股票的股东来说，可得现金股利 300 元；但如果先发 20%的股票股利，同时发放现金股利，则股东

---

① 股票股利的会计处理方法主要有两种。当增发的股份数少于之前发行在外股份数的 20%时，应采用公允价值法，按该类股票的公允价值，借记"利润分配——未分配利润"，按股票面值贷记"股本"，两者之间的差额记入"资本公积"；当增发的股份数占之前发行在外股份数的 20%以上时，应采用面值法，按发行股票的面值借记"利润分配——未分配利润"，贷记"股本"。我国目前采用面值法。

可得到现金股利 360 元。

（4）有时公司发行股票股利后，股价并不成同比例下降，这样便增加了股东的财富。因为发放股票股利通常由成长中的公司所采用，投资者可能会认为，公司盈余将会有大幅度增长，并能抵销增发股票所带来的消极影响，从而使股价稳定不变或略有上升。

当然，也有一些投资者会认为企业发放股票股利是传递了一个坏信息，即公司现金支付能力不足，公司面临一定的财务风险，所以，如果企业长期发放股票股利，会使投资者对企业失去信心，导致企业股票市价大幅下跌，从而为廉价收购者提供了可乘之机。

3. 混合股利

混合股利是指上述两种股利分配形式的结合，即"部分现金部分股票"的股利形式，也就是说，公司支付给股东的股利，一部分以现金支付，另一部分以股票支付。这种股利分配方式兼顾了现金股利与股票股利的优点，企业既可以节约现金流，又向投资者传递了公司现金支付能力充足的信息，所以许多企业乐于采用这种股利分配方式。

对于上述几种股利分配方式，公司应该根据自身的具体财务状况，选择适当的股利支付形式。如果公司的现金比较充裕，分派股利后其资产的流动性仍能保持一定的标准，而且公司的融资渠道比较广泛，则可考虑主要向股东分派现金股利；如果公司的现金不足，或者需要追加公司资本，可考虑主要向股东发放股票股利；如果公司现金不足，同时又不准备追加公司资本，可考虑用其他形式向股东分派股利，如在一定条件下向股东发放负债股利等。

 相关资料：中国宝安集团股份有限公司的"混合股利"分配方案

2016 年 6 月 29 日，中国宝安集团股份有限公司公布了公司 2015 年年度利润分配方案：以本公司总股本 1 592 107 386 股为基数，每 10 股派 0.70 元（含税）、每 10 股送 2.5 股、每 10 股转增 1 股。按每 10 股派现金 0.70 元（含税），共计分配股利 111 447 517.02 元；按每 10 股送红股 2.5 股，共计派送红股 398 026 846 股；同时，以资本公积金向全体股东每 10 股转增 1 股，共计转增股本 159 210 739 股。分红后总股本增至 2 149 344 971 股。

在上述资料中，中国宝安集团股份有限公司 2015 年年度利润分配方案是每 10 股派现金 0.70 元送红股 2.5 股，属于混合股利，也就是"部分现金部分股票"的股利分配方式。[①]

资料来源：中国宝安集团股份有限公司 2015 年年度权益分派实施公告

我国上市公司的股利分配形式经历了较大变化。在我国资本市场刚建立的头几年，上市公司较多采用股票股利和混合股利的形式分配利润，如 1994 年，我国 290 家分配股利的上市公司中，有 60 家公司派发股票股利，99 家公司派发混合股利[②]，而支付现金股利的为 130 家。但随着时间的推移，发放股票股利和混合股利的公司越来越少，而支付现金股

---

① 此案例中的"以资本公积向全体股东每 10 股转增 1 股"不属于股利分配，属于资本公积转增股本。我国上市公司往往在股利分配公告中公布资本公积转增股本方案。

② 99 家公司只包括同时发放现金股利和股票股利的公司。

利的公司逐年增加。到 2014 年，2 699 家 A 股上市公司中有 1 990 家发放股利，其中发放现金股利的 1 456 家，发放股票股利的只有 58 家，发放混合股利的有 476 家。

7.1.3　上市公司现金股利支付程序

公司通常在年末计算出当期盈利之后，才决定向股东发放股利。我国《公司法》明确赋予公司董事会、股东大会分别行使制订和审议批准公司利润分配方案的职权。所以，公司支付现金股利必须遵循法定程序。一般先由董事会结合公司盈利状况、公司发展规划等因素，并依据公司章程的规定，提出股利分配预案，股利分配预案经董事会审议通过后提交股东大会决议。股东大会对股利分配预案决议通过后，公司向股东宣布股利分配方案，并确定股权登记日、除息日和股利发放日，进行股利支付。

 相关资料：万科股利分配决策机制

万科《公司章程》第二百二十九条规定，公司利润分配政策，采用如下决策机制。

（一）公司每年利润分配预案由公司董事会结合公司的盈利情况、经营发展规划、股东回报、资金需求情况、社会资金成本以及外部融资环境等因素，并依据公司章程的规定提出，利润分配预案经公司董事会审议通过后提交股东大会审议。

（二）董事会在审议利润分配预案时，须经全体董事过半数表决同意，独立董事应对利润分配预案发表独立意见，公司详细记录董事会审议利润分配预案的管理层建议、参会董事发言要点、独立董事意见、董事会投票表决情况等内容，并作为公司档案妥善保存。

（三）董事会提出的分红预案应提交股东大会审议，在股东大会对利润分配预案进行审议时，应当通过多种渠道主动与股东特别是中小股东进行沟通和交流，充分听取中小股东的意见和诉求。利润分配方案须经出席股东大会的股东（包括股东代理人）所持表决权的 1/2 以上表决同意。公司保障社会公众股股东参与股东大会的权利，董事会、独立董事和符合规定条件的股东可以向公司股东征集其在股东大会上的投票权。

（四）公司会计年度盈利但未提出现金分红预案的，公司在召开股东大会时除现场会议外，向股东提供网络形式的投票平台。

（五）公司因外部经营环境或自身状况发生重大变化而需要调整分红政策的，应以股东权益保护为出发点，详细论证与说明原因，公司利润分配政策的调整应在公司董事会审议通过后，提交股东大会审议，并经出席股东大会的股东（或股东代理人）所持表决权的 2/3 以上通过。

（六）公司股东大会对利润分配方案作出决议后，公司董事会须在股东大会召开后两个月内完成股利(或股份)的派发事项。

（七）监事会对董事会执行分红政策的情况及决策程序进行监督。

在现金股利的支付过程中，需要明确几个重要的日期。股利支付中的日期概念，主要是为了明确哪些人有权领取宣告发放的股利，以解决由于股票自由交易可能带来的混淆问题。这些重要的日期包括以下几个。

1. 股利宣告日

股利宣告日（declaration date）是指董事会公布公司具体股利政策的日期。在公告中，公司将宣布每股支付的股利、股权登记期限、除去股息的日期及股利支付日期等。

2. 股权登记日

股权登记日（record date）是指公司规定的能获取此次股利分派的股权登记的最迟日期。在股权登记日，公司将停止股权转让的登记，并编制到该日为止的股东一览表，据以发放股利。在股权登记日时，公司股东名册上的股东将获得最近一期股利，而股权登记日后获得股票的股东则无权获取此次股利。

3. 除息日

除息日（ex-dividend date）是指获取股利的权利脱离股票的日期。在除息日当天或以后购买股票的股东无权获取最近一期的股利。自除息日(含除息日)起，公司的股票交易称为除权交易，这种股票称为除权股。所以，如果一个新股东想取得最近一期的股利，必须在除息日之前购买股票，否则无权领取本次股利。显然，除息日以前的股票交易，其成交价格中包括即将取得的股利，而除息日及以后的股票交易中则不包括，故除息日股票价格会因除权而下降，下降的金额通常约等于股利金额。

除息日一般为股权登记日的前2个或前3个工作日。这主要是由于股票交易后，办理过户手续往往需要数天时间，公司无法保证能够及时获得除息日之后、股权登记日之前购买股票的股权转移通知。但是，目前先进的计算机交易系统为股票的交割过户提供了快捷的手段，在实行"T+0"交易制度下，股票买卖交易的当天即可办理完交割过户手续。在这种交易制度下，除息日则为股权登记日的下一个工作日。

4. 股利发放日

股利发放日（payment date）是指公司将股利正式发放给股东的日期，也称付息日。从这天开始的几天内，公司将向股东支付股利，并注销公司对股东的负债记录（公司账簿中的应付股利账户）。

一般而言，股利宣告日与股权登记日相隔2周~1个月，股权登记日与股利发放日相隔2~3周，股权登记日与除息日要隔2~3天。但随着现代证券交易的电子化，各个日期之间的相隔时间存在缩短的趋势。以我国为例，我国上市公司股利宣告日与股权登记日、股权登记日与股利发放日往往只隔一周，而除息日一般为股权登记日的第二天（工作日）。

 相关资料：中国铁建股份有限公司的现金股利方案

中国铁建股份有限公司（601186）在2016年7月11日的上海证券交易所网站、香港联交所网站、《中国证券报》、《上海证券报》、《证券时报》、《证券日报》上刊登了经2016年6月16日召开的2015年年度股东大会审议通过的公司2015年度A股利润分配方案。

一、派息方案

2015年年度派息方案为：向截至2016年7月18日下午上海证券交易所收市后，在中国证券登记结算有限责任公司上海分公司登记在册的本公司全体A股股东派发股利如下：每股派发现金红利人民币0.15元（含税），共计人民币2 036 931 225元。

每股派发现金红利（扣税后）：自然人股东和证券投资基金在公司派发现金红利时暂不扣缴个人所得税，待实际转让股票时根据持股期限计算应纳税额；合格境外机构投资者（"QFII"）股东扣税后每股派发现金红利人民币0.135元；沪股通香港市场投资者（包括企业和个人）扣税后每股派发现金红利人民币0.135元。

二、股权登记日、除息日及股利发放日

股权登记日：2016年7月18日

除息日：2016年7月19日

股利发放日：2016年7月19日

三、派息对象

2016年7月18日下午上海证券交易所收市后，在中国证券登记结算有限责任公司上海分公司登记在册的本公司全体A股股东。

四、派息办法

（1）中国铁道建筑总公司的现金红利由本公司直接发放。

（2）其他A股股东的现金红利委托中登上海分公司通过其资金清算系统向股权登记日登记在册并在上海证券交易所各会员单位办理了指定交易的股东派发。已办理全面指定交易的投资者可于红利发放日在其指定的证券营业部领取现金红利；未办理指定交易的股东红利暂由中登上海分公司保管，待办理指定交易后再进行派发。

如图7-1所示，在上述案例中，中国铁建股份有限公司2016年现金股利支付的股利宣告日为7月11日，股权登记日为7月18日，除息日为7月19日，股利发放日为7月19日。除息日，即7月19日后股价将下跌0.15元。

图7-1 现金股利支付的程序

资料来源：中国铁建股份有限公司2015年度分红派息实施公告

7.2 股利理论

公司的财务目标是实现股东或企业价值最大化，公司股利分配必然也要服从于这个基本目标。股利理论主要讨论以下主要内容：①股利支付与股票价格及公司价值之间是否存在某种相关性；②公司如何在发放股利和未来增长之间达到某种平衡，确定最优的股利支付比例，以实现股票价格及公司价值的最大化；③如何解释现实中的股利分派行为及股利政策等。

根据股利分派对公司价值是否有影响，股利理论大致可以分为两种：股利无关理论和股利相关理论。

股利无关理论认为，股利政策不会影响公司股票价值；相反，股利相关理论则认为，股利政策对公司股票价值有相当大的影响。下面将对这两种理论分别进行阐述。

7.2.1 股利无关理论

米勒和莫迪格利安尼（M-M）在 1961 年的一篇论文中，开创性地提出了股利无关论（irrelevance theory of dividend）。其基本含义是：公司股利支付比例与股票市价无任何关系。其理由是：公司价值增加与否取决于公司的基本盈利能力和风险等级，它只能由公司的投资政策来决定，而与公司盈余是否划分为股利及留存收益无关。

MM 股利无关理论与资本结构无关理论是一脉相承的，它也是基于一系列假设而得出的，这些假设条件包括：①完全市场假设，即投资者是充分理性的，对公司未来的投资机会和收益及未来的股价和股利有完全的把握能力，不存在股票的发行成本和交易成本，相关信息可以免费获得，证券高度分散，任何投资者都不可能通过其自身交易影响或操纵市场价格；②不存在公司所得税和个人所得税，从而股票的资本利得和现金股利没有所得税上的差异；③公司有着既定的资本投资政策，不受股利分配的影响，对新投资项目的外部融资也不会改变公司的经营风险；④股利政策对公司的权益资本成本没有影响。在这样一个简单的世界里，股利政策是无关的。也就是说，公司经理无论提高或降低现期股利都不能改变其公司的现行价值。在公司投资政策给定的条件下，股利政策不会对公司价值产生任何影响。

【例 7-2】假设 D 公司是一家已开业 5 年的全权益公司，公司发行在外的股票数量为 10 000 股。公司现任经理预期公司将在一年后解散，且假定在第 0 期，经理能够非常准确地预测公司未来的现金流量：预计公司将马上收到一笔 50 000 元的现金流；而且在下一年度公司还会收到 50 000 元的现金流。如果假设 D 公司没有其他净现值为正的项目。股东的必要收益率（折现率）为 10%。

现在公司有两种股利政策：

（1）股利政策 A。在这种政策下，公司将每一时点收到的现金流全部用于发放股利（股利支付率为 100%）。

（2）股利政策 B。在这种政策下，公司将在第 0 期发放 40 000 元现金股利，而将剩余的 10 000 元投资某一年期项目。

要求：根据上述两种政策，分别计算出公司的相关数据。

解：D 公司相关数据的计算结果见表 7-2。

（1）在政策 A 中，公司价值 = 50 000 + 50 000/（1 + 10%）= 95 454.55 元，每股价值 = 5+5/1.1 = 9.55 元。

假设除息日与股利支付日为同一天。第 0 期，股利支付后，股票价格将下跌至 4.55 元（9.55-5）。

表 7-2　D 公司不同股利政策下的公司价值　　　　　　　　单位：元

项目	股利政策 A		股利政策 B	
	第 0 期	第 1 期	第 0 期	第 1 期
现金流量	50 000	50 000	50 000	61 000
现金股利	50 000	50 000	40 000	61 000
每股股利	5	5	4	6.1
公司价值	95 454.55		95 454.55	
每股价值	9.55		9.55	

（2）在政策 B 下，公司在第 0 期只发放 40 000 元的股利，而将 10 000 元用于未来一年的某投资项目，且投资回报率为 10%，则第 1 期收到的现金流为 61000 元（50 000 + 10 000×1.1），该公司价值 = 40 000 + 61 000/（1 + 10%）= 95 454.55 元，每股价值 = 4 + 6.1/1.1 = 9.55 元。

上例数据显示，不管采用哪种股利政策，公司的价值均保持不变。

在逻辑上，人们也可以这样来理解股利无关论：股利政策不可能在提高某一时间每股股利的同时，保持其他所有时间的每股股利不变。股利政策只是某一时间的股利与另一时间股利的权衡。所以某一期股利的增加或减少并不能改变所有股利的现值。因此，股利政策与公司价值是无关的。

7.2.2　股利相关理论

股利无关论在其严格的假说条件下有其合理性，但为更符合现实情况而放松这些假设条件时，股利政策就变得十分重要。人们发现，股利政策与股票价格及公司价值有着明显的相关性，这就是股利相关理论（relevance theory of dividend）。股利相关理论认为，在不确定条件下，公司盈利在留存收益和股利之间的分配确实会影响股票价值。股利相关理论通常有以下几种观点。

1. "在手之鸟" 理论

"在手之鸟" 理论（"bird in hand"theory）认为，由于公司经营过程中存在诸多不确定因素，因此股东对用何种方式获取其投资回报并不会无动于衷。一般来说，股利收入是一种有把握按时获得的收入，可消除股东的不确定感，更为可靠；而股价上涨所带来的资本利得则具有不确定性，风险较高，还可能存在一定的交易成本。因而，相对于资本利得而言，股东更偏好股利。尤其对厌恶风险的投资者来说，股利是定期、确定的报酬，而未来的资本利得则缺乏确定性，因此，在其他因素相同的条件下，他们更愿意购买那些近期即可获得较高股利的公司股票，而公司的最佳股利政策就是尽可能多地支付股利。也正因为股利的支付可以降低投资者的不确定性，并使他们愿意按较低的必要报酬率来对公司的未来盈利加以贴现，因而使企业的价值得到提高。相反，不发放股利或降低股利支付率，则会提高必要报酬率，从而降低公司价值。所以，为了降低资本成本，公司应维持高股利支付率的股利政策。

2. 税差理论

该理论强调税收在股利分配中的重要作用，主要表现在以下几方面。

（1）如果不存在资本利得税，而只有红利税，并且不同的股利收入对应的红利税税率不同，股利收入越高，适用的红利税税率也越高。在这种情况下，高税率档次的股东希望公司采取低股利支出甚至零股利支出的政策，而低税率档次的股东则希望更多地发放股利（因为对于他们来说，递延股利的机会成本较高）。因此，不同税率档次的股东将难以就公司的股利政策达成一致。

（2）如果存在资本利得税，且红利税税率高于资本利得税税率。在这种情况下，由于资本利得税可以等到股东实际出售股票时缴纳，所以，股东将更愿意公司采取低股利政策，从而将公司未分配利润用于再投资，以获取较高的预期资本利得，并降低个人税收负担。

米勒和莫迪格利安尼也注意到了税收对股利政策的上述影响，他们认为，这种影响主要源于资本利得税与红利税之间的税率差异。而且，股利的这种税收劣势会产生"客户效应"（clientele effect），即低税率等级的投资者往往持有高股利公司的股票。因此，MM 认为，企业有动机采用适当的股利政策，以最大限度地减少每个"客户"的税收。

3. 信号理论

信号理论认为，股利政策之所以会影响公司股票的价值，是因为股利能将公司的盈余状况、资金状况等信息传递给投资者。信息不对称的存在，使得外部投资者比管理层更少地了解公司真实的财务状况，因此，他们往往会通过公司所披露的各种信息，包括利润分配信息，来预测公司未来的盈利能力。而对公司未来盈利状况的预测，必然影响公司股价的走向，从而对公司价值产生直接影响。从长远来看，公司发放的股利是公司实际盈利能力的最终体现，而且这一目的无法通过对会计报表的粉饰来达到。因此，股利的发放最能增强股东对公司的信心，提高公司的财务形象，从而引起股价的上升。

当然，股利政策既可以向投资者传递好消息，又可以传递坏消息。例如，一个公司的股利支付比率一直很稳定，今年该公司突然大幅度地降低股利支付比率，这会被投资者视为坏消息，他们会认为公司的财务状况或盈余情况发生了较大的负面变动，因而，股票价格也会随之下跌。又如，如果公司决定增加每股股利，则这一信息往往被投资者看做是好消息，因为每股较高的股利意味着公司在未来将有足够多的现金流量以维持较高的股利水平，这说明公司将有良好的发展前景，从而对股价产生有利影响。实证研究也表明，股利变动包含了公司管理当局对公司前景判断发生变化的信息，而且股利公布时往往包含了以前收益公布所没有反映的有用信息。所以，股利可以提供明确的证据，证明公司创造现金的能力，从而影响股票价格。

4. 代理理论

在代理理论中，企业被认为是一组契约的联结，诸多利益相关者之间明示或暗示的契约引导着企业的行为。当然，这些利益相关者之间由于目标的不同，产生了这样那样的冲突，尤其是存在委托—代理关系的情况下，这些冲突表现得尤为严重。作为公司重要理财活动之一的股利政策的选择不可避免地会受到这些利益冲突或者说代理问题的影响。与股利政策有关的代理问题主要有三种：一是股东与债权人之间的代理问题；二是股东与经理之间的代理问题；三是控股股东与中小股东之间的代理问题。

当企业发行风险负债时，能够使企业价值最大化（股东与债权人财富之和）的经营和财务决策却并不一定能够同时使股东财富和债权人财富最大化。因此，产生了股东与债权人之间的利益冲突，即股东会利用其控制权通过一些经营行为掠夺债权人的财富，而发放高额现金股利就是其手段之一。债权人往往能预知股东的这些手段，所以会在债务合同中规定限制性条款，对公司现金股利的发放进行限制。

现代企业制度下，公司的日常经营管理活动由经理负责，股东作为公司的投资者并不直接参与，这使得经理在进行经营决策时可以主要考虑如何实现自己的利益，而不是如何按照股东的委托行事，因此，股东与经理之间存在利益冲突，从而产生股东—经理代理成本。而股利可以减少股东—经理代理成本，提高公司价值。根据代理成本理论，公司经理一般不愿意将利润分配给外部投资者，而是更倾向于将其留在公司或投资于一些效率低下的项目以从中获得私人利益，而派发现金股利可以有效地降低这种代理成本，那是因为：一方面，通过分配股利，将公司盈利返还给了外部投资者，从而减少了经理利用公司资源谋取个人私利的机会；另一方面，派发股利减少了公司的留存资金，当公司在未来有好的投资机会而需要资金时不得不从外部资本市场进行融资，这样就给外部投资者提供了更多监督经理行为的机会。

在较为集中的所有权结构中，由于大股东在公司有更大的收益要求权，他有强烈的动机对经理进行监督，而相对集中的控制权也保证了大股东能够对公司决策行为施加足够的影响力，因此，当公司存在控股股东时，经理人员的利益侵占行为已经不再严重，公司主要的代理问题是控股股东与中小投资者之间的利益冲突。Johnson、La Porta、Lopez 和 Shleifer(2000)提出了"掏空"（tunneling，或译为"利益输送"）假说，他们将"掏空"定义为控股股东按照自己的利益将公司的资产和利润转移出去的情形。而现金股利可以减少"掏空"对中小股东利益的损害，从而保护中小股东利益，因为现金股利减少了可供控股股东支配的资金。

实际上，代理理论将股利政策的选择看作一个收益和成本权衡的过程。股利分派的收益表现在可以减少公司股东与经理、股东与债权人之间的代理成本。股东往往要求其投资获得较高的收益率，以补偿其可能由于代理问题而发生的损失，同时，股利的分派也是对经理行为的一种有效约束。股利分派的成本表现在由于股利分派而导致公司资金不足必须进行外部融资时所产生的融资成本。收益和成本权衡的结果说明公司存在最优的股利政策，也就是使股利政策的边际代理成本和边际融资成本的绝对值相等(两种成本的符号相反)时的股利政策为最优股利政策。

5. 迎合理论

股利迎合理论是 Baker 和 Wurgler（2004）在解释美国证券市场"消失的股利"（Fama 和 French，2001）现象时提出的。迎合理论放松了 MM 理论中的有效市场假设，从行为财务角度出发,认为公司之所以支付股利,主要原因在于经理必须理性地满足股东对股利不断变化的需求。迎合理论认为,基于心理因素或制度因素,投资者往往对支付股利的公司股票具有较强的需求,从而导致了这类股票形成所谓的"股利溢价",即支付股利公司与不支付股利公司在平均市场/账面比率上产生一定的差额。理性的管理者会迎合投资者的偏好制定股利政策,迎合的最终目的在于获得股利溢价。

虽然上述各种理论从不同角度解释了股利政策与股票价格及公司价值的相关性,但无论哪种理论都有其局限性,它们都可能只从某一层面反映某一问题。例如,在红利与资本利得两种税的税率相同时,税收对股利政策的影响可能就不存在。如美国在 1986 年和 1990 年税制改革后,这两种税的税率差很小。所以,在应用上述理论具体解释股利政策与股票价格及公司价值的相关性问题时,还需要结合公司以及国家的具体情况。

7.3 股利政策决策

股利政策主要是确定公司的利润如何在股东红利和公司留存之间分配。它与公司的投资决策、融资决策密切相关。股利政策有广义与狭义之分,广义的股利政策包括:①股利分配形式的选择;②股利支付比率的确定;③股利宣告日、股权登记日和股利发放日的选择。狭义的股利政策仅指股利支付比率的确定问题。股利分配形式的选择与股利宣布日、股权登记日和股利发放日的选择在前面中已讨论过,这里只讨论狭义的股利政策。

7.3.1 股利政策类型

股利支付率是指公司当期净利润中用于发放现金股利的比率,等于现金股利总额与净利润总额的比率,或者等于每股股利与每股收益的比率。股利支付率的高低及时间持续性不同产生不同的股利政策。下面分别按每股股利的稳定程度及股利支付率的高低对股利政策进行分类。

1. 按每股股利的稳定程度分类

按每股股利的稳定程度,可以将股利政策分为以下四种类型。

1)定额股利政策

定额股利政策表现为每股股利支付额固定不变。其基本特征是,不论经济情况如何,也不论公司经营好坏,不降低年度股利的发放额,将公司每年的每股股利支付额固定在某一特定水平上并保持不变。如图 7-2 所示,不论每股收益如何变化,公司每年分派的每股股利均为 1 元。只有当公司管理当局认为公司的盈利确已增加,而且未来的盈利足以支付更多的股利时,公司才会提高每股股利支付额。定额股利政策的应用比较广泛。

定额股利政策的优点是向证券市场传递了稳定的信息,有利于增强投资者的信心,树立公司良好的财务形象。特别是当公司盈余下降时,如果分派的股利并未减少,那么,投资者会认为公司未来的经营状况会有所好转。因此,投资者都比较喜欢投资于定额股利政策的公司。同时,固定股利也使投资者对未来的收益有一个稳定的预期,有利于其更合理地安排收支,对于那些希望每期有固定数额收入的股东尤为如此。因此,许多公司都在努力实现其股利的稳定性。

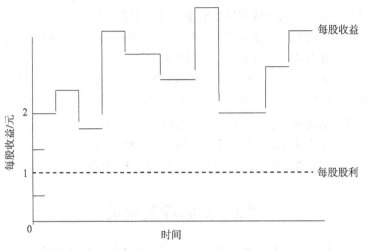

图 7-2 定额股利政策——每股股利 1 元

定额股利政策的缺点主要在于，由于股利支付不能和盈余情况结合，盈余降低时也固定不变地支付股利，可能会导致公司资金短缺，财务状况恶化，影响其长远发展。

2）定率股利政策

有些公司采用定率股利政策，即将每年盈利的某一固定百分比作为股利分配给股东。如图 7-3 所示，公司实行的是股利支付率为 50% 的股利政策，也就是说，在每股收益发生变化时，每股股利都将作相应的改变，但两者始终保持着固定的比例关系 50%。这种股利政策的优点是能够使公司的股利支付和盈利状况相配合，在盈利状况好时，多支付股利；反之，则少支付股利。主张实行这一政策的公司认为，只有维持固定的股利支付率，才算真正做到公平对待每一位股东。这一政策的问题在于，如果公司的盈利各年间波动不定，

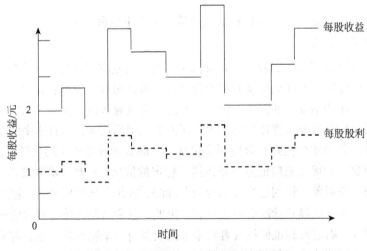

图 7-3 定率股利政策——股利支付率为 50%

则其股利也将随之波动。而每股股利的频繁变动会影响股东对公司未来经营的信心,从而导致公司的股价也随之波动,不利于公司维持其股价的稳定;同时,这种政策向证券市场传达的关于公司前景的信息也并不真实,在某种程度上会干扰投资决策。总的来说,采用这种股利政策的公司较少。

3) 阶梯式股利政策

阶梯式股利政策是变动股利政策与稳定股利政策的综合政策,即分阶段采用稳定股利政策,一般而言,每个阶段为2~5年,在每个阶段中,公司保持股利稳定,而在每个阶段之间则采用股利有所变动的政策。公司一般每年都支付较低的固定股利,当盈余增长较多且相对稳定时,再加付额外股利。其操作要点是:只有在收益的增长已很明显并相对稳定之后,股利才能增加;股利已经增加之后,要尽量使其在一段时间内维持于新的水平上,即使收益可能有暂时的下降;如果收益下降的趋势已相当明显,而且回升的可能性很小,则要相应地调降股利。上述过程如图7-4所示。

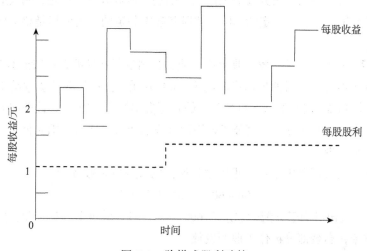

图7-4 阶梯式股利政策

这种政策既能保证股利的稳定性,又能做到股利和盈余之间较好地配合,兼具了变动股利政策与稳定股利政策的优点。其缺点主要是:每一阶段内的股利支付与盈余无关,这就会造成该时期留存收益的大起大落。而且当盈余大幅度增加时,公司仍支付较低的股利会打击股东的投资积极性,影响股东对公司的信心;而当盈余大幅降低时,则会导致资金短缺,影响公司经营。

4) 剩余股利政策

剩余股利政策(residual payout policy)主张,公司的盈余首先用于盈利性投资项目的资金需要,如果有剩余,公司才能将剩余部分作为股利发放给股东。其操作要点是:①根据公司的目标资本结构确定项目投资所需要的股东权益金额。②公司的税后利润首先满足项目投资所需要的股东权益金额。③如果满足盈利性投资项目的资金需要后没有剩余,则不向股东分派股利,不足部分通过增发新股来解决;如果满足盈利性投资项目的资金需要后还有剩余，则作为股利分派给股东。如果公司将盈利再投资后所能得到的报酬率，超过投资者自行将盈利投资到具有类似风险的投资机会所能赚到的报酬率，则大多数投资者倾向将盈利保存下来用于再投资，而不愿公司分配现金股利；如果投资者能够找到其他投资机会，使得投资收益大于公司利用保留盈余再投资的收益，则投资者更喜欢发放现金股利。可见，剩余股利政策反映了股利政策与公司投资、融资行为之间的关系。

剩余股利政策是以股利无关论作为理论基础的。它将股利分配完全作为公司可接受投资项目的被动剩余来处理，意味着股利分配与公司价值无关。其优点是可以最大限度地满足公司对再投资的权益资本需求，降低公司的融资成本；它的缺点是忽视了不同股东对资本利得与股利的偏好，损害那些偏好现金股利的股东及其利益，从而有可能影响股东对公司的信心。此外，公司采用剩余股利政策是以投资项目的未来预期收益为前提的。由于公司管理层与股东之间存在信息不对称，股东不一定了解公司投资项目的未来收益水平，也会影响股东对公司的信心。

尽管现实中的大多数公司并没有采用完全的剩余股利政策，但是，剩余股利政策对各种形式的股利政策都产生了一定的影响，即股利政策制定的重要前提是要考虑公司的未来投资。

【例 7-3】 阳光公司是一家家具生产企业，公司发行在外的普通股股数为 100 万股。20×7 年提取各项公积金后的税后净利润为 600 万元。公司目前的资本结构为股权资本 60%，债务资本 40%，该资本结构也是公司的目标资本结构。20×8，该公司有一个很好的投资项目，需要资金 800 万元。该公司采用剩余股利政策，那么，阳光公司 20×7 年可分配的现金股利是多少？

解：根据公司目标资本结构，投资项目所需的股权资本数额为
$$800 \times 60\% = 480（万元）$$

20×7 年，公司可用于分配的盈余为 600 万元，可以满足上述投资项目所需的股权资本数额并有剩余，剩余部分再作为股利发放。

所以，当年可分配的现金股利总额 = 600 − 480 = 120（万元）
$$每股股利 = 120 \div 100 = 1.2（元）$$

此外，在一些特殊情况下，还存在一种"清算股利政策"，即公司所分派的股利中，包含着股东初始投资的返还额。这种股利政策适用于那些经营递耗资产的公司，如矿业、石油、森林等领域的公司，其经营规模会随着资源的不断开发而缩小，为此，公司的每期收益中均包含着资产消耗的回收额。这样，在公司所分派的股利中必然同样包含着股东初始投资的返还。当然，具体包含多少应在股利分配公告中加以说明，以便于股东缴纳个人所得税。

2. 按股利支付率的高低分类

按股利支付比例的高低，可以将股利政策分为以下四种。

1）全部发放股利政策

这种政策是指将公司的盈余全部作为股利支付给股东，公司不留任何利润。这种股利

政策在现实中的应用较少，除非公司的现金非常充裕而又没有好的投资机会，或者公司董事会已决定近期解散公司。

2）高股利政策

这种政策是指将公司盈余的大部分(其标准一般为 60%或 70%)作为股利支付给股东，公司所留的利润较少。采用这一股利政策的公司一般现金比较充裕，同时好的投资机会又比较少。

3）低股利政策

这种政策只将公司盈余的小部分(其标准一般为 30%以下)作为股利支付给股东，而将大部分盈余留存，用于公司再发展。采用这一股利政策的公司一般正处于成长阶段，其规模的扩张对资金提出了较为迫切的需求。

4）不支付股利政策

这种政策是指将公司的盈余全部留存，而不向股东支付任何股利。采用这一股利政策的公司往往刚成立不久或者正处于高速发展阶段，也可能是由于公司经营风险太大导致外部融资成本过高，不得已而为之。当然，这种政策只能在一段时期内采用，永远不支付股利是不可能的。

7.3.2 股利政策的影响因素

现实生活中，公司董事会在决定分配股利时，总是要考虑各种因素。从理论上可以归纳出影响公司股利政策的因素主要有法律、契约、公司内部因素和股东意愿等几个方面。

1. 法律性限制

一般地说，法律并不要求公司一定要分派股利，但对公司发放股利进行了一些限制。这些限制主要包括以下内容。

（1）防止资本侵蚀的规定。要求公司不能因支付股利而引起资本减少。其目的在于保证公司有完整的资本基础，保护债权人的利益。任何导致资本减少(侵蚀)的股利发放都是非法的。

（2）交付最低法定留利的规定。要求公司在支付股利之前必须按照法定程序提取各种公积金。如我国《公司法（2018）》规定，公司分配当年税后利润时，应按税后利润（减弥补以前年度亏损额）的 10%提取法定公积金，并按照股东会或股东大会决议提取任意公积金，只有当法定公积金累计金额达到注册资本的 50%以上时才可不再提取。

（3）无力偿付债务的规定。如果公司已经无力偿付到期债务或因支付股利将使其失去偿还能力，则公司不能支付现金股利。由于公司偿付到期债务的能力直接取决于资产的变现能力，因此，该规定要求公司不得在现金有限的情况下，为取悦股东而支付现金股利。该规定主要是从债权人利益保护方面考虑的。

近些年，为了保护中小股东权益，我国证监会先后发布了多项规定，对上市公司的股利分配行为进行规范和引导。2001 年 3 月 28 日证监会发布的《上市公司新股发行管理办法》中提出"如公司最近 3 年未有分红派息，且董事会对于不分配的理由未作出合理解释的,担任主承销商的证券公司应当对此重点关注,并在尽职调查报告中予以说明"。2004年以后,证监会还将上市公司再融资与股利分配相联系,这无形中对公司股利政策的选择产生一定约束。如 2004 年 12 月 7 日证监会发布《关于加强社会公众股股东权益保护的若干规定》,要求上市公司董事会未作出现金利润分配预案的,应当在定期报告中披露原因,独立董事应当对此发表独立意见;上市公司最近 3 年未进行现金利润分配的,不得向社会公众增发新股、发行可转换公司债券或向原有股东配售股份。2006 年 5 月 6 日证监会发布的《上市公司证券发行管理办法》第二章第八条规定,公开发行证券公司"最近三年以现金或股票方式累计分配的利润不少于最近三年实现的年均可分配利润的 20%"。2008 年 10 月 9 日证监会发布 57 号令《关于修改上市公司现金分红若干规定的决定》,将上述规定修改为:"最近三年以现金方式累计分配的利润不少于最近三年实现的年均可分配利润的 30%"。2012 年 5 月 4 日,证监会又发布了《中国证券监督管理委员会关于进一步落实上市公司现金分红有关事项的通知》,要求各上市公司在公司章程中制定相应的《现金分红管理制度》。

 相关资料:万科《公司章程》中的分红计划

万科《公司章程》第二百二十八条规定,公司实施利润分配办法,应严格遵守下列规定:

(一)公司的利润分配应重视对投资者的合理投资回报。公司可以采取现金、股票、现金与股票相结合或者法律、法规允许的其他方式分配利润,利润分配不得超过累计可分配利润的范围,不得损害公司的持续经营能力。

(二)公司保持利润分配政策的连续性与稳定性,任何三个连续年度内,公司以现金方式累计分配的利润不少于最近三年实现的年均可分配利润的百分之三十。

(三)公司每一会计年度如实现盈利,董事会应向股东大会提出现金股利分配预案;如实现盈利但未提出现金股利分配预案,则董事会应在定期报告中详细说明未进行现金分红的原因、未用于现金分红的资金留存公司的用途,独立董事应对此发表意见。

(四)在公司经营情况良好、可保持公司股本规模与股权结构合理的前提下,公司可以提出股票股利分配预案。

(五)公司董事会可以根据公司的盈利状况及资金的需求状况提议公司进行中期利润分配。

(六)存在股东违规占用公司资金情况的,公司有权扣减该股东所分配的现金红利,以偿还其占用的资金。

2. 契约性限制

公司以负债方式向外部融资时,常常应债权人要求,接受一些有关股利支付的限制条款。这些限制条款主要表现为:除非公司的盈利达到某一水平,否则公司不得发放现金股利;或将股利发放额限制在某一盈利额或盈利百分比上。确立这些契约性限制条款,限制股利支付,目的在于促使把利润的一部分按有关条款要求的某种形式(如建立偿债基金等)进行再投资,以扩大公司的经济实力,从而保障债务的如期偿还,维护债权人的利益。

3. 行业

股利政策有着明显的行业特征。一般来说,在成熟的行业中,盈利公司趋向于将大部分利润作为股利分配。而处于新兴行业的公司正好相反,它们希望将大部分的利润用于再投资,因此,其股利支付率往往较低。公用事业公司都实行高股利政策,而信息技术企业却支付低股利。Smith 和 Watts(1992)、Gaver 和 Gaver(1993)发现,受管制的公司(特别是公用事业公司)比不受管制的公司支付的股利要高。

表 7-3、表 7-4 分别列示了 1994—1995 年美国几个行业的平均股利支付率和 2013 年我国各行业企业的平均股利支付率。从表中可见,美国各行业企业间的股利支付率差异显著,航空企业的股利支付率最低,只有 4%,而发电企业的股利支付率却高达 86%。但我国各行业企业平均股利支付率之间的差别却没有美国企业显著,最低的是建筑业企业,为 18.90%;最高的是住宿和餐饮业企业,为 39.02%。

表 7-3　1994—1995 年美国几个行业的平均股利支付率、股息率、市盈率

行业	股利支付率/%	股息率/%	市盈率
发电	86	6.7	12.9
基础化工	83	4.0	23.5
石油	80	4.0	20.7
炼油	71	5.0	14.3
天然气	61	4.9	13.7
电信	57	3.9	22.3
制药	47	2.9	19.0
电力设备	44	2.6	17.0
食品加工	42	2.2	24.3
银行	38	3.6	10.6
造纸与木材生产	37	2.6	17.0
居家用品生产	37	2.2	18.1
零售店	32	2.0	17.1
汽车与卡车生产	16	3.1	5.9
软件及服务行业	8	0.3	30.4
半导体	7	0.4	17.9
广播	7	0.3	24.7
计算机软件	7	0.3	32.5
医疗服务	6	0.3	28.0
健康保健	5	0.3	23.5
航空	4	0.3	24.2

注:股利支付率=每股股利/每股收益;股息率=每股股利/每股市价。

资料来源:William L. Megginson.'Corporate Finance Theory. Pearson Education Limited, 1997.

表 7-4　2013 年我国各行业企业平均股利支付率和股息率

行业代码	行业名称	股利支付率/%	股息率/%
A	农、林、牧、渔业	25.79	0.55
B	采矿业	26.97	1.01
C	制造业	35.78	1.10
D	电力、热力、燃气及水生产和供应业	31.01	1.92
E	建筑业	18.90	0.94
F	批发和零售业	24.84	1.50
G	交通运输、仓储和邮政业	31.05	1.43
H	住宿和餐饮业	39.02	1.08
I	信息传输、软件和信息技术服务业	29.10	0.67
J	金融业	31.52	1.36
K	房地产业	20.34	1.86
L	租赁和商务服务业	21.20	0.98
M	科学研究和技术服务业	26.70	0.82
N	水利、环境和公共设施管理业	31.18	0.82
O	居民服务、修理和其他服务业	23.95	1.02
P	教育	22.65	无数据
Q	卫生和社会工作	25.56	无数据
R	文化、体育和娱乐业	19.02	0.67
S	综合	25.96	0.65

注：股息率＝每股股利/每股市价，股息率根据 2013 年每股股利以及 2013 年 12 月 31 日的收盘价计算得出
资料来源：锐思数据库

4. 税负

正如上一节税差理论所阐述的，公司的股利政策会受其股东所得税状况的左右。在资本利得税税率低于红利税税率的情况下，个人所得税边际税率较高的富有股东，将倾向于多留盈利少派股利。这样可以给这些富有股东带来更多的资本利得收入，从而达到少纳所得税的目的。相反，如果一个公司绝大部分股东是低收入阶层，其所适用的个人所得税税率比较低，这些股东就会更重视当期的股利收入，因而，这类股东更喜欢较高的股利支付率。

5. 公司内部因素

公司资金的灵活周转，是公司生产经营得以正常进行的必要条件。因此，公司正常的经营活动对现金的需求便成为限制现金股利支付最重要的因素。归纳起来，公司内部因素包括公司变现能力、投资机会、融资能力、盈利的稳定性以及股权控制要求等各方面。

1）变现能力

公司现金股利的分配应以不危及公司经营上的流动性为前提。如果一家公司的资产有较强的变现能力，现金来源较充裕，则它的股利支付能力也会强些。反之，如果公司资产变现能力差，即使其当期利润较多，公司的股利支付能力也会被削弱。可见，公司现金股利支付能力，在很大程度受其资产变现能力的影响。

2）投资机会

公司的股利政策应以其未来的投资需求为基础加以确定。如果一个公司有较多的投资机会，那么，它往往较乐于采用低股利支付率、高盈利再投资比率的政策。尤其对于发展中公司而言，它们往往处于资金紧缺状态，其资金需要量大而紧迫，将较大比例的盈利留存下来用于公司再投资，不仅可以满足公司资金的需求，而且其资本成本远低于发行新股票融资的成本。另外，将盈利留存下来还可以扩大公司的权益基础，有助于改善公司的资本结构，进一步提升公司的潜在融资能力。相反，如果一个公司的投资机会较少，那么它就有可能倾向于采用较低的盈利留存比率和较高的股利支付率。

3）融资能力

公司股利政策受其融资能力的限制。公司在评估其财务状况时，不仅考虑其融资能力，而且还要考虑其融资的成本以及融资所需时间。一般而言，规模大、成熟型公司比一些正在快速发展的公司具有更多的外部融资渠道，因此，它们都比较倾向于多支付现金股利，较少地留存收益。而对于新设的、正在快速发展的公司，由于具有较大的经营和财务风险，总要经历一段困难的时期，才能较顺畅地从外部来源取得长期资金，因而公司会把限制股利支付、多留存收益作为其切实可行的融资办法。

4）盈利的稳定性

公司的股利政策在很大程度受其盈利稳定性的影响。一般而言，公司盈利越稳定，则其股利支付率也就越高。盈利稳定的公司对保持较高的股利支付率更具有优势。因为收益稳定的公司由于其经营和财务风险较小，比起其他收益不稳定的公司，更能以较低的代价筹集负债资金。

5）控制权要求

股利政策也会受现有股东对股权控制要求的影响，因为高股利支付率会导致现有股东控制权的稀释。一般来说，以现有股东为基础组成的董事会，在长期的经营中可能形成了一定的有效控制格局，会将股利政策作为维持其控制地位的工具。特别是公司需要为有利可图的投资机会筹集资金，而外部又无适当的融资渠道可资利用时，公司为避免增发新股票，影响现有股东控制格局，就会倾向于较低的股利支付率，以便从内部的高留存收益取得所需资金。

此外，股利支付率的高低还与公司规模及资产密度正相关。和小公司相比，大公司通常支付高股利。资产密集型的公司（有形资产占公司总资产比例较大）支付的股利较高，而无形资产比例较大的公司往往支付较低的股利。

7.4 股票回购与股票分割

股票回购自20世纪70年代被一些美国公司采用后，受到了很多西方公司的青睐。股票回购已逐渐成为公司股利分配的一种重要形式。股票回购和现金股利很相似，都会导致公司未分配利润和现金流的减少，所以在西方，一般认为公司的股利政策有两种：一是现金股利，二是股票回购。

7.4.1 股票回购

股票回购是指公司出资购回本公司发行在外的股票的行为。被购回的股票或被注销，或作为库藏股。在财务上，库藏股是指公司收回已发行的且尚未注销的股票。它具有以下四个特点：①该股票是本公司的股票；②它是已发行的股票；③它是收回后尚未注销的股票；④它是还可再次出售的股票。因此，凡是公司未发行的、持有其他公司的及已收回并注销的股票都不能视为库藏股。此外，库藏股还具有以下特性：第一，库藏股并不享有与其他发行在外股票一样的权利，例如：它不具有投票权、股利的分派权、优先认购权等；第二，库藏股有一定的库存期限（一般在一个会计年度之内），库存期限过长易被公司管理层所操纵（如公司为了操纵每股收益或出于管理层个人激励目的而有意回购股票）。

我国《公司法（2018）》第一百四十二条规定："公司不得收购本公司股份。但是，有下列情形之一的除外：（1）减少公司注册资本；（2）与持有本公司股份的其他公司合并；（3）将股份用于员工持股计划或者股权激励；（4）股东因对股东大会作出的公司合并、分立决议持异议，要求公司收购其股份；（5）将股份用于转换上市公司发行的可转换为股票的公司债券；（6）上市公司为维护公司价值及股东权益所必需。"

1. 股票回购的理由

一般认为，公司回购股票的动机或理由主要有以下几种。

1）用于企业兼并或收购

在收购或兼并的场合，产权交换的支付方式主要是现金购买或以股票换股票两种。如果公司有库藏股票，即可以使用公司本身的库藏股票来交换被购并公司的股票，由此可以减少公司的现金支出。

2）满足可转换条款

在公司发行可转换债券情况下，公司通过回购股票，即可使用库藏股票来满足可转换债券持有人将可转换债券转换成普通股的要求，而不必另行发行新股票。

3）改善公司的资本结构

当公司认为，其权益资本在其资本结构中所占的比例过大、负债对权益的比率失衡时，就有可能对外举债，并用举债所得资金回购其自身的股票，由此实现资本结构的合理化。

4）分配公司超额现金

如果公司的现金超过其现有投资机会的需要量，但在未来又没有足够的盈利性投资机会可以使用这笔资金，为了使股东利益最大化，公司就有可能通过股票回购，而不是现金股利的方式，将资金分配给股东。这样做的财务逻辑是：在盈利保持不变的情况下，股票回购可使公司流通在外的股数减少，由此提高每股收益和每股市价。假定市盈率保持不变，则股东持有股份的总价值将实现最大化。

5）提升公司股价，减少被收购的威胁

当公司发行在外的股票数量过多，导致每股收益低下、股价上涨乏力，甚至被错误低估时，通过股票回购，减少公司流通在外的普通股股数，提高每股收益，从而使公司股价回升到比较合理的水平，同时也可以减少公司被收购的威胁。而且，通过股票回购，管理层也可以向投资者传递公司股价被低估的信号。回购价格超过现行股价越多，表明管理层认为公司股价被低估的程度越严重。

2. 股票回购的方式

公司在决定实施股票回购时，可以采取的方式主要有三种：要约回购（tender offer）、公开市场回购（open market repurchase）和私下协议回购（privately negotiated repurchase）。

1）要约回购

要约回购是企业向股东发出回购要约以购买部分股票。根据认购价格的确定方法不同，又分为固定价格要约回购和荷兰式拍卖要约回购。①固定价格要约回购方式下，企业事先确定一个固定的认购价格，该价格通常高于现行市场价格，然后将该报价正式告诉股东。股东可自行决定是否以该价格出售股票。②荷兰式拍卖要约回购方式下，企业在事先只说明愿意回购的股票数量和愿意支付的最低、最高价格。通常，愿意支付的最低价格稍高于现行市场价格。接着，股东确定愿意出售的股票数量以及在企业给定的价格范围之内能够接受的最低出售价格；然后，企业根据股东的报价确定最终认购价格，并向报价低于或等于最终认购价格的股东回购股票。

2）公开市场回购

公开市场回购也就是企业像其他投资者一样在股票市场上购买自己的股票。这种回购方式下的认购价格就是现行市场价格，所以，对企业而言，公开市场回购的交易成本小于要约回购的交易成本。但这种方式往往受到较严格的监控，因此，回购时间较长。

3）私下协议回购

与要约回购不同，私下协议回购只是针对少数重要股东，它往往作为公开市场回购方式的补充。私下协议回购的价格经常低于当前市场价格，尤其是在卖方首先提出的情况下。但当企业向存在潜在威胁的非控股股东回购股票时，私下协议回购的溢价会相当丰厚。

无论采用哪种方法，都不能触犯相关法律法规，并尽量减轻股票回购对股票市价的负面影响。

3. 股票回购与现金股利的比较

股票回购一般适用于拥有大量现金的企业，因此常常将它与现金股利相提并论。当没有个人所得税与交易成本的情况下，股票回购与现金股利对股东财富的影响没有差异。股票回购减少了公司流通在外的普通股股数，从而使每股收益和每股股价增加，因此，从理论上来说，股票回购所带来的资本利得应等于分派的现金股利金额。

【例7-4】 假设B公司现有100 000元剩余现金，已发行在外股票为50 000股，公司当年税后利润50 000元，市盈率为10，现行股价为10元/股。见表7-5。公司现有两种股利支付策略。

策略一：公司拟将其剩余现金全部用于发放现金股利，则每股股利为2元。那么股东每持有一股股票，可获得的股东财富为12元（10元股价 + 2元股利）。

策略二：公司将其剩余现金用于回购股票，回购价为12元，共回购8 333股B公司股票。

要求：试比较分析这两种策略将对股东产生何种影响？

解：

（1）在策略一下，公司将剩余现金全部用于发放现金股利，则每股股利为2元。在这种情况下，股东每持有一股股票，可获得的股东财富为12元（10元股价+2元股利）。

（2）在策略二下，公司将剩余现金用于回购股票，回购价为12元，此时，公司共回购8 333股。股票回购后，该公司发行在外的股票减为41 667股，每股收益由1元升为1.2元（50 000/41 667）。在市盈率不变的情况下，该公司股价将升至12元，此时股东每持有一股股票，同样可获得12元的财富。

可见，在没有税收和交易成本的市场中，股东对股票回购与现金股利是没有偏好的。

表7-5 B公司现金股利与股票回购

现金股利策略		股票回购策略	
剩余现金/元	100 000	剩余现金/元	100 000
税后利润/元	50 000	税后利润/元	50 000
发行股数	50 000	回购前发行股数	50 000
每股收益/元	1	回购后发行股数	41 667
每股股利/元	2	回购后每股收益/元	1.2
发放股利后每股市价/元	10	回购后每股市价/元	12
每股股东财富/元	12	每股股东财富/元	12

需要注意的是，如果考虑税收因素，则股票回购与现金股利对股东财富的影响则不同。如果资本利得税低于个人所得税税率，则股票回购下的股东财富要多于发放现金股利下的股东财富，所以，在这种情况下股东会偏好股票回购；反之则会偏好现金股利。此外，现金股利可以连续发放，但股票回购不能经常为之，所以不能将股票回购看作现金股利的等价物。

 相关资料：搜狐公司的股票回购

2005年2月22日，搜狐，中国领先的互联网媒体、通信、电子商务及移动增值服务公司，宣布公司在2005年2月10日至2月17日期间，以平均每股15.66美元的价格回购了885 605股普通股股票，共计13 873 000美元，包括经纪人手续费每股3美分，从而完成了本项由董事会于2004年4月26日批准，并于2004年10月27日扩展的股票回购计划。公司曾在2004年11月回购了360 500股普通股股票，共计6 125 000美元。更早些时候，公司曾在2004年5月回购了1 000 000股普通股股票，共计17 752 000美元。

搜狐公司首席执行官兼董事会主席张朝阳先生解释说："在过去10个月的3次股票回购中，我们共回购了2 246 105股普通股股票，占总流通股的6%。连续的回购股票表明了搜狐董事会和管理层对公司长远发展前景的信心，并且也向我们的股东传递了一个积极正面的信息。搜狐连续的股票回购计划，来源于管理层对把搜狐建设成为中国互联网'百年老店'的理念，搜狐将致力于建设中文世界最大的网络媒体平台，并将进一步提升搜狐的技术，让搜狐成为中国最优秀的搜索引擎。"

资料来源：根据 sohu 网上相关报导整理

 相关资料：我国企业的股票回购

从 1992 到 2013 年年底，我国共有 89 家公司实施股票回购（图 7-5）。为了解决我国上市公司的"一股独大"问题，股票回购从 20 世纪 90 年代引入我国，但由于相关法律法规的限制，早期的回购主要是针对一些不能流通的国有股，因此，2005 年之前我国上市公司进行股票回购的数量较少。2005 年 6 月，随着《上市公司回购社会公众股份管理办法（试行）》的颁布，我国首次明确二级市场上的流通 A 股可被回购。2005—2006 年，共有 34 家上市公司回购本公司股票，是股票回购的高峰期。2008 年，为规范并鼓励股票回购的实践应用，证监会发布了《关于上市公司以集中竞价交易方式回购股份的补充规定》，进一步放松对上市公司回购股份的管制。这一时期我国股票回购以公开市场回购方式为主，回购公司数量稳中有升，但相比之前数量上有所下降。由此可见，在目前"全流通"时代背景下，我国上市公司股票回购活动仍然表现出规模小、次数少等特点。

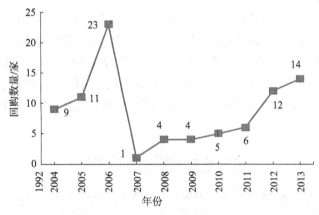

图 7-5　1992—2013 年我国上市公司股票回购数量

资料来源：锐思数据库

7.4.2　股票分割

股票分割是指公司管理当局将某一特定数额的新股，按一定的比例交换一定数额流通在外的股份的行为。例如，两股换一股的股票分割，就是两股新股换一股旧股。股票分割后，公司股票面值降低，发行在外的普通股数量增加。

股票分割对企业的财务结构不会产生任何影响，但它会使发行在外股数增加，每股面值降低，并由此使每股市价下跌。从会计的角度，股票分割后资产负债表中股东权益各账户(股本、资本公积、留存收益等)的余额都保持不变，股东权益合计数也维持不变。所以，实行股票分割不会增加公司价值，也不会增加股东财富。

1. 股票分割的目标

股票分割作为一种财务策略，是有其目的和动机的。主要表现在以下几方面。

（1）股票分割可使股票市价降低，并由此活跃其市场交易。这是股票分割的主要动机。当股票价格超过一定限度后，一些并不富有的投资人可能因价格过高而放弃投资。所以，一些大公司为了迎合这类投资者的心理，进行股票分割，以使公司股票数量增加，每股收益（EPS）减少，股票市价下跌，从而期望股票在市场上的交易更加活跃。

（2）通过股票分割给投资人传递好消息。股票分割一般都是股价不断上涨的成长型公司所采取的财务行动。公司宣布股票分割，等于告诉投资人本公司的盈余还会继续大幅度增长。这一信息将会使投资人争相购买股票，引起股价上涨。

（3）股票分割在某些情况下也会增加股东的现金股利。例如，某公司股票分割前每股股利为 3 元，某一股东拥有该 100 股股票，在不进行股票分割的情形下，投资者将收到现金股利 300 元。但是，如果公司宣布其股票一分为二，且分割后公司的每股股利为 1.6 元，该股东拥有分割后 200 股股票，即可获得现金股利 320 元，从而比股票分割之前多 20 元。

2. 股票分割与股票股利

股票分割与股票股利很类似，两者都能达到增加股票数量的目的，而且两者都不会增加公司价值和股东财富。

【例 7-5】 仍以例 7-1 中的 A 公司为例，A 公司发放 100%股票股利和 1 股分拆成 2 股的股票分割对股东财富、公司价值的影响是一样的，不一样的是股东权益的明细，具体情况见表 7-6。股票分割通过降低股票的面值，使发行在外的普通股股数增加了一倍，但却不改变股东权益各项的金额；发放 100%股票股利虽然同样使 A 公司发行在外的普通股股数增加了一倍，但由于不改变股票的面值，所以分派股票股利后，股东权益内部结构发生了变化。

表 7-6　A 公司股票股利与股票分割

股票分割后		发放 100%股票股利后	
股本（每股面值 0.5 元；200 000 股）	100 000	股本（每股面值 1 元；200 000 股）	200 000
资本公积	600 000	资本公积	1 100 000
留存收益	800 000	留存收益	200 000
股东权益合计	1 500 000	股东权益合计	1 500 000

由表 7-6 可见，除了会计处理不同外，股票股利与股票分割可以说基本相同。从实务上讲，两者之间的差别较小，一般根据证券监管部门的规定来加以区别。如美国纽约证券交易所规定，发行 25%以上的股票股利都被认为是股票分割。

有些公司可能认为股票价格过低，要提高股价，就采取反分割办法。如某公司流通在外的股票为 200 000 股，每股面值 1 元，股票市价 5 元。公司想提高股价，采用两股换成一股的反分割政策，则流通在外股票数量变为 100 000 股，每股面值增加为 2 元，在其他条件不变的情况下，股票价格将是 10 元。

本章小结

本章介绍了与公司股利分配相关的知识点。包括公司股利发放的形式、股利政策理论、

行仍受限制，那么允许外国银行或其他金融机构在本国自由营业不仅毫无意义，而且对本国银行业的稳定也具有破坏性；允许"坚挺"的外币与仍然"疲软"的本币并行流通，会破坏外汇交易的稳定性；如果过早地取消对外国资本实行的汇率管制，可能会导致资本外逃与外债增加；实现资本项目的完全可兑换，应该是金融自由化顺序的最后一步。

10.2 金融危机理论

金融发展理论指出了金融体系对任何现代经济的健康与发展都至关重要。但是，当金融危机发生时，金融体系出现严重混乱，金融市场发生剧烈动荡，以致无法履行其基本职能，而经济则会低效运行甚至步入衰退。有研究显示，如果将经济衰退分为两种，即正常的经济衰退和金融危机的经济衰退，那么正常的经济衰退往往只持续一年，人均GDP在一年后平均下降2%，但到第二年又回到了衰退前的水平并开始继续增长。而与此相对，金融危机影响下的人均GDP可能多年后仍低于危机前的水平，其破坏性要比正常的经济衰退大几倍。

传统观点认为，金融危机是一个非常复杂的现象，历史上各国的多次金融危机的细节各不相同。虽然学术界对金融危机的辩论也未达成全面的共识，但反复出现的金融危机又体现出一些相似的逻辑，而理解金融危机逻辑的核心在于掌握货币和银行的相关知识。

10.2.1 金融危机的定义及分类

1. 金融危机的定义

在《汉语大辞典》中，危机意为：① 亦作"危几"，指潜伏的祸害或危险。② 严重困难的关头，亦特指经济危机。③ 危险的机关，指用于杀敌、猎兽、捕鱼等的器具。而在金融危机中，主要涉及前两个含义。

马克思从生产过剩的角度定义经济危机和金融危机，认为经济危机是指一个或多个国民经济或整个世界经济在一段较长的时间内不断收缩，即经济增长率为负，是资本主义经济发展过程中周期爆发的生产过剩的危机。而这种生产过剩的经济危机往往是以货币危机或信用危机为先导的，而后者就是狭义上的金融危机，它是实体经济危机的体现，最终会进一步加深实体经济危机。

在《资本论（第三卷）》中，马克思描述如下："在再生产过程中的全部联系都是以信用为基础的生产制度中，只要信用突然停止，只有现金支付才有效，危机显然就会发生，对支付手段的激烈追求必然会出现。所以乍看起来，好像整个危机只表现为信用危机和货币危机。"马克思认为，正是由于商品和货币在价值形态上的对立和必须相互转换，才使资本运动过程本身潜伏着经济危机和货币金融危机的可能性。

米什金认为金融危机是以资产价格急剧下跌与许多金融企业和非金融企业破产为特征的金融市场的大动荡。它虽是货币现象，但对实体经济（生产、就业和贸易等方面）会产生巨大影响。

卡门·莱因哈特认为，金融危机分为可量化定义的危机和事件定义的危机。可量化定义的危机包括：① 通货膨胀危机，即年通货膨胀率超过某临界值；② 货币危机，即汇率大幅贬值，以每年25%为基本临界值；③ 货币减值，即金属货币时期的减值。资产价格泡沫（如股票或房地产）的破灭也可用类似方法定义。事件定义的危机包括：① 银行危机，指银行挤兑导致一家或者多家金融机构倒闭、合并或者被公共部门接管；或在没有出现银行挤兑的情况下，一家重要的金融机构或金融集团倒闭、合并、被接管或者向政府申请大规模救助，且其他金融机构后续发生类似事件。② 外债危机，包括政府对国外债权人的直接违约，即一国对在另一国法律管辖权下发放的贷款不履行偿付义务，在到期日未能支付本金或利息，也包括消极的债务重组，即新债务条款与原条款相比明显对债权人不利。对于大多数国家，在大多数历史时期，绝大部分外部公共债务以外币计值，并且通常由国外债权人持有。③ 国内债务危机，指在本国法律管辖权下发行的债务的违约，类似于上述对外债危机的定义，区别在于，国内债务一般都是以本国货币计值并由本国公民持有。国内债务危机也包括银行存款冻结或强制将外币存款转换为本币存款等情况。④ 连续违约，指政府对外债或国内公共债务（或公开担保的债务）抑或两者同时发生多次主权违约。这些违约发生的时间间隔为 5～50 年不等，违约程度从全部违约（或拒偿）到部分违约（通过债务重新安排来实现，通常是在更优惠的支付条款下延迟利息支付）不等。

可以看出，目前已有的文献中对危机有不同的提法，除上述介绍的概念外，还有国际收支危机、汇率危机、经常账户危机、资产负债表危机、股市危机等，众多概念之间既有区别又有联系。一般认为，国际收支危机、汇率危机、经常账户危机和资产负债表危机的概念本质上都可以归结为货币危机，而金融危机作为更广泛的危机概念涵盖了银行危机和股市危机，这已成为一种共识，但关于货币危机与金融危机之间相互关系的观点则并不完全统一。

2. 金融危机的分类

金融危机可以从不同角度进行分类。表 10-1 归纳的 5 种金融危机分别来源于不同的危机理论学说。

表 10-1　Radelet 和 Sachs 归纳的 5 种金融危机类型

宏观经济政策引导型	金融危机是追求一系列不连续的宏观经济政策所导致的直接后果。这包括克鲁格曼讨论的国际收支危机——因为央行国内信贷的扩张与制定的汇率未能保持一致，出现了汇率的崩溃，还包括奥布斯特菲尔德提出的自促成的危机——假定存在一些结构性的弱点，使宏观政策一开始就很可能无法保持连续性
金融恐慌型	国家面临类似于银行挤兑的打击。所有的债权人，特别是那些短期债权人突然从该国撤资，使该国面临外汇清偿力的严重不足。这种撤资行为对每一个债权人来说是理性的，因为在他们之间并没有存在合谋的关系，每个人的动机都是争取最先撤离，惟恐其他人抢先
泡沫破碎型	如 Blanchard 提出的随机性投机泡沫的崩溃，还有其他一些情况，就其本身来看是一个理性的平衡，然而事后分析却是非理性的，存在崩溃的可能性
道德风险型	银行及其他金融机构在资本不充足并且监管不力的情况下，因为得到了来自政府对其负债能力的明确或隐含的保证，从而能够随意借款，并从事过度的、高风险的投资行为（Akerlof 和 Romer）。国外或国内的债权人对这种高风险行为也给予支持，因为他们认为政府或国际金融机构会在紧急情况下救助这些银行或金融机构。克鲁格曼将这种模式应用到东亚的金融危机分析中
无序抵偿型	即由于没有相应的国内破产机制来解决公司的清偿力不足问题，导致对有关公司资产的抢夺。既然在国际清偿力出现问题的时候，并没有一种合理有效的办法对债权进行重新组织，那么必将出现债务无序抵偿的混乱状态，这反过来又将破坏价值规律并产生悬置债务

在表 10-2 中，Feldstein 对 4 种危机的归纳同样没有做准确的划分和定义，对于在一个国家中出现的危机，往往会在危机发展过程中的不同阶段，相继出现表中列出的 4 种情形中的若干种。

表 10-2　Feldstein 归纳的 4 种危机类型

经常账户危机	这类危机是由于经常账户逆差引起的。而造成经常账户逆差的原因与实行的固定汇率制密切相关，比如固定汇率定得过高引起贸易逆差，或因国内高通胀而在该汇率水平上致使国内产品在国际上缺乏竞争力，或因互为竞争对手的另一国家货币贬值，相比之下国内的固定汇率使本国出口产品在国际市场上处于劣势。比如 1997 年的泰铢危机就属于这种情况
资产负债表危机	与第一类危机不同的是，一些国家实行的是灵活的汇率制度并且经常账户还略有顺差。但致命的是以外币计价的私人和政府短期债务超出了国际储备，即资产负债表不匹配。这些国家完全可以用未来的出口利润来偿还它们的外币债务，但如果它们在短期内没法立即拿出资金来满足提款要求就会陷入暂时性的流动性短缺。假如国外债权人出现信心不足的情况，这些国家就会被迫违约或重新制定还款时间表，并让货币贬值以尽可能快地挣得足够多的出口利润来归还贷款。如 1997 年底的韩国就属于这种情况
银行挤兑的货币危机	这种危机是由于货币贬值引起的。货币贬值使得银行以外币计价的债务相对于以本币计价的资产增加。同时由于一些企业的贷款也是以外币计价，货币贬值使其债务负担不堪重负，违约的风险也大大提高。这些都直接恶化了银行的财务状况，引起储户和债权人对银行清偿能力的怀疑，从而诱发银行挤兑。中央银行作为最后贷款人的作用只能对那些只是存在暂时性流动性不足的银行奏效，而对于那些本身就已是资不抵债的银行则回天乏术，许多银行因此纷纷破产倒闭
传染性危机和非理性的投机	传染可基于地理区域、贸易模式、投资者的证券组合策略或其他原则。一些国家可能并没有存在以上 3 种类型中所分析到的问题，但仍然出现了危机，这就只能用传染来解释了

表 10-3 列示的是肖文等人总结的 4 种金融危机类型。

表 10-3　肖文等人总结的 4 种金融危机类型

货币危机	在投机资金的冲击下，一国外汇市场汇率迅速下跌或货币贬值，受波及的一国政府为了稳定本币汇率进行公开市场操作并导致外汇储备流失
银行业危机	由于实际的或潜在的银行挤兑迫使资产质量低下的银行停止负债方项目的偿付，或政府为了防止这种局面的出现而采取大规模的干预，银行大规模倒闭和政府接管是银行业危机的表现
外债危机	一国的私人部门甚至官方无法偿还或宣布不予偿还到期的对外负债
系统性金融危机	当银行业危机发展到十分严重的程度时，一国金融市场失灵，同时该国的基本经济结构以及生产和消费也受到不良影响。系统性金融危机往往与银行业的混乱有关，但与货币危机并无直接联系

金融危机的分类并不意味着不同类别的危机是完全独立的。事实上，由于经济系统各组成部分之间的相互关联和作用，货币危机、银行危机和股市危机等之间势必存在某种割舍不断的联系，经常是几类危机交织在一起并相互影响。如亚洲金融危机，最初是货币危机，表现为汇率大幅下跌；危机再进一步发展便牵动了股市，引起股市剧烈震荡，企业相继倒闭，银行出现大量坏账，引发了一阵高过一阵的挤兑风潮，更进一步恶化了局势。

关于银行危机与国际收支危机之间关系的理论有 3 种：第一种是国际收支中出现的问题促成了金融危机。因为储备丧失导致信用危机，引起银行破产增加和金融危机，即前者为果，后者为因。第二种是金融部门出现的问题促成了国际收支危机。因为中央银行援助身陷泥潭的金融机构，而无力维持现行汇率制度，即前者为因，后者为果。第三种是国际收支危机和金融危机之间并无因果关系，而是受某些共同因素或事件的影响，即前者和后者无所谓因果。

10.2.2 金融危机的典型过程

虽然每次金融危机都有个体差异，但是都具有典型的相似过程，这其中金融机构扮演了重要角色。下面分阶段对这一典型过程加以描述。

1. 阶段一：过度举债，资产泡沫

1）债务负担增长，资产泡沫出现

金融危机往往是在银行贷款规模大幅迅速增加之后发生的。因此，金融危机的起源阶段，经济体的债务增长强劲。债务增长并不必然导致危机，当债务增长被用于支撑可使收入快速增长的经济活动，且债务增速不快于收入（GDP）增速时，金融机构的资产负债表还较为健康。但如果债务过度扩张，增速快于收入增速，则债务负担会快速增长，可能形成资产价格泡沫，为金融危机埋下伏笔。在这一过程中，债务的平均资产回报率和经济增长率加速上扬。同时，由于利率较低，投资性资产更具吸引力，因此股价和房地产价格上涨。随着资产价值增加，净值和支出/收入水平上升，人们坚定了对经济繁荣的信心，进而推动加杠杆的进程，且这一过程自我强化。

2）投资者过度乐观，非理性繁荣

需要指出的是，严重的金融危机在起源阶段往往会见证资产价格泡沫的形成，即资产价格上升到其基本的经济价值之上。泡沫的形成既受到投资者心理的影响，即"非理性繁荣"，也受到加杠杆进程的强化。前者是泡沫形成的心理基础，指价格上涨信息刺激了人们的投资热情，这种热情通过人与人之间的相互影响而扩散，使得越来越多的投资者进入这个市场。后者则是泡沫进一步膨胀的"养料"，贷款人和投机者轻松赚钱、迅速发财，投机者抵押资产的净值上升，又可以获得新的贷款，进一步吹大泡沫，且大多数人认为这不是问题，只是经济繁荣的反映。

3）金融机构的参与

在上述过程中，金融机构往往也会积极参与其中。各类金融机构买入资产，使资产负债出现严重不匹配，具体表现为：短借长贷；流动性错配严重；利用借入资金投资风险较高的债务或其他风险资产；以一种货币借款，另一种货币贷款等。其目的都是获得预期价差。

4）金融自由化，监管缺失

在加杠杆过程中，政府也可能起到推动作用，主要有两个方面：第一个方面是金融自由化。实施金融自由化具体指的是，消除对金融市场和机构的限制，或是引入新型贷款或其他金融产品。从长期来看，金融自由化促进了金融的发展，有助于金融体系有效地分配资金。然而，金融自由化也会产生负面影响。短期来看，它可能导致金融机构的信贷激增。而贷款者有时没有足够的激励去很好地管理企业贷款的风险。即便能够管理，信贷激增最终也会超过机构的放贷能力和政府监管者监管信贷风险的能力，从而引发更大的贷款风险。

第二个方面是提供隐性或显性的担保，鼓励贷款机构放贷。政府的担保措施（如存款保险）弱化了市场纪律，强化了银行道德风险的动力，银行愿意冒超过自身承受力的风险，愿意进行高风险、高利率的贷款，以获得可观的收益。如果贷款恶化、银行陷入困境，则可以让纳税人为其买单。存款者知道政府会对其损失给予保护，会愿意为"纪律较差"的银行提供资金。上述双方作用的结果是导致出现低收益贷款和泡沫。监管缺失使银行承担的风险进入了监管真空。由于对金融自由化的鼓励或监管缺失，或两者并存，一些不受监管的新型贷款机构蓬勃发展（这些非银行贷款机构被统称为影子银行机构）。影子银行机构通常不太受政府保护。在这个阶段，会有大量新型贷款工具涌入市场，大量金融创新应运而生。

5）货币政策的宽松

在加杠杆过程中，货币政策也可能起到推波助澜的作用，而没有有效地限制泡沫。市场往往认为在这一时期生产率增长，投资者的乐观情绪不断加强，纷纷举债购买投资性资产。此时关注通货膨胀率和经济增长率的中央银行往往不愿意充分收紧货币政策，这是大多数中央银行面临的一个大问题。中央银行政策以控制通货膨胀率和经济增长率为目标，并不针对泡沫管理，但在通货膨胀率和经济增长率似乎并不过高的情况下，中央银行政策带来的债务增长为泡沫的产生提供了资金。当通货膨胀率过高、经济增长过热时，中央银行通常会适度收紧货币政策，上调短期利率。但典型的货币政策并不足以管理泡沫，因为泡沫仅出现在一些特定的经济部门，而中央银行关注的是整体经济情况，在泡沫阶段中央银行的政策反应往往会滞后。与此同时，借款人还没有出现偿债成本攀升的压力。在这个阶段，支付利息的钱越来越多地来自借款，而不是收入增长。这一趋势显然难以持续。

2. 阶段二：顶部

1）顶部形成的原因

盛极而衰，物极必反。当市场好得不能再好时，顶部就形成了。导致顶部形成的具体事件可能不同：在某些情况下，是由于内部因素，即因为经济增长率和通货膨胀率上升，产能极限开始承压；在其他情况下，是由于外部因素，如外部债权人撤回借款等，会使一国出现流动性紧缩。外资撤出的原因不一定与该国经济形势相关。此外，如果债务的计价货币相对于收入的计价货币升值，也会对借款人造成尤其严重的挤压。还有一种常见的情况是货币政策的转向。中央银行开始收紧货币政策、提升利率时，往往容易出现顶部。典型的情况是，短期利率上升，与长期利率的利差逐渐缩小或消除。这会带来多方面影响。首先，由于收益率曲线持平或倒挂，与持有现金相比，贷款吸引力下降。其次，资产未来现金流折现率提高，削弱了高风险资产的价格，人们普遍觉得持有现金更好。最后，利率的上升还会导致逆向选择和道德风险加剧，导致银行倾向于不向任何企业，包括投资于低风险项目的企业提供贷款，贷款增速放缓，对投资等活动造成阻碍。19世纪，美国多次金融危机都是由利率上升所引起的。

2）泡沫破裂的反向财富效应

无论什么原因造成偿债压力增加，都会损害资产价格，导致反向的财富效应。贷款人开始担心自己可能无法拿回现金；借款人受到挤压，因为他们的新增借款越来越多地被用于还债，再加上债务有时无法延期，借款人的支出增速递减。当风险最高的债务人开始无法按时还款时，债权人开始担心，借贷利差上升，高风险贷款增速放缓。市场开始抛售高风险资产，选择持有低风险资产，造成收缩范围扩大。信贷体系在此阶段也可能开始受损。由于贷款损失开始增加，相比负债，贷款的价值开始下降，银行和其他金融机构的净价值下降。随着资本减少，银行和其他金融机构面临更大的风险，这些金融机构开始削减它们的贷款，这一过程称为去杠杆过程。

在泡沫刚刚破裂的这段时期，资产价格变动造成的财富效应对经济增长率的影响大于货币政策的影响，但人们在此阶段可能会低估财富效应。此外，值得注意的是，刺破泡沫所需的紧缩程度以及泡沫破裂所带来的负面影响，取决于杠杆化水平和资产价格水平。如果泡沫仅存在于个别资产，其破裂不会使金融体系遭受重创，这种衰退对实体经济的冲击相对比较温和。如果泡沫是因为举债过度（如阶段一）而膨胀起来，则危险得多。要了解可能发生的经济衰退的严重程度，仅仅知道紧缩的具体程度是不够的，还要知道每个特定部门对紧缩的敏感性和损失的传导机制。

3. 阶段三：金融机构的受损

在这一阶段，我们将分析金融系统中的核心——金融机构如何在危机中受损。这一阶段的具体特征在发达经济体和发展中经济体中可能会有所不同，主要表现为发展中经济体更容易发生货币危机，因此我们就这一阶段将分别讨论发达经济体和新兴经济体可能的情况。但值得注意的是，这里的概括并不绝对，发达经济体并非不会发生货币危机。

1）发达经济体的银行危机

去杠杆过程是一个持续的过程，在这一过程中，偿付能力问题和现金流问题同时存在。偿付能力问题是指根据会计准则和监管规则，相关实体没有足够的股权资本来继续运营，已经"破产"，必须关停，这时会计法规会对债务问题的严重程度产生重大影响。现金流问题是指实体没有足够的现金来满足其需求，一般是因为其贷款人要求还款（即所谓的"挤兑"）。资本充足的实体也可能面临现金流问题，因为权益属于非流动资产。

对于金融机构——银行来说，同样面临这两种问题。银行的资产负债表恶化，企业状况严峻，当银行净价值为负时，会导致金融机构破产，此时出现的即是偿付能力问题。而现金流问题的典型是银行挤兑。通过前面章节的学习我们知道，银行作为金融中介，其基本功能之一是将不具备流动性的资产转化为流动性资产，这种功能配合部分准备金制度，使得银行容易遭受挤兑。当大量的银行客户同时到银行提取现金时，银行可能由于持有的非流动性资产难以在短时间内变现，而无法筹集足够的资金进行支付。另外，银行的存款人知道他们的资产不是100%保全（完全损失或者只能得到有限的存款保险），由于银行按照先来先得的标准运作，存款者有很强烈的动机抢先到银行提款。这两方面共同作用的结果是银行会陷入流动性危机。

缺乏现金流这一问题影响直接、后果严重，是大多数债务危机的触发因素和主要问题所在。中央银行在这一过程中如果能及时提供市场所需的流动性，则可能会缓解危机。但如果受其他因素制约，不能补充流动性或补充不足，则债务违约和重组就不可避免。债务违约和重组对各相关方都会带来冲击，但对杠杆贷款人（如银行）造成的冲击尤为严重，且可能在银行间形成传染。也就是说，局部一些银行因无力支付资金而违约的情况如果足够严重，会引发更大面积的银行危机，即多家银行同时倒闭。

为了进一步理解银行危机产生的机制，可以考虑下面的情况。假设由于经济的负面冲击，5%的银行产生了很大的贷款损失以致破产。由于信息不对称，存款者不能区分他们的银行是一家好银行，还是5%的破产银行之一。因此，存款者会试图变现，如果变现困难，则可能会造成恐慌，这种恐慌心理在金融体系内加速传递，且愈演愈烈。对银行体系安全性的不确定会导致更多的银行被大规模提现，迫使银行变卖资产，换取流动性，筹集需要的资金。但银行变卖资产的动作会进一步恶化流动性问题。由于资产疯狂出手，其价格大幅下降，银行资产负债表进一步恶化，甚至破产。一家银行的破产又会引起其他银行的挤兑，从而把这些银行拖入倒闭的泥潭。最后，多米诺骨牌效应导致更多的银行倒闭，引发完全的银行恐慌。

2）新兴经济体的货币危机与银行危机

和发达经济体类似，债务的过度扩张也会给新兴经济体埋下金融危机的隐患（见阶段一、二）。但与发达经济体略有不同，新兴经济体易积累较大规模的以外币计价的债务，因此其资产价格泡沫的形成受到资本流入的助力。但当某种外部冲击导致资本流入开始减少时，债务周期进入顶部并开始逆转。

资本流入减少通常是引发国际收支危机的第一个原因。支撑投资和消费的资金减少，会直接导致经济增长放缓，会影响国内借款人的信誉度，降低外国投资者贷款和投资的意愿。因此，资本流入的减少呈现自我强化的趋势。随着国际收支情况的恶化，资本的负流动会使该国货币贬值压力增大。此时，如果要稳定汇率，中央银行要么动用外汇储备填补国际收支逆差，要么提高利率。但这些稳定汇率的措施会带来其他问题。首先，如果通过提高利率来维持货币稳定和刺激资本流入，银行就必须支付更多的利息来获得资金，成本的增加降低了银行的利润水平，进而增加了银行的倒闭风险。而处于该阶段的新兴经济体的银行系统往往已经处于脆弱的状态，因此提高利率会使脆弱的银行系统雪上加霜，可能引发银行危机。如果选择利用外汇储备买进本国货币以阻止本币大幅贬值，这并不能改变本币贬值的预期。如果外汇市场中投机者意识到中央银行提高利率维持本币币值的成本过大，而倾向于货币贬值，那么就出现了确定性很高的投机机会。投机者会持续大量卖出这种货币，以期获取巨大利润。在利率不变的情况下，这会迫使中央银行动用更多的外汇储备稳定汇率，这会快速消耗一国的外汇储备。一旦中央银行所持的外汇储备耗尽，政府就不再拥有干预外汇市场的资源。总而言之，稳定汇率措施的成本会越来越高，因此政府会在成本过高的某个时间点被迫放弃维持本币币值，允许货币贬值。

由于新兴经济体许多债务合约是以外币标价的，当本币贬值时，以本币计价的商品和服务的价值没有上升，但以本币衡量的债务价值却上升了，这导致企业的资产负债表恶化。货币崩溃还可能导致较高的通货膨胀率。这是因为货币危机之后的大幅贬值会带来进口价格快速上涨的压力，实际和预期的通货膨胀率可能随之剧烈上升，如果通货膨胀率过高，再加之持续时间较长，就会损害经济活动，使经济情况进一步恶化，企业和家庭出现债务违约情况，金融部门也因此遭受损失。由于货币贬值，银行同样面临以外币标价的负债价值上升问题，因此银行资产负债表的恶化既来自资产价值下降也来自负债价值上升。

4. 阶段四：债务紧缩，经济衰退

在正常的经济衰退阶段，货币政策仍然有效，资金总量与偿债需求之间的不平衡可以通过降息来解决。但如果经济衰退导致价格骤降，经济恢复昙花一现，在这种情况下，会继续进入债务紧缩过程。这一过程既可能表现为通缩型，也可能表现为通胀型。

如果通缩性因素占主导地位，即未来预期的价格水平大幅下降，则债务负担增加，企业净价值进一步恶化。这是因为通常很多固定利率的债务合约到期日很长，债务利息支付是按照合同进行的，未来预期的价格水平下降，实际上提高了借款企业负债的实际价值，但没有提高企业的实际价值，结果就是净资产价值下降，同时贷款者面临的逆向选择和道德风险问题就会加剧。因此，未来预期的总体价格水平下降会导致贷款下降，企业的经济和总体经济活动会保持长时期的萧条。印钞购债（即债务货币化）等刺激性通胀因素可能难以充分抵消通缩性因素的影响。

还有一种是高通货膨胀率、高失业率的经济衰退。由于在资产和货币上的亏损，人们不愿持有本国货币，投资者抛售本国货币以购买实物资产及外国资产，因为这样比用于国内储蓄或投资更赚钱。货币的持续贬值、持续通胀还可能发展为自我强化的过程，助长通胀预期，使投资者们不愿意做长期的投资。随着经济增长放缓，外国资本的信用创造通道关闭了，尽管国内信用创造并不缺乏，但这些信用创造可能并未用于国内的商品和服务支出，未转化为经济增长。相反，由于通货膨胀率上升会降低实际利率，使借款成本降低，国内的信用创造被用于购买外国资产和实物资产，因此国内经济仍然处于流动性紧缺的状态，且无法通过印钞来缓解，随之而来的是经济持续萎缩，失业率上升。

10.2.3 主要金融危机

表 10-4 列示了金融危机大事件。

表 10-4 金融危机大事件

金融危机	起止时间	危机源头	危机类型
拉美债务危机			
智利	1981—1985	外债	货币危机
阿根廷	1980—1982	外债	货币危机
乌拉圭	1981—1984	外债	货币危机
美国储贷危机	1986—1992	房地产	银行业危机
日本金融危机	20 世纪 90 年代	房地产	银行业危机
英国英镑危机	1992—1993	汇率	货币危机
北欧危机			
挪威	1991—1993	房地产	银行业危机
芬兰	1991—1993	房地产	银行业危机
瑞典	1991—1993	房地产	银行业危机
墨西哥比索危机	1994—1995	汇率	货币危机
亚洲金融危机			
泰国	1997—1998	汇率	货币危机
印度尼西亚	1997—1998	汇率	货币危机
韩国	1997—1998	汇率	货币危机

续表

金融危机	起止时间	危机源头	危机类型
马来西亚	1997—1998	汇率	货币危机
俄罗斯金融危机	1998—1999	汇率	货币危机
巴西金融危机	1998—1999	汇率	货币危机
阿根廷金融危机	2001—2002	外债	银行业危机
美国次贷危机	2008—2009	房地产	银行业危机
欧债危机	2008—2012	主权外债	债务危机

虽然每次金融危机的具体原因不完全相同,但暴露的一些问题应引起关注。

① 发展中国家居多,拉美先后发生了 4 次金融危机,基本特征相似:危机爆发前拉美国家银行都不同程度地经历了一个扩张时期,表现为银行贷款量迅速增长,银行赢利扩大,但危机后许多贷款已沦为坏账;银行存款大量流失,外资大量抽逃;许多银行倒闭,有的被合并,有的被政府接管;破坏性大。

② 涉及面广,几个国家和地区同时爆发或受到影响。

③ 发生危机的间隔时间缩短,频率提高。

④ 覆盖面广泛,从发展中国家扩展到工业新兴国家和地区以及发达国家。国际金融危机到来时,受害最严重的往往是发展中国家。

10.2.4 金融危机的主要理论

金融危机具有巨大的破坏性,如能在危机发生前加以预防甚至避免危机是最为理想的。这需要对危机的成因进行剖析,也就是要解释为什么会发生金融危机。为了这一目的,在过去的数十年间,无数经济学家致力于金融危机理论的研究。下面将介绍部分主要理论。

1. 货币危机理论

1)第一代货币危机模型

第一代货币危机模型是美国经济学家保罗·克鲁格曼于 1979 年提出的,它是西方国家关于货币危机的第一个比较成熟的模型。这一模型以小国开放经济为分析框架,以钉住汇率制度或其他形式的固定汇率制度为分析对象,分析了以放弃固定汇率为特征的货币危机是如何发生的。克鲁格曼认为,在一国货币需求处于稳定状态的条件下,国内信贷扩张会带来外汇储备的流失,从而导致对固定汇率的冲击而产生危机。

克鲁格曼研究的基本思路是:一个实行钉住汇率制的国家,若长期推行扩张性经济政策,将引起本币的实际价值高估,即影子汇率高于实际汇率。为了维持钉住汇率制和防止本币贬值,中央银行不得不在外汇市场上卖出外币、买入本币,导致外汇储备不断减少。当外汇储备消耗殆尽时,钉住汇率制自然不会维持;当外汇储备减少到某一界限时,投机资本就会发动冲击,使该国货币迅速贬值。

克鲁格曼在分析中采取的非线性形式导致固定汇率崩溃的时间是难以确定的,弗拉德

（R. Fload）和戈博（R. Garber）于 1986 年完成了这一工作，因此这一模型又被称为克鲁格曼–弗拉德–戈博模型。

第一代货币危机模型具有以下特点。

① 它认为货币危机的发生是由于宏观经济政策与固定汇率制度的不一致引起的，并认为持续的信用扩张政策所导致的基本经济的恶化是货币危机发生的基本原因。

② 在危机发生机制上，它一方面强调信用扩张导致外汇储备流失，另一方面又把投机导致的储备下降至最低限看成是货币危机发生的一般过程。但是，在信用扩张、外汇储备流失和货币危机的相互关系上，有些过分公式化和简单化。

③ 把政府的行为看得过于简单化，实际上，货币危机的发生过程通常是政府与其他经济主体的博弈过程，第一代货币危机模型对此重视不足。

第一代货币危机模型的不足之处在于模型假定与实际偏离太大，对政府在对内、对外均衡的取舍与政策制定问题上的论述存在很大不足。而且经济基本面的稳定可能并不是维持汇率稳定的充分条件，单纯依靠基本经济变量来预测与解释危机显得有些单薄。

2）第二代货币危机模型

1992 年欧洲汇率体系危机和 1994 年墨西哥金融危机，为货币危机理论的发展提供了现实的基础。1996 年，奥布斯特菲尔德（Obstfeld）系统地提出了"第二代货币危机模型"，又称"自我实现的货币危机理论"。该理论认为，即使宏观经济基础没有进一步恶化，由于市场预期突然改变，人们普遍形成贬值预期，也可能引发货币危机。也就是说，货币危机的发生可能是预期贬值自我实现的结果。

在第二代货币危机模型中，政府不再像第一代货币危机模型中那样是一个简单的信用扩张者，对于货币危机处于一种听之任之的被动地位，而是一个主动的市场主体，它将根据自身利益的分析对维持或放弃固定汇率做出策略选择。由于政府策略的不同，预期的实现方式也不相同。在第二代货币危机模型中，预期的实现方式有多种，如"冲击–政策放松分析""逃出条款分析""恶性循环分析"。

为了便于分析，假设政府在汇率政策决策中考虑的中心问题是是否放弃固定汇率，即是否让本币贬值，那么就需要将放弃固定汇率的收益和成本做比较。需要考虑的问题通常是：① 放弃固定汇率，让本币贬值，可以扩大出口、增加总需求，进而拉动经济增长和减少失业。② 如果市场存在贬值预期，说明本币被高估，这在贬值尚未发生的条件下不仅会导致对外汇储备的冲击，还会对经济增长形成抑制，并使失业率上升，从而使政府的收入减少、支出增加。在这种情况下，放弃固定汇率，让本币贬值，就能减少这笔成本。③ 实行固定汇率的政府一直承诺要保持本币汇率的稳定，一旦实行贬值就会损害政府的信誉。④ 稳定的汇率制度有利于国际贸易和投资的发展，让本币贬值将付出这种稳定成本。

不仅政府对是否维持固定汇率需要进行利益比较，投机者也会对是否冲击固定汇率做出利益比较。投机者冲击一国货币的方法通常是：在该国货币市场上借入该国货币，然后买入外币，持有外币资产，待该国货币贬值后再买回该国货币，归还借款。因此，在该国利率高于外国利率时，投资者的投机成本是两国利差加上交易费用，其收益取决于该国货币的贬值幅度。当然，在政府与投机者相互博弈的过程中，政府的态度是否坚决、国际协调和合作是否有效、投机者掌握的资金量、"羊群效应"是否发生以及突发的市场信息有利于哪一方等都会对博弈的结果产生影响。

可见，第二代货币危机模型注重强调货币危机的发生过程往往是政府与投机者相互博弈的过程。

2. 银行危机理论

这里所指的银行是指除中央银行、各种保险公司、各种类型的基金以外的金融中介机构，其核心部分是商业银行。

商业银行是金融市场最重要的主体。商业银行除具备金融中介的基本经济功能外，还有自己的特征，如能够协调资金供求双方对流动性的不同要求、解决投资者的信息劣势问题、创造货币供给的主要部分、提供支付结算服务等。商业银行与一般企业相比，其负外部效应问题尤为严重。银行业危机具有一般企业破产所不具备的特性，因为银行业的风险有别于一般行业的风险，银行业是高财务杠杆的企业，银行同业支付清算系统把所有银行联系在一起，形成相互交织的债权债务网络，这一网络不允许金融机构出现流动性不足。

国际货币基金组织对银行业危机下了如此定义：实际的或潜在的银行挤兑与银行失败引致银行停业偿还负债，或为防止这一情况的出现，政府被迫提供大规模的援助。近年来，一些国内学者也对银行业危机进行了相关研究。苏同华认为，银行失败是银行业危机的必要条件，只有银行失败，而不出现停止支付和政府干预就不算是银行业危机；只有在银行失败导致的挤兑使银行停止支付和政府干预两种情况至少出现一种时才算是银行业危机。

1）金融机构的脆弱性

随着博弈论和信息经济学等微观经济学的发展，经济学家们对金融市场的微观行为基础有了更深刻的理解，对金融机构的脆弱性也有了更深刻的认识。Mishkin 认为，正是因为存在信息不对称所导致的逆向选择和道德风险，以及存款者的"囚徒困境"可能引起的存款市场上的银行挤兑，所以银行等金融机构具有内在的脆弱性。

首先是借款者与金融机构之间信息不对称。Stiglitz 和 Weiss 的研究表明，在信贷市场上，逆向选择和不当激励总是存在的。从历史经验来看，最容易诱使金融机构陷入困境的是那些在经济繁荣的环境下可能产生丰厚收益，但是一旦经济形势逆转便会出现严重问题的投资项目，而这些项目很难用通常的统计方法来做出准确预测。Mishkin 用债务合约的道德风险解释了这一现象。他认为，约束借款者和贷款者之间的合约即债务合约，它是一种规定借款者必须定期向贷款者支付固定利息的合约。当企业有较多的利润时，贷款者收到契约性偿付款而不需知道企业的利润。只有当企业不能偿还债务时，才需要合约贷款者来审查企业的盈利状况，而此时已对银行资产质量构成了威胁。虽然贷款者可以通过限制性契约手段来约束借款者，但并不能预防所有的风险活动，借款者总能找到使限制性契约无法生效的漏洞。

其次是存款者与金融机构之间信息不对称。由于存款者对银行资产质量信息缺乏充分了解，存款者无法辨别他们的存款银行是否功能健全。在存款基础稳定的条件下，金融机构可以保证足够的流动性以应对日常提款，但是一旦发生意外事件，由于金融机构要根据"顺序服务原则"行事，存款者便有强烈的冲动加入挤兑的行列。如果在他们提款时，金融机构资金耗尽，无力支付，他们便不能及时收回全部存款。由此，存款者个体行为理性的结果是导致集体的非理性，这正是"囚徒困境"所说明的结论。这意味着在市场信心崩溃面前，金融机构是非常脆弱的。

2）系统性银行业危机

当一家或多家银行出现严重问题并对实体经济产生重大的负面影响时，就会出现系统性银行业危机。这种影响往往是通过支付体系、信贷流量的减少或资产价值的破坏体现出来的。系统性银行业危机的特点往往表现为债权人对有清偿能力银行和没有清偿能力银行的挤兑，从而威胁整个银行体系的稳定性。这种挤兑常常是出于对在任何价格下都无法取得支付手段的担心，而且在部分准备金制度下，这会导致争抢高能货币和外部信用额度的取消。

银行业危机带来的成本可以分为4类：① 公共部门的总成本。包括政府支出、中央银行提供的流动性支持、存款支付、购买受损资产、通过购买股权和次级债券重新充实资本。② 公共部门的净成本。该成本等于"总支出-出售以获得资产和股权产生的收益-资本获得重新充实的实体所偿还的债务"。③ 净现值成本。由于对金融机构予以支持需要相对较长时间，所以理想的做法是：在估计成本时对现金流进行适当贴现，以便反映出发债与借贷资金的成本差额、出售所购买资产回收资金的时间拖延及动用公共资金的机会成本。④ 危机的经济成本。由于暂时限制了银行中介职能的发挥，系统性危机对经济增长造成了影响。

银行业危机对公共部门的总代价取决于3个因素：一是最初的宏观经济条件和金融部门情况；二是当局的政策反应；三是成功收回危机期间获得的资产价值的手段。

系统性银行业危机的成因如下。

（1）微观层面

与银行自身管理不善有关。松散的贷款制度会助长资产价值泡沫或导致银行资产过度集中；不健全的风险控制措施会导致资产负债表的种种缺陷，造成资产负债表货币或期限不匹配，或资产质量恶化，或导致巨额亏损。资产负债表有缺陷的银行非常容易受到冲击，甚至一些较小的外部事件都足以导致市场信心丧失和大面积的挤兑。

以"信贷紧缩—不良贷款"陷阱为例。信贷紧缩是指经营贷款的金融机构提高贷款标准，从而导致信贷增长的下降，使社会再生产的资金需求得不到满足。金融泡沫破灭之后，由于受到不良资产的影响，银行的信贷往往会经历一个信贷紧缩过程。信贷紧缩一旦形成，便容易产生"信贷紧缩—不良资产"陷阱。信贷紧缩产生的动机在于金融机构加强自我保护和稳健经营，以防止不良贷款的进一步恶化。然而，金融机构提高信贷标准之后，企业的银行贷款将有所减少。对于大型企业或上市公司来说，银行贷款的减少可以部分地通过证券市场资金融通予以弥补。对于中小企业来说，由于缺乏有效的直接融资渠道，银行贷款的减少使这些企业不得不压缩甚至中断再生产过程，技术改造贷款缺乏，流动资金紧张，导致企业经营困难进一步加重，一些原来可以保本经营或薄利经营的企业也陷入亏损，原来处于亏损的企业将发生更大的亏损，原来经营的企业盈利也可能大幅下降。因此，银行的不良贷款将会更大程度的增加。这种循环的后果将进一步恶化银行资产负债表的资产方，当资不抵债时，银行业危机爆发。

（2）宏观层面

由银行体系外部因素引发。在强有力的法律和监管框架下，管理十分健全的银行体系也难以避免宏观经济环境政策恶化的影响。

专栏10-1

10.2.5 金融危机的应对措施

1. 金融体系的应对

面对银行危机，中央银行可以分别针对偿付能力问题和现金流问题进行不同的应对。如果存在偿付能力问题（即债务人没有足够的股权资本），则会产生会计或监管问题，可以通过以下方式予以处理：提供足够的股权资本，比如中央银行为系统性机构注入资本；更改会计准则和监管规则，减少立即需要的资本金，以维持金融机构的偿付能力，给金融机构留出解决问题的时间；金融机构的兼并重组、国有化等。如果存在现金流问题，政府可以通过制定财政政策和货币政策，提供解决问题所需的现金或担保，扩大抵押品范围，以便为金融系统提供充足的流动性，提供最后贷款人资金支持和担保。中央银行可以降低利率使银行借贷更便宜，从而刺激经济。

2. 经济政策的应对

1）财政政策为主要应对

当金融危机进入萧条阶段后，往往无法采取大幅降息的方法，因为此时的无风险利率往往已经降至最低——已经接近零（流动性陷阱）。如果处于萧条阶段的经济体还存在严重的货币外流或货币贬值问题，最低利率就不可能太低，因为还要考虑信贷和汇率面临的风险。对于出现流动性问题和"挤兑"风险的贷款机构，降息的作用也不大。银行会因贷款风险增加，而不愿将较低的准备金利率传递给借款人。信贷利差可能继续走高，导致高风险贷款的利率上升，进一步增加还本付息的难度。更重要的是，由于经济前景黯淡，即使利率较低，企业和家庭可能也不愿意进行借贷。因此，在严重的金融危机期间，传统的货币政策往往无效。

根据凯恩斯主义的理论，财政政策应作为应对危机的主要经济政策。该理论认为经济萧条对自然生产率具有永久性的作用，一旦发生危机，单靠市场的自发调整就算并非完全不可能，也注定是一个漫长而痛苦的过程，因而主张通过积极的财政政策来稳定和启动步入衰退的经济，缩短不必要的调整周期。相比之下，货币增发却不一定能导致实际购买力的增加，因而效果相对有限，用凯恩斯的话说就是"你可以把一匹马拉到水边，但你却不能强迫它去喝水"。

2）非传统型货币政策的选择

除此之外，对于危机后利率政策受限后的货币政策选择，近年来，部分学者提出了非传统型的货币政策——量化宽松（quantitative easing）货币政策。所谓量化宽松货币政策，是指当名义利率接近或达到零时，由于利率已无法继续下降，为了继续放松货币政策，中央银行应该通过公开市场操作等手段增加货币投放。量化宽松货币政策主要通过3个基本渠道对实体经济产生影响：一是预期利率效应，即通过影响未来短期利率预期来促进经济增长；二是投资组合调整效应，即通过促进投资者调整投资组合来提高资产价格、降低收益率来刺激企业投资；三是财政扩张效应，即通过在公开市场购买国债，把付息国债转化成不付息的货币或储备，降低政府利息负担和未来的公众税负。

10.3 金融风险管理理论

我们的生活总是与风险相伴，风险无处不在、无时不在。风险不仅来自自然环境和制度环境，也来自人们作为集体或个人做出的选择和行动。

10.3.1 风险的含义

1. 风险的概念

风险是一个非常宽泛、常用的词汇。对于风险的概念，可以分别从经济学、统计学、决策学、金融学等学科进行定义。无论是风险的概念还是金融风险的概念，目前理论界和实务界还远未达成一致的认识。由于视角不同，不同学者对于风险的解释或界定不尽相同，目前金融理论界主要有以下一些观点。

第一，风险是事件未来可能结果的不确定性。如 Williams 于 1985 年，在 *Risk Management and Insurance* 一书中提出的"风险是在给定的条件下和特定的时期内，未来结果的变动"。又如，Mowray 在 *Insurance* 一书中将风险称为不确定性。March 和 Shapira 在 *Managerial Perspectives on Risk and Risk Taking* 一书中称风险是指事物未来可能结果的不确定性，可以通过收益分布的方差来测度。

第二，风险是造成损失的可能性。如 Haynes 于 1895 年在 *Risk as an Economic Factor* 一书中认为"风险意味着损失的可能性"。Rosen Bloom 于 1972 年在 *A Case Study in Risk Management* 一书中称风险是损失的不确定性。Crane 于 1984 年在 *Insurance Principles and Practices* 一书中视风险为造成损失的不确定性。

第三，在第二种定义的基础上进行延伸，后人从这一角度给风险所下的定义与 Haynes 的定义大同小异，加入了损失机会、损失的概率等，如定义为一定程度的损失，并按其发生概率加权。

从以上定义可以看出，对风险的解析主要有两个视角：一是强调结果本身的不确定性；二是强调结果带来的损失的可能性或可能的损失。两个视角分别抓住了损失性和不确定性这两个本质特性。因此，理解风险的概念，需要理解风险与不确定性和损失的关系。

2. 风险与不确定性的关系

风险与不确定性的关系本身也是理论界关于风险概念界定的争论点之一。一种观点认为，风险与不确定性没有本质的区别，风险即为确定性的反意。而另外一种观点则认为两者有着本质的区别，需要加以区分。在后一种观点中，代表性学者如经济学家奈特。其在 1921 年《风险、不确定性和利润》一书中首次明确提出风险与不确定性之间的关系，指出风险是可测量的不确定性，而非不可测量的不确定性。具体而言，需要区分两种情形，第一种是决策者事先可以知晓事件最终可能呈现的各种状态，并能够根据自身经验、知识或历史数据等预知每种状态出现的可能性是多大。换言之，就是决策者准确地知道整个概率分布。而另一种情形是决策者不能预知事件最终结果的全部可能状态及各状态相应的可能性大小，亦即决策者没有掌握概率分布的全部信息。根据奈特的定义，第一种情形中的不确定性被认为是风险，而第二种情形被定义为不确定性。因此，奈特认为风险和不确定性的根本区别就在于决策者是否能预知随机事件的概率分布。此外，奈特还认为风险不会为决策者提供获利的机会，而不确定性则可以，这会激励一部分人努力获取信息以寻求获利的机会。

值得注意的是，即使在奈特之后的学者中，仍有不少采用第一种观点定义风险，即不对风险和不确定性加以区分。从实践角度来说，这样的定义有一定的便利性。根据上述分析可知，某一随机事件应被视为概率型还是非概率型并不完全取决于事件本身的性质。当决策者认知能力提升或信息获取增多时，不确定性的决策可能会转化为风险决策。因此，决策者面临的是风险还是不确定性在很大程度上由决策者自身的主观认知能力、认知条件等所决定。鉴于实践中区分不同的主观认知能力和条件的状态的困难性，以及不同状态之间转换的可能性，严格区分风险和不确定性在实践中并不总是可行的。

3. 风险与损失的关系

风险与损失是有着密切联系的，如果未来结果不会造成任何损失，那么无论事件的不确定性大小如何，都不构成风险事件。即使将风险解释为未来结果的不确定性，风险的概念中也包含着损失的含义。但需要注意的是，在不确定性的视角下所定义的风险与强调损失性的定义有明显区别。前者认为风险既可能指损失的程度，也可能指获取超额收益的程度，即同时包含消极和积极两面性，蒙受损失和获取收益的可能性被赋予同样的重要性。这与仅考虑损失的可能性是不同的。

这两种定义的差异也反映在计量方法的选取上。如果仅强调损失，考察风险时只需关注最终收益低于预期的可能性，而不需将高于预期收益的可能性视为风险，因此这种定义下的风险也被称之为下侧风险。如果同时考虑损失和收益的可能性，则意味着不仅关注低于预期收益的下侧风险，同时还关注高于预期收益的上侧风险。常见的方法是认为风险是一种变量的波动性，用方差或标准差来衡量风险，典型代表是马柯威茨的均值-方差模型。

另外需要注意的是，风险是事前概念，而损失是事后概念。风险是损失的可能性，而非损失本身。事件发生之前，损失没有发生，只有潜在的可能性，但风险已经产生。而事件发生后，损失已产生，但因为可能性转化为确定性，风险又不存在了。

综上所述，两种视角下风险的定义相互联系又有明显区别。因此，使用不同定义及不同的计量方法，所衡量出的风险的大小也自然不同。结合具体语境一般可以加以辨析，比如当提及"规避风险""防范风险"时一般强调损失。

10.3.2 风险的相关概念

1. 风险态度

不同人在面对风险时会表现出不同的偏好或态度。风险态度或者风险偏好（risk appetite，risk preference），描述的就是决策者心理上对待风险的态度，根据对风险的偏好程度可分为3种类型：风险厌恶、风险中性及风险爱好。

风险厌恶（risk aversion），顾名思义，就是对风险持厌恶态度。面对两个有相同预期回报的投资选择时，风险厌恶者会选择风险更小的投资，或者说在相同的成本下更倾向于做出低风险的选择。从效用函数来看，风险厌恶者的效用函数为严格的凸函数——获得确定性收益的效用要大于获得相同期望的随机性收益。

风险中性（risk neutrality），指的是面对具有相同预期回报的投资选择时，风险中性者对高风险选择和低风险选择的偏好程度相同，或者说在相同的成本下，不倾向于任何一个。从效用函数来看，风险中性者的效用函数为线性函数——获得确定性收益的效用等于获得相同期望的随机性收益。

风险爱好（risk loving），指的是乐于追求风险的态度。当面对相同预期回报的投资选择时，风险爱好者会选择结果不确定性更高的项目，或者说在相同的成本下，倾向于做出高风险的选择。风险爱好者的效用函数为严格的凹函数——获得确定性收益的效用小于获得相同期望的随机性收益。

在实际的金融市场中，大多数参与者都属于风险厌恶者，但对风险的厌恶程度仍会在不同个体中存在显著差异。在理论分析中，一般将金融机构视为风险中性，将个人视为风险厌恶。

2. 风险溢价

风险溢价（risk premium）是指由于投资者承担了风险而要求增加的报酬。在金融活动中，风险和收益相伴相生，收益以风险为代价，风险用收益来补偿。一般来说，风险和收益之间存在替换关系，风险越大，可实现的收益越高；反之，风险越小，可实现的收益则越低。因此，风险和收益的这种关系可以表述为以下公式：

$$预期收益率 = 无风险收益率 + 风险溢价$$

其中，无风险收益率是指把资金投资于一个没有任何风险的投资对象所能获得的收益率。这种收益率一般被视作基本收益。在此基础上，对于可能出现的各种风险，投资者应当得到补偿，而这种补偿就体现在风险溢价中。因此，根据无风险收益率与投资对象所蕴含的风险，可以预测未来能够实现的收益率期望，即预期收益率。

3. 风险敞口

风险敞口（risk exposure），又称风险暴露，是指未加保护的风险头寸，是投资者实际所承担的风险。具体而言，当投资者持有的资产或债务价值有可能因潜在环境变化而改变时，投资者就存在风险敞口。例如，在信贷业务中，风险敞口是指因债务人的违约行为所导致的可能承受风险的信贷业务余额。当 A 公司买了 B 公司的债券，由于 B 公司的债券有信用风险（有违约的可能），如果 A 公司没有做任何对冲的交易（比如信用违约掉期），则 A 公司由此就有了信用风险敞口。

10.3.3　金融风险的分类

1. 按照风险所涉及的范围分类

按照风险所涉及的范围，金融风险可分为微观金融风险和宏观金融风险。前者指的是金融市场参与者在进行金融活动时产生损失的可能性。后者指的是由微观风险转化而来的，整个金融体系所面临的风险，属于公共风险。微观金融风险可能产生的后果是金融市场参与者资产收益的损失，从而出现负债或倒闭等结果。宏观金融风险的后果可能导致金融危机的出现，进而危及一国乃至全球的金融稳定。

2. 按照风险的性质分类

按照风险的性质，金融风险可分为系统性风险和非系统性风险。系统性风险又称整体性风险、不可分散风险，是指无法通过分散化投资来减少和消除的风险。一般是由宏观政治因素和经济因素等影响整个市场的风险因素所引起的，包括政策风险、利率风险、购买力风险和市场风险等。金融机构从事金融活动或交易的整个系统在这些因素的冲击下可能会发生剧烈波动、危机或瘫痪，从而遭受经济损失。系统性风险造成的后果带有普遍性，对市场上所有参与者都有影响，单个金融机构不能幸免，所有证券资产的收益都会受到影响。非系统性风险又称特定风险、非市场风险或可分散风险等，指的是发生在个别公司的特有事件造成的风险，是可以通过分散化投资来降低的风险。它往往是由个别资产本身的一些特别因素造成的。这类事件是随机发生的，具有偶然性，且影响范围通常只限于一个或几个公司，而不会对整个金融市场产生太大的影响。

3. 按照风险来源分类

按照风险来源，金融风险可以分为以下几种。

（1）市场风险

市场风险是未来市场价格的不确定性导致的金融市场参与者交易头寸价值的变化而产生损失的可能性。市场风险包括利率风险、汇率风险、股票价格风险和商品价格风险等。

（2）信用风险

传统观点上认为信用风险是违约风险，即由于债务人或市场交易对手未能履行合约规定的义务出现违约而产生的风险，违约行为包括无法偿付或者无法按期偿付。现代观点认为除违约行为以外，信用风险还包括因债务人信用质量发生变化而导致其发行的金融产品价值下降的可能。经济运行周期和有关公司经营的特殊事件都是造成信用风险的原因。

（3）流动性风险

流动性风险是指由于资产流动的不确定性变动而遭受经济损失的可能。对于金融机构，流动性风险体现为机构虽然有清偿能力，但是无法（或无法以合理成本）及时获得充足资金以应对资产增长或支付到期债务的可能性。针对金融市场，流动性差的市场表现为较小的交易量可以迅速影响市场价格，合约受需求和供给条件影响更大，价格更容易波动。流动性风险又可以细分为流通量风险和资金量风险。前者是指交易无法及时以合理的价格成交的风险。后者是指投资者的资金无法满足要求，面临强制平仓的风险。流动性风险还可以分为资产类流动性风险和负债类流动性风险。前者是指金融机构在需要卖出标的时，面临变现困难或不能在适当的价格上变现的风险。后者是指金融机构虽然有偿付能力，但是不能及时地支付约定款项的风险。

（4）操作风险

操作风险是指由于人员失误、外部事件或内部流程及控制系统发生不利变动而可能遭受的损失。

（5）政策风险

政策风险是指政府有关金融市场的政策（如货币政策、财政政策、行业政策、地区发展政策等）发生重大变化或出台重要的举措、法规，引起金融市场的波动，从而产生的风险。

10.3.4 风险管理框架

风险管理是指组织或个人决定风险承受程度，度量自身承担的风险水平并调整实际承担的风险以实现最大化公司、资产组合价值或最大化个人效用的过程。风险管理包括在承担一定水平风险的情况下，任何有关实现组织或个人目标的决策与行动。风险管理并不是一味地最小化风险，而是在可以接受风险的前提下，平衡收益与风险的关系。在实施风险管理的过程中，要随时量化并监控风险，及时调整风险敞口。风险管理不是预测未来可能发生的风险事件，也不是避免或者转移企业所承担的全部风险，而是当风险事件发生时，其造成的结果事前可预知、事后可控制。管理风险的两个重要思路是风险分解和风险集中，前者将风险一一分解，并针对单一风险进行管理，后者借助于风险分散的效果达到减少风险的目的。

风险管理框架是对风险管理的基础、流程与分析方法的规范。由于不同的金融主体风险特征各不相同，因而并不能为风险的管理设计一个普遍适用的统一范本。国际上对于风险管理框架的最佳实践也在不断探索中。目前，不同行业主流风险管理框架包括：COSO委员会（The Committee of Sponsoring Organizations of the Treadway Commission）提出的全面风险管理框架（enterprise risk management，ERM）、国际风险管理标准ISO 31000提出的风险管理框架、巴塞尔银行监管委员会提出的针对国际活跃银行的三代巴塞尔协议框架等。尽管现有的风险管理框架仍在不断调整完善中，但是企业在构建风险管理框架时都会面临一些关键因素。以下是风险管理框架中的一些重要步骤。

（1）风险治理

风险治理是指整合企业的风险管理活动，使其与企业的目标相一致。通常采取自上而下的顺序，即由企业的董事会牵头起草，指导风险管理活动，旨在协调企业愿景，以支持整个企业运作。风险治理还通常采用整体视角，即从整个企业角度进行风险分配，而不是单独考察某个业务。在内容上包含两个方面：一是确定企业的风险管理目标，如将风险造成的损失额度或风险事件发生频次控制在一定范围内，这个目标将作为企业一切风险治理措施的基础；二是明确企业的风险偏好和风险容忍度，明确哪些风险是可以接受的、哪些风险是要尽量避免的等。

（2）风险识别与度量

风险识别与度量包括对风险源的识别、对风险的定性和定量评估，其核心内容是量化风险。实施风险管理的第一步是识别风险，在这一过程中不仅要注意已存在的风险源，还要关注潜在的风险。需要注意的是，各类风险并不是相互独立的，而是存在相关性。尤其当经济、金融危机发生时，各类风险事件有可能相互影响、同时发生。

（3）风险基础设施

风险基础设施指的是在监控风险敞口或者量化风险的过程中所涉及的人员与系统。随着计算机系统的日益复杂及金融数据趋于海量，风险管理者一方面投入更多的资源进行数据测试和风险建模，另一方面复杂的计算机系统和金融数据库本身也成为公司面临的潜在风险源之一。

（4）确定政策与流程

为了把企业的风险控制目标落实到日常经营与决策之中，需要制定企业的风险控制政策与流程，以确保企业的日常活动与预设的风险容忍度相匹配。对于金融机构而言，风险控制体现在包括从资产配置到股票选择的众多方面，所以好的风险控制政策是金融机构运营的重要组成部分之一。

（5）风险监控、缓解与管理

为了能够及时发现风险并识别潜在风险源，需要有实时且全面的风险监控系统。当发现风险超过企业的容忍度时，需要及时对风险敞口进行调整，使总风险不超过可控范围。企业根据自身风险偏好寻找最优风险敞口的过程就是风险修正。值得注意的是，风险修正与风险减弱是不同的。例如，某基金当前资产配置是50%现金与50%股票。企业通过分析认为未来股市向好，因此提高股票配置比例。在此过程中企业提高了自身承受的风险，这个过程同时也是风险修正。风险修正包括4种方法：风险防范与规避、风险接受、风险转移、风险改变。

（6）交流沟通

危机发生时企业不同部门之间的交流沟通是非常重要的，因为危机发生影响的往往不是企业的一个部门，而是整个企业甚至整个行业。另外，风险控制的政策也需要清晰明确地表述，以确保各组织部门能准确无误地理解公司的风险控制目标。此外，风险控制措施的执行步骤也需要不同部门的沟通协调。

（7）策略分析与整合

良好的策略可以在风险事件发生时快速应对，降低风险事件带来的损失；良好的分析框架可以为更好的投资决策提供支持，并能解构风险的来源。

10.3.5 风险管理理论发展沿革

1720年，伦敦成立了世界上第一家保险公司，标志着风险管理在实际公司运营中走出了重要一步。风险管理理论的形成普遍认为开始于20世纪30年代的美国。

1. 理论探索与学科发展阶段

20世纪30—70年代是风险管理理论探索与学科发展的阶段。1925年，有"现代经营管理之父"的法国管理学家亨利·法约尔（Henri Fayol）在其著作《工业管理与一般管理》中将风险管理的思想引入企业经营中。他提出："企业经营有六种职能的基础和保证，它能控制企业及其活动所遭遇的风险，维护财产和人身安全，从而创造最大的长期利润。"在1929—1933年的全球经济危机中，美国约40%的银行及企业破产。严重的经济衰退促使风险管理思想真正萌芽，人们开始研究如何能够有效地进行风险防范和处置。美国大中型企业在这一时期大多设立了内部保险管理部门以应对风险的发生和带来的损失。1931年，美国管理协会（AMA）召开会议，明确了企业进行风险管理的重要性，并单独设立了保险部门以处理相关事宜。1932年，企业风险管理人员（又称风险经理）成立了纽约投保人协会（Insurance Buyer of New York），这标志着风险管理的逐步兴起。协会为交换风险管理信息、共同探讨和研究风险管理技术提供了平台，并逐步发展成了全美范围的风险研究所。20世纪50年代，风险管理开始在美国以学科的形式发展起来，产生了风险管理的基本构思，并逐步形成了独立的理论体系。1950年，美国学者Russell B. Gallagher在《哈佛商业评论》上发表的论文 *Risk Management: A New Phase Cost Control* 中首次使用"风险管理"一词。1952年，Harry M. Markowitz在《金融杂志》上发表题为 *Portfolio Selection: Effective Diversification of Investment* 的文章，提出"组合选择理论"，阐释了可以通过资产组合投资来降低非系统性风险的观点。1955年，美国宾夕法尼亚大学沃顿商学院的Schneider首次提出了"风险管理"的概念，并于之后得到了美国管理协会和美国保险管理协会（ASIM）的承认和支持。1962年，美国管理协会出版了第一本关于风险管理的专著 *The Rising of Risk Management*。随后，风险管理领域陆续的发表文章和出版的著作，引起了欧美各国的普遍重视，推动了风险管理理论体系的发展，并使其不断走向系统化、专业化，成为企业管理领域的一门独立学科。与此同时，与风险管理相关的培训也陆续开展。1960年，乌普萨拉大学企业管理系首先开设了"公司风险管理"课程，向学生们讲授企业的风险管理知识。随后美国许多大学开始讲授风险管理课程，将风险管理的教育和培训贯穿于经济管理课程中。从20世纪70年代初期开始，风险管理服务开始广泛推行，风险管理理论也开始向人们普及。

2. 全球研究及应用阶段

20世纪70年代之后，风险管理理论开始被各国引入，进行研究并被广泛应用。1970年，德国率先从美国引入了风险管理理论，并从风险管理正常的角度来进行研究，最终形成了自己独特的理论体系。1973年，日内瓦协会也从美国引进了风险管理思想，并在欧洲迅速传播。随后，日本也开始进行风险管理研究，并将该思想带到了亚洲。美、英、法、德、日等国先后建立了全国性和地区性的风险管理协会。1980年，美国风险分析协会（SRA）成立。1986

年，欧洲 11 国共同成立了欧洲风险研究会，英国成立了工商业企业风险管理与保护协会（AIRMIIC），日本成立了风险研究会。1996 年，全球风险管理协会（GARP）成立。随着风险管理全球性运动的展开，各协会和组织也不断推出各类规范与准则。1983 年，美国召开风险与保险管理协会年会，与会各国专家、学者讨论通过了"101 条风险管理准则"。1988 年，国际清算银行公布了第一个巴塞尔协议，对商业银行的经营提出了规范化要求，以减少和消除银行的相应风险。1995 年，澳大利亚标准委员会和新西兰标准委员会联合制定了世界上第一个国家风险管理标准，明确定义了风险管理的标准程序。2004 年，联合国发布报告，提出各国应将风险管理战略全面纳入国家可持续发展战略。2005 年，国际风险管理理事会（IRGC）提出了风险管理的综合分析框架。2006 年，国务院国有资产监督管理委员会发布了中国第一份全面风险管理指导性文件——《中央企业全面风险管理指引》，开启了我国风险管理历史的新篇章。2009 年，国际标准化组织（ISO）正式发布 3 个用于风险管理的标准。同年年底，我国也实施了《风险管理 原则与实施指南》（GB/T 24353—2009），2022 年又升级为《风险管理 指南》（GB/T 24353—2022），将世界各国管理风险的先进理论及方法融为一体，开创了我国独特的风险管理理论体系。

10.3.6 马科维茨的投资组合风险理论

20 世纪 50 年代，美国经济学家马科维茨首次利用数理分析的方法提出了风险与收益的精确定义，即基于均值、方差的投资组合理论，该理论奠定了现代金融投资组合理论的基础。

首先，马科维茨采用不确定性的视角，认为风险是收益率的波动，因此衡量投资风险可以用各种未来投资收益率与期望收益率的偏离度，即用标准差 σ 来表示。当一定统计期内已经实现的投资收益率变化及其发生的概率基本符合正态分布时，测算标准差的意义还在于：可根据已知的投资的期望收益率和标准差，计算收益率发生在一定区间的概率。

1. 对于资产组合

要计算组合的风险，不仅需要知道组合中每种资产的收益和风险情况，还需要知道多种资产之间的收益率之间的相关关系。这些关系可能是正相关，可能是负相关，也可能是不相关。正相关关系越强，通过组合投资降低风险的程度就越低；负相关关系越强，通过组合投资降低风险的程度就越高。如果用 w_i 表示第 i 种资产的权重，r_i 表示第 i 种资产的收益，则 n 种资产组合的风险则为

$$\sigma_p^2 = \sum_{i=1}^{n}\sum_{j=1}^{n} w_i w_j \text{cov}(r_i, r_j)$$

其中，$\text{cov}(r_i, r_j)$ 是第 i 和 j 种资产的协方差。投资组合的期望收益率为

$$\overline{r}_p = \sum_{i=1}^{n} w_i \overline{r}_i$$

投资组合的风险也可以写为

$$\sigma_p^2 = \sum_{i=1}^{n}\sum_{j=1}^{n} w_i w_j \rho_{ij} \sigma_i \sigma_j$$

其中，ρ_{ij} 是第 i 和 j 种资产的相关系数，σ_i 为第 i 种资产的标准差，代表单个资产的风险。

2. 投资分散化可以降低风险

通过增加持有资产的种类数就可以相互抵消的风险称为非系统性风险,即并非由于"系统"原因导致的风险。投资分散化可以降低这类风险。而对于系统性风险,投资分散化则无能为力。其关系如图 10-2 所示。

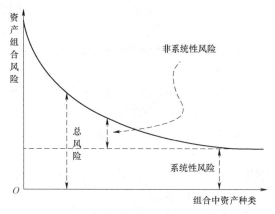

图 10-2 分散投资降低非系统性风险

这就引出了如何分散化风险并实现收益与风险最优配比的问题。解决思路是:在同等风险下应取得尽可能高的收益。对于给定的风险程度,可能会存在很多种组合,但其中只有一种组合收益率最高,该组合就是最佳资产组合或称有效组合,而其他的则是无效组合。在确定每个风险水平上对应的最佳资产组合后,这些最佳资产组合可以构造出有效边界。追求同样风险下最高投资收益的理性投资人(风险厌恶者)只会在有效边界上做出选择,而不会考虑不在有效边界上的组合。具体选择有效边界上的哪个点,取决于投资人自身的风险偏好。

本章思考题

1. 简述金融发展与经济发展的关系。
2. 金融抑制产生的原因是什么?其表现有哪些?应如何解决金融抑制问题?
3. 简述金融危机的含义及其各阶段的主要特征。
4. 发达经济体和发展中经济体的金融危机可能有的区别是什么?
5. 简述风险与收益的关系。
6. 系统性风险与非系统性风险有何区别?对投资人来说哪类风险更重要?
7. 简述风险偏好的含义,并对不同类型的风险偏好进行对比。

参 考 文 献

［1］ ALTHAUS C E. A disciplinary perspective on the epistemological status of risk［J］. Risk Analysis, 2005, 25(3): 567-588.

［2］ ANGELES L. Money matters: how money and banks evolved, and why we have financial crises［M］. Palgrave Macmillan Cham, 2022.

［3］ GOLDSMITH R W. Financial structure and development［J］. Economic Review, 1970, 21(2): 193-194.

［4］ JORDA O, SCHULARICK M, ALAN M T. When credit bites back［J］. Journal of Money, Credit and Banking, 2013, 45(s2): 3-28.

［5］ MARKOWITZ H M . Portfolio selection: efficient diversification of investment［J］. The Journal of Finance, 1959, 15(3): 305-314.

［6］ 陈雨露，马勇．大金融论纲［M］．北京：中国人民大学出版社，2013．

［7］ 戴国强，柳永明．货币金融学［M］．上海：上海财经大学出版社，2023．

［8］ 方洁．发展中国家银行危机研究［M］．北京：中国经济出版社，2002．

［9］ 米什金，埃金斯．金融市场与金融机构［M］．杜慧芬，译．北京：中国人民大学出版社，2013．

［10］ 胡庆康．现代货币金融学教程［M］．上海：复旦大学出版社，2020．

［11］ 黄达．金融学［M］．北京：中国人民大学出版社，2021．

［12］ 蒋先玲．货币金融学［M］．北京：机械工业出版社，2022．

［13］ 莱因哈特，罗格夫．这次不一样［M］．綦相，等译．北京：机械工业出版社，2012．

［14］ 麦金农．经济发展中的货币与资本［M］．卢骢，译．上海：三联书店上海分店，1997．

［15］ 米什金．货币金融学［M］．蒋先玲，等译．北京：机械工业出版社，2016．

［16］ 达利欧．债务危机［M］．赵灿，等译．北京：中信出版社，2019．

［17］ 王晓光．金融学［M］．北京：清华大学出版社，2019．

［18］ 肖．经济发展中的金融深化［M］．邵伏军，等译．上海：三联书店上海分店，1988．

［19］ 杨咸月．金融深化理论发展及其微观基础研究［M］．北京：中国金融出版社，2002．

［20］ 于印辉．中国古代保险思想探源［J］．上海保险，1996（3）：40-41．

［21］ 赫尔．风险管理与金融机构［M］．王勇，董方鹏，译．北京：机械工业出版社，2013．

［22］ 中国银行间市场交易商协会教材编写组．金融市场风险管理理论与实务［M］．北京：北京大学出版社，2019．

［23］ 杜佳．货币金融学．2版．北京：北京交通大学出版社，2018．